法華薰。慈濟行

——薰法香 心得。反思

林文成

字字珠璣

證嚴法師 2022 年 7 月 11 日志工早會開示

　　回顧過去，把那個歷史再抽出來，記憶中再添上去。有的，過去只是大概的一個流水（記錄），沒有好好地整合。我們現在，過去的流水記錄，好好地再來編輯一下。

　　就如我最近在看著，我很感恩，有一位林居士（林文成），他現在幫我對稿，他把我說的話，或是慈濟的過去，他一段一段再幫我看。我很感動，「這一篇，那一個時代，簡單扼要、有次序。」我現在很期待，就如林文成居士這樣，很細心去幫我編，系統化出來。這就是字字珠璣，很珍惜，我自己也感覺到很有價值。

佛法在人間 真實不孤獨

佛教慈濟慈善事業基金會執行長　　顏博文

　　五年前我剛回到基金會，每天清早就在精舍主堂聆聽靜思晨語，當時林本厚師兄常常回來精舍協助《法華經》結集，我們有幾次清晨的巧遇，從以前的職場、信仰聊到他不辭來回，將上人說法如實轉譯為文字⋯非常健談，沒想到幾年後這位健談開朗的建築師師兄，將上人在大愛台播出《法華經》近一千八百集開示，鉅細靡遺整理為廿一萬五千字的《法華薰。慈濟行－薰法香 心得。反思》，即將出版。

　　林本厚師兄是用「追」來形容他逐日不懈、反覆收看，盼望跟得上上人心靈風光的心情。上人的開示平易，引據涵蓋廣懋，本厚師兄以獨到慧心，細緻的為每一品開示揀構架、擇主脈，他期許用宏觀視角浸潤法海；並用廣度、深度、微度多層次分析體會靜思法髓妙蓮華的精髓。

　　將每一品歸類解構、統整摘要，需要非常的沉靜恆持，而在這過程中本厚師兄先後承擔台灣三座靜思堂的設計監造、赴北京清華大學建築學院攻讀建築碩士、並在台灣各地以及海外的讀書會擔任導讀人⋯⋯，所到之處，他收看大愛台、走進各慈濟道場連線晨語，殷勤的「追」上人的開示不間斷，專注的力度和精神著實不易。

　　回憶幾年前我還在科技業，當時奉派兼顧新加坡與台南兩個廠。新竹慈濟人邀請我回去民享街的共修處為社區讀書會擔任導讀人。我會特別利用人在台灣的時間作安排，新竹的讀書會在週三的晚上，算準時間搭下午的高鐵從台南回新竹、同修慈竑師姊在新竹接我、

讓我在車上晚餐、到了共修處就可以開始和約莫 20 位師兄師姊分享。因為只能運用短暫的空餘時間整理，我的導讀資料通常 20-30 分鐘就能分享結束，慈竑師姊再載我去高鐵站讓我在夜裏回到台南廠。

現在回首那段似乎成本很高的讀書會導讀，讓我有機會在繁忙的職場中靜下心來，將當時的時空因緣對應佛法以及上人深入淺出的開示，內心的收穫與歡喜無法比擬。或許正如本厚師兄分享的，用「空拍機」高度看《法華經》、對應上人開示，由廣而深再轉細微處反思，無處不是佛法，箇中滋味導讀人獲益最深。

佛陀二千五百年前即教示「成住壞空」，而今地球可否永續？已成為人類共同的代價與議題；上人創建慈濟，以大願行恆持度眾生，以現代眼光深入經藏，以「大哉教育」因緣推動茹素環保、簡約生活，直指未來永續發展解方。本厚師兄虔敬筆記回應感恩上人說法，靜思弟子聞法更當自覺並擴大影響力，以生無量種子，讓佛法在人間，真實不孤獨。

顏博文

法語薰香修福慧

慈濟醫療法人執行長　林俊龍醫師

　　「晨鐘起薰法香」是慈濟人跟隨證嚴上人研習佛法精髓的重要活動。談起個人參與薰法香的因緣，應該從一九九五年剛自美國回台，投入慈濟醫療志業開始說起。

　　回到花蓮慈院任職後，每週六我和我家師姊慈聯都會回靜思精舍參加志工早會，聆聽證嚴上人開示，也聽取醫療志工的心得分享。幾次之後，逐漸察覺上人的思想理念、醫療志工分享的醫病故事，都非常精闢、感人。

　　醫院志工一早都會在靜思精舍參與志工早會，志工在分享時，有時也會談到特殊醫療個案，還有在醫院的所見所聞，上人也會即時給予回饋或指導，但因為醫院同仁沒有參加志工早會，無法獲知這些醫病故事，也無從得知上人的建議與回饋。

　　爾後，我被轉派到嘉義接手大林慈濟醫院的籌備，2000 年大林慈院啟業後，深感大林地處偏遠，沒有靜思精舍做精神支柱，大林慈院志工也不像花蓮慈院志工可以回到精舍安單，每天參與早課與志工早會充電，於是我請求讓大林慈院能夠與精舍連線，聆聽志工早會上人開示，雙向互動分享大林慈院發生的溫馨醫病故事。大林慈院連線一年之後，花蓮慈院也加入，讓無法去精舍的醫院同仁能夠參與；後來，慈濟大學、各慈院院區也陸續加入連線。

　　有一次，菲律賓李偉嵩師兄回到花蓮一看到我就說：「我好幸運，每次都看到你在志工早會分享！」殊不知，我是一週六天參加連線，上人開示結束，就輪到我分享，我可能是在志工早會上分享

最多次數的紀錄保持者。每日都從上人在志工早會的開示中汲取智慧的法語，當成一天的惕厲與提醒。

二○○八年十一月我接下新職務，返回花蓮擔任慈濟醫療執行長一職。二○○九年上人重新開講《法華經》，順理成章，我天天早起，五點就到靜思精舍準備聆聽上人「靜思法髓妙蓮華」的開示，雖然是逐字講述《法華經》經文，但上人又加上慈濟四大志業的因緣與慈濟人濟助貧病的人文故事，箇中深意旨在引導大眾如何從自利，突破自我，走向利他。

《法華經》經文非常長，寓意很深，經文中以諸多譬喻，指點修行的方向，例如使用大樹、小草譬喻眾生的根基、領悟力各有不同。佛法分為小乘、大乘、最上乘，只因每個人的資質不同，接引需要不一樣的層次。鹿車、羊車、大白牛車都是渡人的工具，並無分別。佛法乃不二之法。

自修是為了利己，無可厚非，天經地義，個人為了錢財，為了名利、為了家人與前途奮鬥，但要打破「對我的執著」，如這是我的家、我的房子、我的車子、我的團體、我的專業，人們時時刻刻都在「我」這個字上打轉，要將「我」去除，做到「三輪體空」，是何等的困難。要利他，要跨出利己那一步，才是我們要潛心修習的極終目標。

學習到了某一個程度，修行好似沒有盡頭，感覺疲累就容易停滯，於是佛陀講述〈化城喻品〉，闡述前方有一個莊嚴漂亮的城，很快就能走到了。到達一個城，能夠破除「我執」「空執」並不是究竟，還要繼續精進，走入利他的菩提大道(真空妙有)。

《金剛經》有云，「若菩薩有我相、人相、眾生相、壽者相，即非菩薩。」若還存有你我他的分別，就還沒有到達菩薩的境界。要體會修行的根本，需要時間一步一步來理解。「髻珠喻」描述人人本具佛性，但眾生的貪、瞋、癡等煩惱，就是不肯順服的魔軍，許多有志修行者與煩惱魔軍、五蘊魔軍、死魔共戰，佛陀賞賜給他們各種解脫方法、佛法財寶，讓修行者各自證獲大小不同、程度各異的法喜。唯有如此才能找回清淨無染的佛

心。

　　近年來，隨著網路科技的進步，全球慈濟人都能透過視訊連線，參與「晨鐘起，薰法香」，聆聽上人開示，撰寫筆記，精進研習。感恩證嚴上人講述佛教經典，引導人們去除我執，捨去煩惱欲望，從利己走向利他，裨益天下眾生。身為佛教徒，今生能得遇明師，因緣殊勝，無限感恩。

　　本厚師兄將數年來《法華經》薰法香的心得結集成書，樂為之序。

林俊龍

從化城到文成

慈濟教育志業執行長
慈濟大學名譽校長　王本榮

　　文成師兄 2015 年出版《慈濟建築及其宗教精神》一書，闡述慈濟建築之妙法與蓮華的意涵；今年再接再厲撰寫《法華薰。慈濟行－薰法香 心得。反思》，前者從硬體建築探討《法華經》的人文內涵；後者在研讀上人講述經典中，展現求法心得，懷抱觀乎人文，化「城」天下之志。

　　出生於挪威的建築家諾伯舒茲（Christian Norberg-Schulz）在《場所精神─向建築現象學》（Genius Loci: towards a phenomenology of architecture） 一書提到自然場所與人為場所之間存在著三種關係，分別是：形象化、集中化、象徵化。也就是在建築中展現出人類集結經驗的意義，創造適其自身的宇宙意象或小宇宙。同時建築意味著在環境中的「方向感」和「認同感」，文成師兄從建築場域切入，依循靜思法脈及體悟宗門為方向，並延展出慈濟理念，也種下撰寫本書的善緣。

　　慈濟建築可以說是《法華經》的化城，證嚴上人在《法華經・化城喻品》的解說，分為「將入險道」、「即滅化城」、「寶處在近」三章來解說，提醒弟子們要勤修向正道，化城只是短暫之處，寶處就近可得。勤行菩薩道，才能進入涅槃城。

　　文成師兄因日日薰法香，將其心得及及因緣撰寫成篇章，敘述慈濟因緣、無量義及開、示、悟、入為架構，從經文故事的主角、情節、意義，上人講述慈濟人與慈濟事，再解析「法數」及上人手

札等。有如建築的樑、柱、椽、枋、檁、檐……等,用以分析經典的意蘊,表現出建築師條理分明的特質。同時,解讀上人的手札及自己的心得—深入、廣度、微密,再以「深」、「廣」、「微」三個向度介紹靜思法髓妙蓮華之精義。

德國哲學家謝林(Friedrich von Schelling)曾把建築稱作「凝固的音樂」,形容建築對稱之美;文成師兄揉合建築化城與經典文意,呈現建築精神與人文內涵與對稱之美。本書是以經文為指引方向,結合上人的講經內容,呼應著慈濟人、慈濟事。且讓我們隨著文成師兄薰法香的馨香,一起感受《法華經》的心中之心、得無所得的「心·得」。

自序

有時，總會想，自己，到底，像不像人？

現在，天下的苦難，是何其的多，又何其的複，雜；苦難的眾生，真的救也救不完。但還是要，盡己一分的力量，但還是要，不斷的呼籲每一個人也能盡一分力。常常聽上人這樣在慈示。深心難言。

文成，是幾年前就讀北京清華寫論文時，經恩師貴祥老師的提點，才更清楚 7 世紀時，年紀輕輕僅 16 歲的大唐公主，西行拉薩的點點滴滴，慚己同名；本厚，是上人賜給弟子的法號，每當聽到元老級的師兄用法號叫我，就深覺愧對。慚愧，慚愧。是文成虛長了，是本厚的鮪魚肚徒然變厚了吧！

《觀普賢菩薩行法經》，〈普賢菩薩勸發品第二十八〉。身為佛弟子，身為證嚴上人的弟子，尤其當面對觀世音、文殊、地藏、普賢等菩薩摩訶薩的悲、智、願、行時；自己，只有慚愧，只有懺悔，求哀懺悔！

渺小的，隨著因緣，謹以微力，在小小的方格裡，……。

導讀說明

⊙本書的心意，試著，揀構架、擇主脈，用空拍機的宏觀視角，入法海；
用廣、深、微的心眼→靜思，法髓，妙蓮華，的妙。

誠心的，供同修們參酌指教。

「眼高手低」的，在心寬、廣，而念單、純的眼高之後，手低的回到
當下，身體力行做慈濟。

⊙以自己的心路與慈濟路而言，本書也是「慈濟建築及其宗教精神」的
續集。

寬、廣、宏：

從「目錄」宏觀，並掌握靶心：

⊙清楚，法華大經的框架與結構。

⊙從，目錄的副標，可基本掌握各品靶心，如〈德行品第一〉個人心得
的精義為「慈悲」、「平等」。

⊙目錄的次第，也回應了《無量義經》是《法華經》的精髓及引導。

⊙次第依序是：編→章→節→乃至小標。

深、連、貫：

明白每一品；連貫每一品。

第二編、第三編，重在深入明白義理；第四編，貴在融會連結貫通各
品。

筆者整理每一品，從八個角度，七個分類，「集數」、「主角」、「情
節」、「意義」、「慈濟事」、「故事」、「法數」、「解構」等一一梳

理。希望與讀者一起明白「靜思法髓妙蓮華」的每一品,而不僅僅是《法華經》的每一品。

也試著

從此八個角度,體解,佛心是什麼?師志是什麼?

⊙從「集數」:基本瞭解每一品的重量。

⊙從每一品的「主角」、「情節」:瞭解引人入勝的經文,其脈絡的,極摘要。

⊙從每一品的「意義」:瞭解每一品精要的意義;包含法髓(手札)、經文、上人開展的慈濟事、故事、古師大德的詮解等內容。

⊙從每一品的「慈濟事」:了解《法華經》的入用,了解行菩薩道的純度是什麼?「慈濟事」的忍痛揀擇,依當品事理的因緣。又,上人為什麼要說這一慈濟事件,在這一品?也用統計,微妙了因緣,微妙了慈濟事與法理之間的不可思議,微妙了佛法的無礙,圓融,圓滿、本來。

⊙「故事」,方便查找。

⊙同樣的「法(數)」,上人為何一說再說?

⊙從每一品的「解構」:再重要一次的偈頌,內容的重點是什麼?主詞在那?如何與長行文補充、細說。

⊙串連,7卷28品六萬餘字法華大經的每一品,用12種方法=十二依。

幽微、純度:

幽佛的心。微師的志。提高做慈濟的純度。幽微師徒間累累的因緣,進而提升每一位弟子身、口、意的純度。幽微在第一編,純度在第五編。

工具書查找：

⊙這是一本工具書，從每一品的「集數」、「故事」、「法數」中查找
1.所有上人在《法華經》裡說過的慈濟事，2.所有上人在《法華經》
裡說過的佛典故事、時事、故事，3.所有上人在《法華經》裡說過、
不斷說的法數。

「故事」的名稱小標，前面事/後面理，是針對每一事件，筆者個人
所下的的重點。

⊙本書為「工具書」的另一層意義：以 A.B.C、A+B+C、A → B → C、
A=B=C……的方式，藉以明列修行的方法；明列方法的內容（.）、
併行（＋）、次第（→）、相同意義（＝）……。是行菩薩道具體
可行的工具。

Q ＆ A （薰法的反思→自問→求答）：

例如：方便品裡的「意義」

一、自問：

A=[1.曾親近百千萬億無數諸佛+2.盡行諸佛無量道法+3.勇猛精進，
名稱普聞+4.成就、甚深，未曾有法+5.隨宜所說，意趣難解。]

B=[或以歡喜心，歌唄誦佛德，乃至一小音→皆已成佛道。……或有
人禮拜，或復且合掌，乃至舉一手，或復小低頭，以此供養像→漸見無量
佛……]

C=[靜思法脈勤行道+慈濟宗門人間路]

D=[付出+無所求+感恩]

E=[看到需要幫助的人，順手幫忙搬東西、扶一把、推個輪椅；見苦
難，固定或隨喜捐善款……]

二、自答：

Ａ＝Ｂ＝Ｃ＝Ｄ＝Ｅ 或 Ａ≠Ｂ≠Ｃ≠Ｄ≠Ｅ 或前二者的答案皆對？
或？或？

一、自問：

1. 《法華經》要說真實法，此品，是正宗分的開始，也應是法華中的重中之重，那為何品名不開宗明義稱「方便品」為「真實品」？

2. 諸佛的法，非思量分別能解，言辭相寂滅不可示，那為什麼還要讀以 6 萬餘字示的《法華經》？為什麼上人還要言「靜思法髓妙蓮華」？

3. 諸佛的智慧為何甚深、無量，且智慧門難解、難入？為何唯佛與佛才能究了，且非思量分別能解，言辭不可示？

二、自答：

……。

每一個人的，心領體會，各不相同，每一個人的答案，也可能各不相同；但，這應該是每個慈濟人，每個學法的人，都可以試著去思考、自問、探究的答案。

「答案」的結果，與「問心」的過程：

妙，

當深、廣、微之後～

妙光；尋光。

妙不可言；離言法華。

妙有；性空；緣起。

深→廣→微→妙 →深……＝「靜思」的方法之一。

答案，很重要；自我探尋、問心，的過程，更重要。

目錄

心得。反思

第一編　薰法香

第一章 說法／句句不漏教

第一節 說法的因緣

深因緣聚

一、《妙法蓮華經》：

《法華經》是佛教的大乘經典，2500多年前教主釋迦牟尼佛的教示，教的是真真實實的道理，示的是一乘圓教的法。《法華經》在所有經典當中佔有非常重要的地位，是佛教所有經典當中的「經中之王」。說法的時間雖距今2500多年，教法同樣契入現代眾生的根機。

二、法華大戲圓滿人間

《法華經》，是一部人生劇本，一部演好人生大戲的「圓滿劇本」。內容演繹亙古無垠的時空智慧，佛陀以此教導眾生心量眼光要寬闊長遠，平等慈悲在每一個人我之間。《法華經》不僅是一部此生的生命劇本，也是每一位眾生過現未來世世生生的生命劇本，十法界的慧命劇本。

三、證嚴上人與《法華經》不思議的殊勝因緣：

《大乘妙法蓮華經》，古本摺本，以木片為封面。證嚴上人，未出家前，初聞《法華經》三字，莫名歡喜，於慈雲寺「意外」購得。證嚴上人自皈依上印下順導師，完成受戒後，回到花蓮；在普明寺後方小木屋獨自修行，每天拜《法華經》、誦《法華經》、抄《法華經》。在虔誠一字一拜時，曾感受到「靜寂清澄，志玄虛漠」的境界。

★不思議因源/
《大乘妙法蓮華
經》，古本摺本，
以木片為封面。
證嚴上人，未出
家前，初聞《法
華經》3字，莫
名歡喜，於慈雲
寺「意外」購得。
攝影：沈冠瑛

★源地/花蓮縣秀林鄉普明寺後面的小木屋，11.7m²(3.6 坪)，
是當年證嚴上人修行、禮拜《法華經》的小木屋，也是今日慈
濟世界的發源地。攝影：不詳

★ 活水 3/1// 早期，證嚴上人，曾於大殿佛桌前升座說法華。攝影：馬柏然

★ 活水 3/2// 主堂啟用（2012 年）前，證嚴上人每天早課 05:20 時，曾於觀音殿，升座說法華。攝影：不詳

四、緣匯於慈濟法華開講：

1.1969 年，靜思精舍落成啟用，舉辦佛七法會，是上人首次開講《法華經》。

2.1975 年至 1988 年，上人再次開講《法華經》自〈序品〉至〈化城喻品〉。

3.2009 年 7 月 23 日，上人於精舍早課時，第三次開講《法華經》，至今。

★活水 3/3// 主堂啟用後，證嚴上人每天早課 05:20 時，於此，與全球各道場同步聯線，升座說法華的地方。攝影：蕭嘉明

第二節　說法的方式

行對當下

一、說現在應該聽、應該學、應該面對在人間的：

「靜思法髓妙蓮華」不是只我在說《法華經》，是先取得 4、50 年來眾生的形態，回歸再講《法華經》，說現在應該聽、應該學、應該面對在人間的。（〈法師功德品第十九〉20181107）

二、我不是講經典的人，我是行者：

1. 「師父不是講經典的人。我是行者。是為了世界眾生，看到經文的那一句話，有教化眾生的方向，我提出來對大家說」。（證嚴上人衲履足跡，2021 年冬之卷）

2. 例如，上人在〈如來壽量品第十六〉開示結束，〈分別功德品第十七〉開講之前，師父為了活躍弟子們的心思，為了讓弟子們「不用執著壽量，我幾歲，我要退休」，就要弟子們先將自己的 50 歲寄放在上人的「壽量銀行」，再算自己有幾歲，藉此年輕、精進每位逐漸年長的弟子的身心。

3. 如 62 歲的我，50 歲寄放在上人的「壽量銀行」，就變成 12 歲。12 歲的小孩，還有很多不懂，就應該更精進、更努力學習；而不要懈怠、浪費時間，不要自怨自嘆自己老。「是日已過，命亦隨減，如少水魚，斯有何樂？」

三、面對現實：

佛法，是應世間而來。

不要只停滯在「這一句，我要去找出以前如何解釋」；應該面對現在，將佛法印證於現代。要用心在這樣。

來不及了；還是趕緊面對現實。

四、我一輩子所想著的：

上人：我一輩子都在想著，佛法如何適應當下、如何適應我們眾生、適應現代，如何增加我的愛心。

五、現代法華：

1. 權是當時共同發心，為人群付出，人人只知，以善為本，以慈濟為人群付出。現在講法華即證實，更需要將菩薩走的路寫下，以利益後代。〈法師功德品第十九〉

2. 證嚴上人慈悲，用智慧，用「藍天白雲」的身體力行，清楚的示現了法華；直接行，直接證。並用現代人易於接受的語言、文字，精華明析了法華；讓每個人瞭解如何在當下行對的事。

相映、相應

一、手札 + 經文：

1. 上人每天講說法華的基本架構，從〈序品〉開始，先內含開示《無量義經》經文，之後逐漸清晰，每天大致固定為 = 前「手札」+ 後「經文」。

2. 「手札」即是當天開示的摘要、重點，同時相映經文內涵。當中多包含慈濟事、佛經故事、人間事。正是慈濟人應依以奉行的「靜思法髓」。

3.「經文」，依《法華經》經文逐句逐句消文。當中多包含古師大德對經文的詮釋。以此相映手札的內涵。

4.「靜思法髓」與「妙蓮華」的文字儘管不同，但內涵及精神卻是相通、相繫。「法髓」與「妙蓮華」非常值得「靜思」，尤其慈濟人，尤其身為弟子的我們。是弟子的本分事。

二、每天一樣；每天不一樣：

上人開示，非常平實，每天都一樣，表面上聽起來；上人開示，每天都不一樣，當細細聆聽，尤其回饋自己的自修及做慈濟時，非常不一樣。

三、契理；契機

一樣的是理、做人的道理，契理，相映真理；不一樣的是機，契機，相應根機。

同樣的法理，為了恆順眾生，為了適應種種不同根機，尤其在這人心又更複雜的時代，開示從東西南北各種不同的角度，用盡各種方式，說盡今古世間事、慈濟，……苦口婆心唯一希望我們能受教、能被啟發。

四、生命經驗授與受：

1.筆者以為，每天薰法香，薰久了，從前半段上人的手札開示與自己平常做慈濟的生命經驗，其實，已經可以，把握住當天上人開示的「靶心」的重點；薰至後半段（「經文」），則再從經文，反饋相映。

2.意思是，上人的開示就是道道地地修行的方式、做事的方法，很實在，很有次第，是道道地地「做人的方法論」。

無怠、無漏

一、一點都沒偷懶：

法華大經，經中之王，共七卷、28 品、6 萬餘字，上人一句一句「為我們解脫」，很仔細、很細心，「一點都沒有偷懶、沒有漏掉」，上人如是說。

二、抽力說法華：

81 歲的上人，面對體力衰邁的自然法則，不時會語重心長：

1. 「自己每天都在想：這一輩子，所作已辦，但說法心未了。」（〈隨喜功德品第十八〉20180912）

2. 「師父真是拚命在為眾生」。「要將《法華經》說完」。（〈法師功德品第十九〉）

3. 「《法華經》未了，這輩子心不安。」

4. 「《法華經》我能說到哪，我就盡量，才不會讓我這輩子有遺憾。」

5. 「19 品的正宗分竟。最起碼 20 品完成。為了出門，我自己很努力。過去我是『用力』說話；昨天我是『抽力』說話。」（〈常不輕菩薩品第二十〉）

德、緣、圓滿

一、德、緣：

證嚴上人說法，不僅僅是用語言及文字說，而是以德、以因緣說；是以上人累生累世的德行加上上人過去生與眾生結的因緣，而說法。

二、緣滿、圓滿：

以慈濟人 40、50 年來的作為，呈現《法華經》的道理；一切法理，歷歷在目，令整部經文有了另一種的生動。尤其在此時、此地，這天災人禍頻傳四大不調的人間，讓每個有緣人的生活有了「緣滿」的方向，進而圓滿生命。

第三節　說法的目的

落實、相會

一、做得到並能應用：

1. 令聞者，聽得懂、做得到、能應用，能落實在生活日常當中，能隨緣遍行。

2. 「『靜思法髓妙蓮華』不是只……，是……，說現在應該……。聽法後，要落實在生活中，「靜思」人間法與佛陀所說法。」（〈法師功德品第十九〉20181107）

二、印證、彰顯、相會：

1. 以「慈濟宗門」與「靜思法脈」相容，以事與理印證法華精髓。

2. 用慈濟事印證《法華經》，用《法華經》彰顯慈濟事。

3. 讓真如本性，如何與法的精髓，相會。

★德、緣 / 升座說法華。攝影：轉拍自大愛台

★實相 / 證嚴上人每天升座開講法華，05:20前幾分鐘時的「實相」。《慈濟建築及其宗教精神》第 243 頁。攝影：轉拍自大愛台

第一編 薰法香

第二章　薰法 / 步步踏實學

第一節　薰法的心領

警

一、師父說法，沒有偷懶，句句不漏

1. 師父說法，一點都沒有偷懶，句句不漏、步步踏實，精進如此，每天 05:20，從 2009 年 7 月 23 日，每天、每天不輟 (除農曆每月初一、行腳在外、身體有恙)，歷時 13 年，至今，經文主體的正宗分、序分已經講述完成，流通分也已講到〈藥王菩薩本事品第二十三〉；

2. 身教如此，身為弟子的自己，怎能不警覺？不敏銳而覺？不自我惕勵？

二、師父說法；弟子薰法。理所當然。

三、師父：「聽有嗎？」(閩南語) 弟子：「有！」

1. 師父慈悲：「有就好。」

2. 弟子自問：有？有！有在那裡？……

心動

一、思想流：

對於法的詮解、演繹，每天，跟著「上人的思想流」流動，其實有一種珍貴而殊勝的美好。

二、動心：

上人每天的說法，非常有系統、有組織、有架構；用心聞、思，每天有每天的精華、重點，及「動心」。

貼心

一、很踏實：

上人說法，不僅步步踏實，且非常慈悲、非常智慧，很貼心的。

二、很貼心：

1. 說法華之前，先說法譬如水（《慈悲三昧水懺》2003 年）；用懺悔的法水，讓弟子的心杯先盡可能洗乾淨，才可能容納清淨的法華大法。

2. 說法華之前，把精髓《無量義經》（「無量義經偈頌」2008 年）再說一遍，乃至

3. 開始說法華後（2009 年），說到序品的日月燈明佛時，再融入《無量義經》〈德行品〉，讓弟子在受法華大法時，能先復憶或初認大法的精華。

三、很慈悲：

1. 末法惡世，人心混濁，2011 年 3 月 11 日，日本大地震＋海嘯＋核災，三合一的災難震驚全球，大愛電視台（以下簡稱大愛台）播出講大法的節目「靜思晨語—慈濟宗門（靜思妙蓮華之前的名稱）」也暫停。

2. 暫停。請證嚴上人再講一次水懺（重播「靜思晨語—法譬如水」），再為我們眾生，把污濁的心再清洗一遍。

四、已流通：

1. 自 1966 年起，微不足道的 5 毛錢的「竹筒歲月」，已開始將法華精神流通。

2. 2019 年末開始至今 2022 年，嚴重特殊傳染性肺炎（Covid-19）流行全球，嚴重影響每個人的生活，證嚴上人除了一再明示：要人人戒慎虔誠＋一定要齋戒茹素，這樣才能令行菩薩道時付出的愛完整。

3. 至於「流通分」的部分，則因種種因緣，尚未復講。

超高 CP 值

一、高「投報率」：

上人說的法，很生活化、人人能懂、人人能做，也都是慈濟人已做到、正在做、或應做到的故事，「CP 值很高」很划得來，已經把艱深經文的語文，大智慧的，轉化再轉化，轉化成現代人聽得懂、看得懂的語言文字。

像用「宇宙大覺者」詮釋佛陀，把古人的菩薩行為，大慈悲的，轉化成現代人的菩薩行為；像「薰法香」時教示的種種；

像「靜思語」裡的智慧種種；像開「慈善、醫療、教育、人文」的菩薩道。不僅契理，更深深契機，可以適應現代，適應八萬四千各種根機。

二、願意投資：

就看弟子或有緣人，是否願意？願意投資？！以及如何珍貴！

身意二業

一、心：

1. 信、解、行、證是修證的次第，而聞、思、修是修行方法，心與身，解與行，理論與實務，皆需並重平行，且相互印證才可能福慧雙修，修行有得後而有德。

2. 法要長期薰習，心要時時善用，身體要實踐力行才有得、有德。

3. 覺有情，沒有自我的小覺，何來成就宇宙大覺。

二、用心：這一切，都要有心，用心。

三、多用心：若不用心，很難。

心：多用心的次數

一、次數統計：

1. 前 20 品，上人升座開講以 1767 天 (集) 計。

2.「多用心」這 3 個字，上人在每天的開示，累積共講了至少 1883 次＝師父每天耳提面命，提醒弟子至少 1 次。

3.「用心」這 2 個字，講了共至少 10039 次＝師父每天耳提面命，提醒弟子，平均近 6 次 (5.7 次／天)。講到本門時 (第 16 品至第 20 品)，每天提醒弟子，平均近 10 次 (10.0 次／天)。第 17 品，每天提醒弟子，更平均多達近 14 次 (13.6 次／天) 。在每天短短 50 分鐘的早課中。

4. 時下流行一句話：「很重要所以說 3 次」。那麼，說了至少 2403 次的「身體力行」，說了至少 2626 次的「力行」，有多重要？那麼，說了至少 1883 次的「多用心」，說了至少 10039

次的「用心」，其重要的意義何在？

二、除彰顯經文的重要性及深度，更，明明白白，上人的心，繫弟子的命，慧命。

三、苦口婆心，真正！

行：身體力行的次數

一、次數統計：

1. 「身體力行」這 4 個字，上人在每天的開示，累積共講了至少 2403 次，相當於師父每天耳提面命，提醒弟子平均 1 次以上 (1.4 次／天)。

2. 「力行」這 2 個字，上人在每天的開示，累積共講了至少 2626 次，相當於師父每天耳提面命，提醒弟子平均 1 次以上 (1.5 次／天)。

師父 每一品 耳提面命 提醒弟子 身體力行 力行 多用心 用心 的次數					
品序	集數	身體力行	力行	多用心	用心
(單位)	集	次	次	次	次
第1品。	185	78	89	176	492
第2品	271	223	258	275	924
第3品	266	196	222	270	881
第4品	144	102	111	142	573
第5品	61	104	107	59	337
第6品。	47	98	116	47	253
第7品	130	119	121	109	592
第8品	58	81	88	67	360
第9品	34	84	84	33	184

第10品	57	137	139	68	540
第11品。	65	149	159	70	541
第12品	42	84	84	50	254
第13品	24	47	49	29	215
第14品	72	190	211	85	820
第15品	51	120	135	69	491
第16品。	48	99	107	76	489
第17品	60	205	224	80	815
第18品	36	75	83	41	305
第19品	74	155	161	98	735
第20品	41	57	78	39	238
總計	1767	2403	2626	1883	10039

二、「行」菩薩道 /「做」慈濟：

菩薩道，必須行，才稱為行菩薩道；沒有走，不會到；慈濟有今天，是做出來的。

三、真真實實的身體力行：

若是以為如此耳提面命的殷殷叮嚀要身體力還不夠，那何妨去了解，自 1966 年「佛教克難慈濟功德會」成立至今，50 餘年的歲月，上人帶著弟子們，真真實實的身體力行。

四、依文解字非真解，身體力行才真懂。

四心：關、觀、映、調

一、多用心的方法之一。

1. 在見聞佛法，與身體力行、修行之間，如何耕心田及用心的步驟。

2. 這「四心」，是筆者從 09 年晨起薰法 +03 年進慈濟、做慈濟→在這身、心互動之間，關心自己的心而覺。

二、關心→觀心→映心→調心：

1.「關心」，先「關心」、在乎自己的心。

2.「觀心」，再「觀察自己的心」，當面對人、事、物、理時的起心動念。

3.「映心」，將上人教的法、法華裡的法，與自己對人事物的起心動念、的看法「相映」，看看到底誰對誰錯。當然，到後來會清楚明白「法本無礙，不足的是自己」。

4.「調心」，「調整自己的心念」。

三、警→覺→察→悟，是同樣的道理。

八步：念、解、映、靶、得、慈濟、回

一、多用心的方法之二。

二、念→解→映→靶→得→慈濟→回→時時→念往復循環的次第如下：

1.「念」，每天薰法香時，先在心裡把「手札念一遍」。

2.「解」，試著依自己的知見，「自我解釋」手札的內涵。

3.「映」，將上人開示手札的內容、今天的經文、自我的解釋，「三者相映」思考異同。

4.「靶」，調整自己，久之，「自得靶心」自然很快就能掌握當天

上人開示的重點。

5. 「得」，把開示重點，消化、吸收、聯想慈濟事，心就會有所「得到」。

6. 「慈濟」，練習「依法辦事」，把心得用在「做慈濟」上。

7. 「回」，再「回向」，給自己，的心。

8. 「時時」，且希望能「時時、刻刻、分分、秒秒」都如此做到。

9. 前5步(念→解→映→靶→得)，已是筆者每晨面對「手札」時，具體、習慣性的心動；第6步、第7步，則是筆者回向、回憶自己將要面對的慈濟因緣或已做過的慈濟事，這裡，也會與師父所示的「慈濟事」相映而自我覺察檢討；第8步，則是面對懈怠的自己的自我叮嚀與期許。

情味是另一種法味

一、心絃音：

1. 每天，每天，每天，05:20早課，上人的開示；先「手札」，後「經文」，心絃的撩撥，師父、法華，先、後，來回、來回流動；「手札」與「經文」交融，心靈的薰香—法的香，總有難以言喻的震動。在法味以外。

2. 也在，每天05:20開講法華前的幾分鐘，四眾弟子淨候，寧靜、清澄的大殿，上人禮佛—問訊，一拜，二拜，三拜，問訊。那一刻、那威儀、那攝受、那真實。

二、非玄音：

1. 細細用心感受，原始逐字稿裡的文字，除有法味，更有深深的

情味、有上人無量慈悲的深情大愛，在字裡行間、在絃音以外的聲音。

2. 好似，上人每天精舍早課開示時的呼吸、的語調、的情緒、甚至咳嗽，都緊緊扣住每位弟子的心絃。

慚愧與懺悔

一、慚愧：

師父一而再、再而三、重複說；為什麼自己始終有漏、做不到？！

二、懺悔：

1. 本書內容，是弟子個人慚愧、懺悔的過程；從之前進入導師的多本著作、證嚴上人的《衲履足跡》，到2009年薰《靜思晨語—法譬如水》，再2010年薰《靜思晨語—慈濟宗門》，接著《靜思法髓妙蓮華》；慚愧自己的習性難改，懺悔自己的明知故犯。

2. 希望藉著梳理法華的過程，能自我不斷淨化，提高純度。

覺

一、做。覺。進：

做慈濟。覺察心。進法華。

二、自覺：

「建築師，貴自覺。建築師的作為，存乎一心！用心！

人，也一樣，貴自覺。人的作為，存乎一心！用心！」

三、尋與歸：

心，找到了嗎？真如、本性、佛性，找到了嗎？能恆持、精進多久？

四、為什麼：

「力行」、「身體力行」，「用心」、「多用心」，太簡單的幾個字，那麼容易懂。

為什麼？需要上人一再、一再、再，重複說？

第二節　薰法的「身行」

梳理

一、梳理內容的呈現：

1、每一品梳理的呈現，包括 8 個部分，分別為：

「集數」－上人開示此品的「集數」(包含集始集終)。

「主角」－經文裡的第二、第三「主角」。

「情節」－長行文(故事、對話)的發展「情節」。

「意義」－經文的重要「意法繹義」。

「慈濟事」－上人開示的「慈濟事」或佛典故事，例舉此品代表性，並摘要及小結。

「故事」－此品，每天上人講述「故事」彙整的索引。

「法數」－此品，每天上人提到的「法數」彙整的索引。

「解構」－此品，將偈頌文「解構」的例舉段落。

2.不包括上人「手札」全部的呈現，也不包括《法華經》經文全文，但多有引用。

二、梳理內容的的閱讀：

1、☆建議閱讀每一品梳理的內容時，可以盡量同時閱讀經文，乃至手札(法髓)。尤其閱讀「情節」、「意義」及「解構」時，同時相映「慈濟事」。

2.把握了「主角」，則較易掌握每一品經文內容的最基本脈絡。

3.「集數」、「故事」索引、「法數」索引，此3部分，則利於查找。

集數

一、集數：

1. 是指大愛台播出的節目「靜思晨語—靜思妙蓮華」時（或網路上）每一品的集數。

2. 此集數的多寡，偶而會比精舍每天早課，上人05:20升座向弟子們(包含常住師父、清修士、同仁、志工們)開講法華內容時的集數差1、2集。

3. 因為早課的晨語，上人若出門行腳回來，常常會分享他行腳的心得，或遇風雨太大致收音困難，此時上人開示的內容皆不一定針對法華；或因為前、後品的終始及復習內容，而微調集數。

4. 本書學習的源頭，即是每天跟隨師父升座開示「薰法香」(自2009.07.23)，以及會後再薰、再閱讀整理精舍早課的「原始逐字稿」而來。

二、無量義經集數：

1. 第二編第一章《無量義經》的集數，則依上人2008年開示「無量義經偈頌」的集數，約148集。

2. 此章之內容參考來自「無量義經偈頌講述」。

三、《法華經》每一品的起始集及集數如下：

	法華諸品	開始	集數
序分	序品第一	第 1 集	185
正宗分	方便品第二	第 186	271
	譬喻品第三	第 457 集	266
	信解品第四	第 723 集	144
	藥草喻品第五	第 867 集	61
	授記品第六	第 928 集	47
	化城喻品第七	第 975 集	130
	五百弟子受記品第八	第 1105 集	58
	授學無學人記品第九	第 1163 集	34
	法師品第十	第 1197 集	57
	見寶塔品第十一	第 1254 集	65
	提婆達多品第十二	第 1319 集	42
	勸持品第十三	第 1361 集	24
	安樂行品第十四	第 1385 集	72
	從地湧出品第十五	第 1457 集	51
	如來壽量品第十六	第 1508 集	48
	分別功德品十七	第 1556 集	60
	隨喜功德品十八	第 1616 集	36
	法師功德品十九	第 1652 集	74
	常不輕菩薩品二十	第 1726 集	41
	此品及以後，即第 1726 集起，大愛台尚未播出，此 41 集為精舍早課的集數		
流通分	如來神力品第二十一	精舍早課講述完成	36
	囑累品第二十二		12
	藥王菩薩本事品第二十三		60 餘

主角

一、每一品的第一主角：當然是本師釋迦牟尼佛。

二、第二主角及之後的主角：

　　就是指發起者、當機者、影響者，或經文裡會提到的人物，像〈序品〉

裡的彌勒菩薩、文殊菩薩，還有日夜燈明佛、妙光菩薩、求名菩薩等，或〈方便品〉裡的舍利弗尊者。

三、先知道主角、先知道主旨：

先知道每品經文裡有哪些人物，可以幫助我們先粗略掌握每品故事情節的脈絡、經文的主要意義。對內容的了解，有次第的方便。

情節

一、經文脈絡的極精簡摘要：

1. 《法華經》的每一品，都有很精彩的故事情節；把各品連貫起來，非常引人入勝；內容的內涵，則是生命的答案、人生的依歸、修行的方向。非常值得深入思考及探討。

2. 但由於它是文言文、又是年久的古文、梵文翻過來的文詞，所以對習慣白話文的我們來說，要了解經文就會有一定的隔閡及困難，更不要說是「解」而「信」之了。

3. 所以，本書就試著把每一品的故事情節，依「一段」、「一段」，以極精簡摘要的方式重點表達，藉以了解經文的全貌。

二、一段：

1、所謂「一段」＝是指長行文＋偈頌文。

2. 經文裡偈頌文的內容，主要是對長行文內涵的強調、重述、補充、開展……。

3. 經文裡的偈頌文，因每句都固定字數，對主詞或語意常多有精簡，故只要先清楚該偈頌段落的主詞，則經文的意義自然較容易清楚。

三、此「情節」部分之極摘要，以長行文內容為主。

意義

個人心得拙見每一品的重要意義；包含經文、手札、上人開展的內容。

慈濟事

一、藉事顯理：

見事通理。

二、映應各品：

相映乃至重點當品經文或該段落內涵的慈濟事或佛典故事1、2件；擇其內容之精要，略以回饋每品的意義。

三、珍貴思想流：

上人的語言，如行雲流水，內涵的思想流，是慧命的精華；思想流的行雲，我們要隨著跳躍都不容易，而要斷章截取保留某些部分，其實還更難。

四、「現代經變圖」：

照片會說話。撿擇相關事件的照片，希望藉著「經變照」(現代經變圖)輝映上人講的慈濟事，同彰此品精要。

故事

一、菩薩在人間：

上人是最會說故事的，每一事件都有其多重的教誨意義。尤其慈濟事，是上人引領著慈濟人，50 幾年來，一步一腳印的「慈悲為懷、濟世救人」，在五大洲留下的菩薩足跡。此刻相映經文及手札，更彰顯「靜思法脈勤行道，慈濟宗門人間路」的豐厚。

二、諸佛皆出自人間：

1. 此小節，彙整上人每天開示時所提到的佛典故事、慈濟事。依集序 (每 1 句號為 1 集，每 10 集為 1 小段，每 5 段空 1 行) 為索引，方便查找。

2. 每一件故事，並有故事之主題，提示在先。

三、自然圓融。信念默化：

1. 由此段落，更可一窺，上人開示此品時，當下慈濟行人間事的因緣；當事、理、事相應則，常常，令人有難以思議的巧合的感歎！好似「這件事的發生，就是在等這一段的法義開示」。

2. 例如開示至〈五百弟子受記品第八〉時，要尋找幫助塞爾維亞的因緣，要會合 15 個歐洲國家的慈濟人共同投入去幫助塞爾維亞的發放。此慈濟事與經文裡富樓那尊者的傳法一樣，非常難，卻能成就，而更可貴。不容易啊！

3. 會有如此「難思議的巧合」，當是法的圓融、無礙、以一應萬。

4. 由此「故事」段落，更可一窺此品的重點，尤其在如何落實、如何力行方面。對於信念的堅定，已在默默薰習。

5. 至於筆者對於每一則故事主題的提示，則助顯每一則故事或此品的主要意義。

法數

一、法的重點：

彙整上人每天開示時所提到的法數或法語。依集序 (每 1 句號為 1 集，每 10 集為 1 小段，每 5 段空 1 行) 為索引，方便查找。

二、法的靶心：

法數，也是尊師大德對修行方式，解構之後歸納的重點、靶心；方便我們後學在生活及修行路上的精華提醒。如「3 學」是戒、定、慧、如「四內修」是誠、正、信、實。

三、法的悟入行：

由此段落，更可一窺，浩瀚法海中的重中之重；當同樣的法數天天出現，當「重中之重」的一再開示之後→剩下的就是→之於法，自己的悟入是否真正？自己的入心深度有多少？自己的入行純度有多少？

解構

一、解析組合構成己知見：

1. 「解構」= 分別解析教主、師父、古師、他人珍貴的知、見，重新組合構成自己的知、見。

2. 上人的開示，很有系統、很有組織、很有架構也在這裡；開示的內容，上人慈悲，為了讓我們眾生容易吸收、了解，並且能運用在生活上、做慈濟上，除了講述很多慈濟故事，其實也：

    a. 常常包含了用「多種角度」、「多種類似意義」的文字，來解說法義，

b. 常常包含了用「一步、一步、如何的次第」，來敘述修行方式，

c. 常常包含了必須「如何的同時」幫助別人，來敘述。

d. 用「多種角度」、「多種類似意義」的文字來解說法義，例如：法＝法性＝法身＝妙身＝妙諦＝真如＝真理＝真實法＝萬法之體＝無上甚深微妙法……，幫助歸納了解，幫助身體力行的指導。

e. 「次第」的敘述，例如：聞→思→修→，例如：信→願→行→。

f. 必須「如何同時」的敘述，例如：「五管齊下」。

g. 當然，法無定法，不同情況也可能「次第」＋「同時」並要，或不一定次第而只談必須同時，或只一項，或……。

3. 「解構」只是一種方便；解構的思惟，提供「另一種靜思」的角度，希望多少能利益每一個人，對浩瀚法海的點滴了解及把握。

二、解構的做法：

1. 「解構」的做法，不僅在此小節，也見之本書的其他小節，如情節、意義、慈濟事的故事小結。

2. a. 解構並條列內容 (一、二、三、…，1.2.3.…，a.b.c…，a1、a2.a3…)；像菩提樹，有樹幹、樹枝、樹椏，之明顯及次第。藉以了解經文、上人開示、古師大德詮解之的內容及修行方式。

b. 透過解構，分析了解，了解幹、枝、椏、末實質內涵。

c. 往葉、往外張開闊，自然更容易清楚無量的運用 (舉一反多)。

d. 往根、往內、往深，自然，自然更容易歸納出一、歸納出唯一的關鍵、的靶心 (最重要)，在「菩提心」的「一」與「無量」之間，在「菩提心」「付出」的「一」與「空正見」「無

所求」的「無量」之間。

3. 本書內容：

    a. 用「句逗」、「斷段」、「解構」、「關鍵字」，試著穿越文字的隔閡，了解經文全貌、了解釋迦牟尼佛與弟子之間對話的基本邏輯；超越文字相，一窺經文的美妙；藉著經文的每一句，用心深思，深入人群找尋意義。

    b. 用「→」表「次第先後」；用「＋」表「而且、同時」；「＝」表「相似」(邏輯上、概念上、修行上的，非數學的) 等，作思考上的串連。

    c.「半形的標點」，只是在全形標點及無標點之間多一層前後文句分開的強弱度。

    d. 內文的國字「一、二、三……」，以「1.2.3……」，則是方便整理及對數字數量的一目了然。

    e、標頭的次第為，「編」、「章」、「節」、「小標」(無序號)，小標之後則為「一」、「1」、「a」、「a1」。

4. 本書的目錄，也是屬於樹幹層次的次第。

三、此「解構」小節，以偈頌文內容為主。

四、當「解構」每一品，深解映行每一品：

    自然得每一品的「靶心」。此靶心，呈現在目錄，在每節每品的品名之後。如序品第一的靶心，筆者拙見為：心開。開心。

第三節 以磚引玉

一、師父授：

1. 建議讀者及同修們，也可以先從影片的「靜思晨語—靜思妙蓮華」深入 (從「集數」查找)，或從叢書的《靜思法髓妙蓮華》、《靜思法髓妙蓮華—法華七喻》、《靜思法髓偈頌》深入。

2. 「靜思晨語—靜思妙蓮華」影片，是大愛台播出，上人每一天的開示。同樣名稱在網路上，現在每一集都可以找到。

3. 《靜思法髓妙蓮華》叢書，是各品一一完整的經文、手札、開示的開展。靜思人文出版。

4. 《靜思法髓妙蓮華—法華七喻》叢書，是相關七喻的經文、手札、開示的開展。靜思人文出版。

5. 《靜思法髓偈頌》叢書，以手札為主，另有電子書為開示的開展。靜思人文出版。

二、弟子受：

1. 再從受的角度，看看本厚個人的反省、懺悔、整理及心得。彼此激盪、彼此精進。

2. 以每個人的心靈風光，回饋「響」、「應」給自己的師父，並在妙蓮華的慈濟道上相會。

三、以磚引玉：

1. 《法華經》的經文及上人開示的綱要「手札」(法髓)，絕對是本書最重要、最重要的依據及學習。

2. 本書的內容，為筆者本身個人在薰法後＋做慈濟，解＋行學習中的心得、筆記及總成果為主。內容呈現，除了統整、架構、

連貫的表達以外，更是為了拋磚引玉─引發大家對「妙蓮華」的興趣、對《法華經》的重視。

3. 為版面有限，不得不忍痛割捨了手札全部及經文全文的呈現。

第二編　無量義。序分

第一章　無量義經

第一節　會歸。轉折

集數：148 集 (無量義經偈頌)。

情節

一、有關證嚴上人開示無量義經：

　1. 於 1972 年第一次開示。

　2. 於 2008 年以「無量義經偈頌」(含序曲 +3 品) 為本，第二次開示 (今彙整為即將出版的《無量義經偈頌講述》一書)。

　3. 於開示《法華經・序品》後半段，講及最後一尊日月燈明佛未出家時有八王子時 (經文：「一名有意，二名善意，……，各各懷悲惱，佛滅一何速」)，融入《無量義經・德行品》(經文：「是諸大菩薩，莫不皆是法身大士，……，稽首歸依梵音聲，稽首歸依緣諦度」)。融入部分於大愛台集數為 124 集至 170 集。

意義 (部分內容參考自「偈頌講述」)

一、五時說法：

　上人：1. 華嚴時：佛陀第一時刻講《華嚴》，考慮到大家無法接受，

所以佛陀回歸說阿含，就是隱實施權。既然眾生根機無法接受直指人心見性的方法，佛陀只好繞著轉，用阿含跟大家講話。

2. 阿含時：共分為四部，即《增一阿含》、《長阿含》、《中阿含》、《雜阿含》。不論戒、定、慧，或因果、因緣觀等等，都分門別類在四阿含裡。

3. 方等時：釋尊五時說法之第 3 時。因見一切聞法的人都已得到決定信心，於是大小乘並說。往往在說法中，彈斥小乘，褒讚大乘，促其進趣菩薩位。8 年間曾講過《勝鬘》、《維摩詰》等經。

4. 般若時：般若，華言智慧；時者，小乘既被彈斥，回心向大，然執情未頓泯，由是廣談般若空慧法而淘汰之。

5. 法華、涅槃時：42 年來東語西話，循循善誘，直至今時，機根緣境成熟，靈山高會，人天百萬，三乘賢聖聚會一處。如來於前四時，調機純熟，故於靈山會上乘性而談，令其會權歸實，顯至道之幽微，上中下根咸蒙授記；猶有餘機未盡，故說涅槃一經，是名法華涅槃時。

二、將過去佛陀所說，歸納成一個道理：

上人：1. 《無量義經》就是將過去佛陀所說的阿含、方等、般若等，歸納成一個道理。

2. 所以我們可以斷定，《無量義經》以前所說的法，為方便說；《無量義經》之後所說的法，就是真實法。

3. 由種種考據，我們就能瞭解《無量義經》非常重要，這是一個轉折。

4. 過去是談空說有，所以眾生的解悟各有差別，無法「疾得無上菩提」，因為還沒有很明顯向大家說：「你這樣才是對的。」只是循循善誘，這就是方便。到《法華經》時，就是要跟我們說：「你過去這樣都不對，來，你開始要走這個方向。」

　　但過去是不是都白走了呢？沒有白走。無論你從東西南北邊來，都跟他們說「要集合到中央，現在一起趕快往中道行去，這樣就對了。」這個中道就是菩薩道。

　　無論佛陀是談空或說有，過去的權教不是在浪費時間，是因為眾生的根機、方向不同，所以要用不同的方法來引導；現在就是要到《法華經》的時代。這個引導的期間，就是《無量義經》。要讓東南西北的人都來到一個據點，這就是轉折。

5. 常說《無量義經》是《法華經》的精髓，《無量義經》的地位很重要，是由方便轉入法華之前的一個方便經。

6. 為什麼說《無量義經》是方便經？

　　因為，這是要把權轉回來進入《法華經》的門徑，也是《法華經》真實法的一個前序；這部經的性質是什麼？先給我們一個起頭，它有開權顯實的重要地位，讓大家不再執著在權的方便法，讓我們瞭解應該要用靜寂清澄、非常寧靜的心來聽法；聽了之後要聞、思、修，才有一個方向可修，所以我們要講《無量義經》。

三、選擇精要說：

上人：1. 開始《法華經》前，把無量義的系統重新分享，不是從頭說起，是把《無量義經》裡，較精要的章句選擇出來說。

2. 這個「精要」已經譜成曲，有歌、有曲、有詞。《無量義

　　經》的手語或是歌曲，我們可以時時聽；這樣「聞思修，持唱誦」，要「得佛心，行在法中」就很簡單。

3. 心中有佛，行中有法，這也是開始要進入無量義精要的法統。

4. 靜思法脈就是從《無量義經》精簡的道理開始。

5. 靜思道場是勤行道，我們要導天下人入人群中，就是慈濟人間路，這和《無量義經》很密切。

6. 我選擇這些文句與大家分享，讓你們要唱能唱，要誦能誦，能靠近佛心，行在法中。一定要用心，不要散亂，要聞思修在勤行道上，立在人群中，心中有佛，行中有法。

四、《無量義經》最重要的含意：

上人：1. 無量義經三品中，最重要的含意，就是佛陀因為眾生「性欲無量故，說法無量；說法無量故，義亦無量。無量義者，從一法生；其一法者，即無相也。」

2. 「一說無量」是權智；「於無量說一」是實智。

3. 很多的道理就是從一法生。一法者就是無量義，無量義也就是一法。

4. 「一說無量」，佛陀看到人間的事相、人我是非、煩惱等等，因各種不同的根機分別著於世間的形形色色，故以種種眾生的根機分別設教，這就是權智。

5. 「於無量說一」，《法華經》就是要總收回來。眾生的根機不同，所以隨機逗教；給眾生教育後，現在要再跟眾生說：「來，過去所說一切的一切，只是要跟你們說一個道理，就是『心、佛、眾生平等』。」人人都有佛性，這就是實智。

五、解釋「無量義」：

上人：1.「一」能生無量＋「無量」從一生＝是即無量義。

2. 於一說無量＋於無量說一→看似平淡，探究其道理，甚是深奧玄妙。用在日常生活中，隨緣遍行。

3. 說「一」，無不都在諸法「真空」中，無不都用在其「妙有」中；說真空、談妙有，「萬法」無不歸於「一理」。

4.「於一知無量」＝是分別智、觀境；「於無量知一」＝是平等慧、諦理。

5. 於一毫芒中入三昧理→說無量義應世間法→轉惡為善化濁世為淨土。

上人：若靜下來好好思惟，人生真的很奧妙。如此奧妙的人生，看起來好像很複雜，徹底想起來就是這麼簡單，在簡單中去體會真正的人生，只有一個字，叫做「妙」。

妙能生無量，無量也從一生，就這樣「一」能生無量，「無量」從一生。人世間無論多麼單純，妙中有無量的妙；複雜中也很簡單，就一個妙字。

日常生活中，哪一件事不是妙呢？光衣食住行，大家仔細思惟，難道不是很妙的事嗎？穿衣，妙不妙？一塊布，得來不容易，用什麼東西完成？細細深思，是不是很奧妙？吃，大家端起碗、拿起一雙筷子就能吃了，看起來是這麼簡單。吞下去之後，是什麼東西在我們身上？如何組成、分離？什麼是營養的東西？什麼對身體有損？如何累積成為養分？又如何累積成為破壞身體的機能？我們可曾想過嗎？從來沒有，卻是很奧妙。就像大家的唾液中，其實有很多不同的細菌。

最近有一位志工令我很擔心，也帶給醫師很多擔憂。有一

天，他覺得自己不太對勁，就問一位師姊：「我怎麼有時走路都偏得快要撞到人，怎麼會這樣？」師姊：「師兄，這樣的確不太對勁，是不是快去看醫師。」其他師兄也在旁邊說：「對、對，要趕快去看看。」

志工把他送到附近的一家醫院，醫生看了：「這狀況很奇怪，要住院。」聽到要住院，他說：「那就回新店慈濟醫院好了。」到新店慈濟醫院，醫師趕緊安排讓他作檢查。初步檢查，病因不很清楚；過程中，他的變化很快，昏迷；最尖端的儀器都用上；結果發現腦部好像有顆瘤，長在很不好的位置。大家還著急是不是能開刀？他的病情變化更快，要趕快做徹底的檢查。很多科來會診，但他的腦部一直膨脹，體內的液體一直增加，要徹底檢查來不及。花蓮慈濟醫院的腦神經科醫師邱琮朗和一群神經外科的小組也趕過去，到達時已經漲成要開刀也無法下手，能夠做的處理就是先抽腦脊髓液去檢驗。腦脊髓液抽出來很臭、很稠，開始時看起來是清澈的，忽然變成膿。檢驗報告出來，是一種細菌感染。分析細菌時，醫生：「很奇怪，這種細菌怎麼會跑到腦部去？」到底是什麼細菌？很罕見嗎？不是，是唾液裡很普遍的細菌。但它怎麼會跑到腦裡去？幾天前，趙有誠院長回來：「百思不解，無論七孔或全身檢查，都找不到哪裡有漏洞能讓細菌跑到腦裡。」

人體的構造就是這麼精密；看看身體，哪一樣不是很奧妙呢？看起來簡單，就一個人而已；人的全身，不同的系統很多；細菌中奧妙的道理也很多。

細菌複製實在非常快速。剛開始想要如何開刀，集大家的力量分析，但他的腦一直漲起來，水變成膿；變化之速，實在無法描述。直到現在，將近 2 個月，唯一的辦法就是讓他睡，幫他把腦脊髓液抽一抽。有一段時間細菌控制得很好，但最

近忽然再復發，又怎麼了？光在一個人身上，動員多少人在探討。想想，奧不奧妙？真的是深奧。

人生，看起來就是這麼簡單。但光在一個人身上，要探討他身體世界的構造，就這麼不簡單了。多少複雜的東西集中在一件事。這件事找出來也是那麼普遍，但還不知細菌是怎麼跑去腦裡。這樣的微生物，從哪裡進去？還是百思不解。

人生，若要說起來是那麼複雜。所以，我們應該好好思考，複雜中其實能很簡單。知道道理之後，凡事看得開，就能理解，一切都歸於大自然的法則。

這種大自然的法則，能分散到很多複雜的生物，所以一項生物就能說很多道理。像我現在說的人體，要再如何分析，幾年也分析不完。簡單的一個人，為什麼有這麼多生理問題？不只生理問題，還有心理問題！無論物理、生理或心理，理所當然每天都這麼過；雖這麼過，卻有很複雜的事情，我們都不覺知。若知道又如何？有的人很執著，因為執著又產生無量無數的無明煩惱。

上人：「於一說無量，於無量說一」。理，說起來就一項，很簡單。若一理通，則萬理徹，回歸大自然還有什麼好計較的？！是人把它複雜化，所以不得不從複雜的道理去探討；探討究竟，就是這麼簡單，道理就在自然中；看起來好像很平淡，探究它的道理卻是很深奧，也很玄妙。日常生活中，我們要學會「隨緣遍行」，人與人之間，若不順著大自然緣生緣滅的因緣，心就會常常綁住，這是我們要學的功夫。

上人：「說『一』，無不都在『諸法真空』中」。若只說一項，要如何回歸？就是這些法全都回歸就是「空」。

一個人的病痛，無論要集多少人的知識，多少的物資，多麼高科技的儀器去探索；探索之後，還要再用多少東西去應病

下藥或應病割除等等。這個人永遠會存在？即使是九死一生，到後來，仍是萬生一死。無論人怎麼遇到危險，又如何活回來等等，最後還是歸空。

空之後，是不是就真的空了？分段生死。每一段人生，無論你的經歷如何，到最後就是在人間消失。是不是全都消滅掉了？還有。還有什麼呢？業。

這又是很奧祕的東西，這輩子你怎麼做，什麼都能消去，什麼都帶不走；唯一消不了、帶得去的就是「業」。是不是很奧妙呢？真妙，諸法就是真空。有留下什麼？業。業從哪裡看出來？

在一個人的身上，可以藉重儀器去發現我們唾液裡的細菌，若用眼睛看，哪有什麼？空的。眼睛看不到的這個空，就是「理」；微生物的道理在那裡，平時看不到，但它有它的世界，這就是法。法，歸於它本身的位置，大家就相安無事，也是「妙」。在它不調和的時候，就變成人不調和的病痛。這個微生物如何竄出去？不知道。這麼地微細，即使用顯微鏡都沒有辦法看到，到目前為止，無法找到它從何來。

要說它有，確實有；說它沒有，真的看不到，這就是法。一定要一直找，有法就有辦法找，只是還不知道細菌感染的路線怎麼走？所以還要再探討源頭，才有辦法治病。

路就是道，「諸法真空」也無所不用在「妙有」中。現在的科技能找到微生物，它有它的源頭，自然就有它的路線，這就是在妙有中；說它真空，其實真空中就是有妙有。

無論是一個人的生死，或大乾坤的大三災、小三災，都有它的妙有存在；所以說真空妙有，在妙有中有真空。佛法的道理就是在說真空、談妙有。萬物分析到頭來，什麼都是真空；在你與我之間，哪一樣是實有？今天這個時間是真的有？我從

哪裡來？你們又從哪裡來？在這個境界裡，時間都不常住了；在我們的身上，有常住嗎？都跟著時間空過，因為身體在老化，新陳代謝不斷在生滅中。

從我剛才坐下來，那個時間，到現在，短短幾十分鐘，我身體內的新陳代謝不知道細胞死掉多少？又再成長多少？這都在很快的時間中生滅。我們哪一個人是常住在有？大家覺得「師父就是師父，我就是我，怎麼沒有？明明坐在這裡，你在說，我在聽，有啊！」但是我剛才說什麼？記得嗎？可能也漏掉很多。是不是多少有留在心中？拿得出來嗎？拿不出來。記得我說什麼，就是妙有，但是要拿出來，沒有。

一切物質，來自不同的因素配合，所以名稱不同。一枝草、一朵花、一盞燈，是多少東西所會合的？講話用麥克風需要電，電怎麼來？電能擴大我的聲音；電能使燈光亮，你看得到我，我看得到你；還可以錄音、錄影。哪一樣離得開電？電，看不到，但存在。雖然看不到電，但是若人碰觸到，傷害很大；若經過不同的系統處理後，對我們的日常生活幫助很大。想想，妙不妙？這就是妙有。

「說真空、談妙有，『萬法』無不歸於『一理』」，只有一個「理」字而已。要說佛法，真的是無量義，世間有很多東西，無論看得到、看不到，都能通達得到，實在無法一一解釋，但是要靠我們的智慧靜靜思考。

上人：「於一知無量」＝叫分別智觀境。要好好靜觀，用靜寂清澄的境界來觀想思惟，用世間無量無數的萬法去分別；這種分別，要深思入觀的境界，叫做分別智。從一就能知道很多，但要靠分別智去觀想、去體會。

「於無量知一」，這是平等慧的諦理。世間事事物物這麼多，要如何將這麼複雜的事情回歸簡單，就需要智慧平等。假

使用分別心一直去分別，可能拉不回自己這念清淨的本性。所以雖有智在分別，但必定要用慧歸於一理，慧是平等慧，這叫真理。

「一生無量，無量從一生」，無量再歸一就是智慧，智慧就在無量義中。

「於一毫芒中，入三昧理」，三昧就是正思惟。要讓心靜下來，好好思惟，才能「說無量義，應世間法」。若能有這種智慧，才能很微細地入毫芒中的三昧理，才有辦法說無量義。

無量義的道理，要應世間法，世間法「善惡無記」，要如何「轉惡為善，化濁世為淨土」，這實在是一個很大的工程。

上人：不過，心若單純，真正入靜思的境界，時時生活在靜思中，自然就不會被複雜掉。靜思觀境界，事事物物自然就很清楚。清楚，就能回歸智慧的道理，就平等了。

六、「靜思」：

上人：靜思，靜靜思惟，應該道理是出在這裡。

七、會歸、轉折：

1. 佛陀，說法 40 餘年之後，從無量轉折至一，中道、菩薩道；慈濟，上人帶弟子行法 40 餘年之後，從四大八法會歸至一→《法華經》。

2. 道理是一；說法是無量，行法是無量。

3. 靜思之後，自然漸漸清楚。

慈濟事（部分內容參考自「偈頌講述」）

一、說《無量義經》的「無量義」/印尼源起。

第二編 無量義．序分

上人：2002 年印尼水災，慈濟人投入賑濟，所以有了「紅溪河」這個故事，而且成為國際間能作為典範的救濟方式。那時候的印尼，常常有衝突、示威、放火、搶劫。因為愛的力量聚集，我們為那個地方造了多麼多的福，使印華的衝突、社會的動亂，能緩和下來。

我們知道很多企業家力量很大。其實最初那顆種子，實在很小、很不起眼的小種子。

起因於 1994 年，台灣有一位幕後委員喬秋萍 (註 1)，當時還未受證。有一次她找一些會員來家裡，與她們分享慈濟；其中有一位很年輕的家庭主婦梁瓊 (註 2)，聽著、聽著，很感動說：「我也邀一些朋友來參加」。就這樣，她開始幫喬秋萍去收朋友的功德款。

到了孩子要讀書，好像壓力很大，又感覺台灣社會很不穩定，她就把孩子送去新加坡讀書。已經發起這念心，愛的種子已經在她的內心，所以她就問：「我若帶孩子去新加坡，那裡有沒有慈濟人？」喬秋萍跟她說：「有，新加坡有一位靜蓮師姊 (註 3)；妳到那裡，就去找她。」靜蓮那時候在新加坡，也在收功德款；哪個地方有貧窮孤老無依，她同樣零零星星做些好事。這念愛心會合，靜蓮就邀梁瓊：「我們要去養老院關懷，妳要不要去？」「好啊！在台灣我也有參加。」「我們要去孤兒院，妳要去嗎？」「好啊。」這顆愛的種子更加落實在她的心裡。

後來，先生被派去印尼工作，梁瓊就跟去。她覺得印尼怎麼貧富懸殊那麼大？就跟先生說：「我很愛做慈濟，我跟你來到這裡，沒慈濟可做，很辛苦。」先生：「妳若有辦法就去做。」就這樣，她找了幾位公司員工的太太，看哪個地方有貧窮，哪個地方有災難，大家邀一邀，就開始做。

　　慢慢的，寶琴 (註 4)、素美 (註 5) 等好幾位就聚集起來。粒粒小小的種子就這樣延展。印尼常常有水災的個案，他們大家湊一湊，就去幫助。

　　後來賈文玉 (註 6) 加入，她覺得這一群人怎麼這麼好，所以有人邀她，她就跟著去。但感覺只有這幾位女人家，力量怎麼夠？就向她的老闆勸募。這些女人家慢慢各人向她們的先生，還有先生的老闆勸募。較大的苦難，就把男眾居士聚集起來去救濟；哪裡有孤老無依或哪裡有病苦沒有醫藥，就去幫助。慢慢，影響到當地的華人企業家。

上人：雖然太陽很亮，月亮在晚上也很亮，但不要輕視小小的星光，小星星也會發亮。梁瓊在台灣加入會員，瞭解慈濟後，自然有這個因緣，慢慢愛心擴大，去募會員。為了孩子的教育，她去新加坡；為了先生的事業，她跟去印尼。這顆種子愈深，在心地裡就愈擴愈大，愈複製，愛心累積愈來愈多。所以，不要輕視小人物，他們其實是做大事的人。若不是這幾位家庭婦女，哪有今天的印尼慈濟志業？在這個國家這麼受重視。

　　2002 年紅溪河水患發生，很感恩她們，已經把愛的種子鋪在企業家的心中。還有思賢居士，他是企業家，以他對慈濟、對全球形態的瞭解為慈濟跑遍全球。幾年來他與印尼的企業家都有結緣、有互動；所以紅溪河水災時，我拜託他：「印尼水災好像一兩個月了，聽說有一個貧民窟還浸在水中，這樣很危險，是不是你先去看看。」那時候，他正好從美國回台灣，就去了。他帶回來讓我看的相片、錄影帶，真的很不忍心。我拜託他趕緊與那些企業家稍作溝通，既然他們發心立願了，是不是請他們回來一趟。

　　尤其紅溪河水患前，黃奕聰老居士在 2001 年時曾帶他的兒子黃榮年回來皈依。那時我跟榮年說：「你既然皈依了，要

『以佛心為己心、以師志為志』；我若要你做什麼，你要在那裡承擔慈濟志業。」他跟我說「好」。

2002年3月初，印尼慈濟人回來了，我跟他們說：「那個地方很可憐，你們人人都在當地有事業，這樣的水災對社會也是一個潛伏的危機。衛生那麼差，萬一瘟疫發生，雅加達整個社會人人都會岌岌可危。蚊子不是只叮貧窮人也會叮富有人。何況，你們就地用人的勞工，取人的資源，更應該回饋那個社會。」那一天談很多，他們也覺得有道理；既然有道理，就要行，所以「五管齊下」，第1抽水，第2打掃，第3消毒，第4義診，第5清理紅溪河。找一塊好的土地，為這些災民建設，讓他們安身、安生活。

這些事情，他們回去後都幫我做了。印尼數一數二的大企業家，金光集團的總裁黃奕聰老先生，80多歲，受到師父的委託，除了請總統、省長，動員警察、軍人，又再帶動當地災民、民眾，動員公司的員工，自己也在那裡打掃、鏟泥土，實在很令人感動。

上人：所以，不是發心就好，必定要身體力行。黃老先生身體力行；還帶動他的家族、他的兒子、他的員工；當然就影響到全國，上自總統以及省長，還有企業家都一同投入。

我請他們把紅溪河上面的違章建築拆遷，那居民要去哪裡呢？請政府提供一塊土地，由慈濟為他們蓋房子，所以才會有大愛村。但要怎麼遷？他們：「請政府出面，使用公權力。」我：「一定要安撫被拆遷的每一戶，請政府給他們錢，讓他們先去租房子有安身的地方。」

當時政府也願意接受，每一戶給50萬盾。我聽到這消息，說怎麼那麼多，原來50萬印尼盾折合台幣1千多元。後來要拆遷住戶時，政府說沒有錢，郭再源居士借錢給政府，讓政府

發現金，安頓這些災民搬離，慈濟才開始去清理河面、拆除違建。

　　現在紅溪河的水會流了，也能划龍舟；不再是爛泥巴水，慢慢恢復原來的清澈。這段水災的歷史，能夠帶給國家安心，真的是造福。大愛村蓋起來後，慈濟發放 5 百萬噸的米，分 3 年的時間，不斷去發放，安撫那些貧窮人的心。

　　這股大力量，使印尼雅加達整個亮起來。印尼人本來很排華，因為當地富有的人一直富，貧窮的人一直貧。有了慈濟這顆愛的種子撒播，現在變成富者更富有大愛；不只富有財產權勢，而是變成富中之富，懂得作大布施。他們把握時間、因緣不間斷，發大心、立大願；不只有形的財物布施，還身體力行布施，將心中那念大愛，不斷不斷複製，成為別人生命中的貴人。

　　印尼人一向貧困，面對富有的華人，難免心理不平衡，所以時時會示威，造成社會衝突、對立。自從這些富中之貴的人以大愛去愛他們；他們雖然還是貧，不過已經變成「清貧」清淨的貧。煩惱無明去除，仇恨就沒有了；現在是感恩心；不只感恩，還能去付出。人說，窮途末路，鋌而走險。他們的心已經超越物質的貧，變成清淨的貧，也有貧中之富的人，不論 1 元、5 角都能布施。

上人：看到印尼在變，變成更光亮、更清淨、更富有、更祥和，都是因為那幾顆小星星，讓它能發亮到現在。雖然印尼還是常常有災難，不過可以很快得救，因為有富中的貴人在那些受災難的生命中出現。

　　不要輕視一點點的愛心，每一位會員的發心，都要很感恩，這全都是人間菩薩。

　　人人要用心，把握因緣用大愛耕種；心地福田，要普遍撒

播，聚福緣才能消弭災難。

　　（註1：喬秋萍，北區資深慈濟委員，接引許多人加入慈濟。註2：梁瓊，印尼第1顆慈濟種子。註3：劉桂英，現為明竟法師，新加坡首位慈濟種子及第一任會務負責人。註4：高寶琴，第一批在印尼當地投入慈濟的志工。註5：劉素美，將住處作為慈濟第1個聯絡點，現任慈濟印尼分會執行長。註6：賈文玉，印尼第1位本土慈濟志工。曾任印尼金光集團黃奕聰先生的祕書，在她的接引下，促成黃奕聰、黃榮年返台拜會上人，加入慈濟。實業家的慈善力量，也開啟慈濟在印尼的新契機。）

★無量從一／印尼的昨天，源起因緣紅溪河。思賢師兄與印尼志工及雅加達政府官員，乘船瞭解近一年來的整治進度。攝影：蕭耀華

○故事小結：
1.藉印尼的源起→說「無量」，說竹筒歲月，說與慈濟一樣的小星星，一樣的一與無量，一樣的莫輕小緣。因為一可生無量，一粒小種子，可成大樹，可生無量的種子。
2.這分意義，也可以用來，對他人→莫輕他緣，對自己→莫輕己緣。

★一生無量／印尼的今天，雅加達靜思堂，旁邊還有慈濟醫院大樓。四大志業在印尼已臻完備。攝影：Anand Yahya

二、說《無量義經》的「慈悲」／約旦。

上人：2003 年，世界發生一件人禍大事，3 月 20 日美伊戰爭爆發。美國起兵轟炸伊拉克，伊拉克人民的生命、家庭、財產，每一

秒都在毀滅中。家破人亡，多麼悲慘。從那時刻開始，我的心就一直很擔憂。我們沒辦法阻止這場戰爭，而且一定會有難民潮，我們要開始做準備，如何幫助那些受苦難的人。他們若逃難，方向會往哪裡去？分析一下，一定會去約旦。

約旦有慈濟的種子，悲心勇猛的菩薩，陳秋華居士(濟暉)。他是師父的弟子，在約旦親王身邊當侍衛長。我趕緊跟他聯絡：「你要準備了，將來難民潮可能會到約旦。」他問：「師父，我要怎麼做？」我：「台灣幫你準備毛毯、食物等物資，若送到那裡，你要去發放、照顧那些難民。」開始先匯現金，還有運送毛毯。

很感恩，台灣的慈濟人做後援。大家馬上動員為難民做準備，趕緊大量製作需要的物資；完成後，以海運送到約旦。每一件事都仔細設想，不論吃的、用的；罐頭要合他們的口味，毛毯裁剪要符合中東人的體格、天氣的需要，寒冷時可披在身上，晚上睡覺又能蓋得溫暖。

濟暉在約旦等於是前線，帶領他的家人、弟弟一家人、當地志工，每天在邊界守候。果然難民潮一直往約旦來。約旦多沙漠，要照顧難民，他們每天必須在沙漠中奔馳幾百公里。那段時間，實在無法藉語言向大家分析，這種不為自己求安樂，只為眾生得離苦的人間菩薩。令人很感動。

濟暉面對那麼遼闊的國土，要如何照顧從其他國家逃難來的難民？他去向人借倉庫囤貨，每天去發放這些物資。約旦離台灣那麼遠，美國和伊拉克戰爭，跟我們有什麼關係？同樣是一念悲心。

5年了，在伊拉克所見還是像廢墟，要恢復家園已遙遙無期；尤其現在，常常聽到恐怖分子的汽車炸彈，或在商店、在熱鬧的人潮中會有炸彈爆炸。戰爭還沒有停息。

伊拉克的人是這樣，美國青年也損失無數。這種生命的喪失，到底取得什麼樣的利益呢？沒有。想想看，到底怎麼了？很多事情，都是累積起來的。這場戰爭起自 2001 年的 911 事件，這在國際間是非常悲悽慘烈的。2 架飛機先後撞向雙子星大樓，不到 10 分鐘，2 幢大樓垮下來。多少優秀的人才在裡面，幾千個家庭，因此而家破人亡，損失非常大。從此，美國一直積怨，直到 2003 年的 3 月 20 日發動戰爭。人間的仇怨，造成無辜的人民受災難，這是不是很可怕？

上人：災禍之源來自貪瞋癡，我們要常常把自己的內心照顧好。911 事件後，台灣在 10 月 13 日啟動「一人一善」愛灑祈禱，呼籲大家要虔誠齋戒，在關渡和美國同時為這些遭難的人祈禱。

　　前面講「貪」字，大家想的只是貪財、貪名、貪利；其實在日常生活，待人處事，輕重到底要如何拿捏？難免也會有一些事情我們要常常懺悔。比如「我說的，你們若沒有照著做，我就開始發脾氣；發起脾氣來，我就不理這件事了」，這是不是智慧？不是。

　　該負責任的時候要負責任，只要是為眾生、為人群，就要承擔責任。要負責到什麼樣的界限？就要用智慧分析。做不夠，不對；貪過頭，也不對。界限到底在哪裡？在修行中，有時候也會有拿捏不準的時候。若在日常生活中，有正思、正見、正念，就不會偏差。

○故事小結：
1.藉約旦的濟暉師兄→說「一」，說《無量義經》的「所發慈悲，明諦不虛」。因為無量從一生，無量的愛行，從一分愛心生。
2.《無量義經》的源起心＝是「所發慈悲，明諦不虛」；生命的密碼＝是慈悲、是大愛。
3.慈悲因為：畢竟空；大愛因為：平等一如。

★大愛／寒冬中，慈濟志工為難民們帶來全球慈濟人的祝福。阿紮來卡難民營，約旦境內第五座難民營，目前約安置 3 萬 8 千名敘利亞難民。攝影：黃筱哲

★慈悲／一歲的優塞夫（Yoseef），準備開刀治療疝氣，禁食中，深情窗外。寒冬中，台灣志工前往約旦義診及發放。經評估，將札塔里難民營裡需要治療的 20 幾位孩子們送到安曼醫院進行手術，優塞夫是其中之一。攝影：黃筱哲

第二節　德行品第一／慈悲、平等

主角：大莊嚴大菩薩。

情節

第一段

1. [六成就竟，包含介紹參與法會的眾成就，及信、聞、時、主、處等成就] → [與會者，一一行禮如儀虔誠供養]。

2. [唱名 29 位菩薩 (能證之人)] → [讚嘆菩薩的德行 ＋ 功德 ＝ 內修 ＋ 外行 ＝ 修行過程 (所證之法)] →

   [請佛轉法輪，四諦、十二緣、大乘法] → [再以種種譬喻說菩薩的德行]。

3. [唱名 20 位阿羅漢 (能證之人)] → [讚嘆阿羅漢的德行 ＋ 功德 ＝ 內修 ＋ 外行 ＝ 修行過程 (所證之法)] →

4. 大眾、天地，共虔誠、共恭敬。

意義

一、「靜寂清澄，志玄虛漠」，是我最歡喜的一句；我終身的方向，回歸靜寂澄清。

上人：《無量義經》開頭以〈德行品〉讚揚佛的德行，就像我們請人來演講，要有司儀介紹演講者，有什麼樣的經歷，做過什麼事一樣。

　　佛德至高無上，看看佛陀一生的事蹟；如何從享受的環境走入苦行，經歷多少生活中有形、無形，非常坎坷的過程；他的毅力、意志，一直到心智開了，啟悟天地宇宙萬物的真理，成為宇宙大覺者。這樣至高無上的清淨德行，在〈德行品〉裡有讚揚、解釋。

上人：如何才能顯出佛德？最重要的，就是清淨德性。

　　我們與佛都有同等的清淨德性，只是缺少佛陀那分堅定的決心，無法捨掉過去生活的習氣。還帶著習氣在人我是非中。我們就是缺少這一點，所以清淨的德性無法顯現出來，不得開悟！這就是凡夫與佛最大的差別。

　　佛陀是以清淨德性，來做施教眾生的典範。其實，佛成佛已無量劫數，他不是 2 千多年前，出生在印度淨飯王皇宮的悉達多太子時，才開始發心修行。他是在無量數劫就已經成佛，但為了要救度眾生，不斷再來人間，但芸芸眾生卻愈來愈多。佛的時代，人口有多少？根據科學家分析，西元 1 千年，人口差不多 3 億多而已。由此可知，2 千 5 百多年前，地球的人口更少。

　　不過，佛陀從那時候開始，就覺得芸芸眾生的無明一直增加，習氣、煩惱、業力愈來愈大，所以，把這世間叫做「五濁惡世」。在劫濁中，眾生垢重，眾生的心一直就是無明煩惱，欲念愈來愈增加；現在享受的人實在很多，不敢吃苦的人也愈來愈多。看看佛陀，他敢吃苦，離開皇宮，捨棄過去的生活享受；走過這麼辛苦的路程，離開了人我是非。

上人：佛陀為了度眾生設施種種教育，讓大家知道：「若要真正體會清淨的大道理，就要和我一樣。」言教不如身教，所以他先建立起人品典範。常常說：「人格成，佛格就成。」為施教眾生做典範，所以他要成就一切功勳威德。

　　佛陀在人間，在那個時代，開始走入人群；上至國王、大臣、貴族，甚至多少複雜的宗教，他都一一降伏。很多迷信的觀念，被他扭轉過來，可惜時間太短，因為佛陀說法才 49 年而已，佛法在印度還沒有辦法真正透徹。印度是那麼開闊，宗教是那麼複雜，有 96 種外道教，短短的時間，怎麼有辦法把這些宗教迷信的習性去除？不過，已經有不少人被佛陀度化，如大迦葉、舍利弗、目犍連，都是外道教的領導者，佛陀把他們度進來，就是對佛教施教建立的一大功勳。

　　像迦葉、大迦葉、須菩提、舍利弗、目犍連等等，若再繼續用他們的法去教育，是不是會讓更多人仍在外道教的迷途裡？現在佛經能夠流傳，也是大迦葉尊者等大比丘、長老集經，我們修行才有經典可依據。

上人：佛陀成就了一切功勳、威德，真是偉大，所以稱作〈德行品〉。佛陀平時講經，也是在稱讚其他過去的佛、他方的佛，何況在《無量義經》開始，同樣要先稱揚佛德。大家在誦《無量義經‧德行品》時，就誦得到了。

　　應該瞭解佛德，對佛德要很尊重；不只尊重佛陀，還要尊重自己，因為我們有和佛同等的清淨本性。只是我們無法像佛陀那麼的勇猛精進，能毅然將過去的生活習氣斷掉，所以我們叫做凡夫；但是凡夫也能成佛，只要人人多用心。

二、唱名：

1. 《無量義經》唱名：20 位阿羅漢 +29 位菩薩；

　《法華經》唱名：21 位阿羅漢 +18 位菩薩。

2. 「唱名」以明「能證之人」；「讚嘆德行」以明「所證之法」。

三、德行／行德：

1. 阿羅漢的德行、菩薩的德行、佛的德行，言簡意賅，集盡精華，是我們的人生道路、做人方向，也是自己做慈濟的燈塔。

2. 解義費時短；讀頌費時更短；身體力行才有了解，體解，信解。需要一步、一步，踏實，精進，需要累劫萬行。

3. 把握當下，此生盡形壽行善、修行、做慈濟。

4. 從「藍天白雲」的作為中去蕪存菁。透過事相體解理相、藉有為存菁無為、藉法華無量方便的有為歷歷示現法華無量的真實無為法；再從無為法回饋有為法。而《無量義經》的〈德行品〉正是菩薩道的精髓。

四、無量義：

1. 一：a. [無相之相有相身，眾生身相相亦然]=[眾生與佛有相同的、無相、有相]=[心、佛、眾生三無差別]=[眾生、人人皆有機會成佛，差在用不用心]。

   b. 慈悲是唯一。

2. 多：力行方法本來無量，方便需多門，八萬四千法，六度以萬行。

3. 一與多：守好一念心；盡行，很多、很多的道法，力行在成佛唯一路的菩薩道上。

解構

偈頌文摘錄：

1. 大哉、大悟、大聖主，無垢、無染、無所著，……，慈悲十力無畏起，眾生善業因緣出。

2. 非……，非……，

3. 示為丈六紫金暉，方整照曜甚明徹，……，而實無相非相色，一切有相眼對絕。

4. 無相之相有相身，眾生身相相亦然。

5. 能令眾生歡喜禮，虔心表敬誠慇懃，……，稽首歸依妙幢相，稽首歸依難思議。

6. 梵音雷震響八種，微妙清淨甚深遠，……，稽首歸依梵音聲，稽首歸依緣、諦、度。

7. 世尊往昔無量劫，慇苦修習眾德行，……，我等咸共俱稽首，歸依能慇諸難慇。

偈頌文大意：（1 對應 1，2 對應 2，……）

0. 偈頌文的內容，主要是讚佛的德行＝我們修行的方向目標。次第如後 [一心共讚佛的德行] → [包括佛的法身、化身] → [眾生一樣可以有佛的德行] → [佛陀以德服人] → [契理契機、觀機逗教] → [佛陀德行，乃累劫且萬行而有，總括為六度]。

1. 敘述佛的法身。

2. 乃以「負面表列」方式敘述。當所列這些都不是佛的法身，那佛的法身是什麼？非有為，是無為。

3. 敘述佛的化身的莊嚴。

4. 心、佛、眾生，三無差別。我們也有佛的德行喔！！！

5. 佛陀以德服眾，非以力服人。

6. 以四諦、十二緣、六度契機逗教。

7. 修行,必須,歷經累劫生生世世＋萬行不斷付出＋盡行諸佛無量道法＋且勇猛精進名稱普聞＋成就甚深未曾有法→才可能有此德行。

第三節　說法品第二 / 一、無量

主角：大莊嚴大菩薩。

情節

第一段（4 問 4 答以求法）

1. 第 1 問答：問疑。

2. 第 2 問答：何法門，能疾得阿耨多羅三藐三菩提？

3. 第 3 問答（類法說周，直接說真實）：無為法→[眾生心＋菩薩心]→有為法→[法一；眾生四相遷]→[修無量義法＝了解無為、有為＋菩薩說法從一實相、慈悲出發＋菩薩說法從眾生性欲無量逗機＋苦拔復說]→此法殊勝無上→應當修習。

4. 第 4 問答（類因緣周，示過去 42 年）：佛陀說法 42 年過程→法譬如水→[一相一味；奉佛多少]→唯佛與佛能究竟→此法殊勝無上→應當修習。

5. 總結：普天同慶→[眾蒙法益，隨奉佛多少、隨器大小；但皆能不退心＋發無上心]。

意義

一、木中有火，不鑽不出；沙中有金，不淘不得；心中有道，不覺不悟。

　上人：道理比比皆是，只是我們沒有去發覺。譬如「木中有火不鑽不

出，沙中有金不淘不得，心中有道不覺不悟」。其實眼睛所看得到的東西，都有精純的道理存在。

如火從哪裡來？現在的人都說從石油來。石頭裡有油嗎？沒有，石油只是一個代名詞而已。在宇宙間，大地離不開火；若沒有溫度，就會很冰冷，地面上就沒有生物能生存，所以一定要有溫度。地、水、火、風也不離開我們的生活。太陽出來時有溫度，而晚上沒有太陽時要怎麼辦？大地有它所儲存的能量，能讓我們生活。這種溫度的能量存在什麼地方？地底，以及我們所看到的，觸目皆是。……

上人：其實，人人心中有道，只是不覺不悟。普天之下，道理在哪裡？比比皆是。只要能夠透徹所看到的東西，提出裡面精而純的，就是最正確的道理了。

道理說起來很簡單，但是要分別就很複雜了。唯有覺者能體悟，佛陀為我們點出普天之下萬物含藏的道理；凡夫就是不覺不知，不只萬事萬物精純的價值無法覺知，連自己本身的道理也不知道。

二、無量義：

1. 一：三理四相＝即一理＝空。

2. 多：

　　a. 如是本末究竟，[由本至末＝從白至黑，因眾生無量，輪迴無量，故煩惱無量]；[由末至本＝反黑飯白＝從黑往白，佛陀以無量法對治眾生的無量煩惱，以無量方便進入真實]。

　　b. 本來無量。

3. 一與多：

  a. 水性一，水名異；

  b. 佛陀說法 42 年，唯為一大因緣，以因緣、譬喻、言詞之無量
   方便說；

  c. 慈濟力行 50 餘年，慈悲為懷是一，以四大志業八大法印，無
   量方便濟世救人。

三、慈悲 / 大愛：

1.「所發慈悲明諦不虛」；生命的密碼是慈悲、是大愛。

 大愛，是行菩薩道的一切；慈悲，是做慈濟的唯一。

2. 問自己，每當下，每起心動念，是從第八識的無明、煩惱、惑
 起心？還是從第九識的大圓慈悲動念？

四、授。受：

佛陀說法，一相一味；弟子受法，奉佛多少。

第四節　十功德品第三 / 勸持、樂行

主角：大莊嚴大菩薩。

情節

第一段

1.《無量義經》甚深、甚深、真實甚深，何故？

    a. 能令我們疾成佛，

    b. 一聞能持一切法，

    c. 於我們有大利益，

    d. 行大直道無留難，

    e. 尊無上諸佛守護。

2.《無量義經》從何來？去至何？住何住？

    a. 從諸佛宮宅中來。

    b. 去至一切眾生發菩提心。

    c. 住諸菩薩所行處。

3.《無量義經》10 不思議功德力：

第 1 功德：總論。能令眾生發各種向上、自淨利他的心。包括發菩提心、起四無量心、起六度心、起度眾心、起十善心、志無為心、作不退心、起無漏心、起除滅煩惱心。

第 2 功德：能通達無量。如種子，一可生無量。

第 3 功德：得度生死。病可度病。因有法可依靠。

第 4 功德：諸佛護念。如新生王子，小可度小，新可度新。因有佛、僧可依靠。

第 5 功德：示現大菩提道。如新生才 7 日的龍子，即能興雲降雨。燈燈相續，累生累世，超越時間的穿越劇。

第 6 功德：得法、得道、得果。如小王子，冶國如大王。智信滅苦。

第 7 功德：得無生忍，得第七地。慈悲是一切，大愛需安忍。如健人，得王賞賜。

第 8 功德：得無生法忍，得第八地不動地。能……(5) →得……(5)。信、受、奉、行／敬、信、奉、行。

第 9 功德：得第九地善慧地。重述第 8 功德之，能……(3) →得……(8)。願／珍惜、廣說、拔濟眾苦。

第 10 功德：得第十地法雲地。重述第 8 功德之，能……(3) →進……(5) →得……(1)。行。

[第 1 功德令發 17 心；第 2—4 功德：一通無量；第 5—7 功德：受讀書說修 (受持、讀誦、書寫、廣說、修持)；第 8—10 功德：能→得]。

4.a. 有 10 功德之因／依修所得。世尊慈愍快為我等說。感恩無限！

b. 普天同慶。

c. 佛再殷切叮嚀／能 4 →進 3 →得 1；大莊嚴大菩薩回應／3= 感恩＋令廣流＋願勿憂。

d. 慈悲拔苦救厄。常廣施。

意義

一、身體力行見證受用，法沁入心不斷不斷，微妙喜悅微妙功德：

上人：佛陀在〈說法品〉中不斷提醒我們，《無量義經》是甚深微妙無量義，是「文理真正，尊無過上，三世諸佛所共守護」。「甚深」，深到什麼程度呢？佛陀用心演說，到底是不是人人能體會？

佛陀希望我們能重視這部經，所以提醒人人，若有此「文理真正」的教法入心，自然內心就不會再受外道或是邪魔侵入。因為有正法，就有一股正氣護我們的心念。

佛世時代，人人直接聽佛說法，總是比較能接受；但是後來的眾生輾轉相傳，恐怕傳者有偏，聞者有差，以致「差之毫釐，失於千里」。大莊嚴菩薩很慈悲，怕後面的人可能聽不懂，所以又再重新請教佛陀，如何才能使人人把「文理真正」入心？

上人：前面說，我們聞法歡喜是心受，法若在心裡，自然就會身體力行；身體力行才能有見證。佛陀所說的教法，能否入人群，應人群所需要？我們付出之後，是不是內心有所受用？

常常跟慈濟人說：「你們很辛苦」。答：「不會，很幸福，我們做得很歡喜」。做得很歡喜，就是有把法聽入心，走入人群去付出。見苦知福，所以甘願付出，歡喜感受。因為身體力行，才能見證受用，法才能不斷不斷沁入心來，滋潤我們的心地，這是一種很微妙的喜悅。

二、菩薩十地：

歡喜地、離垢地、發光地、焰慧地、難勝地、現前地、遠行地、不動

地、善慧地、法雲地。

三、常廣施：

    1.學習大慈、大悲，深拔救苦。

    2.為一切眾生之大良福田、大良導、大依止、大施主。

    3.常以法利廣施。

第二章　妙法蓮華經

第一節　序品第一／心開、開心

集數：185 集（第 1 集—第 185 集）。

主角：彌勒菩薩、文殊菩薩，最後一尊日月燈明佛、妙光菩薩。

情節

第一段（時間 =2500 多年前）

1.（人與人之間 = 約 20 萬人進出）參加此殊勝大法會的有：阿羅漢（唱名 21 位，經文中提及阿羅漢所證之法 + 能證之人）、有學無學、比丘尼、大菩薩（唱名 18 位，經文中提及大菩薩所證之法 + 能證之人）、天人、龍王、人間仁王等等。六成就竟。

2.（空間 = 自現場至無遠弗屆）釋迦牟尼佛說完無量義欲說法華前，入無量義三昧 + 現 6 瑞相（於現場及普佛世界）+ 眉間放光（照遍至東方萬八千世界之最遠）。

3.（人與人之間 = 彼土一切眾生及諸佛菩薩）彌勒菩薩：

　　a. 於光中，盡見，彼土 6 趣眾生依善惡業緣輪迴、諸佛說苦集滅道、恆沙多的菩薩依種種因緣，萬行六度，求佛道、……。並，

b. 起心、起問：

b1. 佛陀何故放光，誰能回答？誰見過？

b2. 此光何益？佛陀欲說妙法？

b3. 佛陀有要授誰記嗎？

第二段 (時間＝拉至 2500 多年前的很久很久以前。人與人之間＝穿越時空)

1. 文殊菩薩動念釋疑：於過去諸佛，確實曾見與此相同的瑞相＋且放完光後就說大法→故知今佛現光後亦將說大法。

2. 例如，很久很久以前的日月燈明佛，也說四諦、十二因緣法、六波羅蜜；且有 2 萬尊同名日月燈明的佛；當中，最後一尊佛 (未出家時有八位王子) 也說無量義教菩薩法＋說完後入無量義三昧＋天雨華，世界震動，現瑞相＋眉間放光。光也照盡含以六度求佛道的一切眾生。

佛佛道同，此刻一切境界如 2500 多年前的當時。

日月燈明佛出定後，為妙光菩薩 (有 800 位弟子，當中有位貪著利養的求名菩薩)＋20 億菩薩，說了六十劫的妙法蓮華教菩薩法，授記德藏菩薩作佛，燈明佛入無餘涅槃。

3. 之後，妙光菩薩持說《法華經》八十小劫。日月燈明佛的八子，皆以妙光為師 (易子而教。佛佛道同，釋迦佛也請舍利弗教羅睺羅)，後來也都捨王位，出家，成佛。當中最後成佛者，名然燈。

4. 當時的妙光菩薩＝就是此時的文殊菩薩；當時的求名菩薩＝就是此時的彌勒菩薩。

文殊菩薩：此刻看到的瑞相與當初一樣，所以可以確認，此刻

佛也將說妙法蓮華教菩薩法。

意義

一、預告片：

1. 序品預告，教示法華世界當中，「時間的長」，不是僅僅我們這一輩子而已，是累生累世的生命長河，在 2500 多年前，直到 2500 多年前的很久很久以前，還有二萬尊佛的佛佛延續，長遠至無始，至無終；「空間的遍」，不是僅僅我們生活的這房子、城市、地球，是太陽系、無數銀河系、整個宇宙的盡虛空，此土、彼土、東方萬八千土、諸佛土、十方、十法界，無盡之開闊。

二、穿越劇：

1. 我們熟悉的文殊菩薩、彌勒菩薩，他們倆位可不是這輩子，小學師生，老了相逢的同學，想想，他們究竟穿越了怎樣的時空？

2. 〈序品〉生命長河綿延輪迴的道理，也為大通智勝佛十六王子的老么 (〈化城喻品〉)、國王與仙人 (〈提婆達多品〉)、佛壽命長 (〈如來壽量品〉) 的真理，預留伏筆。

三、心開、開心：

1. a. 「時常」、「空遍」，有辦法想像這樣的境界？相信這樣的時空？能深信？是信解？

   b. 將心開闊，再開闊，從只關心自己當下的生存、生活，開闊至，也關心生命的長河，在人與人之間。

   c. 覺察自己的心、心胸，再回到當下人生，那麼我們該如何對待自己？該如何活著呢？修行，是一時？一輩子？或生生世

世的事？該如何對待人與人彼此之間？做慈濟的心態應該如何？

2.「佛德影響無遠弗屆，佛法真理淵遠無盡，法華世界穿越時空」。體解上人帶著「藍天白雲」的弟子們已穿越五大洲，救遍127國 (至 2022 年 3 月) 的身體力行、的德行、的影響，體解時間、空間是這麼的寬廣；回到當下，對於人與人之間的福田、勤務，計較自然少了，而心也自然寬了，念也自然清純了。

3.這是從打開自己的心，到心很開心的過程，不斷；心開→開心→心開→開心，在人與人之間。

四、佛佛道同：

1.序品中佛佛相同的包含：說四諦、十二因緣、六波羅蜜、說無量義教菩薩法、入無量義三昧、世界六種震動、大眾得未曾有、眉間放光、因子師說法華、易子而教、說妙法蓮華教菩薩法等等。

五、放的光，是 LED 的光？是燈光的光線？

1.放的光，是心靈之光 = 是法光遍十方 = 是〔為助發實相 + 為有心求法者充足求道 + 為疑悔者令盡斷疑悔〕而方便放光 = 是讓我們〔了解菩薩行 + 了解求佛道過程的警惕及學習對象〕而放的光 = 是讓我們〔從心調整 + 做到法華〕而放「離言法華」的光。

2.光淨 = 心淨。

六、相關 (名詞的意義或其他)：

1.「大乘」：大 = 常 (豎窮三際)+ 遍 (橫遍十方)；乘 = 運轉 = 能運載一切，能轉變一切。

2. 「無量」：虛空無量→故世界無量；世界無量→故眾生無量；眾生無量→故眾生心欲無量；眾生心欲無量→故種種法無量。

3. 「2 萬同名的日月燈明佛」＝佛性長久＝真如本性＝初發心歷久（莫忘初心）＝〔福慧雙具＋修行傳法＋長久不斷累積結眾生緣〕＝〔以智慧、慈悲、光明引導眾生方向，鍥而不捨〕。

4. 「八王子」＝八識。不斷向八識田、向內布善種子。

5. 「發起眾」＝啟請說教＝彌勒菩薩；「當機眾」＝聞教悟解；「結緣眾」＝現未悟解以結後緣；
「影響眾」＝在坐默然。

6. 此部法華，佛所授記對象以阿羅漢為主；故眾成就裡被唱名之 21 位阿羅漢，當中多位於後來各品受記，如舍利弗、摩訶迦葉、阿難等尊者。

7. 眾成就裡被唱名之 18 位大菩薩，當中多位於後來各品為主要角色，如文殊、彌勒、藥王等大菩薩。

8. 佛佛道同之例外：多寶佛未說法華（〈見寶塔品第十一〉）。

慈濟事

一、虔誠禮拜 / 在小木屋。

上人：我在小木屋，自己一個人，真的拜到法喜充滿。有一回那樣拜下去，忽然間周圍的境界，光很明亮、很溫柔、很圓滿，像八月十五的月亮。這是很虔誠的心，感覺到那境界，實在很美。法華會上那種境界，不斷湧現。

上人：記得我年輕時在小木屋，全部《法華經》，就是每字一拜。「經

就是道，道就是路」要用最虔誠的心來禮經。字字都像我們念過一字，拜過一字，要步步精進，字字珠璣。每字都入我心，一禮一拜，向前一步，再進一步，如行向靈山會，愈來愈近。就是要觀想：「禮經行向靈山法會，取經虔誠求法精進，字字法髓滋養慧命，每禮一拜如進一步，觀想親近法會聖眾。」

○故事小結：

1. 佛法在恭敬中求；沒有虔誠如何進入法華世界？而
2. 如何虔誠，又豈是口說虔誠，心就能虔誠？

二、徹底瞭解法華／僧寶始自憍陳如。

上人：阿羅漢是僧寶的開始。……佛陀為五比丘所說法，第一個能接受佛法，徹底瞭解的那個人，就是阿若憍陳如（阿若多＝瞭解），所以《法華經》舉為第一名。

上人：《法華經》最重要的就是要人人能瞭解，內心徹底瞭解→這樣才有辦法從內心清淨→再立大願，回入娑婆人間去度化。阿若憍陳如舉列第一，就是希望人人都能如這位大德比丘，於《法華經》能透徹瞭解。

○故事小結：

1. 願內心徹底瞭解《法華經》。

故事

第 1—10 集
虔誠／縣太爺女兒。虔誠禮拜／在小木屋。把握當下／蘇格拉底帶學生採果。疼惜生靈／王大林。法性延綿／菲律賓連體姊妹。

第 11—20 集
依習俗啟發心靈／薩爾瓦多學校落成。聽得懂做得到是真佛法／四川讀書會。矛盾／買魚蝦放生。有病就要用藥治／田埂邊的農藥罐。煩惱去除身心安／阿難結集。

第 21—30 集
恭敬虔誠 / 阿育王前世。真實心、真實語、說好話、修口業 / 如願死囚。慈悲心、信實語 / 王舍城由來。
第 31—40 集
濟貧中　愛心 / 緬甸、辛巴威。微分煩惱蔽智慧 / 金碧峰的紫金缽。
第 41—50 集
徹底瞭解法華 / 僧寶始自憍陳如。累生積功德 / 僧團領眾大迦葉。恭四事、善教化、降諸結 / 三迦葉。勤學不倦、無漏學 / 智慧舍利弗、神通目犍連。好緣結很多 / 敷教迦旃延。立願用功成 / 天眼阿㝹樓馱。謙卑恭敬 / 劫賓那。警惕習氣 / 憍梵波提。不執著 / 離婆多。習氣難除 / 畢陵伽婆蹉。重因果 / 獵人、鳥、螞蟻。種好因得好果 / 薄拘羅。勤學不倦 / 摩訶拘絺羅。專心受持 / 牧牛難陀。警覺欲愛 / 孫陀羅難陀。
第 51—60 集
善說、忍辱 / 富樓那。無諍、無爭、圓融 / 須菩提。憶不忘 / 阿難。慎因果不昧 / 羅睺羅。眾生無邊誓願度 / 海地、智利賑震。
第 61—70 集
悲智雙運 / 海地賑震。無因無緣菩薩心 / 智利賑震。戒動怨念、顧好心 / 阿闍世。
第 71—80 集
同體大悲、悲智雙運 /88 杉林援。成就眾生緣 / 釋迦菩薩、彌勒菩薩。
第 81—90 集
降伏內心、改變看法，轉惡緣為善緣 / 佛陀、貧婆。生死自然、甲乙說 / 乞討芥菜籽。心沒得失就沒煩惱沒生滅 / 祇夜多。了解煩惱因，煩惱立放下 /500 賢護。前因、今緣，自在受報 / 惡人痰佛。
第 91—100 集
修學佛法莫輕微末的道理 / 馬來西亞教 4 歲小孩。本來無一物 / 幫推車餽無物。價格 / 小沙彌賣石頭。價值 / 石頭紙。
第 101—110 集
能發大心承接？ / 企業繼承。信否？ / 國王割身肉救鳥。
第 111—120 集
人類知疼惜慧命？ / 鳥聲吵安居。注意事項 / 毘舍佉分享法。
第 121—130 集
人同樣 / 牛生態愚昧。
第 131—140 集

引導別人這樣，自己要做得到 / 天人請法。安住道上、清淨佛國 / 吃螃蟹食不知味。
第 141—150 集 略
第 151—160 集 略
第 161—170 集
菩薩遊戲不染欲 / 阿育王頂禮小沙彌。心清淨、不著相 / 七上七下文殊菩薩。佛性平等 / 尼提清糞。
第 171—180 集
來去自如 / 環保菩薩好日往生。警己勿懈怠 / 老修行輪挑水。
第 181—185 集 略

法數

第 1—10 集
六成就。靜思清澄妙蓮花。真空妙有。五時設教。
第 11—20 集
真空妙有。四念處。三明六通。六成就。
第 21—30 集
六成就。
第 31—40 集
比丘三義三無漏。六和敬。阿羅漢三義。八識。九結。
第 41—50 集
真俗二諦。
第 51—60 集
四弘誓願。四內修。四外行（四無量）。菩薩四不退。四無礙。
第 61—70 集
三供養。覺有情者。
第 71—80 集
三昧。四弘誓願。六地動。法華六瑞序。
第 81—90 集
十擾亂。十病箭。六度。
第 91—100 集
六度。
第 101—110 集

第二編　無量義。序分

五趣四聖（十法界）。三希有。三光。佛十號。
第 111─120 集
佛十號。三明。四諦。十二因緣。六度。
第 121─130 集
三理四相。四念處。無量義相映法華。八意（八識）。三昧。
第 131─140 集
法華六瑞序。三慢。四諦、十二因緣、六度。
第 141─150 集
一小劫。九識（八識）。四大。五蘊。十二入。十八界。
第 151─160 集
三昧。三無漏。五分法身。三明六通。三十七助道品 (4445578)。四無量心。三軌弘。十力。四無畏。三業、五戒、十善業。
第 161─170 集
五分法身。八音。六根、六塵、 六識。四無礙智。
第 171─180 集
三惑、二生死。三乘。四無量。五戒、十善。
第 181─185 集
八識。三乘。縮小自己、凝照心光。

解構

第二段偈頌文摘錄：

「爾時四部眾→見日月燈佛，現大神通力→其心皆歡喜→各各自相問……妙光法師者今則我身是」。

第二段偈頌大意：

1. 本段提及的人物，依序有：四部眾、日月燈佛、天人、妙光菩薩、德藏菩薩、八王子、然燈佛、求名菩薩。

2. 清楚主詞，則經文的內容及意義自然容易清楚。

第三編　正宗分／開示悟入

第一章　開/道場所有之法

第一節　方便品第二/滅、道

集數：271 集 (第 186 集－第 456 集)。

主角：舍利弗尊者。

情節

第一段 (為什麼難瞭解。一止。十如是)

1.(為什麼難瞭解) 釋迦佛讚歎諸佛的智慧，非常非常深、廣、微、妙，而且很難瞭解、很難深入，因為諸佛皆：

　　a. 曾親近百千萬億無數諸佛，

　　b. 盡行諸佛無量道法，

　　c. 勇猛精進名稱普聞，

　　d. 成就甚深未曾有法，

　　e. 隨宜所說意趣難解。

2.(一止) 釋迦佛巧說悅眾已 42 年，故此刻不需再說；因此第一希有難解法，唯佛與佛能究盡諸法實相，無人能測。

3.(十如是) 十如是 = 諸法 = 如是相、如是性、如是體、如是力、

如是作，如是因、如是緣、如是果、如是報、如是本末究竟等。

第二段（一請）：眾疑，世尊何故殷勤稱歎過去之方便→舍利弗尊者（自己當然懂）知眾疑，請佛敷演。

第三段（二止、二請）：佛若說，皆驚＋疑→舍利弗尊者：唯願說之，因大家，曾見諸佛＋諸根猛利＋皆能敬信。

第四段（三止）：佛若說，皆驚＋疑＋增上慢墜大坑。

第五段（三請）：舍利弗尊者：唯願說之，因大家世世曾受佛化＋能敬信。

第六段（佛將說。一大事因緣。當一心信解）

　　1.a.[佛：已殷勤三請，豈得不說]→

　　　b.[5千人（增上慢）退→退亦佳矣；留著的人，無復枝葉、純有真實]→

　　　c.[妙法，如曇華一現，無緣不得聞，珍貴因緣→汝等當敬信]。

　　2.[諸佛（過、現、未，十方）佛佛道同]=[唯，以一大事因緣出現於世]=[欲以佛之知見開＋示＋悟＋入眾生]=

　　　[教化菩薩]=[一佛乘、無二乘]=[以無數方便，種種因緣、譬喻、言辭為眾生說諸法，令離諸著，令究竟皆得一切種智]=[轉迷開悟]。

　　3.當一心信解。

意義

一、自問：

1. 《法華經》要說真實法，此品，是正宗分的開始，也應是法華中的重中之重，那為何品名不開宗明義稱「方便品」為「真實品」？

2. 諸佛的法，非思量分別能解，言辭相寂滅不可示，那為什麼還要讀以六萬餘字示的《法華經》？為什麼上人還要言「靜思法髓妙蓮華」？

二、自答：

1. 「方便」＝方正之理＋巧妙之方法＝契理＋契機。

2. 方便與真實：

　　a. 「三止三請」＝慈悲巧妙不傷道心的，讓枝葉自動離去留下真實，是方便也真實。

　　b. 因緣、譬喻＝是巧妙的言辭，言的是為了自他皆能離苦得樂，的唯一真實方向。

　　c. 說法華前的 42 年，是以二乘一步一步方便善導說，說真實能成佛的道路；這 7 年的真實法亦要依靠方便法傳達。

　　d. 慈濟的四大志業八大法印，做醫療志工是方便的讓自己修行的悲智提升，更是真實的協助幫病人解決問題，所以要互相感恩。

　　e. 同樣一句感恩，同一個人，不同時間說的感恩，恐怕不盡相同，對不同人說的感恩，恐怕也不盡相同；更別說不同的人說的。而感恩的字，就只二個。「說感恩」是方便；「感恩的心」是真實。

3. 藉方便、瞭解真實：

　　a. 藉有為瞭解無為；

  b. 藉種種世間的作為、自己身體的力行，去瞭解真實、恒古的道理。

  c. 藉真空瞭解妙有，瞭解如眾生皆有真如佛性、三理四相、十如是、因緣果報、四聖諦、十二因緣、六波羅蜜等等。

 4. 方便，難盡真實：

  a. 言辭，語言、文字是最方便溝通及表達的工具；但卻常常「筆墨難以形容」、「我說了你也不會懂」，總有弦外之音、字裡行間的意義。

  b. 沒有飲水，但憑語言文辭，水的冷暖恐怕難以真知；甚至你說水冷，我覺水暖，也不一定。

  c. 六萬餘字的《法華經》，終究還是文字，仍是方便；真實的是裡面的道理。

 5. 無方便，真實難呈現：

  a. 當然，這些瞭解，非多用一點心思不可，非虔誠、恭敬、渴仰不可。

  b. 拈花一笑、心領神會、「離言法華」、「若以色見我，以音聲求我，是人行邪道，不能見如來」，是如何的境界？！

三、自問：

 1. 諸佛的智慧為何甚深、無量，且智慧門難解、難入？為何唯佛與佛才能究了，且非思量分別能解，言辭不可示？

 2. 那怎麼去瞭解佛慧？如何入門？連無數的舍利弗尊者一起研究都不懂，身為薄地凡夫的我們怎麼辦？

四、自答：

1. 諸佛的智慧門，唯「盡行」可入。

2. 諸佛的智慧門，唯「信」可入；唯「心大信→發大願→身大行」可入。

3. 如何入？以「五盡行」入：

   a. 親近學習無數佛的德行 (無量法門悉現在前) →

   　a1. 向經典學習，如第六段偈頌文所描述：「若有眾生類，值諸過去佛，若聞法布施，或持戒忍辱，精進禪智等，種種修福慧，如是諸人等，皆已成佛道。諸佛滅度後，若人善軟心，如是諸眾生，皆已成佛道。……一切諸如來，以無量方便，度脫諸眾生，入佛無漏智，若有聞法者，無一不成佛。」向經典的精神學習，並以適合現代的事相呈現。

   　a2. 向身邊的人學習他行善、修行、行菩薩道的種種，如慈濟人竹筒歲月點滴行善的行佈施，如做訪視見苦知福以培養慈悲的柔軟心。

   　a3. 向更親近自己內心的佛學習，覺，覺而察之，覺而悟之，覺有情。

   b. 盡行諸佛無量道法→

   　b1. 行菩薩道，至「應無所住而生其心」的自然而然、隨時隨地。

   　b2. 如六度萬行，至極致，至授無怨恨記，心包太虛的心寬，無所求的念純，至即使此生是小孩＋畜生＋女身，也轉身即能成佛的盡行 (〈提婆達多品〉)。

   　b3. 如慈濟世界，至 2022 年 3 月於全球，已 66 國設有分支聯絡點，已援助 127 國，而當然還要繼續援助，至無量。

c. 勇猛精進名稱普聞→

　　c1. 令人人有所觸動，發自內心的肯定、讚嘆，不是求來，不是自己說了算。

　　c2. 精進不夠，還要勇猛。

d. 對甚深未曾有的法有所成就 (得大智慧通達諸法)→有親近、又盡行、更勇猛，布施至三輪體空無相，直到因緣成熟。

e. 對意趣難解的法義更能隨手拈來隨緣隨機分享→因為法已是自己的身心。

f. 當然，這一切，必須累劫、累生、累世 (不只一輩子)，生生世世，盡形壽的去「親近」、「盡行」、「勇猛」、「成就」、「廣說」。

4. 如何入？以「身體力行」、「做就對了」入：

a. 點點滴滴，有做就有得；解的多、行的多，自然證得的多；不聞法、不用心、解少、做不夠多，當然無法了解，更不可能進入、深入。

b. 只要方向對，不怕路遙遠；要累積經驗，像文殊菩薩，像經文 5 項經驗的透徹，親近、盡行、勇猛、成就、廣說。不是空有年資。

c. 自知當作佛，求道路尚遙，非言語可道盡，做就對了！

d. 只修福不修慧，或只聞不思不做，都有點可惜；所以，做就對了！最好多用心！純度要提高。

5.「五盡行」=[清淨的、點點滴滴累積的「身體力行」]=[高純度的、生生世世持續的「做就對了」]。

五、「十如是」＝諸法＝如是相、如是性、如是體、如是力、
　　如是作，如是因、如是緣、如是果、如是報、如是本末究
　　竟等。

1. 十如是，說的是諸法的通則、自然如此，是不變的真理。依此，
　 可透徹種種事相的表面，了解事相的本質、變化、真實等，就
　 像三理四相。如是之間，先互相「對應」，再「串聯」來思辨，
　 會比較容易理解。

2.「對應」：

　 a1. 相＝變遷者、可見的、外形．表相、行為。

　 a2. 性＝不變遷者、不可見的、內具、第九識。

　 b1. 體＝體質、生命主體＝相＋性。

　 b2. 力＝體力、體的力、能力。

十如是（方便品~十法界中）

相 可見的，外形、行為		**因** 種子，主因、主緣、過去因，自己，如第8識	
性 不可見的，內具、第九		**緣** 助緣，次因、次緣、現在因，環境	
體 體質、生命主體＝相+性		**果** 結果，因的當下、引業（引導去投胎）	
力 體（的）力、能力		**報** 報應＝果＋時間，滿業（投胎後一生的受用）	
作 做，造業、能力呈現		**本、末、究竟** 本＝佛、末＝眾生　時時事事皆處於本末究竟，過程（大的整體、無量漸進），重回自在（圓融後得智、根本智）	

★十如是簡說 2/1。製表：林文成

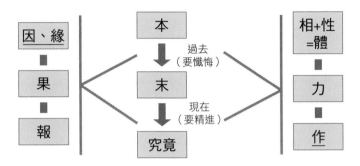

六道輪迴、的發電機（關鍵動力）：無明（十二因緣、三毒……）→繼續輪迴六道（果報）
四聖階梯、的發電機（關鍵動力）：慈悲、大愛（六度萬行、三七助道、三無漏、三學、
四弘誓、四無量、四大志業……）→究竟成佛（果報）

因（緣）＝做（作）就對了＝發電機

★十如是簡說 -2/2。製表：林文成

b3. 作＝做、作為、造業＝能力的呈現。

c1.因＝種子＝主因、主緣、能發生者、過去因、自己、如第八識。

c2. 緣＝次因、次緣、助發生者、現在因、環境；諸法皆從因緣
　　生。印順師公：一切，都，在無限複雜的因緣中推移。

c3. 果＝結果＝因的當下＝引業 (引導去投胎)。

c4. 報＝報應 =(果 + 時間)＝滿業 (投胎後一生的受用)。

3.「串聯」以整體、以十法界而言：

a. 本＝佛＝本有的真如。

b. 末＝眾生＝末入的凡夫。

c.而時、時，事、事，皆，處於本末究竟。

這是每一事相，無量漸進的過程。

4.「串聯」：

　　a. 對身為人的我們而言，在這無量漸進的過程當中，只有一條路：重回自在、清淨 (圓融後得智、根本智)。所以，

　　a1. 對於過去的，從本落入末，向下沉淪，要懺悔；

　　a2. 對於現在的，從末往本走，向上提昇，要精進。

　　b. 這本末究竟的一切過程，都在因緣果報的輪迴中；

　　b1. 要向上提升→靠相 + 性的身體→產生體力、能力→有作為→自有因緣而果報；

　　b2. 反之，會向下沉淪，亦然。

　　c. c1. 會向下沉淪，在六道輪迴：因為一念無明生三細、因為十二因緣→所以在六道 (末)。

　　c2. 要向上提升往四聖成佛路：「身體力行」以身體的能力產生作為。其動力、引擎來自「所發慈悲明諦不虛」的慈悲、大愛 (《無量義經》)。依此動力→以六度萬行、四大志業八大法印作為，提升自己→終究成佛 (本)。

　　d. 佛法沒有別的，只有慈悲為懷，濟世救人；成佛的引擎沒有別的，大愛是唯一。

慈濟事

一、貧中富 / 史瓦濟蘭發放大米 + 街頭勸募 + 養孤兒。自性深藏 / 南、辛、史、莫，幹訓。

上人：南非，一群皮膚和我們不同，卻和我們同心志、發一樣心、願意付出的人，他們快樂、自在。山路雖坎坷，爬得很歡喜，路

難走，滿面歡笑，念念有詞，快樂的歌陪著一群快樂的人向前走。要去哪？幫助愛滋病的人，去為他們洗身體、清掃家園，去膚慰他們，送物資等等。他們貧，卻很富。

上人：今年（2012 年），台灣農委會給慈濟 600 多噸白米，我們選擇最最需要的人，分送到非洲三、四個國家。……。

　　人間很多菩薩。南非，幾天前也在志工幹部培訓。兩天，多辛苦！借土地，搭簡陋帳棚，要準備種種設備。人很少（本土志工 189 位，華人志工 29 位），從哪來？辛巴威、史瓦濟蘭、莫三比克……共 4 個國家。很遠，像辛巴威 1 千七八百公里，培訓兩天，搭車一趟來回七、八天。他們生活都很辛苦，光車資就已花掉不少錢，卻願意、甘願如此精進，這就是法。法在他們心中，無量法門悉現前。

上人：他們依賴別人生活，一生貧困；現在得到法喜、得到內心滿滿的財富，因為他們感覺到幫助人原來那麼快樂！這財富要怎麼得？不怕辛苦，那麼遠的路途來上培訓課。這是不是「自性深藏法永恆」？「無量法門悉現前」？距離我們這麼遠，但有這樣傳過去的法，就能將貧困中的人，給他心靈財富，實在不簡單。

上人：裡面每一個故事，都會發光、發亮。就像我剛才走出來到外面，抬頭看天空，天空還是黑夜的暗，卻遠遠有一簇很白很白的雲。感覺，對啊！南非那些菩薩不就是這樣？人人皮膚黑，卻有這麼美如白雲的心，多美的境界！人人本性具有，只是我們沒有發覺到。

　○故事小結：
　1.南非黑珍珠菩薩的故事，在上人升坐開示〈方便品〉的二百七十一天當中，正好的因緣，說了八天，算是此品提到頻率最多的「單一事件」；而此小節，唯取二天開示的故事，並摘錄

★貧中富／南非
德本慈濟志工
（本身是愛滋病
患的伊沙貝兒師
姊，立者）帶領
莫三比克當地志
工，關懷罹患愛
滋病的感恩戶。
攝影：葛蕾蒂絲
恩葛瑪

★自性深藏／南非
德本慈濟志工及莫
三比克當地志工訪
視貧困個案，幫 79
歲罹患愛滋病的獨
居老人「浴佛」淨
身。攝影：林炎煌

部分內容。

2.「如是諸人等，皆已成佛道」正在往成佛的道路上前進。因為志工們（不論華人或當地）種種菩薩行的「盡行諸佛無量道法」。因為他們肯定不只這輩子的「曾親近百千萬億無數諸佛」的因緣。因為他們「勇猛精進，名稱普聞」令人讚嘆！

3.「五盡行」的典範實例。

二、虔誠心不著相 / 主堂主牆，小木屋西方三聖。

上人：大家現在的面前（主堂的主牆），不就是一個太陽系的天空。……以世間種種工巧合成這面大覺者宇宙星相圖。接得沒有一點痕跡，型雕出來大小恰好，慈濟小行星和太陽、地球的關係，開闊的天空，採用 1966 年，那一年那個月那一天星球的位置。……不是用紙筆畫，是合成很多人的智慧，取大地資源，再用現在科技，工巧方法，創造出這樣的圖形。佛是宇宙大覺者，不是將他供奉在佛龕裡。佛法、佛陀的智慧，覺悟宇宙的真理，我們很用心的用這樣的方式表達，流傳讓後世的人了解。……

上人：小木屋時期，我只有一張「西方三聖」圖，也拜得很虔誠。見圖就啟發出這分虔誠的心。其實，虔誠的心不著相。昨天不是說過，也能禮拜石頭，也能為石頭說法；這都是人的心所作，能作出百福莊嚴諸佛像。

　　○故事小結：

1.佛法在恭敬心中求，真理在虔誠心中得。

2.藉有為的事相彰顯無為的真理，是以虔誠、恭敬、合和互協的心才得以創造出這樣的圖形；虔誠的心，不著相，放光直達真實。

3.方便與真實。

★用心表達／主堂的主牆。攝影：陳國麟

★虔誠心不著相／凹龕裡為「西方三聖」。仿證嚴上人早期
修行的小木屋，內部陳設。攝影：不詳

故事

轉迷開悟 / 都蘭山。
宿業果報 / 苦阿嬤的最後。
如量智，用他優點安他心 / 鬱多羅。
第 291—300 集
目標是清淨 / 慈濟人為清掃。
善巧方便教 / 馬來西亞幼稚園教省水。
善巧方便教 / 短期精進。
種種因緣 / 沙彌均提跟舍利弗。
佛最初念 / 代拉火燒鐵車。
隨種種根機因緣教導 / 沙彌每天感恩、歡喜心買米油。
誰度誰？時時自警惕 / 精進辯與德樂正。
要發菩提心 / 天人墮馬腹。
二智喻 / 到菲律賓救災。
第 301—310 集
因緣真實 / 五夜叉、五漁夫。
種種因緣 / 缽水 8.4 萬蟲。
第 311—320 集
助人才是真菩薩 / 念佛張居士。
自警覺 / 長老懈怠、沙彌精進。
善巧柔軟結好緣 / 阿難度貧婆前集。
顛倒人生 /4 比丘各求。
都有因緣 / 佛度五比丘。
勤增縝思即知即見 / 罕癌孩。
口德度人 / 如願流氓。
第 321—330 集
提高警覺，時時向正道 / 祇夜多。
以身作則 / 林執行長、趙院長掃廁所。
日常心淨、起善、結好緣 / 阿難、迦葉乞瓜。
慚愧心（念無常、勤精進）/ 迦葉不說法。
戒、界 / 工地界繩。
第 331—340 集
珍惜、把握，境界 / 花農親獻花。
令一切歡喜 / 成都老菩薩做慈濟。

護與謗 / 梵主天與瞿迦梨。	
先結好人緣 / 阿難與老婆婆。	
第 341—350 集	
擔心驚動動物 / 尚闍利盤頭髮。	
慢慢、低調、因緣合宜、把握當下 /08 賑緬風災。	
悲智轉苦育樂 /10 年賑海地震。	
佛心妙法，同體大悲 / 胡志棠鼻內胃視鏡。	
貧中富 / 史瓦濟蘭發放大米 + 街頭勸募 + 養孤兒。	
宗教名異同善法 /121007 印尼靜思堂啟用。	
要回歸本性 / 晃錯 10 世未覺悟。	
自性深藏 / 南、辛、史、莫幹訓。	
信、近、行、佛法 / 善住牽盲父母。	
第 351—360 集	
法度人間傳大乘（用心做就很莊嚴隆重）/ 泰國隆重播種儀式。	
牛身還能修行，人身要互度化同事度 / 牛王度猴。	
尊重誠意傳大愛 / 約旦賑敘難民。	
深心信念歸佛心 / 北加州寶如、凱丞。	
認假為真 / 設神壇	
及時觀想不淨觀 / 阿難與婆耆奢。	
勤擦心鏡 / 阿嬤、孫女擦路鏡。	
提高警覺、多發心 / 桑迪颶風掃美東。	
第 361—370 集	
悲智平行援 / 桑迪賑發傳單勘災、煮熱湯。	
發心願、誓度眾（發心誓願無不可改習氣）/ 檳城孩子戒奶瓶。	
菩薩勤修六度及時布施 + 自動入眾生心田 / 桑迪熱食發放 + 小女孩供充電、供熱咖啡。	
珍惜遇佛法 / 浮海木孔得適。	
把握當下因緣 / 波斯匿王減肥成功。	
內外環保、自淨護意念 / 馬尼拉亡人節設環保站。	
菩薩伏剛強 / 屏監演繹。	
一念心淨勤六度、聞持正法饒有情 / 南非培訓圓緣 + 黑人孫的台灣嬤要培訓。	
做人像人 / 彰羅昌模夫妻。	

邪見稠林 / 神壇、算命、自認神通、「超肚」…。
莫入邪稠林 / 去都蘭山。
勿深著虛妄陋習 / 為父備毯。

第 371—380 集

聞法少、習氣頑 / 手中土、須彌山土＋阿耆達王墮蟒身。
直心、細心、微心、妙心，心已入道、入行 / 孫陀羅難陀受法去墓地。
用對方法、對根機 / 四、五歲七、八十歲學手語。
入人群、對根機、轉法輪 / 短期精進，鋤頭石頭撞。
人格來自內心修行 / 佛的表弟驕慢。
各種人皆具佛性 / 桑迪勸募馬來西亞、菲律賓、愛爾蘭。
悲心深 / 馬四、五歲孩覺災民可憐（桑迪勸募）。
持戒定慧，立信願行，心得安穩 / 大林演繹。
啟發慈悲 / 釋提桓因領兵向後退。

第 381—390 集

佛性本具 / 二歲涂仁哲。
世間種種方便法 / 協助甘肅。
人人的顛倒 / 英聖誕節 200 萬隻火雞當廚餘。
三業清淨 / 波斯匿王問自愛。
有為無為、謹慎無處不佛法 / 昕叡連線。
清淨、虔誠心 / 德勝、無勝。

第 391—400 集

緣生緣滅妙難思 / 5 位母親。
虔誠心尊重萬物 / 生公對石說法＋陳教授整齊排石。
虔誠心不著相 / 主堂主牆、小木屋西方三聖。
因緣不思議＋虔誠不思議 / 黑人市長來花蓮＋高麗國王造塔＋童子以沙供佛。
種種因緣皆可啟發愛 /500 猴建塔。
虔誠恭敬 / 貧婦掃地。

第 401—410 集

菩提道上度眾（明知苦難偏往地獄）/ 煉獄海地。
沙吹自己身 / 婆羅門罵佛沙撒佛。
無量方便互啟發 / 松山慈誠張居士。
最誠懇心 / 鳥往生天堂。

因緣成熟的菩薩現於最苦難 / 恬碧、慈布、慈蕾、第三太太。	
福慧悲智 / 岱霖。	
第 411—420 集	
我們無定性，眾生無明起 / 沒吃牛肉不行。	
人人本具富有的大愛 / 最貧卻最慷慨的總統。	
真供養三寶 / 南非。	
為實施權 / 烏丁屯虔誠說法給田聽。	
第 421—430 集	
濟貧教富 / 朱金財。	
明 /500 盲人求法。	
心。因緣相隨 / 阿難迦葉化瓜。	
第 431—440 集	
鑑小施權度 / 老婢女毘低羅。	
隨順法度、四攝度 / 楊曉東。	
信己無私弘大愛 / 目犍連度弟。	
一念淨信出世心 /50 富家子弟。	
500 世的因緣 / 戰迦羅老婆婆。	
反觀自性、顧好己心 / 總裁來花蓮。	
警覺、守心、恆持不易 / 七位老婆羅門出家。	
第 441—450 集	
要有使命感 / 阿難 30 相。	
一段一段教化 / 釋提桓因皈先受一戒。	
體會一實法 / 手中或樹林葉多	
法入心，應用在日常 / 台東楊校長聞法力行。	
人間菩薩 / 南非。逢法、聞法、弘法，因緣剎那把握 / 董事會、各國分享做慈濟。	
虔誠供養 /70 歲環保老夫妻。	
第 451—456 集	
道心堅定 / 堅眾修行。	
小事成闊禍 / 食物問題、茉莉花革命。	
惡法當最好 / 肥鼠啃腳。要常檢討自己、自省、起慚愧心 / 渙散比丘。	
志求佛道者 / 馬來西亞玉蘭師姊。	

法數

第 186—200 集
三昧。4445578(三十七助道法)。方、便。感恩唱反調的人。
第 201—210 集
十波羅密(四無量心 + 六波羅密)。三(無漏)學。十力。四無畏。八音。四弘誓願。四無量心。十如是。十法界。三業。三昧。四具足。
第 211—220 集
信願行;聞思修。四攝法。世間(三世 + 十方)。三毒。四諦法。十地。四聖 + 六凡。
第 221—230 集
十地。六根門。十如是。十法界。五根。五力。三乘。四諦法。六根門。三界 + 六道 + 十二緣 + 四諦 + 六度。三界 + 三苦。
第 231—240 集
方便。四諦法。1250 常隨眾(5+50+1000+200)。
第 241—250 集
三種四眾。四無畏。三昧。四重恩。
第 251—260 集
天龍八部。三種二足尊。三圓。真空妙有。五根。五力。三無漏。
第 261—270 集
三止三請師徒心。世間。七慢。四諦、十二緣、六度。
第 271—280 集
聞思修。五戒十善;三學六度。五人六心、共一心。二諦。四弘誓願 + 四無量心。
第 281—290 集
一大事因緣。善惡二業 + 六道。聞思修 + 三學。四諦。十二緣。三乘。
第 291—300 集
聞思修。三世。二智、二境。四弘誓願 + 四無量心。
第 301—310 集
二障。三智。三途。四諦。十二緣。總別二性。四諦。十二緣。五濁。
第 311—320 集
五濁。六道。九界。三惑。
第 321—330 集

如何救人？（救一、二個？救短期？）五根。五力。四眾。七布施。四重恩。

第 331—340 集
九部法。八苦。三皈依。

第 341—350 集
十二（九）部法。信五根、眼五根。十方。

第 351—360 集
三圓。真空妙有。十方。一心三諦。

第 361—370 集
四弘誓願、四無量心。六度、四弘誓、四諦。三惡道、六趣、五欲。四生、六趣。四弘誓、三世。六十二見（五蘊、三世、斷常見）。一念無明、三細、六粗。五欲（五箭）。

第 371—380 集
四用心（直心、細心、微心、妙心）。有為、無為。四諦＋六度。三途、六度，五濁、四諦。三惑、二生死。三心（感恩、恭敬、愛）、三無漏。三乘。四生、五趣。有為、無為。八苦。三無漏學＋五分法身（持戒定慧、立信願行）。九識。有為、無為。三德。

第 381—390 集
世間（三世＋十方）。有為法顯無為諦。十法界。四諦、十二緣、六度。三業。五堅固。有為法、無為法。

第 391—400 集
有為法引入無為法。從無為法的體會、入有為法的創造。四內修＋四無量心。從有形造作成為無形道理入心。三圓德。四弘誓願、四無量心。五堅固。

第 401—410 集
二惑、五根、五塵。三界。一念無明、三細、六粗。三毒（五毒）。四弘誓願、四無量心。三輪體空。四弘誓願、四無量心。三圓。

第 411—420 集
三種供養。五濁。八苦。三界、六道。無為。四弘誓。身五根、觀念五根。十力。四弘誓次第。

第 421—430 集
五眼。六道。三轉四諦。

第 431—440 集
四攝。三理無為、四相有為。三轉四諦五比丘。五仗勢。

| 第 441—450 集 |
| 四諦、十二緣、六度。五濁。六成就。 |
| 第 451—456 集 略 |

解構

第六段偈頌文摘錄：

若有眾生類，值諸過去佛，若聞法布施、或持戒忍辱、精進禪智等，種種修福慧→

如是諸人等，皆已成佛道。諸佛滅度後，若人善軟心→如是諸眾生，皆已成佛道。……乃至童子戲，聚沙為佛塔→

如是諸人等，皆已成佛道。……或以歡喜心，歌唄頌佛德，乃至一小音→皆已成佛道。……或有人禮拜，或復但合掌，乃至舉一手，或復小低頭，以此供養像→

漸見無量佛。……未來諸世尊，其數無有量；是諸如來等，亦方便說法。一切諸如來，以無量方便，度脫諸眾生，入佛無漏智→

若有聞法者，無一不成佛。

第六段摘錄偈頌大意：

1. 此段，掌握「皆已成佛道」這句偈頌，簡以標點、符號分句，即可依文略了解此段之基本意義。

2. 行六度、有善軟心、供養舍利、起塔、起廟、作佛像、嚴飾塔廟、敬心供養、作眾妙音以供養、以一華、以禮拜、合掌、舉一手、小低頭供養佛像、一稱南無佛、……等等。任何「有為」的行為，只要是往戒、往善、往菩薩行、利他；任何自我向上提升的方法，隨緣，虔誠盡份，點點滴滴的恭敬→諸佛皆慈悲，皆善解眾生

的根性，皆鼓勵，皆善導。

第六段全段偈頌大意：

1.(不堪離，真實留) → (九部法，令歡喜) → (42 年過去，將說法華) → (行大乘，成佛無疑，唯一乘) → (釋迦佛本願，十方佛亦同) →難度之人→ (先示三後演一，無量方便令成佛道；先令眾生得歡喜，先令安隱，實為一) →華嚴 21 日時的心裡話→阿含時……→ (法華時，因緣成熟，能聽到佛陀說法華，難能可貴) → (勿疑，廣讚，大歡喜) →自知作佛。

第二節　譬喻品第三 / 苦、集

集數：266 集 (第 457 集—第 722 集)。

主角：舍利弗尊者。

情節

第一段 (舍利弗尊者，釋己昔、今心路)

　　1. 昔未聞〈方便品〉心路：

　　　a. 自感傷 (因曾見諸菩薩受記，我等未參加)，

　　　b. 以為發小乘心就是究竟，

　　　c. 終日竟夜自責，

　　　d. 我等過錯，非世尊 (因不解世尊當時是方便隨宜說)。

　　2. 今聞〈方便品〉心路：

　　　a. 內心喜躍、b. 得未曾有、c. 斷諸疑悔、d. 知己真是佛子。

第二段 (佛陀回應舍利弗尊者並授記)

　(授記說明：授記前，成佛前的因行 / 名號 / 國名，劫名 / 佛壽，正法，像法。)

　　1. 佛陀以舍利弗尊者為啓機對象向眾開示：汝 (舍利弗) 昔長夜已隨我受學，今還本願所行道，並授未來記。

　　2. 於未來無量劫，供養千萬億佛、奉持正法、具足菩薩所行道 /

之後授記華光如來／國名離垢，劫名大寶莊嚴／佛壽 12 小劫，正法住世 32 小劫，像法住世 32 小劫。亦以三乘教化眾生。

3. 華光如來之後授記堅滿菩薩為華足安行如來／國土如華光。

第三段（普天同慶）

1. 大眾見舍利弗尊者受記，歡喜：「我也可以成佛」。

第四段（以火宅三車喻明「一乘說三」）

1. 舍利弗：已無疑悔，唯願世尊為四眾說，令離疑悔。

   佛陀：暫不說諸佛以種種方便說法，皆為成佛，皆為化菩薩；今先以譬喻明義。

2. 如大長者（年邁，財富、田宅、僮僕皆多），家大，朽多，唯一門出，多人（含多子）住此宅。大火從四面起→（經文情節發展如下）

3. 長者見，大驚怖

   〔作念：我能於門安隱出，而諸子於火宅內樂著嬉戲，不覺、不知、不驚、不怖，無求出意〕→

   〔復思惟：當以衣裓、几案，從舍出〕→

   〔復更思惟：唯一門、復狹小，諸子幼稚，戀著戲處，當為火燒，我當為說怖畏令疾出〕→

4. 〔父憐愍，善言誘諭：汝等速出〕→

   〔諸子樂著嬉戲，不肯信受〕→

   〔作念：我當設方便，令免斯害。父知諸子先心各有所好，種種珍玩，情必樂著〕→

〔告之：希有難得可玩，種種羊車、鹿車、牛車在門外，汝速出，隨汝所欲皆與汝〕→

〔諸子聞，適其願，勇銳爭出〕→

〔長者見諸子安隱出，露地坐，歡喜踊躍〕→

〔諸子：所許玩具，願賜〕→

5. 〔長者各賜諸子一大車，作念：a 我財物無極，不應以下劣小車與諸子，b 皆吾子，愛無偏黨，c 我大車數無量〕→

〔諸子各乘大車，得未曾有，非本所望〕→

〔長者與珍寶大車，有虛妄？不！因長者但令諸子保命，無虛妄、無傷害人〕。

6. 如來亦如是。

7. 如來，為一切世間父，生三界火宅，為教化眾生令得成佛；而眾生，癡黑為白＋沒在眾苦＋樂著不覺＋於三界火宅馳走＋遭大苦不以為患。

8. 〔如來作念：我為眾生父，應拔其苦難〕→

〔復作念：若捨方便，眾生不能得度；因諸眾生未免生老病死，憂悲苦惱，為三界火宅燒，何由能解佛智？〕→

〔說三乘：如來有力無所畏而不用＋但以智慧方便於三界火宅拔濟眾生而為說三乘〕→

〔我說不虛〕→

〔眾生皆我子，等與大乘；不令有人獨得滅度，皆以如來滅度而滅度之〕。

9. 長者無虛妄之咎；如來亦無虛妄（初說三乘引導，後以大乘度

脫)。

10. 諸佛悲智無量，以方便力，於一佛乘分別說三。

意義

一、譬喻：

1. 「譬喻」＝寄淺訓深＝用世間有的東西，譬喻看不見的道理。此品，譬喻中更有譬喻，訓深中更有深訓。

2. 佛陀慈悲說法，不外以言辭、譬喻、因緣、種種方便智慧→令眾生→能離諸樂著，能行菩薩道，能成佛。

二、「三界是火宅，地球已發燒」與「天差地別的心」：

1. 三界火宅、五濁惡世、發燒地球，人人都面對同樣的境界，

　　a. 諸佛、菩薩的心 (＝長者心、佛陀心、上人心)→四弘誓願、四無量心，心急如焚、苦口婆心、曲順萬機、以一說三、想盡辦法，以牛車代羊車鹿車、以四大志業讓弟子做就對了……。

　　b. 我們凡夫眾生的心 (＝諸子心、我們弟子心)→不覺不怖、樂著珍玩、以苦為樂、顛倒是非、八憍七慢……。

2. 後者的心 (苦集的因)，與前者的心 (滅道的切)，是如何的天差地別？

3.a. 〔做訪視時，感恩戶個案，「我為你清潔身體、整理家裡」……，還是不肯〕＝〔現在眾生，佛菩薩要入我們心，不容易！真要接受佛法，不容易！〕→

　　b. 〔面對感恩戶，需用很多時間＋建立感情＋取得信任〕＝〔佛

> 菩薩倒駕慈航來，生生世世，一次再一次，不斷和我們結緣、付出，我們慢慢接受，才有因緣聽到佛法＋願意接受＋起歡喜心〕→

c. 然而，深信我們與佛有同等佛性？

4. 天差地別的心，要拉近彼此間的距離，又是如何的登天難？！

三、因緣必果報：

1. a. 因果不壞。因果不昧。

b. 三界火宅是前有因緣，後必有的果報；淨土世界同樣。

c. 善有善報惡有惡報，不是不報，是時機未到，或明天、或明年、或下輩子、或下一劫……。必報。

2. 一切法，在因緣中。一切，都在無限複雜的因緣中推移。

3. 信因緣果報→因緣果報會發生；

不信因緣果報→前有因緣後必有的果報，同樣發生。

4. 要，深，信，因緣果報。

四、自己的心：

1. 舍利弗尊者釋己今、昔的心路歷程；我們生活、修行、做慈濟在這濁世間，自己的心路歷程如何？

2. 普天同慶，法華會上眾：「我也可以成佛」；我們自己：「我也可成佛？！」

五、其他：

小乘非背於大乘，正可由此趨於一乘究竟。

慈濟事

一、法性平等 + 利根殷勤 / 南非立願無人不度。

上人：南非本土志工非常精進，他們立願，無論如何都要做到「無人不度」。

為了度人，那一天他們在哈雷史密斯向人借小學的教室，車子到，大家趕緊進去貼海報等等，當地譚居士（譚德輝）趕快去找電源、拉電線，因為要用 PowerPoint 做簡報。在外面等的人很多，大家進來，坐下，講師馬上開始說話，不用電源，大家聽得很歡喜。有人來通知：「隔壁有電、有電源。」很歡喜，海報收一收，重新到隔壁貼，貼好，大家很快地換過去，有電源，很好用，話又開始講。講了一段時間，又有人來：「你們怎麼來這一間？這間教室十點要借給基督教會講道。」原來！趕緊又撤回原來那間。電線還在拉，怎麼試就是還不行，譚居士趕緊回家（不知多遠）抱一綑電線來，重新貼海報，重新講話。

像這樣，這麼精進；環境那麼劣，沒電、沒畫面，講師也能講話；光一張海報，貼三次、拆二次。看了真的很感動！

〇故事小結：
1. 南非黑珍珠菩薩的故事，在上人升座開示〈譬喻品〉的 266 天當中，至少說了 25 天，是因緣，更是我們學習的典範；與方便品一樣，南非菩薩，也是此品提到頻率最多的「單一事件」。
2. 上人寄淺訓深，此小節唯取 1 天開示的故事並摘錄部分內容，以彰顯菩薩的立願，行願，行難行能行的菩薩道，在這苦難的火宅中。

★度人、度己、無人不度 / 南非德本第 9 屆黑人志工幹部研習會，全體志工在「祈禱」的音樂中為世人祈禱，祈求天下無災難。攝影：連炳華

二、愛的力量，我們不虛妄 / 菲律賓半年內 3 個大災難（三寶顏叛軍＋保和島地震＋獨魯萬海燕颱風）。

　上人：昨天，一群菲律賓的菩薩回來了，十多位，從獨魯萬市、保和島、三寶顏市。

　　　　三寶顏從去年（2013 年）9 月叛軍衝突，到現在，幾十萬人還是無家可歸，被燒毀的房屋三萬多戶，很多人失去了生機。五個多月了，我們還繼續在關心。簡易教室，已陸續一直搭建起來，孩子開始進去。我們為他們又計畫「住」，因為現在他們都還住在學校的運動場，在空曠的地方，五個多月，帳

篷差不多都壞了、破爛了，衛生環境很差，好幾萬人這樣擠在一起，生活品質真的是苦不堪！唯有慈濟人還在那，三寶顏當地的慈濟人、菲律賓關懷的慈濟人、台灣為他們還在努力的慈濟人。

上人：保和島，10 月地震，到現在差不多四個月，他們看到慈濟人又回去了，當地人簡直不敢相信：「這麼久了，你們怎麼又回來呢？又來關心我們？」慈濟人：「本來就要為你們的需要做些事，但因為海燕颱風發生，我們都投入到獨魯萬那裡，所以，對不起，把你們的時間延宕這麼長。」

　　一一的報告。看到投影出來的相片，再從他口中這樣報告，真的恨不得能趕緊幫助他們。當時，保和島當地省長、市長、萊特省天主教的主教，也去聽我們說明，慈濟人就播放歲末祝福播的《慈濟大藏經》給他們看；大家邊看邊哭，原來慈濟團體是這樣在全球做。其中一位校長 (我們去看的 16 所學校) 說：他的父親那時候腳受傷很嚴重，義診的醫生 (慈濟人醫會) 診斷他的腳需要做截肢手術，就在那裡治療。完成後，還安排去三寶顏的義肢庇護工廠 (慈濟大愛復健暨義肢製造中心) 做義肢。現在他的父親健康了，能正常走路了。所以他出來做證明，證明慈濟這團體是誠意的付出。

　　大家聽到校長解說慈濟之後，很相信。包括省長、市長、主教都很期待慈濟是不是能來幫忙。對啊！就是要來幫忙。已經和他們談好，十六所學校、百多間教室，現在就要很用心，趕緊為他們把這些教室蓋起來。昨天除了聽他們回來報告，我們中部、北部的慈誠隊菩薩也趕緊會合，來瞭解到底他們現在需要什麼？我們還要趕緊認真做什麼？像這樣的用心。

上人：獨魯萬、奧莫克，我們這次去又給他們折疊床，他們非常歡喜。用手輕輕地就提得起來，回到自己住的地方，這樣打開來就能

睡，很舒服。本來睡在地上，石礫很多，身體都被刺痛；因為潮濕，很多人就這樣著涼，生病了。因為睡的地方不好，看到折疊床到，展開來，選擇五個都很胖的人同時坐上去，這麼神奇啊！這麼穩。五千多張床送去，他們很轟動，很感恩。

上人：總而言之，愛的力量，我們不虛妄。既然當初說過要給他們、要幫助他們，同時是真心誠意的付出，所以我們不虛妄。因為我們聽佛的教法，接受到佛陀的教育，要入人群中，去付出，與眾生有約定，我們必定要做到。

★我們的愛，不虛妄／海燕颱風重創菲律賓，興華中學校門外的萬貢邦貢河（Mangonbangon）災後充斥著垃圾。慈濟志工前往重災區萊特省獨魯萬市等地展開「以工代賑」家園清掃計畫。攝影：蕭耀華

○故事小結：

1. 人禍，天災，菲國眾生苦難連續延燒；此苦難事件，是此品上人提到頻率次多的「單一事件」。

2. 長者無虛妄，佛陀無虛妄，慈濟人愛的力量同樣沒有虛妄；做慈濟，要修行自己，去除虛妄。

三、要深信因果 / 嬰兒會說話第一句：佛在世間？

上人：修、學是非常的重要，我們要重視因果。佛陀時時都是用，過去、現在、未來的因緣果報，來教誨我們。

上人：佛陀的時代，舍衛城裡有位大長者，生了一個兒子，孩子還在嬰兒幼稚會說話時，他第一句就問：「佛陀現在還在世間嗎？」父母回答：「在啊！」繼續問：「舍利弗、阿難、目犍連等等，這些人還在嗎？」「有啊！」父母覺得奇怪，很虔誠去祇園精舍請教佛陀。佛陀：「這孩子不只沒有不祥，是大福、大根機。」父母聽了，放心回去。

後來，孩子又問父母：「佛陀還在，難道不要供佛供僧嗎？」父親：「要。但不是說要供佛就有辦法供養，還要做準備。」孩子：「很簡單，用最虔誠、最誠懇的心，清掃周圍讓它乾淨，備設一些上等食物，若能這樣準備，佛陀自然會來。還有，要設三個高座。」「僧團這麼多人，為什麼只設三個高座呢？」孩子：「一個高座當然是請佛上坐；第二個高座是我過去生的母親，現在她還住在波羅奈國；第三個高座則是我今生的生身母親。」……供僧圓滿。

孩子慢慢長大，向父母要求出家。出家，入僧團，對佛法的領悟那麼敏銳，大家覺得很奇怪，就由阿難請問佛陀。佛陀這樣說：不久前，波羅奈國有個望族，家庭本來很富有，直到家長往生，家庭一落千丈，家境困難。當地佛法僧很盛行，孩子看到人家在供僧，自己也想要供僧，卻沒有能力。他下決

心，去另一位長者家殷勤求情：「我的身體讓您應用一年，您要我做什麼事我都願意，但要一千兩錢。」長者覺得少年清秀、聰明，答應他。一年後，領薪水，長者問：「你要做什麼？」「我心願供佛供僧。」「你有這心願很好，你可以在我家及時就辦。」少年很歡喜，完成心願。過沒多久，少年往生。往生後，開頭那位長者的家庭，夫人懷孕，孩子出生。

　　佛陀說到這裡，就說：「你們知道嗎，現在僧團這位出家的青少年，就是過去那位青少年。」看看，這叫因緣啊！

上人：前世、今生，我們知道；那來世呢？能體會。所以，要，深信，因果！

　　○故事小結：我信得夠深？

故事

第 457—460 集
寄淺訓深，因果不壞／阿婆給比丘油去供佛。
清淨心，超越無色界，不受物欲誘／3 歲孩不吃章魚。
信心自己／獨角牛的鬥志。
第 461—470 集
遇便信受，歡喜心／舍利弗目犍連遇佛陀釋因緣。
法音無處不在／印尼霾害愛語分析。
孜孜學佛／狗認真聽誦經。
第 471—480 集
法性平等＋利根殷勤／南非立願無人不度。
舍利弗的自覺，常日夜思考過去／阿難屢施乞女。
人間菩薩就是這樣起來／南非無人不度的輔導。
警惕除習氣／舍利弗的毒蛇習氣。
懺悔習氣還未除／舍利弗遇佛陀。
心結需自開／世界連鎖企業家。
修己心／分類鐵釘。

第 481—490 集
把握現在 / 未來成佛人數無量。
錢權名多磨人心 / 兄弟對待家產。
解除執著，背塵合覺，破相學真如 /7 上 7 下。
耳根入道，法髓入心 / 南非三國冬令發放。
貧中安住，善法如水循環 / 南非冬令發放。
非洲轉法輪 / 辛巴威朱金財。
悲心相契 / 淚珠師父手。
弘願結眾生緣 / 比丘林中守戒。
第 491—500 集
四弘誓願菩薩道 / 莫三比克蔡岱霖。
守住願力福報自造 / 兩位侍者。
本願 + 一念失（行菩薩）道心 / 捨眼動瞋。
心無雜念無所求 / 求道，放下花。
久劫虔誠清淨心 / 每天割身肉賣以供養。
第 501—510 集
珍惜信念的種子 /500 貧窮求幡。
慧根善種恆存 / 南非跨國到莫三比克、史瓦濟蘭、賴索托、辛巴威。
宗教不同愛相同，人間菩薩莊嚴地 / 印尼靜思堂浴佛，180 穆斯林。
要結好緣 / 老比丘避雨，化無緣變善緣。
知道別人的需要 + 用方法盡量付出 / 盲眼夫妻點巷燈 + 老人鋪炭到巷口。
光光相續長慧命 / 莫三比克搬白米。
第 511—520 集
大悲心入人群，大智力解正法 / 岱霖。
圓覺呈現大自在 / 岱霖夫妻。
覺察法性 / 滴水和尚。心輪轉、法輪轉、人生轉 / 台中張居士。
入人群行菩薩道，每天在人心地撒種子 / 唯老婆婆供養剩混菜。
覺迷一念間 / 三寶顏。佛慧本性、本具 / 苗栗廖器捐 50 多人。
第 521—530 集
無信不立 / 長者疑比丘們。
自性覺（過程中，體會妙有真空）/ 射鳥、救鳥。
契機、因緣 / 機鈍師父說法。
因緣、長情 / 薩爾瓦多萬里送竹筒。

懈怠、受法 / 老比丘瞌睡、小沙彌用心聽法。
打開智慧海藏 / 主堂宇宙弧牆。
人間菩薩 / 助返海地。
顛倒 / 五甕錢不捨得用。
三界無安 / 敘難民逃約旦。
第 531—540 集
喜捨無窮聚福緣 / 莫三比克搬米續。
二德三覺需圓滿 / 象師只能調御身。
覺有情、眾生 / 無語良師、骨髓移植、國際人醫會三盛會。
清淨共聚、福德無際 / 南非四國共修。
俗情害慧命 / 身出家心在家。
證三理四相 / 巴基斯坦震。
人倫直淡薄 / 婆婆送急診。
第 541—550 集
發大心的菩薩去身體力行 / 濟修、思晟發放、傳法到海地。
要懂得及時信受 / 年輕利根比丘想請法病倒。
一切唯心、愛無礙 / 印尼巴東、大愛屋 + 希望工程。
六根專一境 / 阿難割背瘡。
精神集中、佛法入心 / 馬來西亞誠益薰法。
身體力行、啟菩薩心 / 國王捨身肉為藥引。
第 551—560 集
家貧心富 / 南非維多莉亞沒去心不安。
時時用心調心 /4 比丘身出家心仍緣種種境起心。
轉念人生轉 / 榮董車奴美食者。
發菩薩心、結好緣、人間來去自如 / 佛陀發心在最苦難地獄道。
用心繽緻回真如 / 捐髓台灣、受髓新加坡。
第 561—570 集
法入心能助人 / 緬甸丹茵農民回捐慈濟。
回歸純真心、順道理、順自然法則 / 緬甸點燈節。
人生苦不堪 / 先生大陸另設家。
慈悲等觀、生靈平等 / 人、鸚鵡互回饋。
不懂說懂 / 盲人拿火把、照人、己不見。
大悲根本體相、發揮根本智 / 海燕、8 國愛接力。

第 571—580 集
因核果海 / 海燕賑、安娜説竹筒。
因緣法、身體力行、如量妙行 / 海燕以工代賑。
微妙含識、合和互協 / 菲賑、希望工程簡易教室。
回歸本性 / 進屏監陪伴。
本性、愛體現 /40 多國慈濟人為菲付出。
愛生命、尊重慈濟人 / 菲以工代賑兄妹。
感恩心就不應貪 + 甘願付出、樂此不疲 / 菲以工代賑、祖孫多領 + 黃得昌感恩。
不要輕視方便 + 愛的循環 / 菲賑，多明尼加、宏都拉斯、薩爾瓦多、捐玉米粉、銅板、麵 + 美、義買 21 罐咖啡。
第 581—590 集
愛的循環 / 菲賑、美加州監獄義買 21 罐咖啡。
人生變化、苦、由不得自己 /86 歲生日 + 老先生 2 子低能。
由不得己、業隨身 / 子車禍身癱。
心靈道場不必外物質、色彩裝飾 /2 間大寺裝修。
第 591—600 集
拔父母苦 / 馬來西亞、17 歲癌末女器捐。
水火不調同印尼 / 棉蘭火山爆發、雅加達水災。
異常、無常 / 大陸冬令救濟個案 7、8 歲女子宮瘤 + 馬來西亞來台 10 多歲女腫瘤。
不求速、能受大法最重要 / 小牛爬山看天文台。
色聲物欲互牽引、人類作業直重演 / 太太交很多男友。
業力現前、感恩呀、銷一筆 / 悟達人面瘡。
得三界外樂 / 摩訶男：樂哉。
佛保任不虛 / 佛自證因果、還 500 兩。
佛保任方向 / 登山要有嚮導、走都蘭。
雖得人敬、會説、更慎四威儀 / 麻油漏地。
不為己利、只為付出 / 菲律賓奧莫克市長 + 夫人。
第 601—610 集
成就別人 = 成就自己 / 長者：小沙彌每天來我家。
早起長慧命 / 新加坡一群企業家薰法。
初地菩薩、聞法感受 / 印尼、賑火山爆 + 水災。

隨順、利益、眾生、到無畏處 / 泰國、老劉寨村火燒 + 瓜地馬拉山區學校。
貧窮遇菩薩、因緣不思議 / 南非約堡慈青。
生死安穩 / 金門李國銘。
利益安樂、心住無畏 / 海燕賑、南非太太捐孩子。
菩薩道難行、但能行 / 馬來西亞、淡邊、長年耐心真誠愛。
第 611—620 集
愛的力量、我們不虛妄 / 菲律賓半年內 3 個大災難（三寶顏叛軍 + 保和島地震 + 獨魯萬海燕颱風）。
佛法需闡揚、要走入人群 / 菜攤騰位擺慈濟。言無虛妄 / 菲律賓賑、保和島地震 + 獨魯萬海燕。
說到做到、無虛妄 / 南亞海嘯、斯里蘭卡、漢班托塔賑。
啟發心門、歡喜無求付出、廣施功德寶 / 慈濟沒投香油錢的箱子。
帶著藏識再來 / 各小菩薩。業識、帶來帶去 / 萬一生在衣索比亞怎辦。
業識藏在八識田中 / 馬來西亞緣恩、嬰兒也懂做好事。
願力而至 / 約旦愛種落地不易。
五利五鈍違人道 / 慈善 20 年人禍，衣索比亞、阿富汗、科索沃、盧安達、車臣、亞塞拜然、巴基斯坦、敘利亞、伊拉克、烏克蘭。
第 621—630 集
人生 / 狗進室、4 鏡牆、一直爭。
源頭藏在種子毫芒中 / 馬來西亞、錦棚居士。
要有慈母心 / 鳩槃荼鬼、千子魔母。
慈濟人共同的大我 / 昆明火車站恐攻。
不斷、內自省外調行為 / 菲海燕賑、馬來西亞老夫妻捐 1 萬 + 榮董。
第 631—640 集
除五毒、唯正知正見正確方向 / 昆明恐攻的阿嬤。
五見交攻 / 衣索比亞。
罪惡行為 / 六群比丘兩舌鬥爭 = 虎、獅 + 野干。
奸詐終害己 = 欲界貪 / 野狐 = 詐騙人。
第 641—650 集
修心清淨、沒貪念 / 南非黑珍珠。
心寬清純 / 南非賴索托貧助貧。
菩薩一一救濟眾生 / 思晟：海地苦。
起貪惹禍 / 財寶是毒蛇。

顛倒 / 開車去爬山。
第 651—660 集
折服憍慢心 / 拔提釋王、頂禮優波離。
正見隨心 / 南非培訓、車壞＋睡路邊。
深信心、心定、直 / 南非、維多利亞兒不見。
精進心、志堅定 / 馬來西亞共修處被搶。
人將死其言善 / 念茲在茲心、馬來西亞檳城大德往生時會員 1700 位。
心佛合一、乘三寶車 / 菲律賓連三災。
愛念懇切 / 南非白色為黑色付出。
第 661—670 集
一極正覺用慈施悲 / 台灣米運非洲。
意志專、弘大願、度眾生 / 只為啟眾生慈悲、我願為法釘釘子。
無上妙法、用無邊際 / 人援會在菲律賓、簡易教室、毛毯。
四大不調、人類造作 / 慈濟國際人道援助會。
菩薩耕耘互精進 /17 國董事會。
法無量、妙法合和助所需 / 人援會毛毯。
法水灌溉心地福田 / 薰法香 300 多道場雲端同時。
宏願入眾得大自在 (化解惡緣為善緣)/ 莉莉兄弟姊妹情。
聞法調心 / 馬來西亞薰法香。
廣結福緣 / 眾喜獻供補破衣。
欣慕修行路 / 摩訶男、出家樂哉。
孩子聽得懂大法 /3 件小志工薰法香。
守好三業 / 糞池大蟲。
第 681—690 集
明辨是非、息滅障礙 / 阿嬤 3 鞠躬。
方便法度人 / 非洲東寶度司機。
慈 (自修) 濟 (利他) 力量 (眾心會合)/ 泰國浴佛。
膚慰、牽引、解深著 / 兒子父母前活活打死。
寬心淡欲知足心富樂 (愛的力量自開心門)/ 非洲 6 國浴佛 (莫三鼻克)。
法入心、心自寬富樂 / 阿難向 2 隻鳥說四諦。
正法如印證真明實 / 辛巴威浴佛。
聞法深信、隨他修善、喜他成就、教富濟貧 / 人醫論壇。
第 691—700 集

恭敬天地萬物 / 草根菩薩。
事不分大小、道理最大 / 馬避城。
適時聞法、適緣受法、信根深植、勤求無畏 / 病比丘、臨終受法契機入理。
勿用身相比評 / 邋遢外來比丘。
眾善奉行 / 菲律賓、貧困維多利亞轉送米。
沁入德香 / 馬來西亞 8 歲薰法。
有欲求沒方向不識真理很危險 / 媽媽擔心孩子考不上走火入魔。
深信、勿疑 / 一切度佛遇 3 孩。
深信因果、很不捨 / 極苦蘇丹。
第 701—710 集
自作罪業無人代受 / 婆羅門女救母。
謗斯經、獲罪如是、晝夜受苦、苦不堪 / 胖鼠啃腳。
因發心、重業輕受、多生業報短時受完 / 臭頭孤兒不忍老師父、錢全捐蓋廟。
因果在日常 / 驢趕百里、停剩 3 里。
看重因果 / 舍利弗度狗。
若非乘願來、沒這勇氣 / 非洲賴索托慈碧薰法香、70 多歲、二次車禍、腳斷。
凡夫心、菩薩念 / 鳥叫聲雜。
苦盡甘來、貴人現 / 廈門女子畸形腳、英和刀 5 次。
發大願 / 慈科大護理畢業生林聖翰。
清鏡照境、轉念 / 彥合的妹妹。
第 711—720 集
要深信因果 / 嬰兒會說話第一句：佛在世間？
敬天愛地、畏懼心 / 馬航墜機。
人人本具光明清淨佛性＝善知識、受無明遮蔽＝月圓缺 / 婆羅門請法、親近佛法第一懂得擇善惡知識。
無礙智 /3 位童子說法。
緣苦眾生、無常人生提高警覺 / 半個月、麥德姆颱風、復興航空澎湖空難、高雄石化管線大氣爆，昆山台商工廠氣爆。
菩提覺道守護一念、我們？ / 豐原林學辰小菩薩書體會很多。
第 721—722 集
淫欲無明唯佛能調伏 / 象師馴象唯伏身。

法數

第 457—460 集
三無漏。三界。
第 461—470 集
四弘誓緣四諦。八苦。一切法、在因緣中。虔誠信心受法＋法在心＋行合法＝修行易體會。聞思修、三無漏。五智。四聖諦始、四弘誓終。六根門＋六塵＋六識。五蘊。百善、百福、一莊嚴。十力、三十二相。
第 471—480 集
真空妙有。三界。三無漏。
第 481—490 集
三無漏。真空妙有。三無漏。九識。三無漏。四弘誓。
第 491—500 集
四弘誓。十號。三供養。一小劫（1679.8 萬年）。十法界。四弘誓。五戒十善。
第 501—510 集
一小劫（1679.8 萬年）。三理四相。四諦、十二因緣、六度。四弘誓、三無漏、六度。四弘誓。四弘誓。四眾、八部。
第 511—520 集
四生、三界。四無量心。四重恩、三寶恩。三十三天。無為法、有為法。四諦、五蘊、十二緣。三種五眾。四諦、五蘊、四大假合、三障。世間。無為、有為。三福。
第 521—530 集
三理四相。真空妙有。三無漏。四弘誓。八識。三學、十業、常寂光。五濁。六凡四聖。五家共有。四弘誓。
第 531—540 集
六波羅密。九識。二德三覺。三界。八識。三界。四大、四微、五蘊、八識。三界火宅、三毒。五蘊、真空妙有。三理四相。三惡道、二善道。五蘊。五蘊、三界、五濁、八苦、四大、四生。
第 541—550 集
四弘誓。九識。五濁、八苦、三毒、三界、身四大、五陰。四倒。五塵、五根、五識。三乘。五濁、八苦。四倒、五欲、三界。二德。三覺。三界、四倒、五蘊。四倒、五欲。無為、有為。三界、四大不調、大三災、小三災。四無量。三界。六道。
第 551—560 集

三慧(聞思行)。三慧、四諦、三學、五蘊。三界火宅。三界、四生、三乘、三障、三學。四諦、十二緣、六度、三界。四諦、十二緣。四諦、十二緣、三世、六道。六度、四攝。四生、三界、三車、三乘。

第 561—570 集

三車。三世因果。五乘、三乘、五戒、十善。二諦。六度萬行、四無量、四辯才。四無量、四弘誓、四攝。四如意。三界火宅。四正勤。有為回歸無為。

第 571—580 集

四念處。三理四相。真空妙有。因核果海。四諦、十二因緣、六度行。五陰、十八界。遷流三世。三觀。五分法身。五蘊。六根、六塵、前七識。

第 581—590 集

四攝法。四正勤。三界。四諦。四相苦。三毒。五濁、八苦、五陰、五欲。三途。三毒、三苦。三界。三理四相、三苦。

第 591—600 集

六根、六塵、六識。三理四相。三大災、三小災。三乘、六道。三乘、三界、六度。三界、五道、六根、五塵。三學、三慧、三界、三乘。三界、三乘、四諦、十二緣、六度、三世、一念、三細、六粗。三界、四諦、心靈三界、三乘、四威儀。三界、三乘、六根、三惡道、三學、三慧、三十七助道。

第 601—610 集

三界、三學、三乘、四勝力。十二因緣。三慧、十二因緣、四大假合。教理行果、二乘、三乘、三智。四無量。三界。六道、三界、三學、三慧、四諦、十二緣。五欲、三學、四修、三界。一相＝一實。

第 611—620 集

三界、三乘、一相。四諦、十二緣、六度。真空妙有。二報、三界。三界、身四大。身三十六不淨、四諦、四念處、心靈三界、二報。五乘(三乘、六乘)、五道、五戒、十善、四諦、十二緣、六度。十使(五鈍、五利)、八憍七慢。三界、五蘊。

第 621—630 集

心靈三界、三際、十方、五鈍、五利。三界、五鈍。四生六道、五鈍五利。五趣。三界、五陰、十二入、十八界、三世、三業。三界。五蘊、三世。

第 631—640 集

三界、五戒、十善、三途。十使、三界、五欲、五蘊、二見。十使、三界、四生、真空妙有。三圓。四倒、五濁、八苦、三學、真空妙有。一大劫(=4中劫=80小劫)、三理四相、五蘊、三界、四大。五蘊、三界、五鈍五利。五見(五鈍+五利)。二見。三覺明、五塵、六根、五鈍、四倒、八苦。

第 641—650 集

四大、五陰、八苦、三界。五鈍、四蘊、六道、三界、五濁、八苦。三界(=六欲天+十六色界天+四禪天)、身四大、四蘊、五利五鈍、五趣、天災四大。三昧、三界、四生。三界、五鈍五利、三乘。四生、小三災。三學、五濁、小大三災，1679萬8千年，四大不調。五戒、十善、身四大、天地四大。四宏誓、二使、三界、三學、五道、五濁。三界、妙有真空、五趣。

第 651—660 集

正三業、八正道。三轉(示勸證)四諦、五分法身、三學。三界、五分法身。八聖道、四諦。四諦、八正道、四弘誓。八聖道、心靈三界。三學、十使、三界、八苦。四弘誓、四無量。三業、十善。

第 661—670 集

九識、四諦、六度、六根六塵六識。四弘誓。三學、六度。八苦、無為法、有為法、三學、十波羅密(六度+四無量心)、三智、真空妙有。四諦、四生、三世、十法界。三界、五趣、三乘、五欲。四生、六道、三業、八苦、五衰、五戒、十善、二報、三界、三災。三界、八苦。

第 671 集—680

三學、六道、三界。心靈三界。五鈍、五利。三界、三乘、三轉四諦。四誓、四諦、六度、三明、六通。十波羅密、三業、心三界。教理行證、四諦、三學、四德、三業。三業、三界、三昧、三乘。會三歸一、四諦、六度、三界、五鈍五利。

第 681—690 集

三惑、二生死、三界、三途、六道。會三歸一。四諦、三界。四攝、八苦、心三界。無為法、真空妙有、四諦、三輪體空。四諦、真空妙有、三十七助道。四諦。四諦、三十七助道、開三顯一。一小劫。

第 691—700 集

三學、四諦、十二緣、六度。四德、十信、三學。四惡、三惡、五欲、七惡。二過、佛種三因果。三惡業。四惡行。五極惡行(五無間)。

第 701—710 集

五利、五鈍。三惡道。三世、三途。二病苦、四大不調、三途。四念處、三毒。六度、三乘、三學、六德。
第 711—720 集
四無量、四弘誓、三業。三業、六和敬。四內修、四弘誓、六根六塵六識。三藏十二部、四無礙。四弘誓。三大災、小三災、三藏十二部、四諦法、十二緣、六度。三世。十善。
第 721—722 集
止十惡、行十善。六道三界。

解構

第四段偈頌文摘錄：

告舍利弗：謗斯經者，若說其罪，窮劫不盡→以是因緣，我故語汝，無智人中，莫說此經。若有利根，智慧明了，多聞強識，求佛道者→

如是之人，乃可為說。若人曾見億百千佛，植諸善本，深心堅固→

如是之人，乃可為說。……→

乃可為說。……→

如是之人，乃可為說。……→

如是之人，乃可為說。

告舍利弗：我說是相，求佛道者窮劫不盡→

如是等人則能信解→汝當為說妙《法華經》。

第四段偈頌大意：

1.把握了內文不斷復頌之「如是之人，乃可為說」這句，則更易

了解經文內涵。

2.(能信→能解→能信→能解……) →當為說；眾生能信解，當說
　妙《法華經》。

第三節　信解品第四／行、證

集數：144 集（第 723 集—第 866 集）。

主角：四大弟子：須菩提尊者、大迦葉尊者、大迦旃延尊者、大目犍連尊者。

情節

第一段（四大弟子表心路）

　　1. 四大弟子見佛陀授記舍利弗，表達昔、今心路：

　　　　昔心路：a. 雖居僧首，但已老而無用＋

　　　　　　　　b. 自認已得涅槃已足夠，不想進求成佛。

　　　　今心路：a. 聞同修聲聞舍利弗得授記，心很歡喜＋

　　　　　　　　b. 聞希有法，很慶幸獲大善利＋

　　　　　　　　c. 無量珍法，不求自得＋

　　　　　　　　d. 自喻貧窮子→

　　2. 四大弟子，用窮子做比喻，表達心情：

　　　　a.（窮子心為主）

　　　　　[有人年幼稚，捨父逃] →

　　　　　[久住他國逾 50 年，年既長，加窮困，到處討生活求溫飽] →

　　　　　[方向漸漸行向本國 (＝其富父求子不得的中止處)] →

[貧窮子遊諸各地，到了其富父所止城] →

[父常念子未曾說，自悔恨老朽財物無所委；若得子，委付財物，快樂無憂] →

[窮子展轉終於到父舍，住立門側，遙見其父莊嚴、威德特尊、有大力勢] →

[心懷恐怖，悔來，竊念：此地太高貴不適合我找工作，不如往至貧里，衣食易得；更何況，久住此，或見逼迫，強使我作] →

[作是念，疾走去]。

b.(富父心為主)

[富長者，見子便識，心歡喜，作念：我財物庫藏今有所付 + 子忽自來甚合我願 + 我雖年朽更珍惜這緣] →

[即遣傍人急追將還] →

[使者疾走往捉；窮子驚愕、稱怨，大叫：我不相犯，為何捉我？] →

[使者急、強要帶回；窮子自念無罪卻被囚執，必死，更惶怖，昏倒在地] →

[父遙見，語使者：不需此人勿強帶回 + 以冷水灑面令醒悟 + 莫復與語。何故？父知子志意下劣，若以豪貴，子難為，故以方便 + 不語他人是我子] →

[使者：我今放汝，隨意所趨；窮子歡喜，從地而起，往至貧里求衣食] →

c.(富父誘引其子心)

[長者密遣形色憔悴無威德者二人，並交待汝徐語窮子：此有作處倍與汝直。窮子若許來作，可語：雇汝除糞，我二人亦共作] →

[二使人即求窮子，得之，具陳上事] →

[窮子先談好價錢再工作。父憐愍子無上進求大心] →

[他日，長者窗牖中遙見子身羸瘦憔悴、糞土塵坌、汙穢不淨；即脫富貴衣飾＋換上粗弊衣＋以塵土髒身＋右手拿除糞器＋語諸作人：汝等勤作勿懈息] →

[以方便得近其子，復告：咄！安心在此工作不要想離職，會給你加薪，你生活所需物品也會提供，不用擔心] →

[你可以把我當成你父親，因為我年紀大你年輕] →

[比起別人，你做事認真也無欺怠、無瞋恨、無怨言，我收你當乾兒子] →

d.(富父臨終囑累惦念心)

[窮子雖有如此好的待遇，仍然自我看輕，因此這 20 年的工作，主要還是除糞] →

[長者疾，知將死，語窮子：我多有金銀珍寶，汝悉知，汝當多用心經營] →

[窮子雖受教敕，領知眾物，卻還是不認為寶珠寶藏是自己的，不懂得好好發揮自己的真如本性] →

[復經少時，父知子意漸通泰，願意成就大志，放棄先前小志。臨終，命會眾親友，自宣言：此我子，我所生，小時逃家，自己找了很久，後來無意間在此遇到。我就是他的父親，今我所有財物皆子有，我已交代，他也清楚了] →

　　[窮子聞父此言，大歡喜得未曾有，作念：我本無心希求，今寶藏自然而至。]

　2.四大弟子：

　　[大富長者＝如來；我等＝佛子]＋

　　[問題都出在自己，因我等過去一直以三苦於生死中，受諸熱惱、迷惑無知、樂著小法]＋

　　[今，因世尊教敕，令我等思惟、懺悔過去的懈怠、自滿]＋

　　[懺悔啊！原來，這是世尊的慈悲，知道我等心著弊欲、樂於小法、放縱自己捨掉大法，而一直未向我們說如來知見寶藏。]

意義

一、信，解：

　1.信，為道之源，亦為功德之源。

　2.信心，為諸法之實體。

　3.先信，方能解；不了解，非真信。

　4.信→解→行→證→信→……。

　　深信→體解→力行→證悟→深信→……。

二、父子情深，一生思念；師徒愛大，累生累世：

　1.窮子＝凡夫＝弟子＝習性＝我心；覺父＝佛陀＝上人＝本性＝我心。

　2.此品僅一大段(長行文＋偈頌文)。經文情節主幹如下：

　　a.先主述窮子心路；

b. 次主述富父心路，再主述富父設方便誘引其子的心思，後述富父臨終囑累的惦心；

c. 末為四大弟子相信也了解後的自責、懺悔。

3. 四品連貫：

a. 序品：

[佛陀講完無量義] →

[文殊菩薩、彌勒菩薩對答，了解過去諸佛修行] →

[佛佛道同]。

b. 方便品：

[佛陀不斷讚歎，諸佛境界、諸佛智慧甚深、甚深、難思議] →

[舍利弗尊者智慧還無法體會，有疑，三請] →

[5000 人退，留下恭敬、誠懇、殷切、有心、精進、想了解的人]。

c. 譬喻品：

[佛陀了解舍利弗尊者已體會] →

[舍利弗尊者懺悔 + 願啟大心] →

[佛陀回應舍利弗尊者 + 並授記] →

[普天同慶] →

[火宅喻，明師父之一乘說三]。

d. 信解品：

[四大弟子，虔誠跪請大法 +(懺悔—空過時光、獨善其身、

大法無關己、問題在己)] →

[窮子喻，明徒弟之自責懺悔]。

三、此品為四大弟子的懺悔文，懺悔「不認識自己」：

1. 懺悔：自大迷己、小看自己、放縱自己放棄大法。

2. 自責：一直守獨善，一直覺得佛陀偏心；以為菩薩才會成佛，以為大乘法是向菩薩說的不是向我們說的法。不了解其實是自己根機不足，一切問題出在自己。

3. 雖在五道輪迴，但還好本心未失。

4. 「今此寶藏自然而至」＝因為本性恆存，不需他求。

5. 「子不識父」＝不見本來面目＝不識己真如。

6. 無限感恩佛陀，無限感恩上人，到底要花多少心思陪伴我們？要花多少心思教育我們？！

四、佛陀與上人的委婉求教：

1. 「貪惜」＝珍惜這緣。

2. 知子下劣，而必隨順，而設方便。

3. 窮子喻→〔以譬喻道盡佛陀一輩子教學過程的苦口婆心、想方設法〕＋〔不僅如此，佛陀委曲婉轉，累生累世追隨，希求弟子能受教〕。

4. 佛陀以慈悲無量智慧方便五時設教；「慈濟的五時設教」，始於五毛錢的買菜錢，開展於「四大志業，八大法印」做就對了，且付出，無所求，還要感恩。

慈濟事

一、覺父見迷子近城／環保菩薩盧李綢＝老僧問訊。

上人：覺父見子在迷途中，心就是不捨；卻是孩子，看到父親，堂皇房子，所用皆寶物，身邊人人莊重、莊嚴、威風，迷途的孩子害怕，趕快要離開。這種形容我們應該能體會。修行不就是這樣？我們生生累世，說不定有小善根、接觸過佛法，發大心、立大願，但慢慢在人間不斷受後天污染，一時發的大心就慢慢退失。

上人：製作「草根菩提」節目的同仁，都很感動節目裡的環保菩薩。已經十幾年，他們想再回去找這些老菩薩。2001 年製作的節目，一對老夫妻 (盧登科、盧李綢)，那一年先生 76 歲，太太71 歲。聽到師父說：現在大地受人類不斷破壞，要趕快照顧，最重要人人要有環保觀念。兩夫妻很同心：我們沒辦法照顧地球，但做環保，可以。所以從 20 幾年前就投入環保。先生很強壯，太太也直挺健朗動作很俐落。先生騎腳踏車，太太推著一輛兩輪車跟在先生後面走，直挺挺，爬坡推著車用跑的，撿人家丟掉的東西，兩人邊撿邊鬥嘴，做得很歡喜。

　　13 年後的現在，看到老菩薩已 84 歲，同樣推那輛車，但人已完全不同，頭髮白，身體彎 90 度。先生往生，女兒嫁，單獨一人，雖然身體多病痛，但很樂觀。左鄰右舍看到她要出門：妳又要出門了喔？妳身體不好⋯⋯。不會啦！扶著這輛車，我身體都輕鬆起來。每天都推著這輛車出門。老菩薩：我過去生應該很富有，使用東西很浪費，所以這輩子才會看到東西就想撿起來。過去生那麼浪費，此生就要多惜福。

　　她現在唯一的心願：「我還不曾見過師父，一直想問師父，我如果這樣一直做，做到不能做的時候，不曉得師父還要不要

讓我回去他的身邊？」我昨天聽到這句話，趕快交待他們：

「幫我寫下這位老菩薩的名字。」她在哪裡呢？台南東山區。她又說：「我就是一直做，做到這口氣斷，希望我的身體像垃圾掉進土地裡，就這樣不見，不必麻煩人，讓人為我收。」就是這樣的菩薩。看到東西，彎下去就撿。同仁：「看到她的身影，好像老僧問訊。」像向大地問訊。阿嬤每天東西撿好回收就去環保站，她都會自掏腰包去菜市場買很多菜：「我午餐就要在那裡吃，多買些青菜與師兄師姊結緣。」看，這樣的修行輸我們嗎？很單純的心，一心一志，還不曾遇過師父，竟然這麼愛師父。

想想，還不曾與師父見面的弟子，一直在外面，好像被我發現一樣。道理就是這樣。「覺父見子迷途漸近父城」，「覺父」形容人人的本覺，就是永遠存在的真諦、道理。老菩薩80多歲，身體這樣彎腰，老邁了。生自然法則，總有一天，同樣再來時，同樣也天真可愛。這，現在的覺、未來的覺，都是本覺，這麼單純、純真的覺。

上人：應該很謹慎，好好找回我們的本覺，「真諦無畏」境界在自己內心，「明照群機」我們與佛一樣有這樣的智慧，能度眾生，能觀機逗教。把握機會，都可以！說不定過去發大心，說不定大心退失變成小根機，不過還是在法中；覺父「見子處法中」看到孩子已經在法中，所以「無復憂慮」。只要還在裡面，總有一天，總有一天，也能自己的良知啟發。

上人：修行者不聽法，如何當修行者？既然是佛教徒，不聽法，如何接近佛法？總有一天啊！要很透徹瞭解，佛陀在找眾生的根機，多辛苦，為了傳法多辛苦，為了度眾生，生生世世，與父親找孩子一樣。我們應該自己要找，找出自己的真如本性、本覺，好好多用心找。應該孩子來找父親了，不要只是一直讓

父親在找孩子。

○故事小結：
1. 師與眾徒之間，究竟是如何的，奇妙的因緣？！在那輩子的那輩子。
2. 自省：不聽法，如何當修行者？不聽法，如何接近佛法？
3. 自覺：不要只是一直讓父親在找孩子，應該孩子來找父親了！

★迷子近父城 /84歲盧李綢師姊，做環保 20 幾年。每當師姊出門做環保，就會有一隻小黑狗主動出現隨侍在旁，成為金剛護法。攝影：黃筱哲

故事

第 723—730 集
解空 / 須菩提。論議 / 大迦旃延。
不空 / 迦旃延。

苦行 / 大迦葉。神通 / 目犍連。	
大乘行、修道解 / 澎湖空難、高雄氣爆。	
細觀法性平等 / 達文西刀、小牛、誠信。	

第 731—740 集

鏡本空寂、是己煩惱 / 狗吠鏡。
盡以施之 (= 眾生需要我們就這樣付出)/ 高雄氣爆送註冊費。
自莊嚴 (= 成就眾生 = 行菩薩道)/ 狗撥水救魚。
人間菩薩實諦理觀 / 兒不理母。

第 741—750 集

人生像過客、人間只是一場緣 / 長者、老來得子、7 歲往生。
財富、無常、偏偏慕 / 保鏢要換班。
覺道恆常存 /3 件不可愛。
持五戒、滅 3 火 / 作樂引火燒。
因緣會遇巧難思 / 剁成幾塊我都要記得。
人生為假名爭奪 / 孩子群、分地、蓋沙房。

第 751—760 集

依事觀因緣、習慣頂禮、祝福 / 無常鬼的祝福。
積習善法 / 兄弟求財富。淺顯道理、實際行動付出 / 南非莫三比克岱霖。
珍惜佛緣、即刻精進 / 盲龜入孔。
人生苦不堪、遇到才知 / 憶 921。

第 761—770 集

殷勤法、持好樂心 / 莫三比克、銅板 + 安娜。
覺父見迷子近城 / 環保菩薩盧李綢 = 老僧問訊。
人性本善 / 宰相子偷宮物。
非時莫說大乘 / 貧兒 = 初出家 = 莫三比克瑪麗亞。
本覺法財 /3 歲謝旅悅、小動物會哭會痛。
需要人間菩薩作伴 / 活玩具。

第 771—780 集

修行、管好自己 / 失毯、失金。
本覺隨緣 / 陳福民。懈怠→聽法→瞭解、身體力行、歡喜、到處傳法 / 在大平林耕耘。
修行人、應聽指揮、卻自作主張 / 扛轎播種。
人生是苦、清楚因緣 / 陳先生的因緣。

我每天都要活長一點 / 永康陳進德。
輕慢迦葉佛 / 六年苦行的因緣。
第 781—790 集
禍福相隨 / 財神 + 敗壞。
斷眾生瞋癡饑饉 / 敘難民在土。
開闊愛心 / 澳洲慈濟人不只愛人類。
因果、甘願心就很寬 / 少 1 頭牛。
第 791—800 集
疾苦道理這近我 / 馬來西亞 10 子的阿嬤。
能覺之智齊於諸佛 / 南非執行長、潘明水、母病。
第 801—810 集
生世尋覓找因緣度化眾生 / 信解品父辛苦尋子、貧婆與阿難、城市九萬人。
是非不分昧良心 / 保證人兄弟。
為眾生修行 / 地獄拖火紅車。
一念欲心繩 / 黑白牛互纏。
真佛子 / 高玉蓮老菩薩。
學佛、勇猛精進心 / 藝妓樂法。
第 811—820 集
正念心、修正定 /500 隻雁。
時時用心精進、歡喜受 / 憍陳如等的夜叉因緣。
一念愛心好生德 / 玉簪 8 牛菜。
法藏無量、法財富 / 辛巴威朱金財辦精進營。
第 821—830 集
大乘法不為己 / 陳林牆環保老菩薩。
顧好根本、誠正信實、正知、正見、正念 / 加 20 年啟用靜思堂。
第 831—840 集
神足通（富足有餘身體力行走到那付出）/ 助菲馬尼拉街友。
柔和善解離諸惑妄 / 慈濟人兒子意外往生。
清淨至誠的愛 / 約旦難民、濟暉。
菩薩緣災民、就近趕緊付出 / 馬來西亞淹 8 州。
心為法本、心尊心使 /2 位做小生意的朋友。
第 841—850 集

行覺道 / 元旦菩薩（大愛、北慈、中慈）。
愛令救濟早日完成 / 4 國水災（泰、斯里蘭卡、馬來西亞、印尼）。
一念心要退、很快 / 舍捨眼珠。
不信解 = 受雇數家珍 / 檀彌離悟快。
第 851─860 集
佛法若能普播善種 / 監獄裡都有慈濟人進去感化（屏監）。
守戒啟良知 / 守戒受強盜信任逃過一命。
怎麼修 / 磨磚成鏡。
清淨心 /4 歲說臭繩香紙故事。
柔和、忍辱、不執著待眾生 / 辛巴威水災。
第 861─866 集 略

法數

第 723─730 集
信解 = 深信則無疑 + 體解則理明。三無漏、二執。三業、二德。
第 731─740 集
五時 (=21 天、12+8+22+7 年)、四諦十二緣、五蘊。4445578(三十七助道法)、六度、四攝，八相成道。淨土八法。三理四相、十法界。開三顯一。四諦、五時、五蘊、三界火宅。
第 741─750 集
五道、三界、五陰、五十惡，一念、三細、六粗。五蘊、六根、十善、十惡、九識、五濁、八苦，七聖財，四生。五道、四生、三界，七聖財。五度、六度、七聖財。十力、四無畏。五戒、三火、三業輪、十法界。三界、六道、五蘊、十八界。五蘊、四生、六道，4445578(三十七助道法)，一念無明、三細、五十惡、十法界。五蘊、五十惡，三圓德。
第 751─760 集
三輪體空、三乘。十波羅密、三無漏、真空妙有、二智。四無量、四攝、大乘七淨華。六度、　五蘊。開三顯一、四見、四顛倒（四見境）。
第 761─770 集
四大、五蘊、勸誡二門、四弘誓、四諦、十二緣、十使、八苦、三途。勸誡二門、三苦、三業。捐五毛菜錢的理相、　四諦、十二緣。五趣、四諦、十二緣。半字、滿字、四諦、十二緣、六度。五鈍、五利，五戒十善出三途，四諦十二緣出三界。

第 771—780 集
教理行果。四諦、十二緣、三十七助道。八苦、三界、五陰，三途、六道、四生。第九識。佛的九惱。六度、四攝、九惱、四諦、四念處、四正勤。四如意足、四念處、四正勤、四諦。
第 781—790 集
4445578(三十七助道法)、四諦、十二緣、六波、三無漏、四攝、六和敬。4445578、四諦。4445578、四諦、十二緣。五根、五力、五障(=五過)。三學、五過、4445578、四諦。四諦、十二緣、4445578，五時、十法行。二空、五蘊。五時、四大。六度、十八空、二智。
第 791—800 集
五時、三皈依。五時、四諦、三十七助道。五道。五道、四生、二智。六度。四弘誓。
第 801—810 集
三苦、五蘊、八苦。三德(=法身、般若、解脫德)(=智、恩、斷)。三德。六根、六塵。菩薩四無畏、五時四教。四大。六根塵、六度、二空。
第 811—820 集
四諦、八音、四無礙智。四諦、三乘。五道、四生、三界。四生、五欲。七寶、二德、四聖六凡。四大、二德。二德、五陰、十二入、十八界、三十七助道。六根、塵、識。
第 821—830 集
四弘誓。五道、四生、五蘊、六根、塵、四念處。二空、五蘊、真空妙有、四無畏、四真德。五道、四生、五鈍、五趣、三界、五蘊、六根、塵。四弘誓、四大。五濁、五趣(=五道)、四生、三障、五逆十惡。444、三界。四心、4445578。
第 831—840 集
七覺支、八聖道法。十惡業、4445578、四諦、十二緣、六度。二報、四諦、十二緣、六度。四諦、十二緣、六度、四種一切財。三苦五濁、四生五道、漏 = 惑 = 煩惱 = 無明、三界、四住煩惱。二道、五菩提。
第 841—850 集
二足尊(自他、福慧)。四生五道、二空、二報、緣起性空。三惑、五根境意。三乘聖、五戒、十善、五蘊、六大(=六界)、四大、四諦、十二緣。三界。四諦、十二緣。
第 851—860 集

三途、三業。三無漏、三界、四魔。五大恩（六道、四聖樂、十法界、四弘，四諦、十二緣、六度，五戒十善）。五大恩。四修、三業。四事供養。
第 861—866 集
十恩。五濁、三途、三乘、三界、四攝、五戒、十善。四攝。四悉檀、四攝。四弘誓、四無量。四悉檀、四攝。

解構

第一段偈頌文摘錄：

1. 我等今日，聞佛音教……庫藏諸物，當如之何？

2. 爾時窮子，求索衣食……甚大歡喜，得未曾有。

3. 佛亦如是，知我樂小……汝於來世，當得作佛。

4. 一切諸佛，祕藏之法……而於是法，永無願樂。

5. 導師見捨，觀我心故……調伏其心，乃教大智。

6. 我等今日，得未曾有……如彼窮子，得無量寶。

7. 世尊我今，得道得果……於一乘道，隨宜說三。

第一段偈頌大意：（「摘錄」1 對應「大意」1，2 對應 2，……）

1. 眾生迷失五道；富父憂念至邁。

2. 父心悲、智；子心下、劣。父以悲智轉子之下劣→子得未曾有。

3. 我＝迦葉。敕＝嚴教。承＝傳承而說。佛觀機逗教；根機不到難接受。阿含→方等→般若→敕法華。

4. 內滅＝滅見思、塵沙、無明三種惑。諸佛不直說大乘←[因我

們凡夫心自謂足而無大願＝因窮子志下劣雖知物心不取]。

5. 諸佛知我心＝長者知子志。

6. 結果出乎我意料＝窮子得無量寶。

7. 無限感恩：佛以希有、以憐愍、堪忍→為下劣→於一隨宜說三。

第四節　藥草喻品第五 / 一、萬

集數：61 集 (第 867 集—第 927 集)。

主角：大迦葉尊者、諸大弟子。

情節

第一段(佛陀回應前面的 3 品)

1. 說明如來，乃→ a. 諸法之王 +b. 功德真實且無量 +c. 於法明了，且知眾生深心所行，故以智方便演說 (契理、契機)+d. 所說法悉到一切智地 (平等)。

2.[如來說法，如大雲 = 彌布平等 + 遍覆一切→其澤普洽，一相一味]；[眾生受法，如草木 = 隨根器大小，隨奉佛多少→入法，有多有少]。

意義

一、連貫：

1. 本品總結了→〈方便品第二〉、〈譬喻品第三〉、〈信解品第四〉的內涵 + 佛陀一生說法的 42 年 + 佛陀的以三乘而說 + 人生、學佛的究竟之道。

二、「一相一味」與「奉佛多少」：

1. 佛陀說法平等，如大雲含潤普皆洽；眾生受法隨根機，隨過去信受奉行教法多少，如隨器物大小受雨。

2. 一地＝性＝佛性、本自平等；

   百物＝心＝習氣＝習性、所欲各異。

3. 自心＝法；己真如＝法源。

4. 佛說法，護故不即說；眾生受法，漸修各得。

5. 九部法應根機，因緣、譬喻是方便，聲聞、緣覺是過程。

6. [五乘：小草＝人天，中草＝聲緣，大草＝我當作佛。小樹＝新菩薩、作佛無疑，大樹＝大菩薩]；[授記＝認證草變樹]。

7. 修行有次第，不是佛陀分；是我們分，因己根機。

8. 法脈，一相一味，大雲普潤；宗門，四大八法，各做所好。

9. 靜思的美，美在靜寂清澄；慈濟的美，美在參差不齊。

三、其他：

1. 一輩子行善，最後那一念間，也很重要。

2. 因、緣→因的種子一顆，卻要有很多種緣會合。

3. 眾生，互為習因，互有藏識→所受都很苦。

4. 眾生＝集眾緣所生＝歷眾多生死＝一切有情含識之動物＝十法界除佛。

5. 路，要自己走才會到；信心，要自己建立，才能體會佛陀的深理。

慈濟事

一、輕安自在 = 修行最徹底的方法 / 迦葉修苦行向最最貧困人
　　化緣。傳心印 / 迦葉拈花微笑（870 集）。

上人：迦葉尊者，聲聞之首，因能守在修行的本分裡，所以佛陀最器
　　　重他。佛陀希望人人要棄除欲，才能重道；沒有棄欲，就不尊
　　　重道。

上人：佛陀稱歎迦葉「頭陀第一」（修苦行），他身體力行，穿糞掃
　　　衣（很破舊的衣服），所修的地點都在荒郊野外。他最喜歡去
　　　墓地看人的屍體；看人的生而死，死後那種變化，看屍體推一
　　　整堆，變化，腐爛，白骨等等，用這樣體會人生無常、觀身不
　　　淨⋯⋯很多的道理。

　　　　他將自己的生活需求降到最低，就如他不愛去一般或有錢
　　　人的家庭化緣，完全要向那些極貧的人托缽。僧團中有人很
　　　不認同，覺得：修行為何要和他人不同？就向佛陀說：「迦葉
　　　尊者用這種方式修行，很不妥當，他如何代表佛陀的僧團去布
　　　教？」

　　　　一天，迦葉尊者來見佛，理應乾乾淨淨圓頂方袍，卻穿破
　　　破爛爛的衣服，頭髮髒亂，放任自己全身邋遢。佛陀：「迦葉
　　　啊！你這樣不好。你年紀也有了，為何還要過這樣的生活呢？
　　　應該和一般出家眾一樣，好好安心在僧團中修行，不必還在荒
　　　郊野外。」迦葉：「佛陀，我這樣身無一物，不用擔心沒得穿、
　　　沒得吃、沒得住。天地間我無所爭，我的心很開闊沒煩惱，每
　　　天過自在輕安的生活。」佛陀認同，覺得迦葉說的話涵蓋很深
　　　的道理。

　　　　佛陀：「將來的佛法，誰會破壞我的僧團呢？天魔外道會，
　　　僧團內也會自破壞；唯有如迦葉尊者這麼堅定的道心，能守住。

他的心專，不受天地人事物影響，堪忍大自然界的一切事物，堪得忍耐人事煩惱；生忍、法忍他都有。唯有這種心很清淨，心寬如天地的人，才有辦法延續佛法慧命。」佛陀肯定。佛陀：「你若喜歡要用這樣的方式修行，就按照你的方式。」佛陀也認為能夠輕安自在，就是修行最徹底的方法。弟子執著，佛陀無奈；但佛陀很尊重，也讚歎迦葉修行內心世界的清淨。迦葉尊者是以他的德，心無一物，清淨心來領導僧團。

上人：佛講法是不定法，不是說法的儀式你一定都要這樣。佛陀說法雖然有順序，但現在的經典是後來集經將它分門別類。佛在同一時期說法，有時一語道破：世間諸法都是虛妄；根機高的人一聽，瞭解了，一切皆虛妄，唯有一真實相，我體會了。像迦葉，天人來供佛，送花，希望佛陀為眾生說法；佛陀上座，坐下來，並無說法，只是拈朵花；大家莫名其妙，但迦葉微笑了；佛陀讚歎，能傳佛心印的人，就是迦葉。

○故事小結：
1. 迦葉尊者，本品〈藥草喻品〉、〈信解品第四〉的起機者，領導僧團，聲聞中之首，佛陀最器重的弟子，上人開示此品亦多次提及，故以迦葉尊者為故事之一藉以學習。
2. 學習迦葉尊者「最徹底修行」的精神→心寬念純，心無一物，輕安自在，清淨心是。
3. 修行的——深、微、一。

二、法能益人群，自己要有心 / 雅加達習經院。

上人：同樣的道理，「如來之教法譬雨甘露」，大的是雨，很微細微細的濕氣凝聚為露珠，露水能潤濕大地，這要看大地與氣流的因緣；「教法之諦理唯一無二」教法諦理只一項，就是水性，潮濕、滋潤的水性，「唯一無二」不論你在哪裡同樣能接受到法。

上人：就如印尼，在雅加達有一間習經院（奴魯亞、伊曼習經院），我們幫助他，所以哈比教長非常感恩慈濟。他希望這些習經院的孩子都能瞭解慈濟的精神，就將「靜思語」每天一句，教他們中文，教育他們做人的道理。

　　一位孩子，已經在習經院學很多，包括學如何耕田、播種等等。2011 年，他 30 歲，看到村裡很多年幼的孩子，家長無法教育，他就趕緊：第一學哈比長老的精神，第二學慈濟的「竹筒歲月」，將所瞭解的「靜思語」，如何教學、如何將這道理入心，身體力行去幫助鄉親。就這樣，他在村裡蓋起幼稚園，把每個孩子都教得很有規矩。村裡的人很感恩，樂捐維持這間

★度人、度己、無人不度／南非德本第 9 屆黑人志工幹部研習會，全體志工在「祈禱」的音樂中為世人祈禱，祈求天下無災難。攝影：連炳華

學校，聘請老師等等。他說：錢若不夠，用他的薪水補貼（穆迪在家鄉免費開設讀經班和幼稚園，並邀請村民以竹筒歲月精神一同護持幼稚園）。

上人：法，不分宗教只要有心，都能利益人群；雨或露，能潤濕大地；法雨甘露，能讓我們心地善的種子受到滋潤、成長、利益很多眾生。這都是法的延伸。

○故事小結：
1.上求法雨，下化眾生；福、慧並進，互促互成。
2.佛法平等，四大八法隨己因緣；精進或勇猛要靠自己。
3.學法的 - 伸、廣、萬。

故事

第 867—870 集
惜水是根本 / 台灣大乾旱。
輕安自在 = 修行最徹底的方法 / 迦葉修苦行、向最最貧困人化緣。
傳心印 / 迦葉拈花微笑。
第 871—880 集
順天理、有為法 / 貧困緬甸為馬來西亞水災勸募。
慚愧是最莊嚴的袈裟、布施是最富貴的心 / 迦葉、婚、修苦行、度貧婆、雞足山。
第 881—890 集
因緣果報 / 瞋怒得蟒身。
開口皆是業 / 生死苦比丘。
因果 / 陳某某砍死狗。樂善利 / 阿嬤我們去環保站。
第 891—900 集
清淨心受法 /11 歲暐哲薰法。走過的路雖坎坷、但風光美 + 利益多少人 / 回眸來時路。
佛徹底的愛 / 迦葉修苦行、佛無奈，迦葉內心清淨、佛肯定。
正見 /10 幾歲腦瘤。聽佛說法如熱地得法雨滋潤、清涼 / 優樓頻螺迦葉現僧團。

第 901—910 集
眾生習因差別 / 金毛獅。先作度眾生緣 / 佛故意穿破袈裟。
應眾生求、度有緣人；五乘各得益 / 彌勒出生後。
平等、普施心 / 淨飯王思子。
得法歡喜全入心、看世間事物不起煩惱 / 穿珠師傅。
平淡事、悟深理 / 阿難度醉翁。
寬闊心、不簡單 / 兒被殺、願原諒對方。

第 911—920 集
永不厭足、無圓滿時 = 真做善事 / 波斯匿王盡心供養。
要堅持 / 長者行廣大布施。
持戒 / 毒龍不計此身、不傷人、不起瞋。
聞聲救苦要有定力 / 菲律賓連三災。
治三惡八苦病 / 棉蘭董先生。
只求眾生得離苦，不為己求安樂 / 帝釋驚慌。
悉與其樂，復為說法 / 吉隆坡黃東嬌。
修行路坎坷，要經得起 / 佛前世乾夷王。
受法滋潤，轉個念 / 莫三比克寶拉。
法能益人群，自己要有心 / 雅加達習經院。

第 921—927 集
苦難偏多，最需甘露法 / 尼泊爾賑史。
法是他永恆的生命 / 被斬也要固守法。
思惟修賑 / 尼泊爾震賑。

法數

第 867—870 集
四聖六凡。三身、四智。四無礙。

第 871—880 集
三理四相。五乘法 = 五戒 + 十善 + 四諦 + 十二緣 + 六度。一念、三細、六粗。五大。三密。一尊佛的教化區 = 三千大千世界 = 10E 個世界。一念、三細、六粗。四相五陰。四弘誓、三草二木。

第 881—890 集

十號、三善道 + 三惡道 = 六道。四諦、四弘誓、四攝。三業、三達明。天、人、小乘、中乘、大乘 = 五乘 = 五戒 + 十善 + 四諦 + 十二緣 + 六度。五乘、五戒、十善、三業。二障、二障、三惡障、五乘、五蘊。五戒、十善、四諦、十二緣、六度、二種生死。三草二木、三乘、八識。

第 891—900 集

五利、五鈍。三乘二道。五戒、十善。四諦、十二緣、六度。已、當、未成就，更無緣。一有一五有、三界。四無礙。五陰、八音。

第 901—910 集

五陰、十二入、十八界。三乘、五乘、五戒、十善、四諦、十二緣、六度。三乘。五乘。五乘、三賢、十聖。十法界、八識。三乘、五乘。五種二足、三乘。五戒 + 十善 + 四諦 + 十二因緣 + 三學 + 六度萬行、三界、五欲、三乘。四無礙、四弘誓、四無量。九、十二部法。成佛第一句。

第 911—920 集

三惡道五戒、十善、十二緣、三界。四威儀。三界、五摩地。五戒十善、四諦十二緣、三明（三達）、六通、三學。六度、三學。四弘誓、四無量、三賢、五十階、四加行。[五乘→小草 = 人天，中草 = 聲緣，大草 = 我當作佛，小樹 = 新菩薩、作佛無疑，大樹 = 大菩薩]；[授記 = 認證草變樹]。自心 = 法；己真如 = 法源。五乘 = 三草二樹、十法界、十地。三草二木。

第 921—927 集

三世、十方。三昧、四無畏。聽者五福德。一、三、五乘。三種道。三昧。

解構

第一段偈頌文摘錄：

　　1. 一切眾生，聞我法者，隨力所受，住於諸地。

　　　　或處人天……= 是小藥草；

　　　　知無漏法……= 是中藥草；

　　　　求世尊處……= 是上藥草；

　　　　又諸佛子……= 是名小樹；

安住神通……= 名為大樹。

2. 佛平等說 = 如一味雨；

(隨眾生性，所受不同)=(如彼草木，所稟各異)。

(佛以此喻，方便開示，種種言辭，演說一法，於佛智慧)=(如海一滴)。

(我雨法雨，充滿世間，一味之法，隨力修行)=(如彼叢林，藥草諸樹，隨其大小，漸增茂好)。

諸佛之法，常以一味→令諸世間，普得具足→漸次修行，皆得道果→

(聲聞緣覺，處於山林、住最後身、聞法得果)=(是名藥草，各得增長)；

(若諸菩薩，智慧堅固、了達三界、求最上乘)=(是名小樹，而得增長)；

(復有住禪，得神通力、聞諸法空、心大歡喜、放無數光、度諸眾生)=(是名大樹，而得增長)。

第一段偈頌大意：(1 對應 1，2 對應 2)

1. 眾生隨力受→得三草二樹。

2. 一雨普潤；漸修→草樹各得長。

第五節　授記品第六 / 授記

集數：47 集 (第 928 集—第 974 集)。

主角：四大弟子 (大迦葉尊者、大目犍連尊者、須菩尊者提、大迦旃延
　　　　尊者)。

情節：

　　說明授記：成佛前的因行 / 名號 / 國名、劫名 / 佛壽、正法、像法。

第一段授記大迦葉尊者：

　　需奉覲 300 萬億佛 (供養恭敬 + 尊重讚歎 + 廣宣諸佛無量大法)/ 光
明如來 / 光德、大莊嚴 /12、20、20 小劫。

第二段期盼：

　　大目犍連、須菩提、大迦旃延三位尊者，引領期盼得授記。

第三段授記須菩提尊者：

　　需奉覲 300 萬億那由他佛 (供養恭敬 + 尊重讚歎 + 常修梵行 + 具菩
薩道)/ 名相如來 / 寶生、有寶 /12、20、20 小劫。

第四段授記大迦旃延尊者：

　　需奉覲 0.8 萬億 +2 萬億佛 (恭敬尊重 + 諸佛滅後，各起塔廟高、供
養塔廟 + 具菩薩道)/ 閻浮那提金光如來 / ?、? /12、20、20 小劫。

第五段授記大目犍連尊者：

1. 需奉覲 0.8 萬 +200 萬億佛 (恭敬尊重 + 諸佛滅後、各起塔廟高、供養塔廟)/ 多摩羅跋栴檀香如來 / 意樂、喜滿 /24、40、40 小劫。

2. 500 阿羅漢，第 8 品將授記 (先用心安撫)。

意義

一、授記：

1. a. 本品重點，佛陀繼授記舍利弗之後，續為四大弟子授記。

   b. 更重要的，了解成佛的因；要看因行。

2. 授證與授記，

   a. 授證 = 畢業？當然不是。授證就像授記，是修行之路很重要的過程，啟動發大心，確信方向正確；對，是就是這樣，繼續走，繼續行菩薩道。

   b. 記以起信，信而發願，願以成行，行菩薩道。

   c. 授證、授記，是生命輪迴中，很重要的一個旅程碑。

   d. 能受記、能受證，皆有宿世之因緣。

二、其他：

1. 人人皆是未來佛。

2. 不論行菩薩道、做慈濟，或對本師釋迦牟尼佛、對諸眾生→當〔供養恭敬 + 尊重讚歎 + 廣宣諸佛無量大法 + 常修梵行 + 具菩薩道 + 起塔廟高、供養塔廟〕，生生世世。

慈濟事

一、行無我度生，延續慈悲喜捨心 / 尼泊爾賑續緣。

上人：最近，我們一群菩薩在尼泊爾；幾天前，另有 10 位菩薩從加德滿都搭飛機，翻過山，再搭巴士去另外 3 個縣，4 個大區，去看過去曾走過的足跡。回眸來時路，不是有我相去，而是關懷。20 年前那 4 個村舉行了慈濟大愛村啟用典禮；20 年後的現在，加德滿都地震大災難，慈濟人再度踏上那片土地，就會想到那幾個村，房子平安嗎？那裡的人平安嗎？這是關懷。

第一村，距離加德滿都 80 公里，再過去的超過百公里。要翻過很高的山，尤其地震過後山路很危險，落土、山崩，車子不通，只好搭飛機。航空公司叫做「佛陀」（Buddha Air 佛陀航空公司），飛機很小台，只能載 18 人。20 幾分鐘飛越山脈，「佛陀」帶著這群菩薩；菩薩群中帶路的人姓「釋迦」，嚮導是釋迦族的後裔，是當地志工。第一村、第二、三、四村，他們用一天的路程走過；前天早上視訊，接通看得到的是在第二村、第三村飯店（簡單民宿）前面，這群人圍在外面很簡單的涼亭，與台灣視訊和我講話，沒有秒差。第二村（勞特哈特縣桑塔普慈濟村），原來我們為他們蓋 600 戶，現在人口增加，從 8000 人增到 10000 多人，從 600 戶變成 800 多戶，人口擁擠。看到慈濟人到達，大家都圍上來，人數之多啊！藍天百雲志工與這一群村民很歡喜的圍繞在一起，分享這 20 年來他們的生活。

他們靠什麼生活？務農。有時天候不調和，歉收等等，所以多數生活困難。他們也去看一間精舍（大悲法輪精舍），精舍裡有一位比丘尼（住持 Thulo Ani Sonam Lama），出家已 40 年，他要求慈濟是不是能給予幫助？看相片，精舍好像

有 3 或 4 樓，因為地震受影響。這就是他們目前的生活。看到的幾個村都貧困，但每一家戶也都算平安。

20 年了，那時黃秋良居士是不是也去過？回來還要再問他。因為感覺他好像和那些村的人很熟；還有美珠（羅美珠）到處都懂得與人結好緣，就像這個村的親人一樣。村民看到「藍天白雲」（志工）就很親；這群菩薩看到村民都將他們當作一家人，抱人家的孩子，好像久違的親人，真的很溫馨。

很典型的農村，大家的結論都希望慈濟能幫助；人口愈來愈多，生活貧困，房屋年久失修，過去我們為它蓋鋅片，現在有的房子會漏水，有的水泥已剝落，他們看到慈濟人就有這樣的要求。視訊中：「師父，是不是我們再來為他們重新補修一下？現在這些孩子讀書有問題，是不是為他們教育？」我：「知道人平安、房子都平安，心也安心許多。他們這是長久的貧困，回來再說。」現在最重要的是加德滿都，緊急的救濟已慢慢緩和，現在最重要的是如何評估他們中、長期的規畫，希望他們趕快回來，歸隊加德滿都。

昨天早上就看到他們已經歸隊。也是悲心，還是再描述所見所聞，還是在請求。走這一趟尼泊爾，可能不只因為地震過後，未來的工程可能還要再為 20 年前的那個緣，續緣下去；說不定蓋學校，說不定一些已剝落掉、會漏水的房屋，要再去做關懷。像這樣，是有我？或是無我？說起來，應該是 22 年前，那時尼泊爾水災，我們緊急去救急，發現災難這麼慘重，無家可歸的人那麼多，捨不得放下；所以，救急以外又為他們做長期規畫蓋房子。房子蓋好，入厝是第三年，現在才會說入厝是 20 週年。

上人：佛陀說：「度生，行無我度生。」要大我，不是為自己，是為那些苦難人，天下眾生；要行四無量心，這就是六度。六度開

始就是布施，布施過後經 20 多年都忘記了；這次看到、聽到地震影響那麼大範圍，所以我們才又回去慈濟村看。原來眾生的苦難，貧，還是延續到下一代的貧啊！真是苦不堪。「行無我度生」，這種度就是「六度」，「布施，布施、持戒、忍辱、精進、禪定、智慧」，要拿捏得剛剛好，也不能過去就過去，全都忘記。當他們有需要時，還是慈無量、悲無量，再回歸去想；這樣叫安住；不讓忘掉，面對這些苦難眾生還要繼續如何讓他們脫貧。除了安住，未來還要讓他們離開苦難、脫離貧困。

上人：「如此安住」發了菩提心就要安住；20 多年前參加那些工程，現在還是有人再走進尼泊爾，再延續過去；用這樣降伏心中的妄念；不是有煩惱，是慈悲喜捨還在心裡。雖然是「空」，空掉我是能助人的人；不過還是要「住」，住在菩提覺道，覺悟天下眾生苦難，覺悟天下無常。我們需要去解決他們的苦難，將他們的身、心安住。「釋迦」來引路，「佛陀」將他們帶到那裡；因緣不可思議；釋迦、佛陀既然俱全，我們難道能不再延續慈悲喜捨的心願嗎？

二、久埋真如安然，顯現／尼泊爾賑，瓦礫中平安挖出嬰。

上人：尼泊爾地震後，很多救援的人投入。有人用手機拍出一段很震撼人心的影片。房屋倒塌，大家一直救，撥開很多瓦礫、磚塊、石頭等等。有一個家庭一直在找妻子、小孩，「在哪裡？」、「我的房子在這裡！」已經整個夷平，撥開土石，一直撥，找。生命偵測儀能偵測範圍內是否有生命，所以在那裡一直鑽，探。果然有生命！埋得密密的，大家不放棄，挖出一個洞，聽到孩子的聲音，朝那地方一直挖、一直挖；挖到孩子的手，再趕快挖，撥開，再撥開，愈來愈小心，怕傷到孩子，應該埋很久了；慢慢地，看到孩子的頭，大家歡呼，再慢慢挖，不敢用

機器，用手一直撥、一直撥；終於頭、肩膀出來，慢慢胸部也出來，再一直撥開、撥開、撥開；跟著那個影像，緊張的呼吸，看，終於孩子被抱上來，才幾個月的嬰兒，長得胖胖的，嬰兒即使整隻手都沾染沙土，也還一直揉眼睛，但都沒有哭，很安靜；毫髮無傷，像從地湧出的一位小菩薩，好可愛啊！覺得很不可思議，怎麼會這樣呢？我看到這影像，就說：「這要留下來喔！這是一個歷史奇蹟的鏡頭。」

上人：想到那個孩子，就想到我們人人。我們的心，到底有多少的垢穢埋著真如本性？說不定，我們的心地，被累次的災難，累次的磚塊、污穢、瓦礫埋覆。我們要像救那個孩子這樣，好好用心撥開、撥開、撥開污穢，讓我們的真如本性，如那位赤子，能安然毫髮無傷湧現出來；破惑證真；用功，慢慢地撥開、撥開、撥開，我們心地原來的真如本性就顯現出來。「破惑證真得大智」，慈悲智慧這個法就顯現了。人人本具善念＝就是天真的本性＝本來就是無染的智慧＝本來就有這麼清淨無染的大愛，但，你要將惑破除了，才有辦法證真。

○故事小結：
1.因緣，尼泊爾，佛陀的故鄉，因地震慈濟人前往賑災的故事，在上人升坐開示〈授記品〉的 47 天當中，這菩薩行，陸續進行。從來，心繫苦難眾生的上人，法華心，也至少提了 12 天，算是此品提到頻率最多的「單一事件」。此小節，唯取 2 天開示的故事內容。
2.授記，是修行的延續，是行菩薩道的繼續與肯定；慈濟這次到佛陀故鄉的賑災，何嘗不是延續 20 幾年前因水災的救助的「行無我度生」，延續慈悲喜捨的心願；修行無終，行菩薩道無止，無壽者相。
3.我們自己，也正在行成佛的因行；也終究希望能救出自己內心「如赤子的真如」。

★延續慈悲喜捨心 / 慈濟人走訪 1993 年水災援建的桑塔普慈濟村，關心村民生活情形。20 年前人人的一雙手、一分力，共同打造慈濟村；相信今後桑塔普會更好。攝影：張清文

故事

第 928—930 集
受佛教化、發正智 / 大迦葉四事、堪苦行、夫妻皆好淨行、世尊分半座、拈花微笑。
先了解苦、空、無常的道理 / 提婆達多求神通。
第 931—940 集
眾生是造福的因緣、道場 / 尼泊爾震賑。
娑婆無常、用心平心 / 尼泊爾震賑。
守住悲智願行心 / 常悲居士。
用身體力行帶動人 / 尼賑司機。
懂得助人 / 慈小體驗六根不全。

思惟修、是非分清楚 / 佛不讓提婆達多懺悔。
契苦諦、立弘誓悲願、行四無量心、萬行六度 / 尼泊爾震賑。
多災國、但心無丘坑 / 菲浴佛、紅霞要登陸。
第 941—950 集
別人的成就＝我的成就 / 目犍連、舍利弗比神通。
果報 / 目犍連捕魚。
隨緣托缽、不擇貧富、不分污淨 / 須菩提、大迦葉乞食。
行無我度生、延續慈悲喜捨心 / 尼泊爾賑續緣。
慈悲平等 / 迦旃延宏法。
開心兼愛天下 / 文荼王愛王妃。
耐心、時間 / 培養一位醫師。
法入心＋身力行 / 賑尼泊爾、小孩、大醫王。
及時造福、包容習氣 / 尼泊爾賑、司機、首富。
安身、安心 / 尼泊爾賑。
人生辛苦、集過去因緣 / 廖劉玉葉阿嬤。
第 951—960 集
誠懇＋有心 /8 分飽烏丁屯。
法入心→釋放愛 / 金花阿嬤。
因緣、柔和同理化善緣 / 阿難度貧婆。
付出愛、孝父母 / 尼泊爾、莫三比克、洗腳。
佛國以菩薩而莊嚴 / 七梯七國賑尼泊爾。
論議第一 / 大迦旃延。
第 961—970 集
修行長久 / 迦旃延比丘尼、31 劫在人間。
奉覲供事 / 給孤獨長者、三輪體空付出、日日掃地。
眾生心態複雜、敬人人像佛 / 貧婆、阿難、佛。
懺悔過去、發願利益人群、時時、不斷 / 目連令四餓鬼心開意解。
久埋真如安然、顯現 / 尼泊爾賑、瓦礫中平安挖出嬰。
就是要布施出去 / 非洲 7 國（四合一營）。
困生活、法財無量 / 辛巴威曾是非洲糧倉。
貧住戒定慧布施 / 非洲授證、吳東寶原諒司機。
第 971—974 集
障道業現、惟自勉 / 悟達國師。
因緣業力可怕 / 目犍連、死於石砸。

身體力行將教法再帶回佛陀故鄉、滅他苦／尼泊爾震賑。

法數

第 928—930 集
四加行。六度、三學、十善、五戒、六凡、四聖、三業。六根、六塵、八識、十號。
第 931—940 集
一小劫 =1679.8 萬年、五毒、二報。國土七寶。羅漢的覺悟 = 明白；佛的覺悟 = 明白 + 通達、二足尊。三業、四心、四誓、4445578(三十七助道法)。六度、四無量、四弘誓、八苦、五陰、三聚戒。三學、六度、四無量、四弘誓、三軌弘經。聲聞四果、凡夫無明、羅漢三明、如來三達。
第 941—950 集
四諦、十二因緣、六度、三昧、三業。三學。四諦、十二因緣、4445578、六度、四無量、四弘誓。四魔、八識。二種生死。
第 951—960 集
三學、三業。四修。出家離欲離淫欲、最後身二義。除二執離四相、依正二報。4445578、四修、六度、四弘誓、四無量、四大、五大。十身。五蘊、八識、二報、六和敬。三明、三達、六通、八解脫，六度、三學、四修，六根、六塵、五蘊、三業。六度、四修、四弘誓、十二緣、四無量。七寶。五分法身。
第 961—970 集
掃地五功德、三善。四惡道、二報。六度、四修。一念無明、三細、三乘五性。三業、三明。一念妄動、三細膩、六粗、六度。四無礙、三明、三達、六通、三乘五性。三學、四諦、十二因緣、六度。
第 971—974 集
授記品重點 = 聞思修 + 三學 + 四修 + 六度。六度、四修、三學、十號、四諦、十二緣。六趣。(實理可頓悟；於事須漸修)=(覺悟道理易；修行過程要在人群中、布善種子、度眾生)=(道理了解；我經得起磨練？)=累積善緣。

解構：略。

第六節　化城喻品第七／因緣

集數：130 集 (第 975 集—第 1104 集)。

主角：諸比丘，大通智勝佛、十方諸大梵天王、16 王子 (第 16 為釋迦佛)。

情節

第一段（空間無涯，說時間無始）：

1. 以空間的無涯，說時間的無始；究竟多久前呀！介紹塵點劫前的大通智勝如來。

第二段（最後一里路，悲智思惟修）：

1. 智佛成佛前 20(10+10) 小劫，當中發生的事。智佛成佛的最後一里路。

2. 悲智思惟修。

第三段（16 王子請法）：

1. 16 王子，請世尊轉法輪，憐愍並饒益諸天人民。

第四、第五、第六段（諸大梵天王尋法）：

1. 東方……救一切大梵天王……領諸梵天王→慎重、虔誠，捨福以求慧。三生有幸得遇佛。

第七、第八、第九段（諸大梵天王尋法）：

1. 東南方大悲大梵天王，領諸梵天王→往西北尋光。

第十、第十一、第十二段（諸大梵天王尋法）：

1. 南方妙法大梵天王，領諸梵天王→求佛擊鼓、吹螺、雨雨。因今值遇珍貴難得的緣、的無量智慧者。

第十三、第十四、第十五段（諸大梵天王尋法）：

1. 西南方＋下方＋上方……尸棄大梵天王，領諸梵天王→請佛轉法輪＋習法無量劫＋與眾生共成佛道。

第十六段（請成佛之法。作沙彌時已度無量。化城喻）

1.16 王子＋十方諸梵天王，請智佛轉法輪（四諦、十二緣）→

2.16 王子，請智佛說成佛之道 (＝大乘經＝妙法蓮華教菩薩法＝佛所護念)→(a.16 菩薩沙彌皆悉信受＋b. 聲聞有信解＋c. 餘眾生疑惑)→

3. 智佛說已，入定→16 菩薩沙彌各升法座說妙法華→智佛出定，

    說：a.16 王子希有＋b. 當親近供養 16 王子＋c.16 成佛於東方、東南方、南方、西南方、西方、西北方、北方、東北方、娑婆（第16. 我釋迦牟尼佛）→

4. 釋迦佛：我作沙彌這段時已度無量眾生，包括：a. 在座的你們＋b. 至今仍住、著聲問層次的眾多眾生（因，佛智難信難解—第2. 第4、第15、第16品；直說則退）。成佛唯一條路。→引出化城喻→

5. 險路恐怖→眾生懈怠不想走→導師告：a. 勿怖、勿退。

    b. 此城，可休息、可隨意作、可安穩。

c. 也可繼續往前→眾心歡喜→得止息→繼續往前寶處在近，此城非實、我化作。

意義

一、化城：

1. 化＝本無忽有，城＝防非禦敵。

2. 佛意本一乘，知眾性怯弱，故化城聲緣，眾生便信受。

3. 終點未到，還要走。

4. 重因緣。重恆持。至究竟圓滿，至「本末究竟」的「本」。

5. 回光返照己心，己心是否懈怠？

6. 一輩子生活，要輕安快樂，修行、學佛是唯一的路；生命輪迴，要離苦得樂，學佛、成佛是唯一的路；要成佛，行菩薩道是唯一的路。

7. 四大志業、八大法印，是化城，更是寶所。

8. 上人也說：他沒有設化城，因為沒有時間了。

二、大通智勝佛：

1. 再 10 小劫成佛。8 千小劫說法華。禪坐 8.4 萬小劫 (16 沙彌覆講)。

2. [智佛 16 子＝以八正道自行化他，日月燈明佛 8 子＝八正道]；[智佛 16 子、燈明佛 8 子＝皆表在纏八識]。

3. 智佛＝諸佛導師＝源頭佛＝人人的真如＝內心。

三、大梵天王：

1. 東方 (救一切) →東南方 (大悲) →南方 (妙法) →西南方、下、上 (尸棄)。

2. 梵天王不惜遙遠找真理；我們人類源頭那念願心不夠，願力微弱，經不起人群無明的因緣。

3. 光 = 道理；光源 = 真理的源頭。

4. 法源一樣、不動，無始劫來，理相；看法、立場、方向不同，事相，因為根有頓、漸。

5. 這念誠意，從很遠、無始前，直到現在，這念心 = 無始常住。

四、16 佛：

1. (東方) 阿促、須彌頂 +(東南) 師子音、師子相 +(南方) 虛空住、常滅 +(西南) 帝相、梵相 +(西方) 阿彌陀、度一切世間苦惱 +(西北) 多摩羅跋栴檀香神通、須彌相 +(北方) 雲自在、雲自在王 +(東北) 壞一切世間怖畏、(娑婆) 釋迦牟尼佛。

五、釋迦佛於成佛前、後度無量眾生：

1. 「我等為沙彌時，各各教化無量百千萬億恆河沙等眾生。」(〈化城喻品第七〉)

2. 「阿逸汝當知：是諸大菩薩，從無數劫來，修習佛智慧，悉是我所化。」(〈從地湧出品第十五〉)

3. 「自我得佛來，所經諸劫數，無量百千萬，億載阿僧祇，常說法教化→無數億眾生，令入於佛道。」(〈如來壽量品第十六〉)

六、其他：

1. 佛法＝即是因緣法。

   一切，都，在無限複雜的因緣中推移。

   看不到的因、看不到的緣，細膩而真實的存在，隨著時間，因緣成熟，自然再現，真實感受；不是不報，是因緣未到。

2. 慎因、慎緣。

3. 法光遍照、密雲彌布，同樣需要時間、需要因緣的累積，就像馬來西亞的入經藏。

4. 上人帶領慈濟人行布施全球，與法華教菩薩法，並無二致。

慈濟事

一、生世尋覓，找因緣度化眾生／信解品父辛苦尋子，貧婆與阿難，城市九萬人（〈信解品〉）

上人：就如佛陀與貧婆。人人所追求就是能見到佛；偏偏這位貧婆看到佛就閃一邊，不願意見佛。佛陀就說：「阿難，這位老婆婆是與你有緣的眾生，來，你去度她。」佛陀在世時，同樣有無緣的眾生。

二、眾生心態複雜，敬人人像佛／貧婆、阿難、佛（〈授記品〉）。

上人：「觀察諸法體性」，諸法之體與諸法之性。

體＝就是看得到的東西：我們外面所看的形形色色；對待人的時候，看人的態度，「這個人的態度，對我這樣不敬，我煩惱。」「這人的態度怎麼教不好？常常對人就是這樣，那禮儀、動作、應對，怎麼都不會改變呢？」人與人之間，每個人

都會不如我們意，所以就起煩惱。不高興→就與這個人隔離，無緣了→我們和他隔離、無緣→他對我們看法就是怨、恨。我們自己感覺「我和他隔離、無緣」，這樣單純；但他對我們就會起複雜。可能造口業，向別人說：「某某人的態度……」。

我們看人家的態度，人也看我們的態度，「某某人如何對人苛薄、冷淡等等。」日常生活中，我們可能無心，但對方有意，這樣就會惹成愛恨情仇，糾纏不清。

今生來世，我們沒感覺到，對方在背後已經造很多口業，對我們不高興；來生來生，同樣的，換他對我們無緣。

上人：佛陀也常用譬喻，說哪位眾生不是我度的因緣，因為過去我的無心，所以惹起他的怨。如很久以前，二比丘，一前一後，走在前面的比丘，看到這位婦人的「煩佬」：「這沒什麼，看開就好。」有什好說的？就這樣過去。但這位婦人覺得：這位修行者怎這樣不慈悲？我的苦，我需要向人傾訴，否則我的心很痛苦，怎一句安慰的話都沒有？後面一位比丘來，就問：「妳怎麼了？」「我苦啊！苦在先生才往生，我的希望寄託在孩子，孩子又生病，往生，我苦啊！」後面比丘用同理心「瞭解了，知道你很苦，但人生無常、是苦、是空。」向他說了一堆道理，安撫了她的心。拿出一條手帕，「來，將眼淚擦乾，用妳開闊的心面對著未來的人生。」心開意解，感激了。

這已是幾百世之前的事了。現在的釋迦佛、阿難遇到貧婆，佛陀走前面，貧婆看見佛，就是不開心，就閃避他。佛陀回過頭向阿難說：「阿難，這位老婆是你要度的。」果然，阿難走過去，老婆婆看見阿難就起歡喜心，阿難向他招一下手，她就來，恭敬禮拜，聽阿難的話，阿難將她帶來見佛。

大家覺：怎麼會這樣？同樣看到佛，人人看佛都起歡喜心，受佛度化；為何這位老婆婆就要靠阿難去接引？所以佛陀才會

說起無數世以前這二位比丘的故事。

上人：眾生這種心態，真的很複雜。有時，我們若沒注意到，說話無心，或態度無意，卻是對有需求的人，就有心接受你態度的冷熱，這樣他對你就有一分不滿，或排斥。

三、貧婆、阿難、佛陀（〈化城喻品〉）。

上人：佛陀來人間是度有緣人，哪地方有緣，與什麼人有緣，誰就能在那地方受度化。就如佛陀向阿難說：「阿難，那位（貧婆）是你應該度的，去吧！你去度她。」這就是眾生與佛的緣也有限量。過去佛陀修行過程，疏漏一個緣，今生成佛，同樣無法將她度進來。佛法不可思議，因緣實在很不可思議。這因緣長久就是這樣。

上人：〈化城喻品〉教導我們要很重視因緣。投入人群，去造福人間，瞭解眾生相，瞭解無明煩惱法到底如何對治，這就是增長慧命，要用很長久的時間。

滅＝滅除一切無明、煩惱、見思等等，但，談何容易啊！世界，界限，人世間必定都有界限，要盡你的責任、力量，為了度眾生，各人盡責：我要替這些眾生盡責任，我要盡我的力量去付出；這件事是我負責，做這件事，我盡我的力量。每個人修行的過程都是這樣。佛法不離世間法。

上人：這世間法要如何才會圓？才能圓滿？才能一切都清淨，無掛礙、無染污？這是修行的難處，很難。就是難，才叫修行。這些難＝無明複製＝我們處理不好就是複製無明。佛陀與貧婆，一句語言處理不好：「世間法則，生死是人生法則，為何哭成這樣？」只這樣，就走過去。阿難處理得很好：「妳的心，我瞭解，很痛苦，不過這就是自然法則，哭會傷害身體。來，這

條手帕讓你擦眼淚，放下心中的煩惱吧！」

上人：前後都說自然法則，同樣的法，但，那種溫柔的攝受，與理智地走過去，就是不同。緣只差在這裡，差在那溫馨的感受。

○故事小結：
1.因，緣。
2.要重視因緣。在〈信解品第四〉、〈授記品第六〉、〈化城喻品第七〉，上人不約而同的談到度貧婆的故事。

四、大光明遍照十方，愛、真理的回饋／尼泊爾賑。

上人：「而此大光明，遍照於十方」。這道光向東方先照到、感受到，東方的梵天眾開始找光。其實十方也都有感受到這個光，但以東方先照一定是有它的道理。

上人：佛出生在迦毘羅衛國，現在的尼泊爾境內。從我們中國或台灣看過去，那地方就在西方，所以玄奘法師西方取經，經典從西方往東方傳。經典、真理、佛的真諦一乘法、大乘教法這道光，首先是向東方照，才開始往其他方照。

我們要很慶幸，佛法昌盛在華人世界。佛法在印度已經是末法，有很多的造像、形式化、禮拜、誦經，但他們不知道我們華人世界是將佛法用在日常生活中，尤其我們慈濟，人人的道場，無不是入世。入在人群中，做該做的事，人間菩薩及時而做；大家用很甘願的心，在這菩薩道歡喜去付出。

上人：現在的尼泊爾賑災，已經將近三個月，地震到現在慈濟人在那個還是繼續。2、3天前，第10梯次(中長期關懷團)，教聯會、慈善組、人醫會都已經到達，開始不斷傳回來訊息。教聯會去拜訪學校，與校長、老師會面，做教育的互動溝通，談得很歡喜也很感動。

　　傳回來的訊息看到，災後，孩子用功在克難式帳篷裡讀書，看了很不捨。中學、小學、幼稚園的孩子，在同一間教室裡，這樣的簡陋。但他們很重視教育，校長看到慈濟人很高興，比手畫腳，不論如何就是要表達出他們的教育；兒童的漫畫，校長說得好像畫中的人物，與教聯會這樣分享。教聯會的老師也很活潑，就說：「我們的《靜思語》也有畫圖的書，我們能和你們做交流分享？」很高興，老師在那帶動唱起來。很快水乳相融，像水與牛奶，一沖下去就整個會合。

上人：現在的尼泊爾，很需要從東方來的愛與法、慈悲關懷；需要將佛法，這種慈悲的愛、人間的法傳回去。我們現在將佛法這樣再回向回去；這就是愛的循環。佛陀給我們智慧的光明，現在尼泊爾有災難，我們用愛的真理再回饋回去。

五、菩薩意識已深入／土耳其、巴基斯坦、尼泊爾賑。

上人：現在，這時候，有一群人從台灣出發，已經到了土耳其；前天，在台灣，出發前，師父再叮嚀一下；前天晚上飛機起飛，13個小時後落地，接著準備發放事宜。

　　昨天大愛新聞的報導，畫面上看到這群菩薩已到了土耳其，受到很大的禮遇，盛大場面來接機，教育局長、過去的市長、主麻教授，都來迎接，大家很歡喜。接機後安排好，分秒不空過，已經在打包。打包我們帶去的東西、要送給孩子的禮物、與當地採購的東西。核對名單，一一地作業，一條動線，看大家做得很歡喜。

　　這群菩薩自掏腰包，不怕辛苦，一到那個地方就展開工作，7、8天的時間。土耳其當地的菩薩與慈濟人、這群台灣去的菩薩，為了敘利亞的苦難人展開付出的行動。

　　這就是菩薩，不為自己，只為苦難中的人，願意付出。現

在要幫助的這些人，過去在敘利亞生活很好過，只因少數人的心不調，造成國際間的難民潮；土耳其這裡不是難民的故鄉，住無定處，租房子，刻苦克難，生活難過，需要國際間的人人來關心。這群人間菩薩，走在菩薩道上，去體會、去見證人心一動盪、不調和，就造成人禍災難，見證人間無常，見證苦難的緣由。

想到土耳其，也是因為地震 (1999 年 8 月 17 日)，慈濟人去幫助，有了這個緣。胡光中居士因為有這緣的牽引，有段時間也受到一些困擾，因為他翻譯「愛灑人間」這首歌。為了美國雙子星大樓 (2001 年「911 恐怖攻擊事件」)，他將它翻成阿拉伯文，希望能每天提醒大家、希望這首歌在國際間能流通，但當地人不了解，差一點受災難，情報局調查，失蹤 24 小時以上，製造了一段很緊張的過程。

正好 10 年前，巴基斯坦也大地震 (2005 年 10 月 08 日)，土耳其的胡居士與約旦的陳居士（陳秋華）又再投入，台灣的醫療團隊與菩薩，也同樣到巴基斯坦。想到那時候，醫生也很辛苦。第一梯次是花蓮慈院邱琮朗醫師，與台北慈院李俊毅醫師。很辛苦，走路走到鞋子開口，他（邱琮朗）就用 OK 繃貼起來。很多啊！再回想，菩薩在人間、在國際間，哪地方有災難，哪地方去，這種很困難的救濟、很困難的物資集合，我們也走過來。「關關難關，關關過」，再回想，真的很精彩。

當中，又有簡院長（簡守信）、葉添浩醫師、人醫會，在那裡這樣辛苦的替換。那時的救災，比現在的尼泊爾更難救。現在的尼泊爾地震，我們能一大群人去救災，又有國際間支援物資。十幾年前的救災，實在很辛苦，但他們還是抱持著恆心，初發心不退，一直以來，每次有災難，每次都這樣動員。

上人：這次的人禍，不論是約旦或土耳其，各人在各地發揮他們就地的力量，加上台灣慈濟人的幫助，此刻，這些菩薩也還在動員

中。敘利亞內亂已進入第五年，不離不棄地繼續關懷。

　　總而言之，百千萬億菩薩就是身體力行。人間有苦難，怎麼走過去幫助，這是人人生命中最珍貴的過程；這就是菩薩，到人群中去發揮他生命的價值。

　　聲聞，只是聽，沒去過，就不怎麼有心得。去過的，這時候我們如果說：「邱主任，來，你再回憶十年前，你去那裡，你怎麼救？」他的腦海中就馬上浮現。這意識、心識中，藏著這顆種子，很快就浮現起來。簡院長，你若問他，他侃侃而談。那時候在巴基斯坦，葉添浩醫師回來，為了敘述這件事，他這樣淚流不止，因為他看到那個苦。

上人：人離開那個地方，回來台灣，那顆種子還是藏在他的生命中，也已經增長他的慧命。慧命中的資糧，讓它更生長起來，實在不可思議。這叫做菩薩；菩薩就是意識都已經很深入，走過的路、做過的事。若只是聽，就是聽過，但種子沒有入心。法，聽了，就要力行。

○故事小結：
1. 累世因緣。人間菩薩。身體力行。恆持不怠。不分國度，地球村，每次，有災難，只要聽到，腳走得到，每次，上人都帶著慈濟人這樣動員去救苦救難。
2. 因緣久遠，尼泊爾，佛陀的故鄉，因地震慈濟人前往賑災的故事，繼〈授記品〉之後，在上人升坐開示〈化城喻品〉的 130 天當中（自 2015 年 6 月起），至少提了 12 天，算是此品提到頻率最多的「單一事件」。
3. 四大不調，天下災難頻頻，〈化城喻品〉提到的，還有要我們用心體會人間苦源的因緣，如台灣八仙塵爆，辛巴威、衣索比亞的苦無水喝，莫三比克的竹筒歲月，菲律賓賑三寶顏人禍、賑保和島地震、賑獨魯萬、奧莫克風災、賑呂宋島風災，土耳其的震賑，巴基斯坦的震賑，以及尼泊爾的水賑。
4. 慈濟人的大愛廣、無止息，慈濟人的全球布施，無中路懈怠，是「關關難關，關關過」，在「導師」的帶領之下。

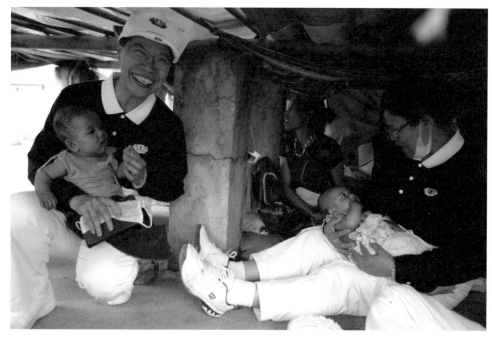

★慈悲、真理的回饋 / 尼泊爾震後，慈濟志工探訪關懷災民 Taze Kumari，她帶著雙胞胎嬰兒棲身住在屋頂與地板相距不到 100 公分的「房子」裡。攝影：莊慧貞

故事

第 975—980 集
緣差在溫馨感受 / 貧婆、阿難、佛陀。
苦，多國菩薩地湧空降 /4 月 25 日尼泊爾強震，台灣 9 梯醫療團賑。
用心體會人間苦源的因緣 / 八仙塵爆。
苦，忽然風大不調 / 二、三天前芝加哥幾秒 9 級龍捲風，幾州慘不忍睹。
第 981—990 集
借重因緣，佛法落實 + 帶動貴賤觀念開 / 尼泊爾賑的貴族。
造作的因、緣→完成的果、種子→沒漏都藏第八識，苦啊 / 嘉義個案。
心體近佛 / 須達多（給孤獨）長者為佛造很多緣，如造給孤獨園。

佛智淨微妙 / 馬來西亞演水懺。	
過去生沒造那麼多福、要感恩、轉念 / 發明不沾鍋、怎做怎賠。	
把握因緣，入群、觀眾生無明 + 用方法度化 / 舍利弗度慳貪長者。	
長時累積、宿世因緣 / 越南慈濟。敬天愛地 / 杜拜建設。	
第 991—1000 集	
密雲彌布需時間、因緣、累積 / 馬來西亞、入經藏。	
將來要成佛，馬來西亞，入經藏明星。	
盡大孝 / 佛子同扶棺。	
有願→力行→萬行 / 恆河邊求子。	
人生的因緣 / 台南父子孫。	
菩提本覺心 / 陳居士一句話，1999 年斷到 2009 年。	
第 1001—1010 集	
福慧悲智兩相契 / 南非菩薩苦行僧。	
深心、深信本願、小覺累積成大覺 / 小菩薩呈邀請函。	
塵點劫前已信受不疑 / 德本菩薩沿路傳法，米到就發放。	
中間相值 / 伊堡菩薩為難民。	
身行動、心虔誠、普遍去帶動 / 為粉塵爆受傷家屬辦祈福會。	
菩薩的訓練道場 / 海外回精舍住幾天。	
塵點劫來，因行已熟 / 國王為法捨妃。	
大光明遍照十方，愛、真理的回饋 / 尼泊爾賑。	
學佛所行法，發心立願，外行四無量，內修四弘誓，生世，每天把握當下，不間斷 / 婆羅門的、出家心、修行速。	
把握當下 / 尼泊爾賑、送錯地方。	
薄紙救 30 萬生命 / 尼泊爾禁屠殺。	
懂得守口欲 / 鄧念純。	
這樣去了解、推尋、找出真理 / 找第二顆地球。	
良心要看到 / 父子偷瓠瓜。	
第 1011—1020 集	
提婆達多、有知、無智無德、將是反非 / 阿闍世王停止供養佛。	
現在人生不照規則、問題重重 / 老人已成社會問題？	
哪怕外道、反佛法、也讓有機會接觸佛法 / 屠夫請佛接受供養。	
虔誠、謹慎用心 / 蘇迪勒、87 水災、88 水災。	
感恩、道理在身邊、佛法用在日常 / 蘇迪勒、三峽不請之師。	

用心在道理 / 大林、中慈大醫王。
善惡因緣循環中 / 狐狸報恩。
理源在大悲心 /921，2500 屍袋。
第 1021—1030 集
忍辱、精進、萬行、禁得起 / 仙人、皮做紙、血做墨、骨做筆。
富貴學道難 / 常住去菲。
精勤修行 / 波斯匿王、4 種生死。
皆有佛性、尊重眾生生命 / 狗救主人、愛鳥卻關鳥、愛貓偏穿衣。
愛的力量、親身投入真體會 / 尼泊爾賑、烏來蘇迪勒、日本街友。
一念間的翻轉 / 內湖薰法香、郭度林。
要更戒慎虔誠 / 天鵝颱風。
虔誠心、面對人事物、去付出 /1990.08.23 新民工商。
慈濟人在社會的付出 / 南部登革熱、蘇迪勒颱風、台南億載小學、慈中小學生。
四願、四心典範 / 彰化施林冬花環保老菩薩、台南老夫妻。
培養善種、身體力行己輕安 / 尼泊爾、陪伴。
第 1031—1040 集
源頭不移 = 道理永存、塵點劫不變 / 集結經典、師父說話口吻、韻律不讓失真。
用心、法就能留傳 / 護彌長者、用心清掃布置。
教菩薩法 / 慈濟人全球布施 + 尼泊爾、莫三比克、竹筒歲月 = 貧女捐布 + 須達長期幫糧。
普潤、令善根增長 / 天津爆炸。
良善行因增福慧果 / 砍千年樹。
人不和、心不在軌道上 / 辛巴威缺水。
觀機逗教 / 婆羅門獻布。
人間需要菩薩 / 中東、北非、人禍無窮、難民受盡苦。
50 年來、要結集的真的很多 / 人文志策會。
第 1041—1050 集
苦集 / 辛巴威、衣索比亞、苦無水喝。
眾生心 = 善愛無量 +(根塵和合、因緣生滅)+ 善惡無記 + 三性不定 +(隨善惡念、造福惹禍)/ 三位老菩薩 + 無明網路 + 佛吃馬飼料 + 喪家犬到處走 + 人醫年會、沙烈老先生。
樂極生悲苦 / 杜鵑颱風看波浪、八仙逞一時快樂。

苦難偏多、更需人間菩薩、不惜辛苦去付出 / 人醫年會。
緣苦眾生 / 慈濟人、常去為清理；這些人、過去在無明中一直造作。
時時、虔誠、存好念、助人念 / 長大有辦法再做功德。
定心不攀緣境 / 嘉義獨居精障。
反觀自照、不斷思惟、觀察己心 / 劫波問善解脫。
稱性、淨戒定慧 / 高愛。
勿輕小（染、淨）念 / 妙顏小沙彌。

第 1051—1060 集

佛心直入我心、我直入人群、苦拔復説 / 菲律賓賑（9 月三寶顏人禍、10 月保和島地震、11 月海燕颱風、獨魯萬、奧莫克市）。
特別的心 /6 歲蒂安娜。
屍水臭腫 / 比丘遇美女。
募 3.3 萬個微笑 /6 歲傑德。
內因不自愛、外緣菩薩不忍 / 宜蘭游先生。
內因助他、外緣他回報 / 瑪麗雅瑪。
願、信、精勤、念力 / 兒子畢業。
有信能解 / 國銘。

第 1061—1070 集

動物有靈性 / 猩猩 Koko。
菩薩意識已深入 / 土耳其、巴基斯坦、尼泊爾賑。
重視因緣 / 卡紗差納翁教授。
智慧的發放 / 土耳其發放。
堅定道心修行、堅定度化無量 / 土耳其發放，約旦、伊曼、5 歲孩。
信根深、善種落土 / 土耳其家訪。
讚佛 7 夜日、定慧成就、心合一 / 天上天下無如佛。
常住大乘、恆持不退 / 印尼習經院。
守志奉道、6 字 / 靜淇、玉梅。
啟發愛心 / 海燕零錢小山。
愛的力量的方法 / 美竹筒造福 + 減税 + 救人。

第 1071—1080 集

去除煩惱、穩定心志、用心在初心 / 宏都拉斯、張鴻才。
虔誠心轉外境 / 玉蘭花早開。
人生、真苦不堪 / 土耳其賑。

智慧、心定 / 菲律賓呂宋島風災。
唯慧分別見 / 比丘擬還俗。
愛的能量高 / 八仙塵爆。
生命自造自受、由不得己 / 約旦難民阿罕默德。
眾生有佛性、了解自己？/ 波蘭貓、懷孕虎、象群。
過程寂靜、清澄輕安心 / 尼泊爾賑、土耳其賑、90 幾國賑。

第 1081—1090 集
應去應度 /6 歲珮琪、尼泊爾賑、土耳其賑。
投入人群、人度人 / 鐘炯元。
還是要用心 / 氣象變遷峰會。
法、銘心、鏤骨、入髓 / 莫三比克、5 位受證。
志業原則要堅持 / 醫、傳欽 + 曉東 + 團治。
當地種子愛滿滿 / 菲律賓巨爵。

第 1091—1100 集
機小懼大、得少自足 / 阿卿。
合和協力教 / 慈小教育。
說不定塵點劫前聽聞佛法 + 累生在行菩薩道 + 生世都在啟發人心 / 英、5 歲尼曼。
次序教育、把握善因緣 / 台南慈小畢業 4 代表。
愛的、菩薩的力量從遠方聚集 /031226 巴姆、041226 南亞。
天地一家人、菩薩不忍眾生受苦難 / 深圳土方山陷。
財物不富、心富福充足 / 菲律賓、在馬來西亞當外勞、10 年台受證。
人間 = 集種種因緣→生內心煩惱→累結 = 苦 / 爭執比丘。
有心、事就成 / 骨捐。盼緣深、信心堅 / 書軒小菩薩。

第 1101—1104 集
無緣無故自動幫 / 嘉義委慈為清掃。用愛撒種 / 全椒 945 戶。

法數

第 975—980 集
四諦、十二緣、三惑、二死。三智、三業、三明、十號、一小劫 =1679 萬 8 千年、三覺。三惑、二死、一念三細六粗、八識、九識。1 小千 =1000 世界；1 中千 =1000 小千；1 大千 =1000 中千 =10 E 世界。一念三細六粗、1679.8 萬年。

第 981—990 集
不修行→根本無法看出、我們藏多少過去生、的因緣、的由不得己、的很多苦，知＝意識、見＝眼識，八識、九識，三明、三達、三世。一念無明、六塵、三途六道。三智。四誓、四心、二乘、五道、四生、四魔。三智一心。三界公。四天王天。四修＋六度。

第 991—1000 集
六根緣境→相入心→第七工畫師、用心計較、起煩惱、愛欲追求→造作→內染歸藏第八識→修、去除、不受染→回歸到第九識。三學。三界。九識、三障、二死。四魔、五陰、六道、三障。六度。四諦、十二緣、六度。100 福。四攝。

第 1001—1010 集
四生、三智、四悉檀。六地動、六根六識。三惡道。六度、四修、四悉檀。欲界六天、色界十八天、六震動。五陰。四願、四心。三界、天龍八部。

第 1011—1020 集
三衣一缽、一缽 1000 家飯。莊嚴＝結好人緣、投緣、眾看歡喜。有字無信＝世間亂象。一言重如泰山。四許、四意（四悉檀益）。悲心→四願→四心。四願。三界、六凡、四聖、十八界。三惡道。

第 1021—1030 集
三界、三乘、十善、五戒。起心動念皆是煩惱心＝十八界裡不斷心業造作種子。四種生死。四德。四大。救一切、大悲、妙法、智慧四梵天王＝慈悲喜捨。本性＝本覺＝真如＝本覺真如＝真如本性＝心＝佛心＝佛性＝第九識＝清淨無染＝道理＝法。

第 1031—1040 集
二門、三界。三界、二智。三界。三惡道、十惡業。我們看事、物；佛看理、事理、物理。聽者四眾＝發起＋當機＋影響＋結緣眾；四眾弟子＝在家二眾＋出家二眾。微＝大、八識轉入九識。動一念、微細三心起＝日常很無奈，為什我這無明、懵懂？＝己微細心態、都控制不了？不由自己、受三細念頭牽引、團團轉；其實、道理＝佛法＝質，不變、永存、在你身邊。四諦、十二緣、三轉。

第 1041—1050 集

三轉、三界、十界、二報、三毒。四倒，十二因緣：1迷於真理→ 2(起妄動＋熏習為業種)[過去因、集]→ 3(業成熟＝今生緣盡、由不得己投胎)→ 4(名＝受、想、行、識＋色＝肉團)→ 5緣六根→ 6緣觸塵→ 7感受(違、順、不違順境，苦、樂、捨受)[現在果、苦]→ 8起貪、戀→ 9執著取→ 10必有後報[未來因、集]→ 11帶業來生→ 12緣老、死、憂悲苦惱[未來果、苦]＝這一切的循環都是假相，一念、三細、六粗，五陰、四陰，六塵、六入、六根，三惡道、四生、五道。十二緣、四苦、八苦、三苦、四諦、六度、六根、六塵。過濾念頭＝每天都知起心動念、微細的＋常了解我現在在做什？該不該做？＋了解因緣＋六根、六塵、意識清楚。十二因緣＝(從一念無明始、一直就在行蘊中)＝(己沒感覺、人生就這樣在過)。不明道理→怕死→惶恐；明道理→幸好有做善事＋自然法則＋不擔心什時生命結束。一念、四諦、十二緣、二乘、二報。一念間＝本性＝無明。八解脫＝八背捨＝捨五欲＋斷三界；五欲；還滅十二因緣、三明、三達、六通、三界、三惑、三無差。日常生活＝隨五欲＋五根→向外緣五塵。三障、五重惡業、三惡道、三明、三達、六通、五欲、三界。三明、六通、八解脫，五道四生，深修善緣、正因＝(人群中、造福因＋結善緣＋歡喜、智慧、感恩受)＝(找機會改善己他緣＋把握、珍惜、單純心當下結好緣)，三障。慈悲等觀＝(慈悲要平等＋五毒心拿掉＋完全清淨在人群中)。四宏誓、四諦、十二緣、六度。

第 1051—1060 集
二乘、四諦、十二緣、五時、六度。四諦、十二緣、五時、六度。下士聞道、一笑置之；中士、一知半解；上士、身體勤行。五蘊、十二處＝十二入、十八界＝六根＋六塵＋六識，四諦、十二緣、六度，性(如來)、住定不動；心(沙彌)、隨緣應化。六根，四諦、十二緣、六度。五根、五力、聞思修。三無差。
第 1061—1070 集
離→能執、所執。生命來去的苦難＝緣＋一念無明起；生活不離因緣＝一切都是因緣＝內因外緣＝(心怎想＋外怎做→得現果)＝(因成就外緣→外緣引起內心這念→內心這念起、用力成就外緣＝互相吸引)＝修行就在內心、外境該取著？心、不斷修練、習慣助人、生世。三理四相。看外境→心警惕→心不動。釋迦＝能仁、智慧慈悲＝育化眾生；牟尼＝寂默、心不動＝證實智理。八相成道。佛慧必、久、漸、熏、習、始可夙因不昧。
第 1071—1080 集

二生死、三惑。五欲。四生、五道、三界，欲界＝具足五毒、造惡業；色界＝思想中有貪著、有物質的掛礙；無色界＝無貪無著，但還有塵沙煩惱、道理未透徹。四種導師。方便四心意。三界、二乘、四諦、三轉。三界、三惡道、五道四生。四諦、十二緣。三界、五道。
第 1081—1090 集
五道、三界、二生死。四諦、十二緣、與眾生直接接觸才有緣。佛法應世來、勿停滯以前如何解釋、應面對現實、用心印證現在，四諦、十二緣、二種涅槃。二地、五根、五塵、四諦、十二緣、四住、三界、三惑＝三障＝見思、塵沙、無明。二地。共知→共識→共行。無緣、法不入；有緣（語言不通）、法能入；有緣、有心、法能住。四諦、十二緣、三毒五濁，（人世間→一切在四諦；人生死源頭、來去、牽絆→在十二因緣）。
第 1091—1100 集
四諦、十二緣、五欲。四諦、十二緣、十力、四無畏、六神通、淨六根＝五欲不受。八解脫、 三解脫門。四門八法。
第 1101—1104 集
二涅槃、四諦、十二緣、六度。三途六道、十界、十力。三乘一乘、三周。

解構

第十六段偈頌文摘錄：

大通智勝佛（主詞）十劫坐道場……，

諸天神龍王、阿修羅眾等（主詞）常雨於天華……，

（主詞為智佛）過十小劫已，乃得成佛道。

諸天及世人（主詞）心皆懷踊躍，彼佛十六子＋皆與其眷屬（主詞）千萬億圍繞……。

聖師子法雨（主詞）充我及一切，世尊（主詞）甚難值……，

東方諸世界五百萬億國，梵宮殿（主詞）光曜昔所未曾有，諸梵見此相（主詞）尋來至佛所……。

佛 (主詞) 知時未至……，三方及四維、上下 (主詞) 亦復爾……，世尊 (主詞) 甚難值……。

無量慧世尊 (主詞) 受彼眾人請……。

宣暢是法時，六百萬億垓 (眾生是主詞)……，

第二說法時，千萬恆沙眾 (主詞)……，從是後得道 (眾生是主詞)……。

第十六段偈頌大意：

1. 找到主詞，意義就了解了。例舉第十六段偈頌的前半段。

第七節　五百弟子受記品第八 / 授記

集數：58 集 (第 1105 集—1162 集)。

主角：富樓那尊者。憍陳如尊者。大迦葉尊者。

情節

授記說明：授記前成佛前的因行 / 名號 / 國名、劫名 / 佛壽、正法、像法。

第一段（授記富樓那）

1. 富樓那彌多羅尼子尊者受教。從佛聞：

    a. 智慧方便、隨宜說法 +b. 授四大弟子記 +c. 宿世因緣 +d. 諸佛有大自在神通力→得未曾有→心淨踴躍 + 世尊奇特希有 + 盼受記。

2. 釋迦佛讚嘆富樓那尊者的種種功德：

    a. 說法第一、b. 得四無礙智、c. 精勤助宣、d. 具足解釋佛正法、e. 具足菩薩神通力、f. 常修梵行、g. 於千億佛所饒益無量眾生、h. 內祕菩薩行外現聲聞、i. 令眾生立成佛願、……。

3. a. 授記富樓那尊者。

    b. 授記前的因行如上 / 名號法明如來 / 國名善淨，劫名寶明 / ？、？、？，佛壽命無量法住甚久，滅度後起七寶塔遍滿其國。

第二段（授記憍陳如、500 阿羅漢、700 阿羅漢）

1. a. 1200 阿羅漢盼受記。

   b. 1200= 三迦葉中大哥的弟子 500+ 二哥的弟子 250+ 三弟的弟子 250+ 舍利弗、目犍連弟 200。另 + 耶舍長者子與朋黨 50=1250 常隨眾。

2. 佛知弟子盼受記 + 告大迦葉尊者當次第授記。

3. a. 授記，憍陳如。

   b. 供養 6.2 萬億佛 / 普明如來 / ？、？ /6、12、24 萬劫。

4. a. 轉次授記（先後成佛），500 阿羅漢（含優樓頻螺迦葉、伽耶迦葉、那提迦葉、迦留陀夷、優陀夷阿菟樓馱、離婆多、劫賓那、薄拘羅、周陀、莎伽陀等 11 位）。

   b. 皆號普明如來 / ？、？ /6、12、24 萬劫。

5. 預言授記（由大迦葉轉知未在場）700 阿羅漢。

第三段（衣珠喻）

1. 500 阿羅漢悔過自責：過去自滿 + 今方知己亦有機會成佛。

2. 引出衣珠喻 (500 弟子的懺悔文)。

意義

一、授記：

此品授記→富樓那尊者 + 憍陳如尊者 +500 阿羅漢 +700 阿羅漢。

二、第一：

智慧舍利弗；解空須菩提；說法富樓那；天眼阿那律；密行羅睺羅。

三、衣珠喻：

1. 衣繫無價珠、己不知用，生活困＝自身懷寶藏而不知＝佛要我們發菩薩心。

2. 寶珠＝佛種性，繫珠＝方便授法＝王子覆講結大緣，內衣＝正報色身。

四、其他：

1. 上人每天的心情：慨嘆＋不捨＋很歡喜。

2. 佛在我身邊，儘管看來皆凡夫。

3. 做慈濟的終極目標？

慈濟事

一、對機投教、解開人心／富樓那具說法十德。

上人：從這裡就能了解彌多羅尼子是很資深的弟子。他吸收佛陀的教法、了解佛陀的心意，他就是聞法者、說法者、傳法者。法一定要傳，所以他時常在外面弘法，有時他隨機逗教，這種機巧也是一直向佛學。

上人：比如有一次，頻婆娑羅王被自己的兒子收禁在牢獄裡，富樓那去探監，國王問富樓那：我對兒子這麼疼惜，對國家人民這麼愛護，為什麼我的兒子會變成這麼暴惡？接受提婆達多偏差的法，來反叛父親？

　　富樓那：「國王，一切都是因緣果報啊！其實，人人來到人間也是一個大牢獄，人人都由不得自己。聞了佛法，把人生看開，我們要很滿足，一切隨緣啊！」國王聽了，「喔，是啊！我已皈依佛，法也了解。小小牢獄失去自由；人間，在五道輪迴，由不得自己，也是不自由的大牢獄啊！」像這樣對機投教，解開人的心，佛陀很讚歎。

上人：佛陀讚歎富樓那說法，具有十德。第一「善知法義」。第二「能廣宣說」，了解法之後，他就願意到處去講法。第三「處眾無畏」，有很充足的法，什麼樣的外道來，人再多，他都沒懼怕。第四「無斷辯才」辯才無礙。第五「巧方便說」，用方便法對人說法，佛陀這麼教，他就這樣對機投教。第六「法隨法行」接受佛陀的教法，身體力行這樣去行。第七「威儀具足」，富樓那長得圓圓滿滿，很乾淨、很莊嚴，身形、行動都具足威儀。第八「勇猛精進」，學佛所說法，一點都不懈怠。第九「身心無倦」絕對不會認為：我學很多，我能對人講很多法，我就休息。佛陀講法，他很認真聽；對人說法很殷勤，同樣不放棄任何眾生，再強惡的他都要去降伏。第十「成就忍力」有股說法的威德力量。這是富樓那的十德，說法的十德。

二、師徒同心同知音 / 滿慈常受稱歎。

上人：「不獨今日始以辯才說法」。不只從現在，今生此世才有；要相信是累積來的。累積多久？生生世世。到底幾生幾世？塵點劫前以來，大通智勝佛時，與十六王子有緣，同時聽法之後起歡喜心，一直這樣累生累世，長久長久的時間累積下來。

上人：「雄辭麗句能令迷者得悟」，這不是普通人。就如富樓那要去一個很遠、很偏僻，眾生很剛強，很險惡的地方弘法，先來向佛陀辭別，表白心意。佛陀：「那地方的眾生那麼剛強，難調

難伏，你要用什麼方法？很危險啊！……」「被人罵沒關係。被打能夠忍。若傷我生命，我要感恩，此生因緣結束才可再來生。」置自己生死於度外，度眾生才是真正重要的事。

　　佛陀叮嚀、交代：「凡事要小心。」富樓那有他的方法，他用寸寸的愛去鋪路→對病苦的人，他扮演的角色如一位醫生、護士去接近病人，知道病人的苦在哪裡，需要湯藥就趕緊張羅藥草，什麼方法能解除病人的病苦，就用什麼方法解除：面對孤老無依，就如晚輩對長輩的孝與順；對所有人，他對機，用柔軟，有真實幫助人的力量，讓人在迷途中也能覺悟；就算不同宗教，邪知、邪見，也能轉邪為正。因為這樣，他在這樣的鄉村，將很多剛強、迷茫中、邪見中的人，度到佛的面前。五百多人，浩浩蕩蕩的隊伍回來，出家修行。這是富樓那的才華，是過去生深心所願。

上人：富樓那對佛法的貼切理解→能伸，在群眾中能伸展得很長、很廣、很大，無處不在，再辛苦就是不怕，能施展出他高高在上的智識才華；能縮，回到僧團，隱大回小在小乘群眾中，縮小自己與大家同事同修。是一位很了不起的弟子。這是因緣於他累生世就是這樣深信堅持修行。

三、非差毫失千 / 富樓那往外弘法。

上人：「今日助宣為跡實遠有因」。今天在釋迦牟尼佛的道場，幫助釋迦牟尼佛說法，

　　這只是顯跡、現相；人間短短幾十年，這不過是人生的一世而已。因、源是本願，深心本願就是要來化度眾生。

　　只有一尊佛的力量有多大？需要弟子群，各人不同的方式來現跡，現各人的生態，度有緣眾生。眾生根機不同，有人喜歡舍利弗的智慧第一，有人喜歡目犍連神通廣大，有人就喜

歡聽彌多羅尼子分析佛法，十大弟子各人的優點、所長，都是來助顯佛陀教化眾生。尤其是彌多羅尼子，他能貼近佛陀的心意，了解要入人群，用佛法正知正見，很積極的精進，不斷走入人群、靠近眾生，不論眾生多麼剛強，就是鍥而不捨去人群中宣道教化。

上人：富樓那來人間，他是最接近佛陀心意的弟子。今生顯跡，因為過去已經有累積很多的因，隨佛學的因、種子「實遠有因」，過去的因與緣，現在的果與報。果，就是依止同一個地方出生、同個時代、同樣看到人間苦難偏多，同方向，有心追求很奧妙的道理，這就是志同道合。

上人：覺悟的因緣有前後，釋迦牟尼佛修行的時間也很長遠，發心的因緣很特殊，從那個最悲苦的地方發心，一直因緣殊勝，無量的因緣，一直到大通智勝佛的時代；一直追隨過來，這是實，是「助宣為本」。不只富樓那彌多羅尼子，釋迦牟尼佛過去也一樣，不斷在諸佛所修學佛法，不斷幫助諸佛成就教化眾生的道場。就如十六王子時代，大通智勝佛講完經，十六菩薩沙彌同樣繼續講解宣說《法華經》。這都是一樣的意思。意思就是：人人既發心，必定要一心一志，鍥而不捨，沒讓漏失。……

上人：學佛，就要法入心；不入心，永遠就會回歸在凡夫，時時修學，時時漏失，永遠都不知所以來，更不知所以去。

人生短短幾十年，來人間只是一個過程、過境，但路也要走好。諸佛菩薩顯跡人間教化我們，也有限期，跟著人生的分段生死，一段一段。我們眾生是不由自己的、短暫的分段生死；諸佛菩薩是顯跡，顯這時代很多的煩惱的生活，投入在這種生活中教育我們。是顯跡來，不是帶業來。長久時間來來去去，說現在，其實有長遠以前的因；看現在，還有未來很長的緣。

因、緣、果、報，諸佛菩薩是用近因、近緣來面對眾生，沒有染污的因緣，要教化眾生；我們眾生是滿身的煩惱，無明業障的因緣，帶業而來，受盡苦報。

上人：釋迦佛與富樓那現跡在僧團中。佛陀要為彌多羅尼子授記前，就要說出他的功德。……彌多羅尼子，聽來的法，完全聞一知百而千，體會佛的本懷，了解佛的意，他清楚，身心行動無不是佛法。富樓那往外弘法；與一般凡夫僧想到就要往外跑，完全不同。差毫釐，失千里，不要聽到「富樓那彌多羅尼子在外面說法，佛陀讚歎，這樣我們也要到外面說法。」不一樣喔！富樓那已成菩薩，顯跡聲聞來人間助宣佛法，這是完全不同，要好好用心體會。

○故事小結：
1.富樓那尊者＝聞法者＋說法者＋傳法者。聞法→是釋迦佛的同心、同知音；說法→在僧團中能伸、能縮；傳法→不畏至最偏遠、最蠻荒之地，對機以投教，且置生死於度外，將度眾生視為真正重要的事。
2.授記前的因行，不只這輩子的事相；富樓那尊者能如此，是已成菩薩，是累積生生世世的因行。

四、滿慈志念宏遠／波士尼亞市議長，塞國發放。

上人：就如現在，在塞爾維亞，有來自南方敘利亞國家的難民，一群一群的不斷往北逃，逃往歐洲，期待能到德國。塞爾維亞是必經之道，這幾年來經過塞爾維亞的難民何其多啊！塞爾維亞基於人道精神，借路讓他們過，但這麼多人這樣過，又是難民，他們的負擔也很重。

　　塞爾維亞，去年11月，透過匈牙利，轉了一封信來到台灣呼救，因緣就是這樣，時間剛好在歐洲慈濟人回來精進、歲末祝福。

上人：最重要的，其中一位貴人，波士尼亞市議長，跟著慈濟人來到台灣，要向台灣慈濟本會說一聲感恩！因為當他們有災難（水災）時，8個歐洲國家的慈濟人投入去幫助他們，來來回回3次的幫助。

　　他感動，那種幫助不只送物資，還有精神、心意。帶著物資、誠摯的心、開闊無邊的愛；給人的感覺，不是你來救濟我，是如朋友來關懷、支援我。

　　這種態度，包括總統、市議長都深受感動。前年，他們的總統從台灣過境，就用2小時來向慈濟說感恩（2015年11月）；這次，市議長跟著慈濟人再度要來說感恩，最重要的，他也想了解，住在歐洲這8個國家的慈濟人，為什麼那精神這麼的團結，合和互協？為何這麼多人住在不同的國家，共同的精神理念是來自台灣？且用這來自台灣的精神理念去付出，為他們的同胞，如朋友般的支援，他們很感動。

上人：市議長在台灣5天期間，剛好這封信送到。我們看到這封信：「到底塞爾維亞在哪裡？」正好這位市議長那天早上才說：他期待他的國家未來也有能穿上「藍天白雲」制服的人。中午我接到這封信，下午就向他們說：「這麼巧，有這封信，塞爾維亞也在歐洲，到底與哪個國家較靠近？」市議長一看就說：「塞爾維亞是我的鄰國。」「若是這樣，你能去幫忙？回去後能去探看一下這國家的情形嗎？」歐洲的慈濟人：「師父，沒問題，我們回去，會趕緊去探勘。」市議長：「沒問題，他們若要去，我會與他們一起去。」就這樣，這麼簡單，口頭說。

　　回去，身體力行，很快，他就採取行動到塞爾維亞。德國、法國、英國等等，好幾國的慈濟人就凝聚起來，幾位代表去探訪、了解這國家。

上人：真的有很多的難關啊！語言不通，人地生疏，幸好有這位波

士尼亞的市議長陪伴。因地理位置很近，他在該國家的地位也有，所以互動就方便多了。當然，慈濟人功不可沒；契而不捨的精神，尤其從德國要到塞爾維亞，開車要 10 多個小時，這樣來回。

從 11 月回去，就一直為了與他們都無緣無故過境塞爾維亞的難民，這麼辛苦。只是聽到那地方這麼苦難，老弱婦幼，4、5 年來，逃難，走這長遠的道路，經過那麼多風霜雪凍，實在苦不堪啊！因為願意，所以他們投入。

如志力士的精神，去來自在，用「智勇悲念」這念心，外行精進「去來輕安」，越挫越勇，人人的那分悲憫心，越來越升高。昨天已是第 3 天的發放了。

接受這麼多的難民，歐洲很多國家已經受不了，覺得難民若再一直進來國家就會出問題，開始關閉邊境。所以，我們到達時，很多的難民已經被阻擋在塞爾維亞的邊境之外，鐵絲網架起來，很多很多的難民：「前面就是我要通過的，但我就是過不了。」而這一群熱情、智勇悲念、心胸宏達的菩薩，已經準備好一萬套的衣物，還有食物，在塞爾維亞國家等待。

耐心等待。因為前面邊界被擋住，無法進來，這幾天火車載的難民人數減少，本來一天 5、6 班，現在只剩 1、2 班。我們到中繼站或火車站附近有收容難民的地方，等待要往前走，及很特殊有辦法衝過鐵絲網的難民到來。昨天是第 3 天，有 5、6 百位得到我們發放的東西。他們在那裡分成 2 隊，一隊守在火車站，一隊走入中繼站。中繼站是難民一進來，先給他們一個地方，讓他們在那裡休息等著；火車站的，就是準備要搭車離開的。

在塞爾維亞的邊境，一邊是最盡頭等著搭車出發，一邊是剛進來到中繼站的 (阿德塞維西)。在中繼站，看到孩子、大

人得到慈濟的物資是那麼的歡喜。市議長帶的，在那裡等不到人，他們就主動整理環境，拿起掃把掃地，清理那裡的臨時廁所。看到這樣傳回來的訊息，實在很感動，這不是菩薩，是什麼呢？平等心啊！鄰國的現任市議長，帶 16 位波士尼亞人（曾經被慈濟救濟過的國民），跟著 11 國的慈濟人成立的救災團，來到塞爾維亞，在等待發放的當中，在那裡為他們掃地、清理廁所等等，真的很感動。

上人：慈濟人還帶著另外一群志工，到有辦法接觸難民的地方。領到東西，難民歡喜，孩子天真無邪、很可愛，何處是兒家？幸好有一群不認識他們的人，「志念宏遠」從遙遠的英國、法國搭飛機，或從德國開 10 幾個鐘頭的車來，「滿慈志念宏遠」滿滿的心都是慈悲的心。

大家都很奮發，智慧、勇猛的悲念投入在那，已經這麼多天，精進的心沒退轉，「智勇悲念」精進不退。「去來輕安」，沒有埋怨，在那裡等不到人來接受幫助，萬多套衣物在那，一點都沒怨言，輕安自在在那，這不就是菩薩嗎？

這群人，很整齊、莊嚴，都穿起「藍天白雲」，光明俐落的大慈悲菩薩，在那地方付出，很令人感動，很感恩。

五、清淨法眼，遍觀諸法，能知能行／塞國發放。

上人：黃居士的父親往生，回來奔喪，喪事完成，昨天早上順便回來花蓮，向我說他從塞爾維亞回來的體會，說他在那裡幾十天所遇到、看到、接觸到的一切。他有兩項感覺：一是眾生苦難多啊！那裡的難民千般苦啊！說很多。另一項就是感動，感動來自不同國家的慈濟人，人人都有自己的事業，但同樣一念心，愛，所以從不同國家集合在塞爾維亞。

一開始，每個人都有各人的想法和方式，但大家一直謀

合，如何做，用哪種方法能共同達到目標，克服多少難關，大家很快就能彼此尊重、互相讚歎，合心、和氣、互愛、協力，人人相處得非常歡喜。每天大家用心謀合、付出。

下午三點多，他們要趕去搭火車，接到塞爾維亞的電話。手機裡，看到回德國才 2、3 天的范居士（范德祿）現在又在塞爾維亞，也看到法國鄭居士（鄭龍）、楊居士（楊文村）、樹微……好幾個人。大家異口同聲：「感恩哦！師父，我們在這裡很平安，讓師父看一下。」「是啊，我很感恩大家。」聽到聲音、看到人，很安心。

上人：我昨天早上 (他們晚上 10 點多) 晨語開示，他們也在那裡聽法。而當地時間早上 4 點多，他們就要啟程趕到南部的難民營 (從馬其頓出來之後的普雷舍沃難民營)，差不多有 7、8 百位難民停留在那，車程包括中途休息的時間要 7 小時。馬不停蹄，趕緊去難民營，幸好那地方能讓我們順利進行關懷。看到相片，他們排隊整齊，照次序，我們給他們的冬衣，依大小件，讓他們接到就能穿。他們接到衣服，拿到外面趕緊試穿，看看合身嗎？外面，我們也有人在關懷互動、顧小孩、發平安吊飾。大人、小孩都好喜歡啊！拿到「平安」。他們沒有其它要求，唯有求平安。

22 位慈濟人在那裡發放完畢，過中午，很感恩當地的難民委員會，知道慈濟人都素食，就準備很豐盛的素食來請他們，接上好緣，大家都做得很歡喜。

上人：昨天視訊電話，問：「大家感冒都好了嗎？」人人展露笑容，都向師父說：「感冒都好了！」是安慰我嗎？但總是看起來大家健康了。

菩薩覺有情，為度眾生用清淨法眼，佛心入人群，去了解那裡如何苦，我們需要什麼東西去幫助他們。當地很多慈善機

構，我們如何謀合，再幫助這些難民。塞爾維亞對難民也很用心，就如南部那個難民營，有醫療站，有教育站，讓孩子畫圖。看孩子畫出來的圖，很有天分，不過也很心痛。畫一個心的形狀，再畫一支箭射過去，可見在那孩子的心目中有著什麼樣的想法。

這群菩薩，不惜自己，放下事業專心投入。就如昨天黃居士（黃行德）向我說，他要回去將公司的事趕快處理好，23日趕緊再回難民營，與大家共做、付出。人間菩薩，分秒把握，非常緊湊。但願這時候，同樣在那裡聽法精進的菩薩，大家很用心，自己的身體、行動都要平安，就如我們送他們的平安吊飾，歡喜、平安、法喜充滿。

上人：法，不是 2000 多年前的事，是現在，分秒中，我們都能生活在法中，法是要給我們用的。「亦知一切種種方便」，面對人間，要用什麼方法去面對，我們能付出的是什麼？佛陀說法是應我們這些五濁惡世眾生，我們要啟發菩薩的心。苦難的眾生是菩薩的道場，要很透徹了解。

六、儘管各有業力，愛凝聚不簡單 / 塞國離別15國、88位志工。

上人：現在，在塞爾維亞難民營，慈濟人已慢慢做收尾的工作，但人的感情卻愈來愈離別依依，他們開始清點倉庫，沒用完的東西，要請難民委員會的人幫我們管理，或者授權發放。最後的晚餐，慈濟人親手為他們做晚餐，香積飯。這幾天都是零廚餘，沒垃圾，大家吃飽，珍惜粒粒米飯、片片菜餚，吃到碗底乾乾淨淨；過去一頓飯吃飽，便當盒、沒吃完的東西，滿地垃圾，現在改觀，乾淨了。他們清楚，了解，粒米來得不易啊！懂得珍惜了。

上人：看到他們把握時間，分秒互動，愛灑，會合很多人的情，整個

連心起來，彼此間的情通了、愛連了。不同國家，不同文字，孩子和孩子互相交換文字，互相教。

15 歲阿富汗的少年阿里，與跟著媽媽來，來自英國 13 歲的尚恩，成為好朋友。

一個懂波斯文，一個懂中文、英文、波斯文，兩人藉語言溝通，互相交換常識，人與人之間已經打成一片。

DRC 慈善組織所聘用的當地職工，亞歷山大說：在這一年多的時間，來來回回已看過多少慈善機構，唯有慈濟團體這麼親切，將祥和的氣氛帶進來，真誠的愛付出，他希望慈濟這種愛的精神，能延續在每個慈善團體。

阿富汗籍的難民翻譯志工 EHSAN 也說：慈濟人帶的「一家人」那首歌，難民覺得聽到這首歌就開心、歡喜，現在已成為他們每天最快樂的音樂，他們要將它翻譯成波斯文，讓人人能通傳，將這愛的力量再延伸給更多人。

上人：儘管人間有各人的業力或共同的業力，來到這，將所有心的煩惱、無明暫時放下，愛的力量，只要用心，用真誠的心，共同的愛凝聚，實在很不簡單。

看他們，人種不同，彼此擁抱，因為慈濟人將離開，別離依依，要回去了，坐上車，難民不捨，擋在車子前面，唱「一家人」，比手語，久久不肯離開。覺有情的愛，已經到那地方了。

上人：物質的付出，是這麼誠意，像朋友對至好的朋友供應他生活，讓他們久久印在心版裡，祥和的笑臉、柔軟的聲音，他們永遠放在內心。不同團隊的志工，難民委員會的人，都一直分享，分享慈濟人給他們的印象。

88 位志工，共 15 國的慈濟人進去，工作告一段落，將要離開，依依不捨，看了實在很感動。從他們傳回來的相片中看

到，每天他們都薰法香、看「人間菩提」，對法都沒漏掉，每天，在那裡精進，在那裡為苦難人付出。

這是最真實的人生，從生命中走過來，每個腳步、每一天的人生都是真實。叫醒沉淪在苦難中的眾生，讓他們了解一些人間的道理，去除愛恨情仇，建立一些真誠的愛，這是人間菩薩。

人間幻化迷向，不知如醉，複製無明，愛恨情仇；在塞爾

★滿慈志念宏遠／來自多個國家的慈濟人，在塞爾維亞關懷難民。志工前往「阿德塞維西」難民中繼站發放熱食素食料理包。大人小孩，難民們安心滿足的享用著熱食。攝影：林振毅

維亞的慈濟菩薩，已經一一為他們掃除。

○故事小結：
1. 菩薩慈悲，心念惦記，尋覓苦難，因緣牽引，波士尼亞，塞爾維亞。在上人升坐開示〈五百弟子受記品〉的 58 天當中，薰法的弟子們幾乎每隔 1、2 天，或連續幾天就會接收到來自塞爾維亞的消息。因緣，就是這樣，也難思議，來自 15 國的慈濟人、88 位志工菩薩，進出塞爾維亞為敘利亞難民，上人心心念念，至少提了 18 天，是此品提到頻率最多的「單一事件」。
2. 富貴學道不易，歐洲，富裕之洲。
3. 凝聚 15 國的人、事、時、地，非有宏願不足以成。幫助別人理所當然，但不是一定就沒有困難，反而關關卡卡，考驗很多，就像滿慈子（富樓那）到遙遠邊地傳法，重重障礙，重重克服才得成就。
4. 這群菩薩，饒益無量眾生，在那裡為那些難民付出，那麼恭敬、真誠，也是在供養諸佛，供養無量無數佛。

故事

第 1105—1110 集
對機投教，解開人心 / 富樓那具說法十德。
沒禁忌、平常心、菩薩心、救人第一 / 小年夜，台南震賑。
內秘菩薩，外現聲聞 / 富樓那為法忘身。
合為佛性，隨順世間 / 塞爾維亞難民。深
心入佛慧，隨順人間境 /7+1 黑珍珠。
第 1111—1120 集
師徒同心同知音 / 滿慈常受稱歎。
非差毫失千 / 富樓那往外弘法。
因果 / 地球降溫。深因內證 / 猩猩可可。
真空不計較，妙有要付出 / 約旦濟暉發放萬多人。
菩薩助人用眾力 / 北部陳先生。
無常、苦難多、但眾生還沉迷 / 台南震賑。
真人間菩薩 / 獅山史蒂芬。
借重苦難眾生，嚴淨己國土 / 海地續賑。

第 1121—1130 集
心靈世界很開闊 / 腦海中一直想著塞爾維亞，11 國慈濟人集中。
滿慈志念宏遠 / 波士尼亞市議長，塞國發放。
心悅輕安 / 塞國發放。
找苦救 / 塞國發放。塞國給我們 NGO 身份 / 塞國發放。
境物如寶明亮 / 林誠民。播愛種、愛回應 / 日本 311，5 年。
入群方便、無礙、不染 / 塞國發放。
潛通化度 / 富樓那。菩薩入佛慧，發大菩提心，行菩薩道，做得這歡喜 / 塞國發放。
愛的循環 / 塞國發放。
示三毒 / 身子懷瞋（挖眼），難陀著欲（斷欲）。
現邪見 / 三迦葉先事梵志癡（斷欲）。
第 1131—1140 集
苦啊！苦難偏多 / 敘利亞難民。
挖眼、斷欲 / 身子懷瞋，難陀著欲，三迦葉先事梵志癡。
看別人、比自己、多用心 / 精進馬來西亞雪隆。
真覺淨智 / 塞國人物誌。
清淨法眼，遍觀諸法，能知能行 / 塞國發放。
長時降伏 / 度屏監。重法、入心、有願 / 非洲黑珍珠遍七國。
純、誠大愛 / 塞國發放。
守戒奉道，其道甚大 / 百象踏身。
善法資潤福 / 塞國發放。
法好，也要用對人 / 目犍連、舍利弗、度弟子。
第 1141—1150 集
愛的力量，因緣不思議，眾生無明苦，一代拖一代 / 濟暉夢見師父。
孕婦流產，過午不食的公案。
用心眼感覺外境 / 佛陀替阿那律穿針補衣。
他最需要、最無助，我們去付出 / 約旦、塞國發放。
假和合 / 二鬼爭屍。諸尊者 / 與佛同房宿、薄拘羅起善念、路邊生。
天地理體妙難思，時空含藏妙難言 / 塞國。
修行的磨難 / 佛為仙人世。
接力為苦難人付出 / 塞國賑。
眾生皆有愛 / 可可、里歐。

大事因緣，化迷向覺 / 塞 + 義。
人生幻無常 / 撈水珠。
儘管各有業力，愛凝聚不簡單 / 塞國離別，15 國，88 位志工。
第 1151—1160 集
三毒毒過食 / 妻下毒佛。
應緣化他 / 非洲菩薩跨國度化非洲人。
貧困、富愛心 / 烏善丁。善惡分明，曉了大義，慈悲開闊 / 老媽媽三鞠躬。
籲人類保護地球 / 可可手語。
人心無明 / 于父為孝婦昭雪。
身苦未忘法，處處化佛緣 / 佛為船工。
本性永存 / 檳城薰法狗。
入群修行積善緣 / 洪順發。
轉動人生 / 董進華。
道理通徹，沒做不到事 / 骨捐。
第 1161—1162 集
佛法奧妙，不只經文解釋 / 非洲多國菩薩。
愛欲如箭傷人害己 / 獵人設陷。

法數

第 1105—1110 集
四無礙智。四修、四誓、四無量。法師十德。三皈依、三明、三達。五道、四生、三界。四弘誓。深心六。
第 1111—1120 集
四眾、七眾。三明、六通、六和敬、三寶。最誠信心待人 = 內修誠正信實 + 外行慈悲喜捨。五功德。四無礙智。四攝、地球降溫三法。四土、二報。七佛、說法五福德。四誓、四心。十法界、佛十號、四諦、十二因緣、六波羅密、三明、六通。
第 1121—1130 集
四心、四定。三學、三好、三藏。二食、四食。用心 + 直心 + 深心 + 深願。找苦救。四無礙智。三明、六通、三達、八解脫、二報。四修、四誓、四心。三達。三界、三毒。
第 1131—1140 集

	四攝、三毒、四事。三毒。四無畏、四無礙智。五利使、五鈍使、五陰、十二入、十八界、五戒、十善、三業。七寶。三好、七寶、三明、八解脫、四無礙智、三界。五道、四生、四大、四修、三學。三根、三周、三車。三周。
第 1141—1150 集	
	一念、三界、五道、四生，覺悟第一句：奇哉！奇哉！大地眾生、皆有、如來智慧本性，三轉、四諦、五比丘。九識、十號、4445578（三十七助道法）。十號、四眾、四事。六道、六根、六塵、五道、四生、一念、七識。三界、十二緣、4445578、十界。四大、八法、五濁。
第 1151—1160 集	
	三毒。出世五欲、世之五欲。五欲、四生、五道、四願、四心。布施五法、五戒、三皈、六度、四諦、十二緣、六道、三學。三毒水、五濁、十二緣。三世、三昧、聞思修、十二緣。八識、五塵。四諦、十二緣。五時、大三災、小三災、三界、五欲。
第 1161—1162 集	
	四願、四心。三惑、二生死、七佛、小乘四果。

解構：略。

第八節　授學無學人記品第九 / 授記

集數：34 集 (第 1163 集—第 1196 集)。

主角：阿難尊者、羅睺羅尊者。

情節

授記說明：受記前，成佛前的因行 / 名號 / 國名，劫名 / 佛壽，正法、像法。

第一段，授記阿難：

1. 阿難尊者、羅睺羅尊者，盼受記。

2. 有學、無學、聲聞弟子 2 千，亦盼受記。

3. 授記阿難尊者。供養 62 億諸佛，護持法藏 / 山海慧自在通王如來 / 國名，常立勝旛 / 劫名，妙音徧滿 / 佛壽，無量千萬億阿僧祇劫 / 正法住世，倍於壽命 / 像法住世，復倍正法。

第二段，阿難授記前的因行：

1. 新發意菩薩 8 千人：諸聲聞何因緣得授記？

2. 佛說與阿難的因緣；與阿難早於空王佛所一同發願。

第三段，授記羅睺羅：

1. 供養十世界微塵等數佛 / 蹈七寶華如來 / ？、？ / 無量千萬億阿僧祇劫 / 倍佛壽 / 倍正法。

第四段，授記 2 千弟子：

1. 授記 2 千弟子，於十方，一同成佛。供養五十世界微塵數佛 /
寶相如來 / ？、？ /1 劫 /1 劫 /1 劫。

第五段（續第四段）：

1.2 千弟子歡喜啊！

意義

一、有學、無學：

	有學	無學
小乘	斷妄惑	究竟妄惑盡＝無更可修學者
	初果須陀洹：四諦了解。 二果斯陀含：四諦透徹、滅除無 　　　　　　明，心全清淨。 三果阿那含：滅道有心得。	阿羅漢： 四諦、十二因緣……透徹，預入 聖人。
大乘	修正道＋斷煩惱＋勤進修	悟真理＋斷塵垢＋入群轉煩惱惑 成菩提
	菩薩十地	佛果

二、佛陀的心，太孤單了！

1. 次次授記，層層聆聽，根機愈啟發，愈了解。

2. 第 4 輪授記，舍利弗→四大弟子→五百弟子 (富、憍 +500 羅漢
+ 不在場 700) →學、無學人 (阿難、羅睺羅共 2000)。

3. 塵點劫來，一直、不斷、累生世，要讓種子成熟，希望人人，
發大心，行菩薩道，將道理再普遍人人，不斷輾轉←這是佛陀
用的心，是佛陀的這樣為眾生←太孤單了←上人的心？！

4. 佛陀心懷，大家要了解。不能缺一人。

5. 發大心人人有責。

三、法脈宗門（無量義經）16 字：

1. 靜寂清澄，志玄虛漠—靜思法脈勤行道，傳承法髓弘誓願；慈濟宗門人間路，悲智雙運無量心—法脈宗門。

2. 守之不動，億百千劫—誠心誓願度眾生，正心誓願斷煩惱，信心誓願學法門，實心誓願成佛道—四內修、四弘誓。

3. 無量法門，悉現在前—大慈無悔愛無量，大悲無怨願無量，大喜無憂樂無量，大捨無求恩無量—四無量。

4. 得大智慧，通達諸法—立體琉璃同心圓，菩提林立同根生，隊組合心耕福田，慧根深植菩薩道—志工心。

慈濟事

一、累積善業成為德／慈濟 51 起，31 國回。

上人：看到昨天在現場，有 31 個國家的慈濟人回來，還有 20 幾個國家慈濟人沒回來。可見一條菩提根竄開，普遍在全球。「組隊合心耕福田」，男女眾都回來了，看到他們在人間耕福田，人人都是「慧根深植菩薩道」。慈濟宗門，就是這樣建立起來，就是這樣法脈不斷流傳下去。50 年了，就是這樣「功者造福利人」，不斷地；人人內心一定要用功，行善積德，繼續不斷累積，不論多久。

上人：佛陀授記任何一位弟子，未來要再修行的過程還很長；行善積德，到未來；雖然付出無所求，但是有所得，就這樣一直下去，

生生世世薰習下去；學佛就要這樣行。

　　阿難就是這樣累積來的，「善有資潤福利之功」＝行善能不斷滋潤我們＝你愈做，就會愈了解法的道理；沒有做，你無法體會，你了解不到。

　　入人群中，了解人間苦難偏多，對自己會常常感恩心，原來我們比別人有福多了。這種法，不斷滋潤、啟發，讓我們去付出、與眾生結善緣、與菩薩為善友。我們都常常與善知識相會一處。

上人：看到昨天那麼多人，同時間，超過三萬人，在九個地區（包括桃園、關渡、三重、板橋、台中、彰化、屏東、高雄、花蓮）同步入經藏，更何況其它小小的地方。這幾天，各分支聯絡處，200多個道場，每天都與精舍同時誦《法華經》，是嗎？大家共同誦，這樣也已超過2萬多人。這就是人人在法華會上，在滋潤，用法不斷滋潤。

　　這個因緣，是因為在慈濟大家庭、天下一家、如來的大家庭，所以視天下眾生為一家親。我們的善友、家人，這麼多。走入人群，善有資潤福利之功，從六度具足善行的功德。要用心，對自己；要珍惜，這個人身難得；好好累積把握時間，恆持這個法。善念時時恆持，這樣利益人群，去除我們的煩惱，發大乘心，立大願，這就是我們的用心、我們所修行的法脈與宗門。

　　50年的慈濟，已經過去；現在開始要說51年的起頭，第一天。期待大家對法脈宗門，內心要多用功，才有辦法累積善業成為德。要用心。

二、一念＝萬劫；壽命時間，有長短；因緣生命，有先後，但道理相同，無為法不變／32國慈濟人共聚演繹。

上人：聽到慈濟這團體，就知道是為人群做好事。借力使力，我本來也很有心要幫助人，但單獨一人沒力量，有這樣的團體，大家藉這團體的力量，合和互協，在人群中這樣去付出。這是說現代。慈濟 50 年，有的很資深，50 年前已經發心，現在人在哪呢？有的人，已因自然法則，前後已經去了，又再來了。看到現在年輕的人，40、30、20、10 多歲、3、5 歲，這些人，你們想，是否過去也有初發心過？聽到慈濟，好像很有緣，起歡喜心進來。乘他過去的願，現在法在「靜思法脈，慈濟宗門」，願未來；大家再會合，授命再接下去「菩薩成就法身慧命」，生生世世不斷在人群中。

上人：不論已度、當度、未度，總要從初步開始。每一生都是一個初步，千里之路始於初步。一個人的自然法則有多長？不管它。總是因緣來時，趕緊起步投入；將來也是資深菩薩，同樣在這條路走，還是不斷在度化有情。

　　人間，真理的法，我們體會到。人間的生活動作 (都在方便法中)= 有為法 = 有分段；無為法 = 道理 = 看不到 = 我們要透徹了解。變易的生死若能透徹了解 = 真理的永恆 = 無體無形→我們永遠要發大心、立大願「為度有情以諸方便，而隨機示現長短壽」→不論壽長壽短，「把握當下，恆持剎那」，當下就是方便法；剎那恆持 = 真理。

上人：要很用心體會，才有辦法將道理沒遺漏、沒遺憾；道理若了解，沒有不清楚。壽，延為萬劫，不夠長，因為同樣有盡期；或促為一念，也不為短。一念間真理透徹 = 永恆的道理；若壽命非常短暫，但道理了解 = 長遠 = 比萬劫還要長的壽命。

　　孔夫子：「朝聞道，夕死可矣。」= 阿難：「若人生百歲，不解生滅法，不如生一日，而得解了之。」佛法也是這樣。

上人：前天，看到花蓮靜思堂台上在演繹，32個國家慈濟人共聚一堂，也上台。他們說：在搖晃時，就會想到去大陸賑災時的路難走；車子陷在爛泥巴坑裡，就如他們也在那裡推車，很辛苦(畫面，1970年12月，上人率領委員至鳳林探訪黃阿惡祖孫，不料遊覽車陷入山興溪中，委員不顧天寒水冷，合力推車)；賴索托的美娟，也想到那很辛苦的畫面，10幾歲的孩子來領20公斤的米，路那麼難走，人那麼幼小，頂著那包米，在那裡搖搖晃晃要回到他家，那種人間苦難，真的是……！

　　她在演繹，看到苦難人，心很有感覺，好像今生投入慈濟的大團體，走入苦難眾生群中去行菩薩道，就如過去生中曾經有過。現在台上在演繹《無量義經》「苦既拔已，復為說法」、「是諸眾生安隱樂處」，她會想到，在最苦難的地方當他們拿到米的快樂！快樂啊！

上人：恍如隔世。道理都相同；只是時間長、短，空間彼、此。促為一念＝延於萬劫；萬劫促為一念；不論從哪個國家回來共聚一處，不論幾年前或今年的事，那個印象，再回歸在腦海中。

　　學佛就要這樣去推理，推這個道理，自然會了解。

○故事小結：
1.走筆至此，今天，正好是2022年04月24日(農03月24日)，是慈濟第57年的第一天。又7年了，菩提根，繼續、仍然在全球開、展，慈濟人在全球的分支聯絡處，已增為66個，援助的國家地區也已127個。
2.今天，正好是國立故宮博物院南院「《法華經》及其美術展」第一檔展出的最後一天。適逢《法華經》演繹彩排的空檔南下，看著千年前、2千年前的《法華經》文、經本、經變圖，與佛像、文物……，心中有種說不出的熟悉、的感覺、的身歷其境。同行的明寬師姊也如此說。

★合和大團體，萬劫促一念／慈濟 50 週年，靜思精舍常住師父帶領多國慈濟人，以最虔誠的心排列出「50」的圖騰。攝影：張振成

三、淨信一念，供養 50 世界微塵數諸佛／竹筒歲月（月刊、楊先生、雪隆）。

　　上人：想想 50 年前，1 個月 5 元，1 天才 1 角多還不到 2 角；看看我們 4、50 年前創刊的慈濟月刊，每期都是密密麻麻的人名，從 5 元、2 元、3 元這樣累積。大家只知道「竹筒歲月」5 毛錢，沒去看到那每月徵信在慈濟月刊裡的 2、3 元、5 元。最初就是這樣，全都徵信，還有東西可作見證；現在要找 50 年前的東西不困難，因為大家用心，最早的《創刊號》還留著。時間，過去；那東西能作見證，直到現在，遍佈在全球啊！

　　「竹筒歲月」都是點滴累積來的。點滴付出有困難？沒困難，任何一個人都做得到。很困難的人，拿到竹筒，他同樣能累積，數字還不少。

上人：像台中楊先生，我們的照顧戶，45 歲，糖尿病嚴重到要截肢，獨居，那段時間苦不堪啊！2008 年，慈濟人發現這個案，開始幫助他，1 個月才給他三千元；但這人很懂得感恩，他覺得：最苦難時，慈濟人不只每月送錢、送現金，有時還送日用品，最重要是慈濟人常常去和他聊天、鼓勵他，與他作伴，三千元很多了，大家來照顧我，要用的東西常常有，感恩啊！身體，慢慢恢復，好一點了，他喊停（停止慈濟濟助），2012 年「拜託將我的補助停下來，這些錢得來不易。給我一個竹筒，我要去開計程車。」就這樣，車上放著竹筒，每回若收到 100 元，他就投 10 元入錢筒，1 天差不多能投進 100 元；每個月就拿到台中分會繳款，看載客情況，最少都有一到三千元。他還會邊開車邊跟客人說慈濟，說慈濟如何幫助人，讓旅客也能體會社會很溫暖。台灣這樣貧中之富的人真的不少哦！

上人：馬來西亞雪隆也是，「竹筒歲月」很普遍。雪隆當初要蓋靜思堂時，將「竹筒歲月」飄洋過海去到那，每人拿一支竹筒「萬人拿竹筒，大家來付出」。不論有錢、沒錢同樣付出。有間學校很特別，因慈濟人幫助這間學校印度裔的孩子學費，老師也認為做好事是很好的教育，就帶動孩子每天存小錢做好事。從前年 2014 年開始，學生每天上學就投錢筒；老師讓學生每天輪流管理這支竹筒，讓大家投錢。學生人人都歡喜，日日為善幫助人，整個學校的學生教育品質完全改變。

　　因人人提倡善念，富貴人家的子弟、貧困苦難學生、外來學生、印度裔學生打成一片。我們幫助的孩子：「我每天投十元 (馬幣 1 塊＝台幣 10 元)。」他說這是他一天最幸福的事。

今年浴佛「竹筒回娘家」，用長竹繞得很廣，讓大家投，一下子這寬大的甕就滿起來。點滴、片片銅板，有很多的故事與愛心。學校有的家長很貧困，但歡喜讓孩子做好事，因為慈濟的幫助，讓他的孩子沒欠缺，能每天搭車去讀書、順利註冊、有文具、孩子有零用錢。竟然每個孩子的零用錢，都為善競爭，減少吃零食，很多人認養竹筒。在馬來西亞就這樣展開了，富有人家拿竹筒，貧困人家拿竹筒，竹筒在馬來西亞很普遍，愛的力量的凝聚。

上人：「能令眾生速入法藏，究竟彼岸」像楊先生雖然他很貧困，但很快就能發心。今年初他往生了，最安慰的是這輩子遇到慈濟人，讓他能做好事。這幾年雖身病痛，但還能開計程車，內心「入法藏」知道要做好事，4、5年間累積，共捐了十幾萬元，人生最後，沒有遺憾，很歡喜帶著這分滿滿的愛，「究竟彼岸」再來生。

上人：「如來藏中過恆沙法」；遍虛空法界，都是法；馬來西亞雪隆分會，可以「教富濟貧」，可以「濟貧教富」，有錢人、沒錢人，都可以啟發愛心，成就那麼大的道場在雪隆。

這次，滿滿的竹筒回娘家，他們指定要做尼泊爾創古度母寺（因地震受損我們認養）復建、整修的錢；點點滴滴的銅板，這樣就能到尼泊爾去做好事，為一個修行的道場整修；這不就是「如來藏中過恆沙法」。

恆河沙，多麼多，都含藏在如來藏中；天地人間的真理、法，只要點點滴滴入心，點點滴滴的力量都能做好事，就能建道場，不論距離多遠。

尼泊爾，佛陀的故鄉，其實這國家很小，卻是天地間有這麼多愛心人共同一心念要為這國家付出。

上人：時間、空間、人與人之間，都含藏在無量無數的佛法藏、的真

理中，我們所做都吻合真理。日常生活中要用心體會，一切都是法、都是正法、都是佛住世時教育我們入人群、發大心、度眾生、幫助眾生的；這是我們要努力的，努力如何淨化人心。

〇故事小結：
1. 法無量、心無量、只要淨信一念，點點滴滴，5 毛錢、50 年、供養 50 世界微塵數諸佛；
2. 授記，是點點滴滴中的方向，次次授記，對象不同，但點滴中的繼續勉勵不變；
3.10 年，點點滴滴累積方向不變，10 年、10 年、10 年、……，四大志業，事相不一，慈悲為懷，濟世救人的點滴菩薩行不變，四大八法次次授記。

★凝聚愛／竹筒在馬來西亞很普遍，柔佛州興建麻坡靜思堂時，工地工人亦響應「竹筒歲月」領養撲滿。攝影：盧俊輝

四、一念淨信、立志不二 / 厄瓜多震賑。

上人：不只一個地方，看看全球多少國家。就像厄瓜多，地震到現在超過 1 個月，一堆一堆的廢墟；我們有群菩薩，正在那裡要如何為他們趕緊清理這次毀滅性地震的破壞。慈濟人到那裡，馬上開始帶動，已經 20 幾天，帶動以工代賑，已完成一個大城市，現在又到第二個城市，繼續以工代賑。慈濟人，有從美國、有從南美洲去，第二、接著可能要再第三梯。不只人去，還要從台灣裝貨櫃，物資飄洋過海到美國再到厄瓜多，有海運、有陸送，要 40 幾天才能到；結合多少人的愛心會合；膚慰、帶動、提倡「竹筒歲月」，那裡的人也開始拿起竹筒，用點滴、點滴的累積再去幫助人，輾轉教化，人人與人結好緣。

上人：我們都在全球的地球村裡，愛的力量就是有這樣的關係；要與 50 世界盡為微塵數諸佛的人結緣，有困難嗎？每天每天累積，一點困難都沒有。最重要的是，我們的心有清淨？最重要的是，我們的無明有去除？無明去除，培養愛心，一心清淨，淨信心常在。供養佛，不困難，人人都是佛；最主要的是，一念淨信我們顧得住？顧得住這一念淨信？真正修行＋法真實入心＋真正精勤佛法藏→真如的理體入我們的心→我們才能真正快速了解這些道理→究竟從凡夫轉為聖人。

上人：一念心，一念淨信。「如來藏中藏無量恆沙之佛法」若能很了解，其實要與佛結緣不困難；是我們的心要淨信一念，比較困難←這要看我們是不是有立志，專志不二意。能這樣→成佛就不困難。

五、覺性與虛空合一 / 厄瓜多震，以工代賑。

上人：厄瓜多 0416 發生地震大災難，美國、南美洲慈濟人會合踏

上那片土地；台灣我們也很關心，張羅物資，希望如何到位的幫助他們。福慧床、毛毯等已裝貨櫃海運中。這是昨天早上跟大家分享的；晨語結束，厄瓜多再次發生強烈地震，0518.02:17(台灣 15:57)。這樣啊？有再發生大災難？趕緊聯絡。震央離我們現在以工代賑的卡諾亞鎮 139Km；但卡諾亞鎮還是天搖地動，因規模 6.7 還是很強烈，大家很害怕。慈濟人平安？平安！只是嚇到大家了。同一天，早上 11 點多又一次規模 6.8 的地震，也很強烈。期間，慈濟人已帶人在路上清掃，嚇到，還是要做啊！再一次，路中央清掃，樓房若倒下來？大家很害怕，四竄找平安的地方。有人昏倒，幸好團隊中有中醫，2 位醫生趕緊為他們針灸、安撫他們。

強震中，有人害怕到昏倒，有人找寬闊地預防再發生地震。救人的人，安撫人，自己同樣也會怕，但還是趕緊去安撫大家，將他們摟過來；老人怕到哭，婦孺嚇到身體發抖，慈濟人走到他們身邊，抱著他，拍拍他，不用怕，要安定下來，安定下來。

進到災區已超過 20 天，現在是第 2 梯，再發生地震，菩薩們處變不驚，雖然也會怕，還是繼續救災工作，及時安撫，實在很不簡單；行菩薩道，法已入心，覺性與虛空合一體。

在那就是要救人，這是我們的使命感。大家害怕，我們就要很穩定，叫大家不要怕，這是菩薩行者；原來平時救人的人就是這樣，處變不驚，在這無常變化中，還能安穩自在，幫助人，穩定人心，很不簡單。

不是做不到，只要發心，怎會做不到？人間的菩薩都是這樣做過來，入人群，入苦難中；危機、苦難，菩薩走進去，穩定人心，還要帶他們繼續走。

昨天，大家穩定了心，同樣清掃，同樣繼續帶動，雖然還

有大小餘震。唉！人間是這樣，0416造成大災難，0518再發生強烈地震，心怎不會怕？絕對害怕的。但又有什麼奈何？天地威力大，眾生共業啊；天災不斷發生，人間菩薩就要及時出現。

上人：「覺性虛空合一體」，眾生的業力；我們在平安的地方，趕緊呼籲人人戒慎虔誠，改變一下生活，齋戒心、行齋戒、虔誠心。

○故事小結：

1.〈授學無學人記品第九〉，上人升坐，共開示34天。期間，適逢慈濟滿50週年，全球35國共浴佛。又，本品開示的最後幾天，中南美洲厄瓜多，強震大災，賑災中再強震，上人心繫頻頻，日日提到。

故事

第1163—1170集
道中最勝、19出家、20侍佛、50結集、70領眾、120滅、見水老鶴＋了生滅法／阿難。
俗中親重、六年處母胎／羅睺羅。
眾生無邊誓願度／非洲、黑珍珠、化來不及為來得及。
全社區人人皆志工／最貧非洲、佛法因緣漸成熟。
菩薩以大悲心紹隆佛種／慈力父往生、高明善母往生。
東方佛弟子應往西方恢復佛法、馬來西亞／尼泊爾創古度母寺。
多生業障一世報，起尊重心／陳碧惠重癱4次。
第1171—1180集
見賢思齊、一生無量／青海、祁海明。
入佛法藏究竟彼岸／阿難長瘡。
地大傳法、引導人人入善門、困難重重／美、董事會。
深心願力＋長養善根＋用心＋親身投入＋對法認真＋做事絕對尊重法源、追求到我同意「這樣做對？」、「對、就這樣去做」＋心很單純／印、董事會。
期待強國領導多了解環保意義／大衛麥爾。
累積善業成為德／慈濟51起、31國回。

一念＝萬劫；壽命時間、有長短，因緣生命、有先後，但道理相同、無為法不變 /32 國慈濟人共聚演繹。
人間缺雨水、法水 / 日、厄、印、越不調。
素食兒童智商高 / 格連杜曼中心。
修實行、修行要用長久時 / 阿難記憶好。
真警察被念珠嚇到 / 委內瑞拉、吳冉云。
阿難三願 / 舍利弗、目犍連推薦阿難為佛侍者。

第 1181—1190 集

六道本具佛性 / 馬來西亞、流浪狗 + 甲魚。
心和合＝美 /35 國浴佛。
與佛同 / 阿難的悲心大願。
50 週年 / 菲律賓、馬來西亞。
捉弄人、喝洗腳水 / 佛嚴誡羅睺羅。
求法志氣高 / 賤族塔尼求水。
特殊情況，比丘、沙彌住同間 / 佛安羅睺羅身心。
步步穩定，心、法會合 / 羅睺羅。
佛陀教育的都是內心 + 外境 / 對羅睺羅說五蘊。
外現羅漢、內秘菩薩行 / 羅睺羅。
心意柔軟 / 莫三比克浴佛。

第 1191—1196 集

淨信一念，供養 50 世界微塵數諸佛 / 竹筒歲月（月刊、楊先生、雪隆）。
一念淨信、立志不二 / 厄瓜多震賑。
趕緊會合 / 加拿大火賑。
覺性與虛空合一 / 厄瓜多震、以工代賑。
平安不肯捨 / 首富婆提。
因緣不思議 / 約旦、德國、敘利亞、湯尼一家。
獅子蟲自食獅子肉 / 迦葉守正法。
羅睺羅的習氣 / 南非潘居士帶 3 位志工回。
1 度多、雖身病 / 馬來西亞、沙烈、竹筒歲月。
供佛處為道場 / 厄瓜多震賑。正法道理無差別 / 厄瓜多震賑。
護持向正道 / 土耳其、伊斯坦堡、人道高峰會。

法數

第 1163—1170 集
三果、四果、四諦、十二緣、十地。四誓。十號。

第 1171—1180 集
六度。四生、六道、三惡道。4445578。九識、三界、二報、法華三部、六道、四生、三途。五蘊、三十七助道、六十二見、三世。

第 1181—1190 集
四修、五陰、六十二見。三途、四生、五趣、四修。有為法 = 煩惱合成的法、四弘誓、四修、聞思修、三學、四心。六度、三不求。三心、四願、六度。六度。

第 1191—1196 集
4445578。六度。三明、六通。三界、四諦、十二緣、4445578。

解構：略。

第九節　法師品第十 / 使命

集數

57 集（第 1197 集—第 1253 集）。

主角：藥王菩薩。

情節：

第一段（眾皆授記）

1. 眾皆授記，眾終成佛，只要恭，近，法華。

   如只要：聞《法華經》、一念隨喜《法華經》、敬視《法華經》如佛、種種供養《法華經》、受持《法華經》、讀誦《法華經》、解說《法華經》、書寫《法華經》……，或僅一偈一句，或竊為一人說。

2. 讀誦《法華經》者＝以佛莊嚴而自莊嚴＝為如來肩所荷擔。

第二段（護法華。弘法華）

1. 法華：

   a. 諸經中，最難信、最難解。

   b. 佛祕藏，不妄授。

   c. 法華，深固幽遠、無人能到；一切菩薩成佛，皆屬此經；佛為教化成就菩薩，開方便示真實。

　d.諸佛守護，未曾顯說，猶多怨嫉。

2.護法華者：

　a.能書持、讀誦、供養、為他人說法華者＝有大信力、志願力。諸善根力＝諸佛護念＝與如來共宿(同安住祕藏)＝如來以衣覆＝如來手摩其頭(於如來攝受中)。

　b.不得見聞供養法華＝未善行菩薩道；得聞是經＝能善行菩薩道；信解受持＝得近成佛。

　c.菩薩聞法華驚疑怖畏＝新發意菩薩；聲聞人聞是經驚疑怖畏＝增上慢者。

3.護法華地：

　經卷住處＝有如來全身；見此塔禮拜供養＝近成佛。

4.譬喻(高原鑿水)：

　a.人，渴水、穿鑿求→見乾土(＝知水尚遠)→施功不已(＝見溼土)→漸至泥(＝水必近)。

　b.菩薩，未聞、未解、未能修習法華(＝去成佛尚遠)→得聞、解、思惟、修習(＝得近成佛)。

5.弘經三軌(廣說法華心)：

　a.入，我室＋著，我衣＋坐，我座＝

　b.大慈悲為室＋柔和忍辱衣＋諸法空為座＝

　c.於一切眾生、起大慈悲心、柔和忍辱心＋於一切法，空→安住三軌＋不懈怠心。

6.佛時刻護說法華者：

　如：佛遣化人、集眾聽；佛遣化人聞法信受、隨順不逆；說法

者得見佛；於此經忘失句讀，佛為說令具足。

意義

一、法師：

1. 法＝一切功德由此妙法生。

2. 師＝能信解受持＋為人解說此妙法者。

3. 法師＝開顯未來者＝種子如何傳＋法如何續。

4. 法師品→

　a. 對法要很重視，法是我們的師。

　b. 讓我們更明瞭如何是權？權如何接實？

二、人人得授記。人人可成佛：

1. 自問：我方向對否？

2. 理性常在＝昔緣不墜＝佛陀 2 千多年前就已為我們授記，因我們已不知聽多少句法華。

3. 珍惜法華緣！

4. 我既在如來肩上，則→增如來肩上負重；我們都是佛陀的負擔，都是上人的責任。

三、不妄授：

1.「諸佛守護，未曾顯說，猶多怨嫉」，令人→心酸！擔心！無奈！

四、求佛道＝高原鑿水→

1. 乾土 (帶著煩惱修行、做善事；止二乘) →

2. 溼土 (求法切、知方向、煩惱除、用功不斷；聞般若) →

3. 見泥 (菩薩行、真空妙有、付出無求；聞法華) →

4. 到淨水 (出污泥而不染、洗滌一切煩惱垢、高純度)。

五、法華醒思：

1. 2500 多年前的佛法，傳到中國，已經偏向、已經差遠，因為→

　　a. 當時為因應印度人的眾多種信仰，佛法難免也必須很多的方便。

　　b. 在家人只求消災免難，造福得福，未進一步了解佛法的真義。

　　c. 佛法進入中國，演變，興盛，修行者很多，修行方法依各人所好，常常以迷引入迷，以致沒用真心求佛法，自然終難成佛。

2. 現代→

　　a. 佛法應如何適應當下？如何適應現代？

　　b. 佛法要如何重建，讓人人都做得到？

　　c. 佛法要如何與生活合體？

3. 法華→

　　a. 法華是身體力行，走得出去的一條道路。

　　b. 法華讓我們明白人人能成佛。

　　c. 法華是成佛之道。

　　d. 希望人人能重視法華。

六、法師傳法：

　　1.a. 我們眾生，皆為如來衣所蔽惡；佛弟子，皆已受記；慈濟人，
　　　　　皆已受證。

　　　b. 我們終究可成佛。

　　2.a. 既受記，已受證，自然→要行道，應傳法。

　　　b. 為了讓佛法與現代生活合體，讓法華走出去，那我們→應用
　　　　什麼心態傳法？有學習的對象？應如何傳法？應傳什麼法？

　　3. 傳法，「慈濟事」已明顯；此法、此藥方，已有很多人吃了痊
　　　癒中，藥效已明顯；已見溼土，見泥，已見淨水。

慈濟事

**一、手指頭還在痛，持經供養要發大悲願 / 小木屋抄無量義，
　　抄法華。**

　　上人：「應示是諸人等於未來世必得作佛」。佛陀告訴藥王菩薩、告
　　　　　訴我們：能「敬信持誦書寫供養如是之人」，你要很有信心告
　　　　　訴他們，只要你恭敬，只要你有信心，你能受持、你能讀誦、
　　　　　你能抄寫、你能供養這部經，這樣的人「於當來世決定成佛」。
　　　　　讀到這段經文，我自己也很歡喜、很有信心。在小木屋時，不
　　　　　就是這樣呢！

　　　　　　因為看到《法華經》，起了一分無法描述的歡喜心。所以，
　　　　　每天、每天，都在那裡禮拜這部經。那時那麼窮，要用什麼供
　　　　　養？用我的身體，燃香。每個月農曆二十四日，就是燃臂供佛
　　　　　時，用很虔誠、很法喜、歡喜的心。

　　上人：因緣成就了。「慈濟功德會」開始。完成精舍第一期工程。在

小小的大殿，打佛七、講經。沒錢買經書，只好用鐵筆寫蠟紙，在鋼板上，一字一字刻、抄下來。《無量義經》完成，講《無量義經》，誦《無量義經》。接下來，《法華經》七卷，全部這樣寫下來、刻下來。刻到當時手受傷；到現在，手還在痛。若想到那時候，法喜啊！還是法喜。

上人：幸好那時有發這念心，有這樣的動作，這樣的耐心，用這樣的時間、體力，完成共八卷的《無量義經》與《法華經》。心很歡喜，雖然事隔將近五十年，還是歡喜！小木屋，抄經，拜經，抄經，也是這樣的過程走過來，「敬信持誦書寫供養如是之人」。開始做慈濟，愈來愈沒空，忙忙碌碌，幸好有過去那段時間，很感恩啊！

上人：時間累積。做過之後，再回憶。值得！再辛苦也值得！這就是生命中的價值。將近五十年，《無量義經》借現在的科技，將字調清楚，重新修整過，希望讓弟子有紀念；看到用鋼筆刻下的這部經，就想到師父最貧困時，克難功德會時，抄寫的經。已經這樣的年齡，現在這隻手，抄經的指頭還是在痛；痛得快樂，痛快，快樂，心歡喜。

上人：持經供養→要發大悲願，牽掛苦難人，還要用喜捨心，憐憫眾生；不要只想我要獨善其身；要發願，入濁惡之世，將經傳頌下去。若能這樣，就是功德無量。要時時多用心。

二、決心 / 小木屋抄無量義，抄法華。

上人：「藥王當知！如來滅後，其能書、持、讀、誦、供養、為他人說者」。要感恩啊！未來要持經的法師，會遇上重重困難，會有很多很多的磨難考驗，因此，佛陀再安慰藥王菩薩：「藥王菩薩，你要知道，如來滅後，其能書……。」從前印刷不普遍，

要讓較多人知道或了解這部經，就要一字一字抄。就如過去，要講《無量義經》時，我們經濟困難沒錢買經書，《無量義經》也沒有單行本流通，輾轉因緣得來日本的《新譯法華三部經》，才從當中《無量義經》的經文，一字一字抄寫下來。雖然抄寫得手現在還在痛，受傷，不過現在光是想到就很歡喜。一隻手指頭的痛算什麼呢？這就是決心，要將沒地方買、沒錢買的一本經這樣抄、刻寫下來，讓眾人看得到，也能聽。

○故事小結：
1.「權」與「實」：
　　a.「權」是書、持、讀、誦、供養……《法華經》書；

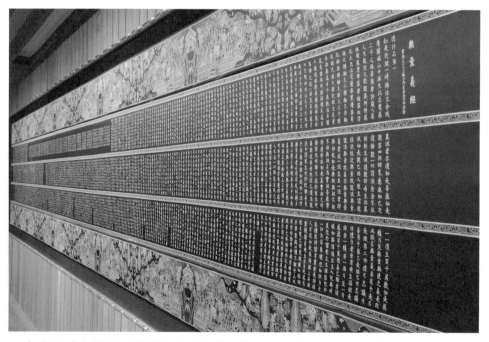

★大悲願映大地母／證嚴上人手抄的《無量義經》經文，以織造方式完成，高 2m* 寬 8m，現幅於主堂地下一樓的感恩堂牆面。攝影：陳李少民

「實」是決心，是大悲願心，心牽掛苦難人；是喜捨心，心憐憫眾生；是願心，身入濁惡世將經傳頌下去。

b.「權」是故事；「實」是心。

c.「權」是為了實，為了實行；「實」是實實在已行之多年、多生、多世，並且，繼續實行中。

三、弘法，什麼都沒有，但道理入心 / 行動浴佛 930km，以寶特瓶當佛，有基督教教徒歌聲的浴佛，在車斗浴佛。

上人：五月間，我們能看見全球有慈濟人的地方，人人都這樣在宣揚浴佛，藉著浴佛節宣揚三節合一。弘揚報恩的道理，報父母恩、報眾生恩、報佛恩。

上人：很特別的是在南非，他們整個五月都叫浴佛月，也是三節合一。那裡的菩薩從五月就一直在人群中，不分宗教，希望人人借重浴佛，體會佛的道理，是尊重生命，是含蓋天地很多萬物的道理，深入淺出，皆大歡喜。

當地本土志工五月前先集合，華人志工解釋什麼叫浴佛，資深的本土志工現身說法。說他們接受到佛法後，佛法洗滌他們的心，法水滋潤他們的心，讓他們每天都很歡喜；道理看開，沒有過不去的日子，沒有過不去的人事；他們的心靈打開了，一直期待更深入普遍社區；所以決定今年五月走遍所有社區去推動浴佛月。一個一個社區先去解釋浴佛的意義，現身說法讓大家接受。

五月，就帶著最小尊的宇宙大覺者佛像，到很多社區去行動浴佛，共走 11 個社區、12 個供食點、930 公里路。當地其實有很多基督教、天主教徒，然而志工菩薩們只一個念頭，希望讓大家都能了解浴佛的意義，分享佛法就是能幫助自己、幫助他人的法。他們用自己作比喻，因為煩惱、無明，讓過去的自己如何辛苦過日子、與人計較等等；接受佛法後，佛法淨化

了自己的心，對很多人事物看開；與人不只沒有對立，還能讓對方很歡喜、看得開，同樣去化解很多人我是非及紛紛擾擾；彼此淨化，並共同會合去付出愛心，去幫助苦難的人。說很多實例→讓大家心生歡喜，心開意解→之後就起於行動，行多遠？將近1千公里，捧著佛像，這樣付出。這不就是大悲願力！

上人：透過五月浴佛的共修，志工們更加了解「諸相非相」藉假修真；原來佛陀是從萬物、人群，乃至一草、一花、一木中，用很多心，將生命苦難、人生生老病死……的道理示現；非洲菩薩，聽法竟能聽得這麼通徹、開解。

上人：未正式浴佛前就去村莊帶動、示範：「你們若願意浴佛，到時要有這樣這樣的禮節喔！」史瓦濟蘭，用什麼示範訓練？用寶特瓶當作琉璃佛、宇宙大覺者；他們說：「萬相皆是佛，只要你有敬心，什麼東西都能當作佛，敬佛如佛在。」這些「黑珍珠」，真正是發光發亮啊！

　　賴索托，本土志工跨國波札的社區浴佛。中文：「禮佛足。」資深的本土志工慈力師姊當司儀；「態度要恭敬，如何彎腰，彎腰時要想什麼，對面有一尊佛，是禮佛足。」用虔誠的心教他們；「聽到接花香，再拿一朵花起來，要很虔誠」先說道理，再教禮節。地方簡陋，用恭心，敬佛如佛在。到處行動浴佛，端著花，請著佛像，就是這樣走，一村過一村。

上人：計畫中有一戶生病，他們也將佛像請到他家，讓有機會浴佛。那一天到他家時，病人已經去教堂，他們覺得「既來之，則安之」，就跟著去教堂。一行20多人捧著花草、佛像，邊走邊唱祈禱；到了教堂前，牧師在佈教，他們在外面：「輕聲細語，先聽法，用很恭敬的心。」大家都很和齊的進到教堂，很有禮節的坐下來聽牧師佈教；等牧師佈教完，慈丹代表大家走到牧師前，向牧師解釋他們來的目的：「關心某某人，希望她能與

我們共同浴佛。」「我們是慈濟志工，慈濟來自台灣，慈濟在台灣做什麼……，愛如何普及全球，如何進到非洲，讓大家安心、安生活……，佛教的道理就是遍虛空法界，不分宗教擴展大愛，佛是宇宙的大覺者，不分種族、宗教 ……。他們同樣是基督教徒、天主教徒，信仰沒改變……」。說到讓牧師覺：「可以，我來看你們如何浴佛」。他們很歡喜，恭敬的捧著大覺者、香花、水，跪在病人面前，病人也很歡喜；慈濟志工喊「禮佛足」，「接花香」，病人就照著這樣做；牧師帶著那裡的人唱起祝福祈禱的歌，慈濟人也一起唱。在那裡，有佛法的浴佛，也有基督教歌聲的祈禱，很特殊。

上人：「大悲願喜捨靜居安樂土，而生濁惡之世演說此經」，佛陀為苦難眾生而來娑婆堪忍世界，心懷就是讓人間能接觸到這樣的法→將心清淨→打開人間互相的隔礙、障礙→將宗教樊籬打開→互相恭敬、尊重→將大愛付出；這要大家都能接受，並不容易。在基督教的教堂裡浴佛，接受基督教的祈禱祝福歌，別開生面，不簡單哦！

　　「心、佛、眾生，三無差別」，慈丹向牧師他們這麼說；說大覺者就是要向大家說：雖然他覺悟成佛，其實眾生人人的心都是佛，人人都能成為大覺者，都與佛平等沒差別，所以宗教也就沒差別。在教堂裡，謙卑分享使基督教徒與佛法連起一串串愛的共鳴，讓宇宙大覺者關懷病患與家屬，讓在當場所有的基督教徒祝福浴佛。真的很不簡單，令人很感動。

上人：濁惡世中，到很貧困的社區關懷有病的案家，順便為他們清理家裡內外，也將人清洗好帶出來外面讓他清淨浴佛，這也很不容易。

上人：想想我們在台灣的浴佛布置莊嚴，在那卻是很簡陋。波札那歐

納雷狄社區，本來借好社區活動中心，但社區突然要用，一大群人要浴佛沒場地怎辦？靈機一動，貨車開過來，車子裡布置如舞台，車斗放下當桌子，佛像擺上去，花香、水擺上去，一樣「禮佛足」、「接花香」，繞佛、繞法浴佛；禮節不輸台灣呢！

真的很感動，非洲這苦難的國家，佛法能在那裡深入人心，又能淨化人心。佛法從苦難中將他們牽起來，將心門打開，人人的心門淨化，再淨化其他的人，彼此愛的會合，這樣去幫助那麼多苦難人。德本，光一個一個村走入，連連接接，近千公里。波札那、史瓦濟蘭都很克難，小小一尊琉璃佛、宇宙大覺者，他們就能發揮無數道場，也讓道場莊嚴、讓無數人的心被淨化；一粒一粒的種子，撒播在這麼多人的心靈裡。「生於惡世受持供養全經」，身體力行在那麼惡劣的地方，露天，太陽熾熱，環境簡陋，他們願意這樣，很不簡單。

上人：「悲愍度生大願」，若不是大菩薩哪有可能！簡陋、貧窮、濁惡，在那裡要聽法那麼困難，困難中將法聽進去，願意去布達佛的教法，實在很不簡單啊！在師父的心目中這些人是真正的大菩薩，更顯出悲願，我們應該更加敬重他們。弘揚佛法就要這樣；你什麼都沒有，但道理入心，很富有、很充足，到處都可以去宣道、弘法。這些大菩薩、種子，將佛法、佛陀的教理、將慈濟宗門、靜思法脈帶到那個地方去，發揮那麼大的效能，實在，就是心歡喜。

○故事小結：
1.珍貴！本土志工，黑珍珠！台灣志工，大菩薩！在無間的苦難非洲。
2.一無所有；豐滿無量。
3.傳法，決心、悲心、喜捨，行願 930Km。

★道場莊嚴、供養全經，一樣虔誠／賴索托慈濟志工及波札那本土志工，於歐納雷迪舉辦浴佛典禮。因場地已被借用，志工們將貨車車斗布置成浴佛台。攝影：陳美娟

四、我們都在如來肩背上／慈濟人搭電聯車，慈濟志工欠錢不還，上人哽咽難語……。

上人：大家對慈濟人的行為標準訂得很高，尤其穿上「藍天白雲」或「八正道」。譬如，有位很有修行的人，他的同事：你要走進慈濟？好嗎？慈濟人……。就批評：搭電聯車時，他推著嬰兒車正要上車，兩位穿「八正道」的慈濟人，就擠過他身邊，像這樣是不是太獨權？說得也是，慈濟人應該等他的嬰兒車走過去才能過去。毀謗的人這樣說，人就這樣聽，就這樣傳。說他錯？「後面還有人要上車，我若不快速上車，會擋到後面的

人。」這樣解釋，其實，也沒什麼過失；但，若能：「來，我幫你推上去。」這樣最圓滿。

也有人看見慈濟人就讚歎：「穿這套衣服的人都是好人。台灣有什麼樣的大小事，就是這些人及時出來付出。」

的確，慈濟人，人人都被注意，你一點點都不能偏差。這就是在人間。若說，只因穿這件衣服，所以從他旁邊擠過去，就不應該；多少人都是這樣擠過去，也不受批評。這就表示要承擔如來家業，這責任多重，這形象、行儀若沒有很注意，人家就在後面毀譽。不知的人，就這樣毀謗；不清楚的人，人家這樣說，就跟著傳＝稱為訾，兩字合起來，就是毀訾。有故意毀謗，有不明道理就傳說惡言，都不對。這是指責；若是善解？這有什麼過失？有沒有過失，自己檢討自己。自己就是不應該在嬰兒車要推上去時，不去幫忙；應該去幫忙，這樣才圓滿。

穿上這套衣服，肩膀所要擔的責任，就要讓人人誇讚、讓人人看我們很圓滿→這樣慈濟人才是真正人人所稱歎，人家不批評。同樣的道理，出家人在外面，舉止談吐都要很小心。這就像揹在背上沉重的東西，或擔在肩頭上很重的擔。因為我們要弘揚這部經，而「此經法藏是如來的全身」；佛陀讓我們三寶具足「如來全身」，要在人間宣揚化度眾生，但我們還有一點瑕疵，所以我們要再好好用心，自我警惕，出門時，時時讓路，時時去幫助人，這才是真正慈濟人，菩薩路你才走得通。

上人：走這條菩薩道，就是在弘揚佛陀的教化。「讀誦是經者，則為如來肩背上之所負荷、所承擔」，修行者或學佛者，只要有在讀經或誦經，你一定要懂道理；若不懂道理，其實你的行為一切都是佛陀要承擔！

你是慈濟人，在外面行為不當，這責任也是我要承擔、慈濟承擔；慈濟被人批評，是你的行為在外面有所欠缺，所以人

家批評慈濟。

　　就如這一回我在外面行腳，大家分享，有位婦女來懺悔，說她以前與一位會員有金錢來往，會員欠錢沒還，婦女就從她住的2樓掛布條：「慈濟人欠錢不還！」人來人往人很多。

　　三重的委員去與婦女溝通：「到底是誰欠你錢？」「反正，他有參加慈濟。」「是我們的委員？還是慈誠？穿我們這套衣服的嗎？」她說：「不是啦！不是穿你們這種衣服的人，穿這種衣服的人都在幫助人，我知道！」「不然是誰欠你錢？」「他有參加你們功德會，他每個月都有捐錢。」「捐多少？」「一個月捐100元。」「這是會員，會員是一般的人，她過去是妳的好朋友，是不是？」「是啊，若不是好朋友，我們怎會有金錢來往？」「是啊！是你的好朋友，跟妳關係較深；一個月捐100元給慈濟，我們只是來收他100元，他一念好心捐給我們，這樣與慈濟有關係嗎？」她說：「不管你們，反正他是慈濟的會員，不叫慈濟人，不然叫什麼？」所以他就將這布條掛上去。我們一直去跟她溝通，不拿下來就是不拿下來。

　　他的鄰居 (也是慈濟人) 只好用大盆栽在自己門口 (也是她的樓下) 種長得快的竹子，想將它遮起來。竹子要能遮住，也沒這麼簡單，很麻煩！

　　後來，附近發生事情，慈濟人用心付出，終於感動到樓上這個人，她也投入當志工，自己才說出：「樓上掛布條的人是我，不好意思啦。但，我也會撿一些資源回收，人家要來收，我不肯，我就是要給慈濟。」「我今天跟委員來懺悔。懺悔我過去不懂事，將事全都混在一起。」

　　這叫遷怒？「你能捐錢給慈濟，為什麼不還我錢？」「她捐錢給慈濟，一個月100元；欠妳錢，幾十萬，這100元和幾十萬差這麼多，當然他沒辦法還」。無法善解，反正你能捐

錢，就不應該欠我錢。

　　分享之後，整群人來到我面前，我問她：「妳拉這布條，為什麼要再收那些資源回收給慈濟？」她說：「對啊！我也很矛盾，覺得為什麼收回來的東西就一定要給慈濟。我知道慈濟做很多好事，所以一定要給慈濟。但我就是很氣那個人。我怎麼會這樣把事都混在一起？」「現在布條還有嗎？」「不敢了啦，很久以前就把布條拉下來，我現在也是志工呢！師父，您看，我也穿灰天。」「現在怎樣？」「我已經要見習了。」

　　這是，這次在台北，聽到人的心理是這麼奇怪。在她家門口種竹子的委員：「對啊！就很難溝通。我常去和她溝通，溝通不來，只好種竹子遮。但也遮不起來。」就是這樣，看，這叫人間啊！

上人：我們的責任很大；一個這樣欠錢，事情就惹到慈濟身上；如來不就是這樣，只要你讀誦經典，這樣，就是如來肩背上面所負擔的責任。佛陀就要替眾生擔這麼多責任。

　　我們發心，發心聽佛法，將佛法一句一偈入心歡喜。現在，若受人毀謗、受人毀訾，要怎麼處理？只好回諸自己。

　　自己的行動要很小心，人與人之間、人群中；知道是這樣的人間，所以要謹慎、要用感恩心，好好修行，在我們的威儀、動作等等；大家用放大鏡、顯微鏡看我們的缺點，我們更要很用心。

上人：「則為如來肩所荷擔」，要怎麼說，說得眾生能接受，說得眾生能如法修行，這責任很重；就如佛陀替我們在肩上擔著責任；我們自己也要有責任，就如我們的肩膀擔著佛的全身經藏，佛的法身擔在我們身上。「則是如來傳法之使，乃為如來肩所荷擔」，你是如來的使者，你要宣揚佛法，而你也是佛陀的責任。

　　「持佛正法，轉化眾生，令得正見」，要守持佛陀的正法

來轉化眾生。若只因「這麼多人說，你就一定要這樣做。」然後，我們就跟著這樣做？不可如此。

　　佛法就是佛法，正法就是正法，不能隨波逐流，要堅定，該守持的就要堅定守持，不能說現在的社會就是這樣，你就跟著人家這樣走，這樣很危險。不要被眾生轉化了。

上人：有時，想到現代要堅持正法，實在很辛苦！不容易！很擔心的事情真的很多。希望人人能有正見，要用什麼方便法在人間，也要很堅持；要選擇什麼樣的方便法，真的要很堅持。「則是荷負諸佛如來大重擔者」，很大的擔子擔在身上（上人哽咽難語……），很辛苦呢！「在背負重曰荷，在肩曰擔，此經是如來全身，故讀誦是經者，則為如來背之所荷」，（上人哽咽難語……）在背負重叫做荷，在肩膀叫做擔，擔天下的米籮，不是那麼簡單，很辛苦。

上人：「此經是如來全身，故讀誦是經者，則為如來背之所荷」。學佛要真正用心學，要有如來的定慧。現在的人間，眾說云云，到底你要往哪一條路走？《法華經》說了很多方便法，要如何堅持？！對準的方便法，真的是不容易。「肩之所擔，奈何眾生常在如來肩背而不知」。可憐啊！眾生，我們都在如來肩膀、背上；他這樣將我們背著，背得這麼辛苦，我們卻都不了解，不覺不知。

上人：期待大家在外面行動要很注意，不要有一點點聲色、形態偏差；人家若不善解我們，錯就全都在我們的團體中。要用心在人群中，人群中要時時多用心啊！

　　○故事小結：
　　1.如何傳法？先自覺，先管好自己。
　　2.我們佛弟子＝是如來肩上的重荷。
　　3.我們慈濟人＝是上人背上的重擔。

五、我們現在修行的方法，依什麼修行，憑什麼修行 / 福建賑
　　水、武漢賑水、美國賑水、馬來西亞賑水、厄瓜多賑震、
　　法國賑水、蘇州聞法，跨國、跨省、不同團隊，同時分組、
　　勘災，緊急付出。

上人：看看，我們現在有多少人，為了人間災難偏多，為了苦難人，
　　　願意去投入；跨過國家，很遠、很長的路，很辛苦，願意這樣
　　　前往。

　　　現在大陸水災，不同省分、不同團隊，同在這時間，分頭、
　　　分組趕緊去勘災，同時不斷發放。尼伯特颱風在大陸造成水災
　　　已經超過 10 天，他們一樣分成幾個鄉鎮，都從很遠的地方來，
　　　會合，你三天、我五天，大家輪流，接力的愛，一直接下去，
　　　做救災的工作。福建這樣。武漢到現在救災還沒結束。

　　　美國、馬來西亞最近也大水災，同樣分組勘災，一直在收
　　　集勘災後的災情，同時緊急付出，所以訊息不斷傳回來。

　　　厄瓜多，地震過後已經 3 個多月。前 1 個月緊急救災，以
　　　工代賑，先恢復市容，先暫時安定大家，讓大家能容身與安身。
　　　1 個多月後，繼續中期、長期計畫，要如何安住他們未來長期
　　　的生活，了解他們永久要住的地方、世代安身之處，還有孩子
　　　的教育，這都是大事。台灣有經驗的志工菩薩、大愛台同仁，
　　　已經又再會合，準備今天從台灣飛到美國，會合美國慈濟人，
　　　再到厄瓜多，會合南美洲慈濟人。

　　　人間菩薩，既發這念心，發憤願力，走在這條菩薩道上；
　　　相信人間的道理，人生苦難是菩薩所緣的對象，造福人群，去
　　　與眾生結大福緣；篤定方向，就是要走這條路，所以勤精進，
　　　應願力，修行在這菩薩道上。這就是我們現在修行的方法。

上人：現在修行的方法＝就是依照佛陀覺悟後告訴我們，人人本具佛
　　　性的這個道理修行；這佛性真如＝就是與天地間共生息＝就是

回歸天地間＝「心包太虛，量周沙界」與天地生命共生息＝天地間都是一家人→愛的力量，就要用這樣的心念去付出＝叫做行菩薩道。

《本生經》中，佛陀為了救人，生生世世不顧己身去付出，佛陀修行的過程是這樣；佛陀說：他修行願意為天下眾生付出，但1個人，只能1對1付出，所以佛陀就要生生世世將這道理普遍給人人，不是1對1，是人人共同去付出。

菩薩群在人間，1個地方人力不夠，第2個地方來會合；第2個地方人力又不夠，第3個地方再來會合，不同的縣、省共同會合；若再不夠，其他國家再來支援。這就是天下的菩薩同一心、同一條道路。這就是佛陀那時，不斷呼籲人人發大菩提心、行菩薩道，教育所有弟子總歸入菩提道，的心意。

我們現在不就是這樣＝(厄瓜多，本來沒有慈濟人，但它受災難，就由外國拔苦；美國、南美洲慈濟人投入、台灣慈濟人去、法國年輕人也投入；不同種族、不同國家，卻能同一念心到厄瓜多)＝看，這不就是佛陀2千多年前的心懷＝希望我們這個法要傳在後世。

不久前，法國水災，台灣的慈濟人，僑居法國、德國、英國、很多國家的慈濟人，同樣，跨國會合到法國救濟那場水災。

可見，佛法能共1個觀念會合不同人，共同做1件事＝慈濟法門＝佛法會合慈濟人，菩薩們就在不同國家，共同一心一願，依照願力發憤去投入，依照願力非常勇猛精進去修行。這就是我們現在修行的道場。

上人：整個地球、國際間，都是菩薩修行的道場。「持法入世、恆續、諸如來之所護」這道理來自哪裡？大家的共同一心，願意去付出。來自哪裡？持法。佛陀2千多年前說的法不斷延續，將這法入世，永恆讓它繼續下去；依靠法。

不論在哪裡，此刻，還在付出、還在關懷，救災的人都是「藍天白雲」慈濟人；他們在不同的地方，穿同樣的服裝，走進不同的地方，去救濟不同的災難；他們就是同在一個團體，同一個法入心，這樣去付出。這法來自哪裡？「諸如來之所護念」；這大乘法，是諸如來心所護念，是生生世世有人這樣一直傳下來，我們才有這樣的法可合同大家的心，在人間去付出。這，不只是有形物質的付出，法也同時在傳；福建、武漢的救災，救災後就順便教他們要環保、保護地球。災難一直發生，就是來自很多環保的問題，他們就順便將這些道理說給大家聽，讓大家自己能省下浪費，能疼惜物命，懂得要如何資源回收，就這麼簡單；看來很簡單的法，但影響很大，但同樣是保護地球、救濟眾生。這就是道理，是法。

「謂若能持說此經是修學大忍」要持這部經，願意接受這樣的法，就要修學大忍辱行。

上人：昨天，聽蘇州菩薩分享他們如何聽法，我很感動啊！每天早上聽經，他們、我們的時間一樣，但聽經的地點沒像台灣這麼普遍，他們土地大，來到蘇州園區，開車要1個多鐘頭。不論寒冷冬天，下雨、下霜、下雪，為了聽法，清晨3點多從家裡走出來，到一個地方會合；有人發心，開菩薩車，大白牛車，再專門將菩薩載到園區。這麼的精進用心。還有孩子，看媽媽每天這樣去聽，到底聽什麼東西？怎麼這麼熱心。也跟著父母來聽經。12歲，經聽進去，不只筆記還畫圖，「三十七助道品」經典的意思用圖畫出來，不簡單啊！9歲的也是，抱持恆心，跟著父母，風雨無阻就是要來聞法。又看到他們在救濟、做慈善工作，6、7年、8、9年的長期陪伴，現在已經投入做環保，這都是很令人感動的菩薩。在那地方，聞法恆持，聽法後堅持這念道心。昨天我就向他們說：「每個故事都這麼精采，你們

要詳細將故事寫好傳回來。」很精采，這要用長久的心。

布施、持戒、忍辱、精進、禪定、智慧六法回歸在大忍，無為法，氣候、時間早，有為法、距離這麼長，他們都要堅持，堅持就要以大忍辱心才有辦法。

上人：「即如來衣所覆隱蔽諸眾生惡」如來衣、如來讚歎、如來教育；佛口所生子，像如來的孩子，如來展開雙手，全都將他們「箍」（招呼、聚集）過來→這樣遮蔽了眾生的惡、能改變眾生的惡→讓眾生現出善的念；對法的體會要有信心。「信為道源功德母」，要堅定信心，要篤定方向，要發憤願力修行，才有辦法，一一往前，前進。

〇故事小結：

1. 我們慈濟現在修行的方法→〔共 1 觀念 + 會合不同人 + 共做 1 件事〕= 行菩薩道。

2. 依什麼修行→法 = 真理 = 佛陀 2500 多年來，一直不斷呼籲的教法、的心意。

3. 憑什麼修行→〔六法萬行、身體力行〕+〔信心、發憤、大慈悲、願力，忍辱衣〕+〔長久心至無盡至空〕。

故事

第 1197—1200 集
隨喜善、隨喜是功德 / 台北三姊妹。
隨喜惡 / 射鳥 4 人。
說我所做、做我所說，有形釋無形 / 衛塞節。
從小為大 / 王寶裕。
第 1201—1210 集
有苦難就有菩薩 / 衣索比亞援建醫院擴建啟用。
有苦難就有菩薩 / 土耳其成立滿海納。
時、空，塵點、塵沙，信 / 花監陪伴付出，厄瓜多、斯里蘭卡啟動，加拿大還沒結案，越南大型救災籌備中……。

影像→記憶→描寫→再描述,說法、傳法 / 加拿大火賑,癌末黑茲爾要毛毯。
悲願牽掛苦難人 / 厄瓜多震賑。
手指頭還在痛,持經供養要發大悲願 / 小木屋,抄無量義,抄法華。
動物不同種,同樣有愛 / 主人養馬、羊。
大人慚愧 /6 歲亨利,愛爾蘭 5 歲小女孩,馬來西亞幼童。
清淨緣,愛地球沒條件 / 五甲環保站。
弘法,什麼都沒有,但道理入心 / 行動浴佛 930km,以寶特瓶當佛,有基督教教徒歌聲的浴佛,在車斗浴佛。
虔誠 / 非洲浴佛。
不忍眾生苦,捨清淨業報 / 厄瓜多震賑。
菩薩道,無得失,照常行 / 保和島義診。
第 1211—1220 集
沒影響,影響大 / 比丘尼暴志假孕。
我們都在如來肩背上 / 慈濟人搭電聯車,慈濟志工欠錢不還,上人哽咽難語……。
悲心具足 / 弗沙佛(雷音王佛)、釋迦菩薩先成佛。
大馬連心愛鋪滿地 / 馬來西亞大風、水災。
守好發祥地 / 保和島賑。
平等、慈悲、大慧 / 小家庭個案。
修萬行中的福緣 / 尼伯特強颱。
願助人 / 尼伯特強颱。
善惡拔河 / 約旦、土耳其、塞爾維亞難民。
虔誠、恭敬法 / 弗那 5 兄弟。
入法、一句靜思語受用無窮 /08 緬甸賑。
唯求真理 / 求 4 子。
第 1221—1230 集
發願富樓那 / 南非發放白米 + 朱恆民。
一念心偏,眾衝突 / 土耳其政變。
苦拔,復說法 / 菲律賓震,風賑後。
教室都要裝冷氣 / 惡性循環,無奈。
人間考場,坎坷難走,我們進去 / 福建清涼鎮賑水。
決心 / 小木屋,抄無量義,抄法華。

我們現在修行的方法，天下菩薩同心、同條路 / 福建賑水，跨國、跨省，不同團隊、同時分組，勘災、緊急付出。
聞法恆持 / 蘇州聽法。
眾生平等 / 八哥鳥。
妙法經處＝信根得道處＝轉大法輪處 /4 地災區見聞。
因緣不思議 / 佛、比丘、賣燈油老婆婆。
那時結緣、那時已發菩薩心 / 我身化大魚。
第 1231—1240 集
隨根性樂説無畏 / 委內瑞拉，吳冉云。
愛的力量來自信解 / 回厄瓜多。
看因知果 / 思晟 60 次海地。
人和 / 彰化巷。
菩薩有心、佛陀用心 / 基隆，重度精障。
四心＋四誓 / 七月吉祥月。
經典簡單不來 / 蘇州同仁回報災難。
第 1241—1250 集
菩提苗，成菩提林 / 辛巴威。
法要傳 / 經藏演繹，孩子度眾生。
三眾 / 獨魯萬義診，花慈 30，心蓮 20。
一念心轉三軌弘，殘障影響一村莊 / 蘇州，沈林虎。
地藏，慈悲室，忍辱衣 / 九華山道場。
秉慈用智，入人群中，廣化度 / 南非第 3 代小螞蟻。
第 1251—1253 集
去哪取經？ / 學僧學古人。
很多説不完的法就這樣開始 / 慈濟醫療始。

法數

第 1197—1200 集
五住煩惱。天龍八部、四眾。四諦、十二緣、三乘。自性三寶。
第 1201—1210 集
六種法師。七眾、四誓、四心、六度。
第 1211—1220 集

三界。四諦、十二緣、六道三途、我們都在如來肩背上。五道、三途。五濁。
第 1221—1230 集
八識、五塵、五根。三界。菩薩十地、四諦、十二緣。五根、五塵、八識。五濁。4445578(三十七助道法)、六法(度)。般若三德(佛三祕要)、五根五力、身五根、五塵、九識。四信、四誓。四信。三施、四等、四諦、六度。
第 1231—1240 集
三乘之十地、四諦、十二緣、六度。四法。五根、五塵、八識、菩薩道五智、三輪體空、三慧。五時、八教、三藏教、六道、三乘。五毒。三軌弘經、四心、四誓、九識。三軌、三德、行四依、法四依、四心、四誓。
第 1241—1250 集
三軌、四心、慈悲三緣。六度、三軌、五種法師。四眾、三軌。三軌、六度。三乘、五教、三軌。三軌、八識、五蘊。四攝、六和敬、勸誠二門。三惑、二生死、三軌。
第 1251—1253 集
應化身三德、十二緣、四諦。四修、三學、六度、三規法、四智。四諦。

解構：略。

第二章　示／菩提甚深之事

第一節　見寶塔品第十一／回向

集數：65集（第1254集—第1318集）

主角：大樂說菩薩。多寶佛＋分身佛。

情節

第一段寶塔地涌。塔中有多寶如來。三變淨土。三佛歸位。誰能於娑婆廣說法華：

1. 佛前七寶塔（從地涌、住空中＋眾寶莊校、眾寶供養、眾人非人恭敬尊重讚歎）→塔中出大聲→善哉！善哉！釋迦世尊為大眾說平等大慧、教菩薩法、妙《法華經》＋所說、皆真、皆實。

2. 四眾法喜未曾有，恭敬合掌住一面。

    大樂說：何因緣？有寶塔地涌＋又其中發聲。

    佛陀：塔中有多寶如來。其行菩薩道時大誓願：若我成佛滅度後，於十方有說《法華經》處，我為聽，涌現前、為證明、讚善哉。佛成道，臨滅度，諸比丘供養起大塔。佛神通願力，說法華處處，寶塔皆涌前，全身在於塔中，讚善哉善哉。

    大樂說：我等願見此佛。

佛陀：多寶佛有深重願：欲見我、彼佛之十方分身佛盡還。

我今當集分身諸佛。

大樂說：我等亦欲見世尊分身諸佛，禮拜供養。

3. 佛陀，放白毫光，見東方無數國土諸佛。彼諸國土人、事、物。十方諸佛，我今往娑婆釋迦佛所＋並供養多寶如來寶塔＋各將一大菩薩為侍者，至娑婆、寶樹下、師子座。

　a. 娑婆變清淨，分身諸佛遍滿，未盡。

　b. 八方變清淨，分身諸佛遍滿，未盡。

　c. 八方變清淨，分身諸佛遍滿，盡。

4. 諸佛在各寶樹下，坐師子座，遣侍者問訊釋迦佛＋欲開寶塔。

釋迦佛見分身佛悉集＋諸佛欲同開寶塔→從座起，住虛空→右指開塔戶，大音聲，如鑰開大城門。

多寶如來在寶塔中坐師子座：善哉！善哉！釋迦佛！快說《法華經》，我為聽經來。

四眾見古滅度佛言→歎未曾有＋以華散多寶佛、釋迦佛上。

多寶佛於寶塔中，分半座釋迦佛；釋迦佛入塔坐；大眾作念：願如來以神通力，令我等輩俱處虛空。

5. 釋迦佛以神通力接諸大眾皆在虛空；大聲普告四眾：欲以妙《法華經》付囑，誰能於此娑婆廣說？

意義

一、勸深信：

1. 珍！惜！慎重，敬信，深信。

2. 多寶佛，古久佛，滅度後尚為法處處往聽→凡夫我，能不勤為法？

二、求託付：

誰能於娑婆廣說妙《法華經》？

三、三無差別：

1. 二佛共座＝眾生、心、佛，三無差別＝〔人人心中本具靈山塔→唯因塵沙惑念未盡淨除→故未能得見自性佛〕。

2. 從《無量義經》〈德行品第一〉「無相之相有相身，眾生身相相亦然」，繼《法華經》第2、3、4……至第11品，每一品都開示，無始以來，人人本具佛性。尤其，第7品之塵點劫前……。

四、三變淨土：

1. 三變淨土＝以法轉心＝〔破見思惑、塵沙惑、無明惑〕＝轉識成智＝〔出火宅、化城、至寶所〕＝三周說法。

2. 變娑婆穢土＝遣染淨心。變土迎賓＝接受新道理。

五、三佛歸位：

1. 分身佛雲集＝法歸位。

2. 開塔門(七寶塔、靈山塔)關鍵→去除內心執著。

3. 古佛＝多寶佛＝人人本具佛性；現在佛＝釋迦佛；十方分身佛＝接受到佛法的人＝法。

4. 願之所在＝佛之所在。

5. 釋迦佛說法華，以多寶佛現身證；阿難傳經，以同聞證。

六、其他（各種譬喻）：

1. 地涌＝心地涌；七寶塔＝多寶佛塔＝心塔＝如來藏心＝佛德＝
   清淨自性＝法身＝道理。

2. 高五百由旬＝高出五趣。

3. 五千欄楯＝遮防五道＝五根、五力。

4. 七寶＝七聖財。

慈濟事

一、自心佛性啟動→（法在生活中流動＝分身佛湧現）→心塔現音聲／受證尋根圓緣分享有法味。

上人：昨天，今年培訓第一梯次尋根圓緣，聽大家分享已經很有法味。
現在慈濟人說話，都會引用聽法的心情＋以及如何與生活契
合。法，已經慢慢落實在人間行動，也在人間生活中流動了。
尤其昨天聽培訓圓緣分享，都是年輕人，都在薰法聽「晨語」，
大家的心都有入在法中＝就好像塔在湧現，自心佛、佛性啟動。

聽大家的心聲＝就如從塔中出現音聲＝人人從內心的真如
發聲一樣，實在很歡喜、「法喜」，聽法歡喜；因為分身佛都
已湧現，人人具足道理一一開始湧現。

二、三變淨土，需空間、需時間，集分身佛、圓緣、法歸位，一生無量，做就對了，法久住／慈濟人受證。

上人：南部，今年培訓完成將受證的慈誠委員，他們即將圓緣，陸續

到達花蓮靜思堂。這梯次 6、7 百人，從雲林、嘉義、台南、高雄、屏東會合，還有陪伴來的，共千多人。同樣將圓緣的培訓委員，從重慶、雲南、昆明、陝西、西安、青海、甘肅，四、五百人會聚在遙遠的四川，此刻，同時也在聽法。不論台灣、大陸、非洲，或全球慈濟人，11 月初就要啟動受證，歲末祝福，為的就是令末世法，佛種不斷，久住於世。慈濟年年的受證，都希望慈濟的精神理念在人間；希望人間菩薩要更普遍，全球不斷布善種子，成就菩薩種子；種子萌芽，自然小樹，大樹，就成一片菩提林。

上人：一生無量，每位發大心、立大願菩薩，不只聽法精進，還入人群濟度眾生，為苦難眾生拔除他們的苦難；這是真實投入，不是只有口頭上說，也不是只坐而不動在聽。現在的菩薩是聞而實行；聞思修；聽，法入心，好好思惟，對的事情，做就對了。現在的菩薩，就是這樣在精進，這樣在聽法，聽後，對的事情，就立地去做。

　　慈濟已經 50 年，人間道上，世間菩薩就是這樣一個傳一個，一個再度一個，這樣一而十，十而百，百而千；一生無量；人人身體力行去做，人人用心接引，使慈濟的精神法脈能不斷擴大。菩薩法要不斷傳在人間，佛教與眾生不能分離，為佛教、為眾生，世間要用佛法來幫助，轉眾生的煩惱、苦難。佛法就是人間的良藥、治世良藥。我們好好聽法，身體力行，入人群中，這是傳法者，也是說法者。

　　現在苦難偏多，我們體解大道，還要發無上心，在做的當中，又更體會到法原來在人間，能共同付出救人，不困難。體會人間的苦，堪忍事多；堪忍這麼多的事，需要人幫助的人更多，發揮我們的智慧投入人群去幫助眾生，生生世世發願生在菩提中，這就是慈濟人。大家發願用心，年年都有好幾千位菩

薩受證，一生無量，無量從一生，在這幾千人之中，每個人都能成就無量的眾生，由每個人會合起來的力量去幫助人，這就是人間菩薩道。

上人：當初佛陀在靈鷲山，集分身佛，所有的法都已經集合回來；聽過法的人都差不多理解，要做一個圓緣，要歸位了。圓緣，讓大家對法更明朗、更了解。「欲令末世佛種不斷，久住於世。」這樣不斷一直傳下去。佛法愈多人傳，佛法流傳在人間的時間會更長，更廣，不論空間、時間。

上人：「故分身佛來集，三變淨土設座」，因為這樣，趕緊準備空間，每個空間要容納上千人，這麼多人來，不容易啊，所以要三變淨土。三變淨土也表示時間的累積。佛陀光《法華經》講七年，〈序品〉，《無量義經》講完，靜坐，發光的瑞相啟發人人的心，引起彌勒菩薩及文殊菩薩說序幕，說過去日月燈明佛時代，生生世世，2萬尊佛同名，8大王子，導師教化，一路延續下來；〈方便品〉入第一周；甚深智慧大家聽不清楚，開始用譬喻，用九部法，時間累積，讓大家了解，知道苦是逼迫性，要趕緊脫離火宅，〈譬喻品〉設三車，鼓勵大家選擇大白牛車，引起四大弟子的了解、信解。就這樣一段一段，你們想，要多久。

○故事小結：
1.受記，不是畢業；受證，只是行菩薩道、做慈濟的開始。
2.自己的心聲，聞否？
3.欲見心塔裡本來的多寶 =「轉心迎賓」=〔依釋迦佛教法（匯十方分身法）+ 放下執著〕。
4.「5毛錢」種子→生「慈濟菩提林」。

★三變淨土，備空間／來自全球各地將受證委員慈誠回台圓緣。台灣志工用心用方法拉繩整齊齋堂座椅莊嚴場地。攝影：李文善

三、前定＝因果／土耳其主麻教授。

上人：現在天下間人禍這麼多，讓人心碎，讓人的家庭分散。主麻教授，跨國名教授，受很高教育；一旦自己國家敘利亞動亂，一家人能平安離開就已經很歡喜，還能帶走什麼？名能帶出來？成為難民，也失去教授資格，不能公然在土耳其教書。胡居士（胡光中）描述他一家 4 口逃難到土耳其。2 兄弟感情很好，大兒子精神不太穩定，本來都是弟弟在照顧哥哥，但小兒子(15歲) 覺得土耳其沒有未來，再偷渡到德國。弟弟一走，哥哥心就亂了，失控，拿著刀，也傷害到主麻教授 (對父親也不滿)，

幸好被控制下來。母親覺：外面環境不適合這兒子，還是將他帶回敘利亞。回去敘利亞，現在怎樣？目前無法再出來。所以胡居士將主麻教授帶出來走走，同時來參加人醫年會，了解這和平的世界，人類愛心的集合。主麻教授已經看開了，現在全心在土耳其要照顧好那些敘利亞難民孩子，讓他們有書可讀；他會好好將這一生的生命奉獻，付出他的愛，給很多人。

上人：受到這麼大的打擊，是什麼力量穩定他的心？胡光中居士：伊斯蘭教的教理裡有一個信條，叫做相信前定。前定，一切都是過去定好的，是真主阿拉、造物主阿拉所定。我：道理一樣，因果前世註定。

上人：一切的災難是前定，所以他們認命；但信仰歸信仰，心難免會煩，難免煩惱。主麻教授已經透徹了解因緣果報，人也已經在慈濟，若能啟發愛，發揮人人本具的潛能、善性，進一步了解人與人之間愛的付出能讓人歡喜，再積極將煩惱去除，自然煩惱、埋怨就會放下；這當然要需用功夫。

○故事小結：
1. 前定：
　a. 伊斯蘭教遜尼派：真主阿拉已預定所有事物。
　b.《古蘭經》：「我們只遇到真主所註定的勝敗⋯⋯」。
　c. 穆斯林認為：世上發生的所有善惡都是早已預定，真主不容許的事物便不會發生，真主把每人已發生、將發生的事都寫在一塊被嚴加保護的板子。
　d. 穆斯林神學家：人類的作為都不是自主，是真主的意志，但人類必須當作是自己的意志，並為己的作為負責。
　e. 大部分什葉派都不同意前定說法。
　f. 穆斯林，佔世界人口 23%（全球約 16 億人，伊斯蘭教是世界第 2 大宗教）；佛教徒，佔世界人口 7%（全球約 4 億人，佛教是世界第四大宗教）。（統計至 2017 年，維基百科）
2. 因緣：

a. 把上面幾段文字的「真主」或「真主阿拉」，改為「因緣」
或「因緣果報」，句意好似一樣通順，句義似乎一樣通達。

b. 因緣筆者有一年去土耳其，進清真寺，感受有像龕，龕裡
卻沒有像的大殿，進而探求，有了以上的見解；因緣那一趟
行程，最後一天停留伊斯坦堡，所以專程去「滿納海國際學
校」，感受愛的付出的不思議成果，也再度了解在異鄉的慈
濟的珍貴。

3. 密碼：

a. 真主＝因緣；真主阿拉＝因緣果報。

b. 伊斯蘭教，佛教。教教道同。很有意思。

c. 大愛，是宗教共同的密碼；慈悲，是生命共同的密碼。

★深信因果／清真寺大殿
裡，信徒膜拜方向的主牆，
其凹龕處，是無像的。攝
影：林文成

故事

第 1254—1260 集
經歷過就容易了解 / 成佛、放光，5 人告全村取魚肉，富貴人受法。
堅定道心 / 台東勘災。
千里求法 / 大陸極北來培訓。
地獄救人 / 辛巴威、奧斯汀。
有佛法在，有天龍護法 / 提婆達多唆使阿闍世王。
第 1261—1270 集
久遠前已發大乘心 / 金喬覺求法、九華山。
推素 / 莫三比克演素食戲、馬來西亞、香港。
累積功德 / 鳳林 130 個環保站，林月華。
保護大地不分年齡 /105 歲環保菩薩。
大地無常，大愛永恆 / 美鳳凰城火災。
釋迦佛時集分身 /7、8 國同精進。
道理落實不困難，諸佛會合很簡單 / 慈誠曾清泉。
第 1271—1280 集
道理在內心的音量 / 陳英和名譽院長。
真空妙有 / 虛擬棚。
見光知意，聽法無障礙 / 小志工薰法香。
倫理道德 / 起立、敬禮、能喊多久。
惑業不斷 / 美查爾斯島，睜眼看沉。
眾生剛強，孩子好教 / 馬來西亞幼兒園教環保。
日日感恩感動 / 備人醫年會。
十方諸佛菩薩，變穢土為淨土 / 人醫年會。
十方諸佛菩薩，同法不同區 / 福鼎人文營。
8 方各更變，法源 1/ 大陸薰法香、上海翻譯。
第 1281—1290 集
法、佛的分身回歸 / 澳洲回力鏢。
前定 = 因果 / 土耳其、主麻教授。
實相境←依法身 / 海地發放 2.5 萬特困戶。
大慈大悲攝受眾生 / 海地發放。
四神湯 / 某高官來花蓮談心。
回心向大證淨土 / 印尼來花參訪。

塔奴 / 馬來西亞去緬甸震後勘災。
無明風造有形器世間損失多 /10 天連 3 颱。
法從內心啟動 / 梅姬籠罩全台。
第 1291—1300 集
菩薩湧現，應眾生所需 / 梅姬颱風，台灣、福建泉州。
愛的力量、愛心一動，感動事多 / 強颱連撲台，專車免費載送助人者。
自心佛性啟動→（法在生活中流動 = 分身佛湧現）→心塔現音聲 / 受證尋根圓緣分享有法味。
佛性平等 / 印尼 10 歲施汪伸一家茹素，9 歲鄭宥珊茹素。
你絕對不能放棄，法脈宗門要堅持 / 第四屆慈濟論壇閉幕，樓教授。
無處不慈濟人的教堂 / 非洲 8 國。
遠多寶，就地釋迦 / 柬國發放。
第 1301—1310 集
三變淨土，集分身佛，法歸位，一生無量，做就對了，法久住 / 慈濟人受證。
得法浸潤因行 / 建立骨髓庫。
有真如、有願力 / 檸檬提水。
發心立願無事不達 / 紐約分會行願五十。
互磨練、發大心、立大願，為天下人間付出 / 藥師 12 大願經藏演繹。
第 1311—1318 集
難行能行才可貴 / 富樓那傳法。
大千世界俱壞 / 馬來西亞水災、國際間震災、台灣、大陸颱風災、法國水災、美加印尼山林大火、甘肅乾旱，飢瘟兵驚心動魄。
講經聽經不易，何況入心 + 身體力行 / 聽經很認真、鼓勵我說完。
哪項物質裡沒含藏法 / 毛博士給宇宙密碼。

法數

第 1254—1260 集
成佛第一念 = 奇哉！奇哉！大地眾生皆有如來智性、三變淨土。三障、三止三請、五趣、三學、四威儀。佛知見 = 心佛眾生三無差別。二十五有、一〇八煩惱、六和敬、五根、五力、五趣。三輪（三業）、四德、四諦、四辯才、六度。五道、六度、二十五有、一〇八煩惱、七聖財、四生。四諦、十二緣、12+8+22+7 年、五根、五塵、九識。六和敬、三十三天、八部、四眾、三業、九識。

第 1261—1270 集
九識、四諦、十二緣、六度。六度。六度。滅三惑二生死。四誓、四無量、三理四相、五蘊。六度、五位、四加行、十地。

第 1271—1280 集
六度。十方、六度。三請三止、十方。五蘊。四諦、十二緣、十方。五分法身、五忍位。八正道、六度。三變土田、十方、六道、三毒。十二緣、三變三乘、三惡道、六道、六度、五趣、五乘、二諦。十方、六度、三界。

第 1281—1290 集
四心、三學。三變淨土、三明六通。十惡五逆、三學、五趣五乘。七聖財、二諦。三理四相、五趣、五乘、三界、七聖財、三惑。六凡、四聖、四心、三學。三變淨土、八識。六度、三變淨土＝轉識成智、八識、三惑。侍者八德、三變淨土＝三周說法。

第 1291—1300 集
五乘、三變淨土。六度、九識、三輪體空、六道。三周、三車、二乘、三輪體空、開塔門關鍵＝去除內心執著、四眾。三業、三理四相。五乘、六度、三學。三止三請、四心、四誓、信願行、四內修、四大志業、慈濟宗。三周、六度、五趣五乘、三身、八相成道、三界、三學、信願行。四諦、十二緣、六度、三界、三乘、天龍八部。三周、四心。四心、六度、四內修。四無礙、九部法、十二部經、三周說法、三變淨土。四諦、十二緣、六度。

第 1301—1310 集
三皈依、三學、五根、三業、六度。三變淨土。四誓、三周、三佛、333(三學、聞思修、信願行)、四諦、十二緣、三藏十二部。三佛、願之所在＝佛之所在、根塵識、五趣、五乘、四誓、四十八願、十二願、四大八法。三佛、四誓、六度。三佛。三佛、五趣、六道四聖、信解行證。六道。五分法身、三業、三界＝二十八天、十二願、四大志業。

第 1311—1318 集
五分法身、二執、五陰、八憍七慢、三界二十八天。四誓、四無量、六度。四誓、二執、三禪。六度、三輪體空、四無礙、四大、六塵、三毒、三藏十二部經、六神通。六根、六塵、三藏十二部經。信願行、六根、六塵、四修。四誓、六度、三聚戒、五戒、八齋戒、十善戒。五蘊、三業、三聚戒、五濁惡世。三乘、十二緣、五蘊。

解構

第一段偈頌文摘錄：

1. 聖主世尊 (主詞)……；諸人 (主詞)，云何不勤為法。

   此 (= 此頌)，佛 (主詞) 滅度無央數劫……。

   彼佛 (= 多寶 (主詞)) 本願：我滅度後……；又我分身 (主詞) 無量諸佛……→故來至此。

   ……種種方便，為令法久住。

   多寶佛，雖久滅度，仍以師子吼大誓願；大眾 (主詞)，今於佛前，自說誓言，誰能護持此經？

   護此經者＝供養我及多寶，說此經＝見我、多寶如來、及諸化佛；諸佛子 (主詞)，誰能護法？當發大願。

2.

不難	難
諸餘經典說	惡世說此經
手接須彌擲遠	自書、使人書
足指擲遠大千	持此經為說
說無量餘經	聽受此經、問義趣
虛空、以手遊行	奉持斯經
大地、置足甲、升梵天	
擔乾草入火不燒	
說眾法、令得神通	
說法令眾得阿羅漢具神通	

3. 我說諸經此第一。能持此經＝持佛身。誰能受持、自誓言？若能持、讀、解、說……→諸佛歡喜、稱歎，是真佛子，一切天人應供養……

第一段偈頌大意：（1 對應 1，2 對應 2，……）

　　1.a. 當發大願，勤為法，令久住。

　　　 b. 找到主詞，意義就比較容易了解。再以句逗，則意義更清楚。

　　2.a 說不難，就真的不難？

　　　 b. 說很難，那該怎麼辦？

　　3.a 教主、師父求傳人；佛子、弟子我？

　　　 b. 應自說，當誓言。

第二節　提婆達多品第十二 / 慈悲

集數： 42 集 (第 1319 集—第 1360 集)。

主角： 國王 + 仙人。智積菩薩 + 文殊菩薩 + 舍利弗尊者。提婆達多尊者
　　　 + 小龍女尊者。

情節：

第一段，國王求法華無懈倦

1. 釋迦佛常作國王，過去無量劫→求法華無懈倦 + 不吝捨名、財、
   妻、車、奴、身、命。

2. 為我說大乘，終身供走使→仙人為說。

第二段，授記提婆達多。龍宮化無量

授記說明：授記前的因行 / 名號 / 國名、劫名 / 佛壽、正法、像法。

1. 國王 = 釋迦佛；仙人 = 提婆達多。

2. 授記提婆達多。

   提婆達多善知識令我 (釋迦佛)→具足六波羅蜜、慈悲喜捨、
   三十二相、八十種好、紫磨金色、十力、四無所畏、四攝法、
   十八不共、神通道力 + 成等正覺廣度眾生 (因行)/ 天王如來 /
   天道 (劫名？)/20 中劫 /20 中劫 (像法？)。

3. [智積菩薩 (多寶佛之隨從)：當返本土] → [釋迦佛：且待須臾
   與文殊菩薩聊聊] → [文殊等菩薩坐大車輪蓮花，從大海龍宮

涌出，住虛空，至靈鷲山至佛所，頭面敬禮世尊＋往智積相慰問＋坐一邊。] →

4. [智積問文殊：龍宮化多少？] → [文殊：無量＋當自證] → [言未竟，無數菩薩 (皆文殊化度＋行六度) 坐寶蓮華，從海涌出，往靈鷲山住虛空。] →

第三段，修行法華得速成佛

1. [文殊菩薩：我於海中唯說妙法華] →

[智積菩薩：修行此經得速成佛？] →

[文殊：有 8 歲龍王女，智慧利根，剎那至菩提] →

[智積：釋迦佛無量劫，難行苦行積功累德，求菩提未曾止息，乃成菩提；不信此女須臾成正覺] → [言未訖，龍王女忽現，頭面禮敬，卻住一面。] →

第四段，獻珠受，喻速。龍女速成佛。眾信受

1. [舍利弗尊者語龍女：汝謂不久得無上道，難信，因女身非法器] → [龍女獻寶珠，佛即受] → [龍女：此事疾？] → [智積告舍利弗：甚疾] → [龍女：以神力觀我成佛，復速此] → [龍女忽變男子，具菩薩行，往南方無垢世界成佛，為十方眾生說妙法] →

2.[娑婆眾遙見龍女成佛] → [智積、舍利弗、眾、默然信受]。

意義

一、感恩逆境：

1. [(佛陀舉己例，昔多劫，勤苦＋不惜身命＋不惜為奴，以進求妙法)=(藉事，以圓顯順逆無礙，以達諦理)] →我們，能不勤求精進菩薩道？

2. [逆，增上緣；逆，勝順緣善友] →

   [學習修行心＝學習常不輕 =(下心＋低心)=(平靜＋順受＋甘願＋心寬)=(善解＋感恩＋包容＋報恩)=(莫忘修行的初心的願、的行，勿被磨滅)]。

3. 授無怨恨記＝怨親平等＝善惡無記＝大乘精義。

4. 釋迦佛的心→遍虛空法界。

二、佛與眾生間的距離：

1. a. 眾生，剛強；佛陀，弘誓願堅定。

   b. 習性，後有、染惡；佛性，本有、永在。

2. 這距離，源於身體力行。

三、要身體力行（實修），才可能真正知道：

1. 提婆有智慧，但不能成佛←因還有五障；我們聽法，儘管佛法懂很多，卻還沒身體力行←因還有貪瞋癡。

2. [勿只看表象] →

   [佛讓智積菩薩了解：別在眾生形態起分別相＝智慧超越＝泯滅十界相]。

   [智積菩薩 (菩薩以凡夫現) 疑全釋] ←

   [因龍女現身道場＋讚歎釋迦佛，用簡單、深奧、超越的心靈境界＝透徹眾生罪福相的因緣果報觀 (深達罪福)]。

3. 舍利弗尊者，我不信，是妳自己說。妳是畜生、女身；我是大丈夫，替佛傳法，智慧第一，怎不了解佛智意境？（用己測龍女＋吃醋＋分別心＝妳是異類）。

4.（智慧第一舍利弗還疑＝我們五障還存＝法相在轉，法性沒淨化，習氣還重，所以）→要實修。

5.［見寶塔品，智積菩薩：「我們聽了法華，目的達到，回」；知過程，能成佛？］→

［要累生世＋很多捨身命＋很辛苦過程＋六度萬行，才可能成；否則，就像化城喻品，易半途而廢］。

6.［文殊菩薩，先以所化菩薩萬德莊嚴相示＋復明教化事如是］→

［智積菩薩見海湧無數千葉蓮，透徹了解？了解；但沒進去體會，還有距離］→

［非證不知，非言可顯，要身體力行才可能真正知道］→［信＋願＋行很重要］。

7.「信＋願＋行」很重要，因為必須

a. 親近無數，b. 盡行無量，c. 精進普聞，d. 成就甚深，e. 隨宜說難〈方便品第二〉，如此身體力行。

四、層次、次第、境界：

1. 層次、次第、境界→〔佛陀、文殊菩薩、龍女；智積菩薩；舍利弗尊者；我們眾生〕。

2.［人眼、看空間，什麼都沒有］；［佛、體會、看清一切事項＋看透空間裡的微生物＋微生物裡的器官］；［龍女、已到等覺＝只差「微生物裡的器官」這點］。

3. 〔小孩＋畜生＋女生，轉身成佛〕＝〔剎那、頃明、具德〕＝〔速證〕＝〔引證佛見，成佛之證，豈語言能顯〕＝〔因緣已成熟在綿密的道理中〕＝〔十界宛然，泯十界相)=〔類恍然大悟〕。

4. 〔佛法，乃深、廣大、微，隱、密、綿、妙，無量的道理〕＝〈方便品2〉＝〔勿當只在說因果，也不只三世＋真空妙有＋毫芒有乾坤，粒米含日月＋觀罪性空＋眾生本具真如、皆平等，卻剛強難度，不信〕。

5. 這層次的落差，源於身體力行。

五、觀心義（大乘法之最精要），以各種譬喻：

1. [文殊菩薩＝本來、根本、無分別智]；[智積菩薩＝修積諸行＝後得智]；[道理一直累積→自然花開見果實]。

2. 海中龍宮＝眾生心海＝自在清淨之本心。

3. 坐蓮華 =[具足因行，領證果位]=[花開蓮見、蓮實花落]。

4. [寶塔地湧、佛開寶塔門、文殊菩薩海湧、這些菩薩海湧，皆住虛空中]＝無住而住＝勿執法。

5. 涌出 =[根本智，於心中忽然開顯]。

6. [寶珠，獻佛]=[以智，契理]=[將因，趨果]。

7. 心，用心，用心，多用心，再用心。

慈濟事

一、法披寰宇，法因久遠，殷勤精進，不顧身病 /3 梯授證中南部開始吊點滴。

上人：秋末冬初行腳，菩薩雲集，遠來授證，福田廣披寰宇，弘願因行，入世覺有情人。行腳二十八天，29個國家地區，2千多慈濟人歸來受證。……菩薩行願，每位的心，志向都相同，雲集發祥地，幾千里路，上萬里路仍願意來。……慈濟直到今年已經51年。……台灣慈濟人來傳承，天下五大洲的慈濟人來接受，來續緣回去，這就是法因。

　　第一梯次三重、板橋、新店：10國感人事多。澳人用心聞法，馬來負傷精進，父待子同受證，聞法勤作筆記；母悲女重自閉，今母女同授證；烏丁屯守誠信，約旦合心救難。……

　　第二梯次三重、板橋：大陸感人事多。資深陪委不辭路遙播種培育，長年陪伴喜見菩提種已萌芽，見證精勤求法，不畏來回培訓，四千里路雲和月，成就受證喜圓緣。……

　　第三梯次台中：五大洲。29個國相聚，靜思堂完授證，全球不分種族；宗教雖異志同，同傳靜思法脈，同受慈濟宗門；同心弘誓願行，同持慈悲大愛。……

　　正傳法脈立宗門，喜見五大洲菩薩雲來集台中，圓滿海外受證2千百餘菩薩，醫王佛心師志，長島菩薩專程回台隨師觀摩，聞法見證大愛。……於法精進是名真誠供養。

上人：一路長長，從中南部開始，雖然身體生病，需吊著點滴，1瓶點滴分成二、三次打，但是，我歡喜，很感恩。看到委員的慧命在增長，這是給我精進的機會，所以我不敢懈怠。明天〈提婆達多品〉就要開始，今天恐怕有人還不知道，所以行腳以來就請大家要殷勤精進。他們這麼遠回來，二、三年，不論四季，尤其寒冬雪凍，踏著深深的白雪來聞法，聽法時全身要蓋很厚的毯子，這叫我如何不感動？真的很感恩，也感動。要時時自己與別人稍微比較一下，別人精進，自己如何？要時時多用心啊！

二、逆緣增上，求法行因 / 東北凌晨 3 點多踏雪薰法。

上人：就像昨天說的，遙遠地方的慈濟人，為了聽法，環境惡劣，霜雪下得很厚，就是不退失道心。這麼冷的天，被窩裡取暖，睡到天亮不是很舒服嗎？偏偏凌晨 3 點多，掀開棉被，脫離溫暖被窩，踏出門口，片片雪花落，腳踝陷雪中，舉步維艱，外境逆緣，還是一步一步向前走。為了什麼？只為與大家共同精進，要去聽經聞法求道。不是一個人，是一群人互相勉勵，踏雪尋法；走過之後互相讚歎：「今天你沒漏掉這一課。」就是這時候，大陸東北已經下大雪，現在我在說話，他們在聽法；善知識，共同求道者，互相精進，互為益友，增加了行因道果。

上人：行菩薩道必定要走的路，行六度萬行中菩薩的因，有布施、持戒、忍辱、精進才有辦法向禪定、智慧，大環境不順意，違逆的緣，當作精進的增上緣，他們也得冒著不順的氣候，向前走；菩薩行因增加，才有這條道路的果、果實。我們也要堅持。

三、用生命換慧命，求法不能變 / 玄奘法師、鑑真和尚。

上人：「為於法故，精勤給侍，令無所乏」古人就是這樣願意付出，尤其是修行者，是用生命換取慧命。多少高僧大德，求法是如此辛苦付出。就像大愛台「菩提禪心」最近播出「高僧傳」玄奘法師，玄奘法師經歷多少辛苦，……。「鑑真和尚」為了傳法，受盡千辛萬苦，身心折磨；既然堅定志向，哪怕身體操勞到眼睛失明，還是甘願到日本傳法，……。這是在弘法，要讓這些高僧過去傳法的精神表達出來，讓我們後代人向前看齊。何況釋迦牟尼佛在多生劫以前身為國王，願意這麼辛苦付出，只為求佛法。

上人：求法的心要很懇切，世間有很多不能改變的，一變就亂了；求

法，不能改變；
一變，佛法就會
散失掉。時時要
殷勤，多用心
啊！

〇故事小結：
1.「是為法事也，
何惜生命」。
2.感恩逆境，精
勤時時。

四、要很相信佛陀說
　　的法/天文學家
　　毛教授來分享天
　　體的密碼。

★是為法
事，何惜
生命/鑑真
大和尚。
攝影：動
畫電影DM
封面

上人：昨晚大家很歡喜？！除了聽人間日常生活，也要超越人間了
　　　解虛空界的星球。到底天體間是什麼樣的生態？天文學家，中
　　　山大學毛正氣教授來分享。天體事物還有很多奧妙的道理、未
　　　解開的密碼，如天體的形態是平，或彎曲，或有凹凸？黑洞為
　　　什麼會不斷往裡去？是通往另外一個時間的世界？是時光的隧
　　　道？或鑽向地球中心的那邊世界？還沒有人知道。

上人：修行，要相信；就如天文學研究天文，研究星球、這些星球在
　　　那個星河、太陽系中星球輪轉的時間……，這已經不是廣無邊
　　　際的論調，而是真實。

　　　　除了我們生活的地球，已經發現很多很多的星球，或很多
　　　很多還未被發現的星球。大約七、八年前，慈濟投入救濟莫拉
　　　克風災，我們看到這種動員力，看到台灣的慈濟如何為人類在

付出；要將一顆星球命名，並不容易，必須經過世界公認……。國際間天文學聯合會通過「慈濟小行星」……。我追根究柢，想知道這顆星的位置在哪裡？離我們地球多遠？地球繞太陽一周 365 天 (1 年)，慈濟小行星繞行太陽 1 周約 5.62 年……。昨天，我又請他們再找出忉利天 (它的 1 天＝地球 1 百年)、四天王天 (1 天＝地球 50 年) 的位置在哪裡？……

虛空的星球，不是虛無邊際，不是虛的，是實的。釋迦牟尼佛，體悟到天體宇宙的道理，說娑婆世界以外還有無量數的世界。《阿彌陀經》裡佛陀就說，我們的心識、意識，神通廣大，一頓飯的時間就可繞十萬億佛國；只是我們還在煩惱無明中，還沒有這個功能。《法華經》裡佛陀也說，無量無數塵點劫的國土；用塵沙譬喻世界之大、之多；「若算師，若算師弟子」，時間、空間算不完。佛世，佛陀就說很多；現在，我問教授星河的種種，同樣回答我：「不可思議啊！不可說，不可說。」

佛陀說：人心的心念，很不可思議。心體無相，卻變動快速；善念、惡念，變化多端。就如天體，毛教授讓我們看出天體不是靜的，同樣不斷在變化，變化多端啊！我們的身體，小乾坤，也有無量無量數的生命。大乾坤、小乾坤，都有很多奧妙的道理存在；佛法，妙法，實在很深、很廣、很闊。

上人：佛陀為了求妙法，願意用生命換取，生生世世。佛陀是個科學家，他不妄語、不虛語，他是真實語，我們要很相信佛陀說的法。

○故事小結：
1.凡事，不要妄下斷言，更不要道聽塗說。
2.人間，人、事、物，很多事情，必須眼見為憑。
3.但，也不要只相信自己的眼睛。因為，除了肉眼我們還有心眼，還有天眼、慧眼、法眼、佛眼。

4.只是我們，還沒有充分發揮這五眼；而宇宙大覺者，幫我們「看見」了。這也是我們眾生與宇宙大覺者之間的距離。所以，要很相信佛陀説的話。

5.要，很，相信，佛陀説的法。

★要很相信佛陀説的法／主堂主牆的虛空星河。攝影：白崑廷

故 事

第 1319—1320 集
法披寰宇，法因久遠，殷勤精進，不顧身病 /3 梯授證中南部開始吊點滴。
逆緣增上，求法行因 / 東北凌晨 3 點多踏雪薰法。
第 1321—1330 集
身體力行，精勤行六道因 / 洪夫妻醫師。

交友要選擇 / 紙香繩腥。
用生命換慧命，求法不能變 / 玄奘法師、鑑真和尚。
要很相信佛陀說的法 / 天文學家毛教授來分享天體的密碼。
你磨我，我還是感恩你，你是我真善知識 / 寶海＋亂想可畏。

第 1331—1340 集

法比生命重要 / 玄奘、鳩摩羅什。
我在修行，我感恩 / 提婆達多五逆罪。
讚歎、說錯、要很了解他，不可光看表面說 / 比丘讚歎說情提婆達多。
安忍自在真修行者 / 阿蝦師姑每天笑咪咪。
慈悲等觀 /10 國 32 菩薩，義大利歲末祝福。
中區愛的力量要再充足 / 北中區歲末祝福。

第 1341—1350 集

先秉權教，今向大道 / 厄瓜多震賑。
化眾生不擇機，地愈卑愈細心 / 陳王銀花二老皆師。
弘揚諸權教門 / 刻肥牛。
根機利 / 長春 -21 度下聞法一千天。
眾生皆有佛性 / 傭人放生鱉。
立宗不容易 /10 國到塞爾維亞為難民。

第 1351—1360 集

精進聞法沒漏失，入群行福業沒缺席 / 新春拜年，九國幾十點。
菩薩入畜生道救度眾生 / 狗與香腸。
十界宛然 / 狗拜佛。
成佛難啊 / 婆陀比丘尼。
勇敢女人 / 建院初 33 女人每月圓滿 1 榮董、柬埔寨德融、青海德懷、瓊珠、慈華。
為人間作見證，為時代寫歷史 / 塞爾維亞視訊，難民所需都排好。
現代佛法在人間，要信解傳 / 國際難民祈福音樂會，濟暉、簡院長、10 位法師。
愛心要清淨、要投入人群 / 迦葉、妙賢、清淨夫妻。

法數

第 1319—1320 集

六度。六度、三無差別、三請。六度。
第 1321—1330 集
四誓、四諦、十二緣、八正道。六度、七惡。六度、第九識。四含。六度、三途、五欲。六度、五欲、三惑、四含。十二緣、六度。三善知識、六度、四心。十八神通力（十力＋四無畏＋四攝）、八識、三業。
第 1331—1340 集
六度、四十聖位。六根、三智、六凡四聖、四攝。六道、三大逆罪。三途、三善處、五濁惡世、三圓、四大。十方、三惡道。六度、十地。跡本二門。十二願、四誓。
第 1341—1350 集
六度、四生六道。三界、六度、四生六道、二乘。四生六道、三乘。三乘、四生六道。四悉檀。六道四生、三世因果、六度。四大、1679.8 萬年、六度、四誓、四悉檀。四內修、三皈依。六道四生、六度。三界、六度、五逆十惡、五戒十善、三惡道、十界、三身。
第 1351—1360 集
六道、五蘊、九界。十界、四誓。六度、六道、三途、女人五障。凡夫五障、九界。女人五障、凡夫五障。四誓、四內修、六度、五障、三無差別、六度、六道。三無差別、十方、三乘八部。九界、六度、女五障、五障、四誓、五欲。三慧、四諦、三學、五障、三根、三周。

解構

第一段偈頌文摘錄：

我念過去劫……。時有阿私仙……。時王聞仙言……情存妙法故，身心無懈倦，普為諸眾生，勤求於大法……。

第一段偈頌大意：

國王為眾生，勤求大法。

第三章 悟／轉法輪自在神力

第一節 勸持品第十三／身體

集數：24 集 (第 1361 集—第 1384 集)。

主角：藥王大菩薩、大樂說大菩薩。大愛道尊者、耶輸陀羅尊者。

情節

第一段，誓願廣說。授記：大愛道、6 千比丘尼、耶輸陀羅。
　授記說明：成佛前的因行／名號／國名、劫名／佛壽、正法、像法。

　　1.a. 世尊勿慮。

　　　b. 藥王 + 大樂說 +2 萬菩薩眷屬→自誓願：當廣說法華 + 即使後惡世難教化，亦起大忍力，不惜身命廣說。

　　　c. 已授記之 5 百阿羅漢 +8 千有學、無學→自誓願：於異土廣說。

　　　d. 所以者何？娑婆，人多弊惡，懷增上慢，功德淺薄，瞋濁諂曲，心不實。

　　2. 大愛道比丘尼 (佛姨母)+ 學、無學比丘尼 6 千人，盼以名受記。
　　　授記：於 6 萬 8 千億諸佛法中為大法師／一切眾生喜見如來／略、略／略、略、略。

3. 授記：6千菩薩轉次授記成佛 (先後成佛)。

4. 耶輸陀羅比丘尼 (羅睺羅母)，盼以名受記。授記：於百千萬億諸佛法中為大法師 / 具足千萬光相如來 / 略、略 / 無量阿僧祇，略、略。

5. 一切聲聞皆已授記。皆大歡喜，得未曾有。

第二段，誓願廣說

1. 已授記之，諸比丘尼→自誓願：於異土廣說。

2. [世尊眼光，80 萬億無量的、不退轉大菩薩] → [80 萬億不退轉大菩薩] → [世尊若交待廣說，我等照辦 + 但此刻世尊未交辦，我們怎麼辦？] → [敬順佛意 + 自滿本願] → [佛前師子吼誓：於十方廣說 + 願世尊守護。]

意義

一、勸持：

1. 行菩薩道，勸忍、勸忍而無忍，並自誓大願，並持行、持行時時、持行生生持行世世。

二、〈勸持品 13〉回應〈見寶塔品 11〉：

1. 釋迦佛：欲以妙《法華經》付囑，誰能於此娑婆廣說？〈見寶塔品〉

2. 每個人的十方佛會集之後，見到自己多寶佛的寶的多少不盡相同；因願、行不盡相同。雖然心佛眾生三無差別。

三、弟子們回應佛陀的層次：

1. 有自誓願於他土廣說法華。因不敢於娑婆。

2. 有自誓願於娑婆廣說法華。雖很難，但會自己勉力。考慮自己，量力而為。忍辱負重。

3. a. 有自誓願於十方廣說法華。眾生那裡需要，那裡去。沒有考慮自己，自不量力。

   b. 忍而無忍。

   c. 敬順佛意，順己心佛，本分事，理所當然。

   d. 做就對了。

   e. 不問做不做得到，只問該不該。

   f. 我們是世尊使，師父要我做什麼，我就做什麼。

4. 問題點在→娑婆眾生，如我們，剛強執著難調。

5. 問題點在→自己的願力有多大？自己的，信，願，行，有多大？

6. 這也是，佛與眾生間的距離。

7. 自願、自己的願力，自己內心深深的誓願；志工，真正的，本質，在此。

慈濟事

一、成就付出，不容易／上海吳曉冬。

上人：有時候，看到我們這樣在付出、付出，做對的事情，過程很辛苦；結果呢，歡喜，這就很歡喜。像昨天，林院長帶大陸上海一位年輕人吳曉冬，進來精舍給師父看。

      年輕人因巴金森氏症整個身體無法控制，沒吃藥時無法站

起來，長年在地上打滾。我們的委員發現，將這個個案拿回來，研究了解，就請他將這個年輕人帶來。帶回來。用藥，控制不了；沒用藥，無法動。就用現在的科技，動個手術將晶片裝進去，一直幫他調、調、調，慢慢調，調到昨天帶回來精舍，原來這麼帥、又很瀟灑，復旦大學畢業，很有學養。母親為了照顧孩子非常辛苦，自己身體也有病，我們也好好為她治療、檢查。

　　昨天，用走的進來精舍，輕輕，其實不用扶，給師父看。看他展露笑容，聽他說話很清楚，我拿起一本《無量義經》：「這本送你，你念。」他就唸，誦出來。因為他讀簡體文，我們的繁體字，他唸得有點困難。我：「沒關係，你好好用心看。」他也讓我看一本他抄的經。我：「你的字這麼漂亮呢！」他：「過去沒有辦法寫字，現在能將經文寫得很整齊。」我：「繼續，要再寫，同時繼續誦念《無量義經》。」看到這樣，這個成就很歡喜。

上人：要將這種原來無藥醫的病人，調理到讓他站起來，走路穩定，說話清楚，真不是那麼容易。這要累積多少過程，辛苦、波折，才能成立這間醫院，才能有這樣的人才、科技，以及愛的用心。醫護人員這樣陪伴，讓一些病人能恢復健康，也不是件容易的事。要成就一項正確的，為人群付出的事情，真正都不容易，都要用很多的辛苦付出。

　　○故事小結：
　　1. 簡單的事，不會輪到我們。
　　2. 做好事，幫助別人是理所當然的事；做好事，不遇到困難還真難。

二、志願堅定／土耳其震賑，富樓那弘法。

上人：921之前，大家還記得嗎，哪個國家也發生大地震？土耳其。

全天下的人都視為我們的親人，慈濟不忍心，所以展開國際救災，救援土耳其。那時候，多少人開惡口：「台灣不救，為什麼要去救國外？」當面罵，還出手要打人。不可理喻啊！

我們這樣就停下來？善者既善，還是要精進；惡者既惡，我們要用心教化。恐怖惡世，直接罵人，直接打人，不只用手還動刀杖等，真的很惡劣。就像彌多羅尼子要去弘法，佛陀：「那個地方的人很惡劣。法行不通。會罵人。」「我既下決心，罵不要緊，我還是要為他們說法，我要感恩。」「若打你？」「我也要感恩！空手打我沒傷害，我能忍。」「若用刀、用棍？」「我也要感恩啊！」看，彌多羅尼子願意入剛強惡劣的地方去度化眾生，志願多堅定，⋯⋯。

彌多羅尼子做得到，我們也做得到。

三、有需要、有求法，菩薩往，無畏難／柬埔寨等 5 國慈濟人
　　大義診，厄瓜多等 3 國慈濟人為教堂動土，花蓮多國慈濟
　　人朝山精進。

上人：「凡有求法之處，菩薩往道之所」。菩薩，只要有人需要、願意求法，他們絕對當不請之師去教導眾生；這是菩薩的心。

台灣、新加坡、馬來西亞、越南及柬埔寨本土，5 個國家地區慈濟人會合，3 天在柬埔寨大義診。很多貧窮苦難人，病不知拖多久；老人、鄉下的人白內障，眼睛看不到，趕緊宣導，眼科能為你開刀治療。居民聽到，不敢出來；為什麼？「眼睛要挖出來洗，再放回去。」很奇怪的落伍，完全沒見過世面，讓病一直拖，直到看不到。慈濟人不斷遊說，將他們帶出來，醫生慢慢解釋，讓安心，開刀。開了之後，很快眼睛就看得到，很歡喜；恐懼到光明，不知拖了幾十年。攀越山嶺，渡過海岸，多國慈濟人不惜辛苦，會集到貧窮、落伍、偏遠，有病苦、困

難的地方，用他們的耐心、愛心去付出。昨天結束，紛紛回來，
一場圓滿的義診。

上人：同一時間，巴西、阿根廷、美國慈濟人會合到達厄瓜多，要做
什麼？去年4月16日，厄瓜多忽然天搖地動，規模7.8大地震，
幾個縣市全受大影響，房屋毀損，慘不忍睹……，那段時間，
有一間教堂完全坍塌，慈濟人看到，自動靠近了解。先「以工
代賑」清掃，然後把訊息傳回來。聽到他們要復建時間遙遙無
期……。

　　人民有正確的宗教信仰，就有辦法輔導人心向善，安住人
心。厄瓜多信仰天主教，這間教堂是鎮上的信仰中心，所以我
們考慮將它重建。教堂的！很感恩。這次去，就是為了10號
的動土典禮……。天下有困難，就去為苦難的人付出；跨國超
越國家，超越宗教，去重建教堂，非常令人感動。

上人：這幾天，也有台灣中南部的慈濟人、更遠的菲律賓慈濟人回來，
還有雲南昆明慈濟人已經在這裡近半個月，就是等待要朝山。
朝山向著精舍，精進，祝福，多殊勝的因緣。「凡有求法之處，
菩薩往到其所」「以無所畏住之」；任何一個地方都有這樣的
菩薩在那裡動員，合心、和氣、互愛、協力，慈濟人到每個不
同的國家去；哪個地方需要，我就到哪個地方去，去付出，且
付出之後再為他們說法。

　　○故事小結：
　　1. 菩薩所緣，緣苦眾生。
　　2. 無緣也要有大慈心大悲心，因為我們終究是同一個生命體。
　　3. 無緣也要找苦難，去救拔。

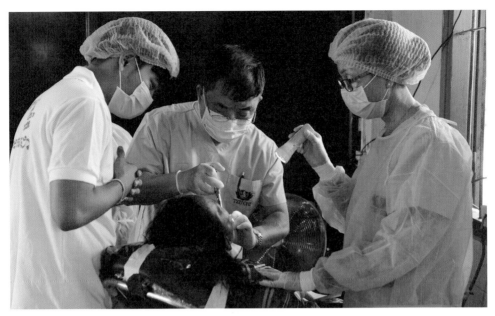

★有需要，菩薩往，無畏難／柬埔寨茶膠省年度大型義診及發放。多國慈濟志工前往付出愛心。與柬埔寨總理青年志願者醫師協會合作。攝影：黃文興

★有求法，菩薩往，無畏難／厄瓜多強震，美國及中南美洲慈濟志工前往重災區推動「以工代賑」，同時承諾重建當地信仰中心卡諾亞教堂。3月10日與神父修女共同舉行動土祈福典禮。攝影：王萬康

故事

第 1361—1370 集
菩薩群，勇猛無懼入群，救苦救難 / 木柵賞櫻遊覽車解體。
無常、瞬間，成佛、一念心 / 燒肉粽，龍女。
五濁惡口 / 大愛心蓮祈福音樂會。
要用心聽法 / 連師父呼吸都聽進去。
真男人當超人用，女人當男人用 / 玉里訪視林玉龍、梁梅英。
行蘊．成住壞空 / 孔盪村龍捲風。
自己雖凡夫，但能為人群付出 / 菲律賓保合島 4 長來感恩。

第 1371—1380 集
壽長、不要認老，心寬念純、好事，做就對了 / 老土地公王成枝。
要發心立願 / 菲律賓保和島震賑，續教靜思語。
不認識有法就能度 / 馬來西亞度緬甸。
志願堅定 / 土耳其震賑，富樓那弘法。
像法過、現末法 / 緬甸蒲甘城萬佛塔。
信受奉行 / 台北三姊妹，我若去地獄，妳們願意跟？

第 1381—1384 集
惡鬼入身 / 蘇澳媽媽自挖眼珠。
成就付出不容易 / 上海吳曉冬。
有需要、有求法，菩薩往、無畏難 / 柬埔寨等 5 國慈濟人大義診，厄瓜多等 3 國慈濟人為教堂動土，花蓮多國慈濟人朝山精進。

法數

第 1361—1370 集
三周、三無差別。九界、四生六道、三根。三軌弘、五濁惡世。三界四生、六道、五濁、五欲。十惡、五種法師、六賊、六塵、六根、六惡、五濁、五欲、五利使。六度、三軌弘。三世、六道四生、1679.8 萬年。六根、八識。六根、五蘊、八識、六度。六根、七識。

第 1371—1380 集
六度、四諦。四修、六度、三昧。四內修、四誓。四內修、四誓、十方。三輪體空、三業。四諦。三業。三昧力、四德。三無爭。五濁、十惡業。

第 1381—1384 集
三輪體空、三昧力、四修、四相空、六度。三軌弘。六度、四諦。十方。

解構

第一段偈頌文摘錄：

惟願不為慮，於佛滅度後，恐怖惡世中→我等當廣說。

有諸無智人……→我等皆當忍。

惡世中比丘……→皆當忍受之。

濁劫惡世中……→當著忍辱鎧。

為說是經故→忍此諸難事。

我不愛身命，但惜無上道，我等於來世→護持佛所囑。

濁世惡比丘……→皆當忍是事。

諸聚落城邑，其有求法者→我皆到其所，說佛所囑法＋我是世尊使，處眾無所畏。

我當善說法，願佛安隱住。我於世尊前，諸來十方佛，發如是誓言；佛自知我心。

第一段偈頌大意：

1. 解構，以忍為段落，以自誓大願為終。

2. 信→願→行。

3. 忍辱、無畏。自誓、自願（不是佛陀或誰叫你要這樣做）。作證。

第二節　安樂行品第十四 / 力行

集數：72 集 (第 1385 集—第 1456 集)。

主角：文殊大菩薩。

情節

第一段，總綱。身安 / 第 1 法

1. 問：大菩薩們 (敬順佛意，發大誓願的) 於後惡世，如何安樂持
行廣說法華？

　答：a. 當安住，身、口、意、願，四法。

　　　b. 欲安住行四法，皆應有之總原則→

　　　　b1. 住忍辱地 (柔和善順 + 不猝暴 + 不驚)。

　　　　b2. 於法無所行，觀諸法如實相。

　　　　b3. 不行，不分別。

2. 大菩薩們，以三無漏學，而身安樂持行廣說法華→

　　a. 戒以，不親、不近、不應、不樂……，略有 10 餘事項。不親
近處。

　　b. 定以，常好坐禪，在於閒處修攝其心。初親近處。

　　c. 慧以，觀一切法→

　　　c1. 空如實相，不顛倒、不動、不退、不轉，如虛空無所有性，

一切語言道斷，不生、不出、不起，無名、無相，實無所有，無量、無邊、無礙、無障。

　　c2. 但以因緣有、從顛倒生，故說常樂觀如是法相。第二親近處。

第二段，口安 / 第 2 法

1. 大菩薩們，以種種「不」、種種自律；但以大乘為解說，令得一切種智，而口安樂持行廣說法華。

第三段，意安 / 第 3 法

1. 大菩薩們，以種種「勿」、種種自覺；但以大悲、大慈、大師、恭敬、平等……想，而意安樂持行廣說法華。

第四段，願安 / 第四法。髻珠喻。結論

1. 大菩薩們，以大慈心、大悲心、神通力、智慧力，引之令得住法華中，而願安樂持行廣說法華。

2. 如來於最甚深《法華經》，先未說，今說＝如，王頂髻中明珠，不妄與，今與。

　　a. 強力轉輪聖王，以威勢降伏諸國，諸小王不順。起種種兵討伐，眾戰有功，大歡喜，隨功賞賜種種珍寶，惟髻中明珠不與。因明珠獨王頂上有，若與，諸眷屬必大驚怪。

　　b. 如來以禪定智慧力得法國土，三界諸魔王不肯順伏。賢聖諸將與戰，有功，心歡喜，為眾說諸經＋賜禪定、解脫、無漏根力、諸法財＋賜涅槃城引皆歡喜＋不說《法華經》。

　　c. 難信珠，久髻中、不妄與，今與人；《法華經》，世間多怨難信，

先未說，今說。

    d. 《法華經》＝諸如來第一說＝諸說中最甚深＝諸佛秘密藏＝諸經中最上，長夜守護不妄宣，今乃敷演。

3. 結論：夢中妙事 (偈頌)＝夢中授記自己 ＝[將來果，已在今日夢，今日果，已在昔日夢]＝[做夢，也在說法，在行菩薩道]。

意義

一、安、樂、行：

1. 因勸而持，之後，如何安樂行？〈安樂行品第十四〉，乃接續〈勸持品第十三〉；為敬順佛意，發大誓願的，大菩薩們，於後惡世，能安樂持行廣說法華。

2. 安＝離危險怖畏，樂＝適身悅心，行＝威儀可軌、言有則。

3. 安住＝心契是理、身習是事、行之純熟，無不適。

4. 身安＝正身行；口安＝正語行；意安＝意離諸惡、自利行；

    願安＝心修諸善、利他行、弘誓願。

5. 教我們如何面對人間很多惡環境。

二、經文詞語簡繹：

1. 無所行＝行法不住相。若有所，則有能，能所對立，難免怨懟。

2. 不行＝非佛道不當行＝法無所行＋不為＋無法執。

3. 上法＝菩薩六度；中法＝緣覺所修；下法＝聲聞四諦；不分男女＝無眾生執；諸法＝實諦。

三、與大菩薩「安樂行四法」總原則，法理法義相似之文字相：

1	2	3	
住忍辱地	於法無所行、觀諸法如實相	不行、不分別	
安忍	無求、無執	不獨有、不獨空、中道行	
忍辱衣	空為座	慈悲室	＝弘經三軌
付出	無所求	感恩	＝慈濟金剛偈
身	意	口	＝淨三業
身行好事	心想好意	口說好話	＝三好
結好緣	顧好心	結好緣	
有觀安樂行	空觀安樂行	中道安樂行	
行有行空	從有入空	空有不住	
空有不二＝色即是空、空即是色＝性空＝真空；緣起＝妙有。			

慈濟事

一、善友、親近善友／厄瓜多賑震，以工代賑，安和縣長。

上人：善友很重要，互相付出，這是我們要學的。人間，需要行菩薩道，在現在、未來；不只是經文裡的菩薩道。要多聞入心，聽佛陀的教育，啟動智慧；要身體力行。「智慧令人受行」，要接受，再身體力行。人間，慈濟人不就是這樣？

上人：去年 4 月 (2016.0416)，厄瓜多發生強烈地震！損毀幾個縣市，慘重的大災難。我們在媒體看到訊息，趕緊想，如何能去幫助？這麼急難、悽慘的大災難。評估起來，厄瓜多的位置，與哪地方慈濟人距離都很遠，美國比較近；說近，搭飛機也要5、6 小時；覺得美國國際救災經驗較有，所以連絡美國慈濟人國際救災小組。慈善、醫療啟動；濟舵、濟覺、慮瑢，還有一群國際賑災很有經驗的，很快準備好。到厄瓜多，及時採取行動；與當地縣長、市長互動。「以工代賑」，菲律賓海燕風災的經驗，國際間的 NGO 已經看到，厄瓜多的人也知道這方法很好；

美國慈濟人到達，也提起這個方法，很快就展開行動。

就這樣，帶過的幾個地方，互動效果很好，付出的人帶得很歡喜，接受的人能復建、清理家園，很歡喜；果然發揮很大的功能。5 月 28 日，中午休息用餐，另一個縣（哈瑪縣）的縣長安和先生來請求：「慈濟人，你們能去看看、幫助我的縣？我的縣也是重災區。」其實慈濟人開始要幫忙時，就已經瞭解哈瑪縣的確是重災區；已經忙這麼多天，也應該告一段落，所以隨口回應：「若趕得及，我們會去你縣裡看看；趕不及，可能就下一趟，我們已經出來這麼多天了。」、「下一趟什麼時候啊？」、「6 月底。」安和縣長聽到，有一點點失望，含著淚水，快要哭出來。

慈濟人心很軟，看到縣長為災民這麼誠懇，趕緊安慰：「我們盡量協調，下午去看。」安和縣長很歡喜的陪著慈濟人去。看了之後，慈濟人覺得真的受災很嚴重，尤其縣長這麼誠懇為災民；縣長也很感動，慈濟能千里迢迢，不請自來厄瓜多勘災、協助。彼此感動，志工馬上再會合，決定明天 (29 日) 就行動；同時，先向縣長說：「希望 3 天內可以動員 1 千人，以工代賑清理環境。」縣長很感恩：「好！」

29 日，慈濟人真的到了，要以工代賑的人也已經在那裡等待。第 1 天效率就已經顯示，黃昏收工，縣長來看到，效果很好，2 百人已經有很大規模的力量付出呈現。濟覺他們在大家收工後，就在那裡帶動唱，唱「我們都是一家人」(英文版)，帶起一片熱情，也向他們感恩、說慈濟的故事、說善款是點滴匯集來，同時分享「竹筒歲月」、《靜思語》，解釋「一家人」。大家歡喜，掃開這麼多天來的憂鬱心情。

大災難後，大家真的人生茫茫，不知如何恢復家園，慈濟人竟然帶來這股朝氣、力量，而這分朝氣喚起了大家的歡喜

心。歡喜中，縣長到，也與縣民一起歡喜起來；縣長更加感動，就與我們一起發放代賑金，1 天 15 美元；縣長：「明天若超過 4 百人，超過的人我負責。」

慈濟帶來的精神力量，志工無私的大愛就是一家人，何況是為自己清掃，結果，第 2 天人數比昨天更踴躍，490 人。大家更提起精神。縣長叫他的助理回去拿錢，1350 美元，交給慈濟人。范婷 (駐美國大愛台同仁) 看在眼裡，就去訪問縣長；縣長的感受：被慈濟人這樣的付出感動，很歡喜，很感恩，所以自掏腰包，希望哈瑪縣能再度復甦，經濟、精神都提振。

第 3 天，人更多，590 人。縣長承擔更重，190 位，4200 美元，就這樣付出。

那段時間，與賑災團隊視訊，濟舵、濟覺分享：「縣長一共付多少錢。」我：「我們在那裡帶動 3、4 個縣市，既然已經付出那麼多，而且這位縣長這麼愛民，現在大災難，我們怎麼捨得讓他付錢？這 4 千多元對縣長是很大的負擔啊！」

那時，團隊已離開哈瑪縣前往基多辦愛灑，濟覺師兄開車返回哈瑪，約縣長，4200 美元交回給他，轉達：師父關心他，不捨讓他付出那麼多，縣裡還很需要用錢，縣長可將這些錢回歸為縣民做事。縣長很感動，很感恩，允諾將來回饋縣民。濟覺送他一本《靜思語》；很靈，他隨手翻一下，「知足的人，心靈開闊，心量開闊，對人對事就不計較。」他很感動，馬上就寫一封感恩信，也簽收據。

上人：這就是愛的力量，善友互相啟發。慈濟人就是善友，哪個地方需要我們，我們要自動趕快去；去，不是物質幫助而已，還要給他們這種精神上的引導和勉勵。縣長本來愛民，與慈濟人會合，讓他信心更大，對災後復健的精神力量更大，也讓他很感動，這就是，親近善友。

二、行善無我相，法門法脈／厄瓜多以工代賑第 9 天。

上人：我做的事情對，他做的不對，我的功夫好，他的功夫很差，……
等等分別；從人與人之間造作的法，去批評；都是認為自己很
好，別人即使很好，我們不及別人，我們也會起一分卑劣慢，
不認輸，我慢心起。人我是非、煩惱無明，差不多都在這裡。

「行善惡法中」，我們日常生活動作中，到底是善？是
惡？其實，「本無有我人相」，不執著自己，也不執著別人；
反正就是一件事，我們共同合和互協完成。這樣，不是很和齊、
很平坦，能做得很好！

像現在，在厄瓜多，以工代賑清掃已第 9 天（2017.0424-
0502 賑水災），志工們就是和齊。

美國、加拿大，瓜地馬拉、多明尼加（中美洲），巴西、
巴拉圭、阿根廷（南美洲），7 國慈濟人到那裡和當地已經發
心的志工會合。2 天前視訊，螢幕上 8 個國家的慈濟人共聚一
處。聽他們的聲音，看他們的人影，大家都很快樂，但體相都
曬黑了（厄瓜多接近赤道氣候很熱）。彼此讚歎，互相感恩，
分享厄瓜多災情的慘重，老弱病苦、孤寡人真的無依、無奈，
這種災情他們要如何恢復？幸好，這群外來的慈濟人，用誠
意、用同一種形態帶動＝誠心願度一切眾生＝「眾生無邊誓願
度」。

上人：佛法、佛陀的教育＝教育我們要行菩薩道＝而菩薩最根本，
就是度眾生，拔除眾生的苦難＝這是菩薩的使命。這個使命，
要發自內心的虔誠，誠心能發誓願度一切眾生，「菩薩所緣，
緣苦眾生」；不只用誠懇的心，還要用正心，心正，不偏差，
共同我們的思想方向。

我們的思想同一項＝就是法脈＝「靜思法脈」＝這方
向就是行菩薩道；大家已走上這條誠正的道路＝依照這法

去身體力行。這是一個法門，真實，正的法門；「法門無量誓願學」，我們就要學這個法。

法脈，是開一條正確的方向，共同往這方向走。所以，慈濟人不論在那個地方，就是不分別你、我；不分你從美國來，你從巴西來；不分北美洲、南美洲、中美洲。他們共同一道法門，這條路的方向很正確，不偏差；到有災難的地方，一心一志，用誠懇的心去面對苦難人；態度誠懇、和藹可親、去接近災民，用以工代賑、帶動本地人。讓災民人人能對自己生活有幫助，領工資，打掃自己的家鄉，讓自己災情去除，生活復甦。所以，8天時間，幾個城鄉，大家很感恩，很快樂，很拚力，很認真，這樣將它清掃……。

上人：政府的大卡車在外面清理，將已經不堪用的家具，泥濘的土搬出去；地上經掃，洗過，內外乾淨；每天打掃好，今天到這裡，明天再回來打掃其他髒亂。就這樣，一天一天清理，已經完全乾乾淨淨；這是共同的力量。在行共同的力量，沒有人我分別，沒有「他是災民，你是志工，我是來帶動的人。」沒有。慈濟人誠意付出，我帶動，我從遠方來，我也共同投入進去，我是志工更要用心學習；同時，讓災民彼此間，也發揮同理心「我受災，你受難，我先打掃你家，你再來打掃我的。」8天合和互協分隊組負責，有人帶，負責溝通幾十個人，說清楚如何打掃；愈來愈熟，愈來愈順手，打掃得很歡喜。這就是「謂行善惡法中，本無有我人相」……。

若斤斤計較＝那就是「若善法謂是我」＝覺得這些善的法都是我帶動的，這是我，是能幫助人的人，你們是要我幫助的人；若有這樣的心態，就帶不起人，容易自大起來。

本地貧窮苦難人很多；看到室內打掃的影像，牆壁根本就不是正式的，只是芒草一支一支，還能看到牆後的景，就知道。他

方 7 國來的多數都是企業家，富有人同樣下去打掃，同樣「膚」慰：「您辛苦了。」老人在那，他同樣恭敬尊重。沒有人我相，只一項，愛；發揮我虔誠的愛心；用這正確的方向道路身體力行，真實的心去付出。誠正信實，很相信這個法，法門就是這樣，法脈就是這樣，承這法統去為人群付出。誠、正、信，相信，腳踏實地去付出，步步踏實精進；菩薩道從這樣起點，一步不偏差，直向佛道，到佛的境界，六度萬行因圓果就，這就是我們學佛。所以，我們這時候就是這樣在付出。

三、做善事不簡單，每次多少都有種種的障礙 / 厄瓜多以工代賑第 9 天。

上人：「若善法謂是我，即惡法應無我」。大家都在做好事、在這裡做善，無所求在付出，那惡的法難道有我？當然沒有。「若惡法是我，善法應無我。」假使我在造惡，滿心煩惱的我和大家怎麼有辦法合會？若我是惡 ＝ 看什麼事都不順眼，我就是破壞。難民潮怎麼來？到底是什麼人在迫害什麼人？真的苦不堪。善法、惡法，人、我之間如何分別？一念心，這念心善自然去除煩惱；心在善法中，你的心就去除無明、執著，就沒有：「這是你們的事和我哪有關係？」「是那遙遠的國家在受災，我們憑什麼這麼辛苦到哪裡？」＝ 這就是人我相分別 ＝ 拆離開了人性的愛。

有人性的愛，就沒有人我相。遠方受災難，我們的愛鋪天蓋地，視眾生如己親人一樣。若心念一偏差，滿心煩惱，你要和他說善法，唉呀，哪聽得進去？聽不進，哪做得到？懈怠的人，你要他殷勤精進，怎麼呼喚，同樣懈怠，聽不進去。這就是善、惡法，精進、懈怠。上人：學佛，當然取善法，不要「眾生顛倒執持人我」。我們就是顛倒，才會在法中執持；因為有

這身體，就：「我累了，我病了，我痛了，我苦了，所以我要休息，我要調養。」自然空過時日。

像這時，我心也還掛在那裡。為什麼？因為今天他們浴佛，現在當地浴佛應該已經結束，很順利？浴佛後要慰問金發放，但當地銀行就是沒有錢；這麼多人，我們 2 天就要發完，好幾百萬美金已經在銀行裡；但銀行 1 天只能領 12 萬，要發到什麼時候？

8 天已經都打掃好也亮麗起來，好不容易圓緣，厄瓜多是天主教國家，也希望順這機會舉行浴佛，本來我很歡喜。但，昨天又因這件事情，志工一直溝通，到底用幾種方法與銀行溝通？行得通？發放有什麼方法可順利解決？這心也很掛煩。

上人：厄瓜多的資源欠缺，儘管我們錢匯入，但地方的銀行就是無法把錢領出來。眾生的業力，貧富貴賤的差別，與這國家就有關係，要在那個地方做事情，動用到物質，總也有這樣層層的困難，要如何悲智雙運在那，就要看現在在那工作的人，如何運用他的慈悲，如何運用智慧。

這群菩薩，相信昨晚都沒睡，我們與他們互動時，他們已經是清晨 1、2 點 (台灣時間下午)，問：「你們有睡嗎？」「沒有啦，師父，這些事情大家還在溝通。」「現在你們能用這樣？這樣嗎？」「好啦，再溝通。」2、3 點了還要再溝通，再 2、3 個小時他們就要去布置浴佛場地。這樣他們到底有沒有睡？

日頭赤焱焱，在赤道，我很擔心，擔心這群菩薩在那裡真的很辛苦，好像在火爐邊，重重困難，又卡在即將發放。現在解決了？不知道。眾生業力在那裡，現在要去解開那個業力；要如何領出一筆經費幫助他們趕快去買傢具，佈置已經清掃乾淨的家，好恢復生活。但卻碰到這樣、這樣物質上的障礙，很辛苦。

因為「法執生妄計有我」，所以有很多煩惱；障礙明明在那裡，叫我不煩惱？要那些人在那裡不著急？困難啊！

其實，錢都匯到那裡了，若能請地方銀行向中央政府趕緊調現金，這樣不是很好嗎？我們想的應該不困難。但，在他們那地方，礙於國家規定，銀行可能就有困難。不知道。

上人：愛的心能讓你開闊，但人間事也有這樣重重的障礙。重重的障礙不能放棄，要去突破。不要想說做善事很簡單，沒有。每一次都有這樣的障礙，多多少少不同事物障礙。善事要做，坎坷的業障礙也重重，我們要很用心去面對。

四、攀緣心自斷，結好緣心，度眾生心繼續 / 厄瓜多賑水災尾聲。

上人：攀緣＝是指有很多的因緣就是這樣攀在我們的心，造很多的緣，讓我們的心有煩惱；然而，我們去助人＝是沒有煩惱的心，是清淨的心，是大愛付出無所求的心。付出後，無所求，哪有攀緣心？沒有；即使有攀緣，也是那分度化眾生的心、結好緣的心。

上人：就像在厄瓜多維和港，慈濟人去付出時，有位縣政府指派來督導「以工代賑」和慈濟人接觸的艾瑞博先生。經過督導的那幾天，他看到慈濟人無私付出，看到慈濟人沒對他們有什麼要求，很乾淨，只一心幫助他們，那分尊重、愛的行動；回家就和他太太分享：「有一個台灣來的慈濟團體，志工來自那幾個國家，……單純付出，每天都是感動人的事蹟。」太太從事的工作是照顧病人、老人，聽到先生分享，很感動，說：「既然他們這樣的付出，我們應該回饋。我願意為這些志工免費洗衣服。」菩薩無所求去度化眾生，眾生受苦難，同樣被度化，也用感恩心回饋。

　　還有，每天，那幾天巴士若到達，車邊就有人在那裡等 (婦女們，天未亮，自己就出來做好麵包、饅頭)。大家車門打開，人下來，就將這些麵包奉上，給我們慈濟人，表達感恩。這就是回饋啊！

　　還有一位以工代賑的先生，一樣在那裡，拿著一些自己種的水果、香蕉，也是趕緊送到志工手中，希望讓志工補充體力。世間事，我們無爭，願意為人群付出，沒有攀緣的心，很乾淨，付出無所求；卻是對方有感受，覺得應該回饋。這是多美的回報啊！用心付出，用心表達回報，同樣是一念心。

　　還有一位歌手，也拿著吉他來表達感恩，唱一首那裡的民謠，歌詞是用自己心得寫的：假使全球慈濟人有千萬人，從現在開始應該再多百萬人，而這百萬人就在厄瓜多，在厄瓜多投入做慈濟志工。

　　這些，就是曼納比省他們所表達的心思。有百萬人投入做志工＝這叫度眾生。那個國家有災難，菩薩到那裡去，用無私的愛表達、付出，開啟、穩定他們的心，帶動他們的生活，鼓勵他們的精神；他們表達出來的就是這樣的回報 - 投入慈濟做志工。增加百萬志工，菩薩群，期待這緣能成熟。

上人：假如說有緣，那是牽引，和攀緣不同。攀緣＝是心不定＝和這個搭一個緣，和那個結一個緣；好緣？壞緣？非常雜。菩薩的緣，緣苦眾生，度化眾生，「苦既拔已，復為說法」；讓他們從個人的私愛，展開心胸，變成大眾的大愛，百萬人成為志工。菩薩「世事永息者，則攀援心斷」。慈濟人這 2、3 天都已經回到家，相信帶回去的是法喜，沒有其他掛礙。很感恩這 7 個國家的慈濟人投入厄瓜多賑災，現在已經圓滿了；回去就是法喜充滿。斷了這個「攀援」，沒有再去想：將來他們會對我這麼好嗎？沒有；只是期待他們將來能落實在他們的國家，

好好將慈濟種子播種，一個種子成為菩提功德林；我們攀緣心是斷，度眾生的心是繼續。

○故事小結：

1.〈安樂行品第十四〉，上人升坐，共開示 72 天。期間，適逢慈濟滿 51 週年。又，事隔賑震 1 年，中南美洲厄瓜多，2017 年 4 月再度淹大水，慈濟人再度會合救拔苦難，上人心繫頻頻，共開示至少 8 天，是此品談到最多的「單一事件」。

2.做好事，是本分事；做好事，卻不容易。是慈濟志工也好，不是慈濟志工也好，我們欲行菩薩道，在身、口、意、願上不能沒有的→住忍辱地＋於法無所行＋不行不分別，於厄瓜多的救災過程當中，一一明顯。

故事

★善友、親近善友 / 厄瓜多強震，美國、中南美洲慈濟志工關懷援助，前往哈瑪縣展開「以工代賑」帶動災民清理家園。縣長安和含淚與慈濟人擁抱感恩。攝影：不詳。

★行善無我相／厄瓜多豪雨成災曼納比省受災嚴重。多國慈濟志工與厄瓜多本土志工進行賑災，在聖塔安娜啟動「以工代賑」家園清掃計畫，帶動受災民眾清理家園。鄉親踴躍參與，政府提供多項清掃工具。攝影：不詳

第 1385—1390 集
菩薩弘誓入監／受刑人轉身同清淨＝龍女轉身成佛＝提婆也能成佛。
菩薩安樂行／厄瓜多以工代賑＋蓋教堂。
不忍、慚愧、佩服，當地菩薩／辛巴威、莫三比克、風、水災。
第 1391—1400 集
不是戲，精神理念，修行過程再復活＝法／高僧傳拍空海法師很認真。
修六根清淨行／象與獵師。
男人體相也會勾引女人心，都只是形相／善目挖眼給長者女。
觀身不淨，男女親近是罪源／比丘想度化卻被女纏。
從孩子身上內心起慚愧反省／釋迦佛幼小對人間起疑問，舍利弗 8 歲辯道，書軒小志工 3、5 歲道心堅固。
女人大丈夫／賴索托美娟、莫三比克岱霖。
一念偏差／蒲甘王造塔貪功德。

	先破己相 / 狗入八鏡房。
	因人類顛倒而因緣復合 / 演歌天王森進一來感恩 311。
第 1401—1410 集	
	善友、親近善友 / 厄瓜多賑震，以工代賑安和縣長。
	我們還在五欲中，求法心要切 / 毛教授來找忉利天。
	弘法安樂行 / 長春竇居士背大覺者回。
	星星之火可燎原 / 柴夫埋怨，柴刀傷人。
	很感恩、很感動、最最有意義 / 慈濟 51 週年。
	本樂長老。菩薩所緣，緣苦眾生付出 /20 國董事會。
	一實之理 / 每天清早走過寧靜禮拜《法華經》。
	因緣、靈魂、輪迴 / 美魏斯博士《真情永駐》。
第 1411—1420 集	
	大轉變需有心人，菩薩慈悲救拔 / 厄瓜多再水賑。
	悲泣悲契 / 濟暉夢見師父。
	除不善法置善處 / 厄瓜多 8 國再以工代賑。
	粒米成籮 / 緬甸深緣，米撲滿。
	苦既拔已，復為說法 / 厄瓜多 8 國再水賑。
	行善無我相，法門法脈，做善事不簡單，每次多少都有種種的障礙 / 厄瓜多以工代賑第 9 天。
	攀緣心自斷，結好緣心，度眾生心繼續 / 厄瓜多賑水災尾聲。
第 1421—1430 集	
	居士的好處 / 厄瓜多 8 國 12 天水賑後，浴佛。
	心虔誠，就沒簡陋 / 緬甸仰光浴佛。
	虔誠已展現，大愛已啟動 / 佛誕節台灣多地，多國聯線。
	正確宗教，互讚歎，會合 / 史瓦濟蘭王族酋長捐地給慈濟建會所。
	不捨眾生苦 / 監獄浴佛。
	無形中持經弘法 / 大陸教授來協力廠。
第 1431—1440 集	
	一生壞習氣在人群中反覆 / 八點檔，女主習氣壞，先生善良。
	真正的菩薩 / 委內瑞拉吳冉云。
	因果 / 兔肉、淨皂。
第 1441—1450 集	
	價值很難說，一生無量 / 大甲再送種子。

做環保、有心就不難／北京張居士、企業家,長沙鄧金蓮。
災難多人間菩薩力量要增加,救人的人也要很用心保平安／台灣大雨成災何時堪災?斯里蘭卡多少東西要運?菲律賓人禍何時能進去?
信理、總相?信因果循環、業力?/0601台灣豪大雨、內湖、基隆、金山寺清掃。
菩薩無處不在,不論寒風雪凍／海地、北部、崑山。
薩不怕辛苦,只為眾生／巴黎氣溫高,孔盞村風災,91華東水災。
真修行、真精進／分享回精舍體會修行,棉被酥酥酥乾淨。

第 1451—1456 集
修養從己始,聽話入心,語言表達行動／廣州80歲精進朱豔秋,大陸26省市79五位慈濟人來台精進。
眾生的苦在遙遠地方,因緣輾轉拔／西藏少年土登昂布開刀腦瘤。
用方法教化,惡因果要改變／海地救拔。

法數

第 1385—1390 集
敬順、三軌弘、三界、三理四相、四修、三世。四安法。四心、四誓、四安法、五欲、五濁。四安法、三輪體空、三軌弘。一心、三軌、四忍(四安法)。三業正、一心、三軌、四忍、三綱、五常、四諦十二緣、六度、四大。

第 1391—1400 集
三軌、三無差別、一心、三軌、四忍、三理四相、六道、六根、六塵、八識、二報。八識、六度。九想、四念處。八苦、六根、六塵、六識。十惡。四安法。六度、三學、三慧、四安法、三綱、五常。三際、三相、六度。三理四相、四大、三觀。三界、五趣、四生、三惡道、三善道。

第 1401—1410 集
三學、三藏。五欲、一念三細六粗、五根、五識、五塵、六度。四諦、三無差別。信願行、 三學、5578(三十七助道法之五根五力)。六度、四諦。生滅四相。五陰、十二入、十八界、四諦、十二緣、六度。做過的永遠在、只是沒去感覺。[力行有為、心住無為;有為入群、無為不受染;有為行、無為我無障;有為＋無求;有為法、用無為法解;先有為法、後無為心;有為＝平等、自作、教作、行眾善、無為＝不執著、無求、感恩;行說有為、心住無為;有為＝付出＋人我無、無為＝平等]。

第 1411—1420 集

十善、五戒、十戒、四諦、十二緣、4445578。四修、三學、 四諦、十二緣、六度、三智。八識。三惡道、六道。六度。四安法、五濁、四修、三時期。三好。三學、三業、三界、四諦、六度。四安法、四誓、四樂、五根、五塵、八識。五欲、三途、四無礙。[我們隨因緣、不由己，佛陀借因緣、不忍眾生苦；注意顛倒的因緣；惑→業→苦種＝習氣；攀援心斷、與法會合，攀援心斷、度眾生心繼續；前腳走（精進）、後腳放（不執著 ）]。
第 1421—1430 集
七眾。三學、五道、 六度、二因緣、九部法、四事。九部法、十二部經、十二緣、五利、四德、四修。五濁、三乘、四諦、十二緣、六度。八識、三學、聞思修、三無差別。五時。三軌弘、四安法。三界、五逆、十惡、三業、三途、障、八難。[理可頓悟、事須漸修。法可一語道破，很快說完；人的心理說不完，執著開不開。煩惱藏著佛法；真如藏在無明中]。
第 1431—1440 集
三業。三業、四安法、五種法師、三軌弘。六度。三界、三乘、八識、三界。三軌、四法、五根、五塵、八識、四修、四諦、十二緣、五停心觀。教理行果、六度、三軌、四法、四眾。三世。五蘊、七賢、四果。四眾、三乘、四果。七覺支、三界、三惑。三乘。[毫芒＝大樹、記憶的因緣]。
第 1441—1450 集
三昧、五陰。三界、五戒、十戒、三昧、4445578。四諦、三昧、六度、三毒、三界。三界、四大、五塵、五陰魔、三毒。三界、三智、三乘、三無差別。二生死。二忍。三界、六度。五陰、三乘、四諦、十二緣、六度。四安法。[法雖本有，非修不證]。
第 1451—1456 集
六度、三軌、四安法、三毒。三界、六度、十信。五道。三昧、三乘、五乘、十善、五戒、五十二階。五十二階、八相成道、四安法、夢中五好相。八相成道、四修、四法、三軌。

解構

第一段偈頌文摘錄：

若有菩薩，於後惡世，無怖畏心，欲說是經，應入行處及親近處。

……是則名為行處、近處。

……是則名為菩薩行處。

……是名智者所親近處。

……是名近處。

若有比丘於我滅後，入是行處及親近處，……是名菩薩，安住初法，能於後世說《法華經》。

第一段偈頌大意：

1.a. 不行＝非佛道不當行＝法無所行＋不為＋無法執。

b. 不分男女＝無眾生執。

c. 諸法＝實諦。

2. 上＝菩薩六度，中＝緣覺所修，下＝聲聞四諦。

3. 行處＋近處。

第四段偈頌文摘錄：

常行忍辱＋哀愍一切，乃能演說，佛所讚經。

後末世時，持此經者……應生慈悲，斯等不聞，不信是經……以諸方便，為說此法，令住其中。

譬如強力轉輪之王……，說是法華＝如王解髻明珠與之。

我滅度後，求佛道者，欲得安隱，演說斯經→應當親近，如是四法。……。

若於夢中→但見妙事，見諸如來……，又見龍神，阿修羅等……，又見諸佛……，佛為四眾說無上法。……，又見自身……見十方佛。……

常有是好夢→又夢作國王……。

若後惡世中，說是第一法，是人得大利，如上諸功德。

第四段偈頌大意：

1. 願安。

2. 忍辱＋哀愍＋慈悲。

3. 夢中授記。

4. 說法有好夢；說法得大利。

第三節　從地湧出品第十五／回應

集數：51集（第1457集—第1507集）。

主角：彌勒大菩薩。

情節

第一段，娑婆自度。菩薩地涌

1. 無數大菩薩（他方國土來），誓願於娑婆，護持、供養，廣說法華。

2. 佛：止，我娑婆自有無量大菩薩廣說。

3. 佛說是時，

   a. 娑婆地裂，無量大菩薩（先已在娑婆下，虛空中住，皆是領眾，各有眷屬無數）同時涌出→向多寶如來、釋迦如來，問安、讚歎、欣仰，經50小劫→

   b. 菩薩眾中有四導師，名、上行、無邊行、淨行、安立行，此四菩薩最上首代表問訊：世尊！少病少惱、安樂行？所應度者受教易？令世尊生疲勞？

第二段，娑婆眾生易度。原因如下

1. 世尊回答：如來安樂、少病、少惱，諸眾生等、易可化度，無有疲勞。

2. 什麼原因？諸眾生，

a. 世世已常受我化。

b. 於過去諸佛恭敬、尊重、種諸善根。

c. 始見我身、聞我所說，即皆信受入如來慧，除先修習學小乘者。

d. 又修習學小乘這些人，我今亦令得聞是經，入於佛慧。

第三段，世尊讚歎娑婆地涌菩薩。彌勒大哉問

1. 世尊讚歎：上首諸大菩薩能於如來發隨喜心。

2. [彌勒菩薩、恆沙數菩薩皆作念：從未見過這些從地涌出的大菩薩。] → [彌勒菩薩代表大家問疑：我在娑婆到處遊化，走過的地方也很多，怎麼從未見過這些地涌大菩薩？他們是誰教化而成就？]

第四段，分身諸佛的侍者亦問疑

1. a. 釋迦佛的分身諸佛(從無量他方國土來者)的侍者，各問其佛：這些眾多地湧娑婆大菩薩從那裡來？

b. 諸佛各別告訴自己的侍者：稍待片刻。次後作佛的彌勒大菩薩已經問了，釋迦佛即將回答，待會自然知道答案。

2. 釋迦佛：讚嘆彌勒菩薩問大事問得好(問佛的果德＋問這些菩薩的修行)。

第五段，釋迦佛重述因緣

1. 釋迦佛：我來告訴大家答案。這些，從地涌出、你們沒見過、數量很多很多、很久以前就是大菩薩的→

a. 是我在娑婆世界成佛後所教化。且，

b. 教化他們已經很久遠。

c. 他們一直於娑婆下虛空中住。

d. 他們皆已 [調伏其心，令發道意]+[於諸經典讀誦通利，思惟分別，正憶念]+[不樂在眾，多有所說，常樂靜處]+[勤行精進，未曾休息]+[不依止人天而住]+[常樂深智，無有障礙]+[常樂於諸佛之法，一心精進求無上慧]。

第六段，彌勒大哉問 2。例 25 父百歲子。引出〈如來壽量品〉

1. 彌勒大菩薩 + 無數諸菩薩，心疑，未曾有，難信，作念：

a. 為什麼，才這麼短的時間 (4、50 年)，世尊就能教化這麼多的大菩薩？而且他們還那麼有成就 (住菩薩不退)？

b. 這就如，25 歲的人指著 100 歲的人，說這是自己的兒子；而 100 歲的人也指著 25 歲的人，說是自己的父親，這麼的令人難以相信，不可思議。

2. 作言：

a. 雖然我們並不是真的了解世尊所說；但，我們相信世尊所說，因世尊說話從未虛妄，且世尊知悉通達一切。還有，

b. 我們擔心那些才新發意的菩薩，在您滅度後無法信受 (以凡夫心測度如來)，而起破法罪。所以，

c. 希望世尊能再說清楚一點，消除我們及未來眾生的疑問。

意義

一、〈從地湧出品第十五〉回應〈見寶塔品第十一〉：

1. 釋迦佛：欲以妙《法華經》付囑，誰能於此娑婆廣說？〈見寶塔品第十一〉

2. 無數他方國土來的大菩薩，誓願：於娑婆廣說法華。(經文開頭)

二、〈從地湧出品第十五〉次第引出〈如來壽量品第十六〉：

1. 多角色對話，次第引出第 16 品：

a. 他方四菩薩最上首代表問，

b. 彌勒菩薩大哉問 1，

c. 十方分身諸佛的侍者各問其佛，

d. 彌勒菩薩大哉問 2，並以 25 父百歲子例。

2. 次第引出第 16 品 = 次第解疑；地涌浮疑問，壽量說分明；此第 15 品，信，尚未解。

三、此品菩薩，此品主角，除彌勒大菩薩，另有：

1.a. 他方國土來的大菩薩，

b. 娑婆地湧大菩薩，

c. 分身諸佛的侍者 (他方國土來〈見寶塔品第十一〉)，

d. 現場的菩薩。

2.a.「發起者」，為啓請說教的彌勒大菩薩。「當機者」，為現場聞教以悟解恆沙數的菩薩。「影響者」，則為其他諸大菩薩。

b. 對象主要皆為菩薩。

c. 當然現場應該也有，現未悟解以結後緣的「結緣者」。

四、經文詞語簡釋：

1. 從地湧出 = 從地升至虛空 = 超出生死地 = 開顯菩提心於眾生心地 = 心地裂、湧覺性。

2. 我娑婆世界自有菩薩 = 你若不用心精進，還很多人要做。

3. 6 萬 =6 識心。

4. 4 導師 =4 上首菩薩 =[上行、無邊行、淨行、安立行]= 四安法 =[身、口、意，誓願皆精修]=[十住、十行、十回向、十地]=[六根、塵、識，契一乘實相境，而證此 40 果地]。

5. [各將六萬恆河沙眷屬，況將五萬、四萬、三萬、二萬、一萬恆河沙等眷屬者，況復……，如是等比，無量無邊算數譬喻所不能知]=[從師少徒多→到師多徒少]=[懂法知理的人愈來愈多]=

   [從凡夫、天人、聲聞的見解→到菩薩→到佛的見解]=[法不斷發揮度眾的功能]=[煩惱無明一直減，法一直入心]=[心地已裂，見法，法種已冒]。

6. 釋迦佛再說因緣：

   a. 生世常受我化 = 與師父過去不知結什緣，就是有志一同，共作好事。

   b. 於過去諸佛恭敬、尊重，種諸善根 = 宿植德本。

   c. 始見我身、聞我說，皆信受 = 頓悟菩薩 = 本具佛智、開顯即悟。

   d. 除先修習學小乘者，如是之人今亦令得聞是經、入佛慧 = 漸悟菩薩、待會三歸一。

   e. 誰教化而成就？ = 做就對了。

7. 世尊於少時間 =[參訪 5 年→修行 6 年→華嚴 21 日→阿含 12 年→方等 8 年→般若 22 年→法華] 或 [八相成道]。

慈濟事

一、菩薩從地湧出 /921 震賑。

上人：「大千界地皆震裂，以將有諸大菩薩從地涌出，故現是相」佛陀向他方世界菩薩說：「我已經有很多人了。不只你看到的這些，從地裂開，冒出來的菩薩還很多。」這是譬喻。

1999 年，921 中部大地震，天搖地動、山崩地裂，九九峰整個山的表層都剝落下來。再回顧當時，是一項很可怕的事。那時，天未亮，「藍天白雲」的慈濟人已經到災區。當地菩薩自己的房子也震得房子傾斜，牆壁傾斜，門已經「匼」(向下覆蓋) 下去，人趕緊鑽出來。出到外面，地震稍微停，忽然，想到什麼事，翻個身再鑽進去。家人看到，一直叫餘震還會來，及時要拉，已經拉不住。他再鑽出來，手中拿著「藍天白雲」這套衣褲。大家責備他很大膽「你還去拿這套衣服。」「倒都倒了，要怎麼辦？很多人會比我們更嚴重，我要趕緊去。」將衣服換好，趕緊就去了。

不只他早到，還有別人比他更早到受災區域；就這樣，遠、近陸續會合。「藍天白雲」的志工一大早就在供應熱食，熱熱的粥，熱熱的豆漿。這就是從地湧出。

○故事小結：
1.[菩薩心，菩薩行]=[不為自己求安樂，但願眾生得離苦]=[沒有考慮自己，只擔心還有更多人需要被照顧]。
2. 事相如此；理相上，如果，沒有以前，沒有過去生，沒有過去生的過去生早就「心地裂，湧覺性」，要在餘震頻頻，餘悸猶存的當下，就有這種本能反應的想法與行為，那，這不是菩薩是什麼？！

★菩薩地湧 /921 地震過後，震倒多少中部的建築。中寮國中學生走在成為瓦礫的舊校舍上。也震出多少緣苦眾生的菩薩。攝影：蕭耀華

二、悲泣悲契 / 濟暉夢見師父（〈安樂行品第十四〉）。

上人：那時候(2017 年 2 月台北「國際大愛心蓮滿人間」祈福音樂會)，濟暉從約旦回來，在台上，分享他夢中師父向他說的話。

他們在那個地方救濟難民，發放已經力不從心，沒有那個力量了；他希望大型的發放停下來，想專心做醫療，為那些需要開刀的孩子、生病中的人解除病的苦難。他本來想回來跟師父這樣說，但，那一晚就夢見師父，夢境是師父來到他的面前，對他說：「我願意用血供養那些難民。」他驚醒過來，趕緊回來。

三、開道者願心、耐心、愛心、堪忍心 / 約旦濟暉 20 年。

上人：苦難的眾生苦不堪；不只苦難、無明、濁氣很重的眾生苦不堪，連我們自己知道佛法，卻不肯向前進步，同樣也在這個濁氣很重的裡面，無法脫離。

開道者，接受佛陀的教法，道理不斷接受、體會、了解，然後身體力行；方向準確開道，付出體力，盡此一報身，盡力量將這條準確方向的道開出來。

你們昨晚不是聽濟暉（陳秋華）和大家分享？他就是這樣，願心、耐心、堪忍的心，忍辱持這股力量在約旦，面對苦難的眾生。

那些苦難的眾生，不是約旦社會的，是來自很多國家，因為人禍造成逃難，流離失所，逃到約旦邊界，在那建起難民營。一個一個的小帳篷搭起來，沙漠型的大地，風沙滾滾，煎沙煮日，太陽煮沙土炒，天煎地逼啊！幾萬人，還不斷遷入。

約旦政府寬大，開放邊界讓他們進來，但人口太多，現在難民已經占約旦 1/5 人口。多數人住在帳篷裡，生活如何過？濟暉在那個地方已經超過 2、30 年，慈濟在那個地方也差不多 20 年，他從看個案開始發心。這段時間，伊拉克、敘利亞戰亂、中東不安穩，急難時，人道精神團體、慈善機構有做支援，但年久月深這些機構慢慢就撤退了。長期在那裡關懷著的，只有濟暉，帶著幾位當地志工。

多少悲苦悽慘的個案，逃難九死一生才保得家人平安。沿路走，沿路損失家庭人口，到達難民營，有的已經受傷、生病。一個一個悲苦，慘難的家庭。濟暉用心長期在那裡陪伴、付出，雖然有台灣本會支持，但在那裡，精神力量要長期這樣維持，不容易啊！實在很辛苦，面對這麼多苦難人，又不同宗教，要用什麼方法將他們的心和身帶出來。

上人：儘管當地人都說：「感恩真主阿拉，派你，派慈濟來。」他也會堅持在自己的道，不失道心的告訴他們：「我也很感恩，感恩釋迦牟尼佛，感恩慈濟人的支持。」這是很圓滿的對答。你信仰你的，我信仰我的。這條道路很明顯，我保持我的道心，我用堪忍的、愛的、自發的力量。我知道人生方向，知道自己要如何走這路。順這方向，我身體力行開這條路，讓大家平平安安一起走，走過這條人間坎坷的路。他是用這個精神面對不同宗教。

四、一個人也能做大佛事 / 約旦濟暉：我在那裡很孤單。

上人：現在，人間造成的人禍有多少啊？有些人在他們國家是大地主、名醫、大財主、大企業家；一旦國家不安定，社會動亂，內戰，逃亡，都變成難民。聯合國，國際間為了難民也很麻煩；多少國家願意讓他們進來？或拒絕？或進到裡面又如何處理？增加這麼多人口。

像約旦(很寬容)，根據濟暉幾天前回來分享，難民人數已佔約旦總人口 1/5。美國 911 事件，引爆 2003 年 3 月美伊戰爭，造成難民潮。我們大動員發放環保毛毯，就是從那時伊拉克的難民潮開始。沙漠裡，風沙大，冬天非常冷，難民住的帳篷很簡陋，真是苦不堪。單薄的帳篷已經破爛，老人(約旦貧民區貝都因的酋長)身穿破爛的衣服，冷得發抖，鞋子破，腳露出來，用一層層破塑膠包在破鞋外面。人人自顧都沒辦法，哪有辦法顧這位老人？讓人看了很不捨。

大愛台拍下同去採訪的台視記者蔣任的一個舉動。他蹲下來，將自己的鞋子、襪子脫下來，將老人腳上的塑膠解開，破鞋脫下，再將自己的襪子穿在老人腳上。那一幕一直在我腦海中，多溫暖啊！常聽說媒體如何如何，其實記者的愛心，在那

樣的環境中動起愛心，很震撼人心……。

　　約旦難民營裡有 77 戶慈濟的長期照顧戶；社區裡也有 50 幾戶貧窮困難人長期被慈濟照顧，當中有照顧經歷 3 代，時間長達 19 年的感恩戶。

　　阿耶少女，12 歲我們就照顧她，現在已經大學畢業也為人母親。她的母親 (OumAyed)12 歲就與表哥結婚 (約旦很早婚)，因為近親所以連續生 3 個智障女兒，只有最小的阿耶健康。很不幸，父親不顧家庭又會家暴，所以有人建議：「你們離婚。」但阿耶的媽媽：「若離婚，我這 3 個孩子會讓人送去安養院，無人照顧，我不捨。」因為這樣，慈濟就開始幫助這個家庭。足足 19 年，一直陪伴媽媽，直到這個正常的女孩大學畢業。

★至誠 / 祈福音樂會的現場。「我是代表敘利亞難民來感恩的，不能用言語形容，就用頂禮來感恩各位的愛心。」秋華師兄放下麥克風，頂禮感恩。突來的行動感動在場每位觀眾。攝影：江昆璘

★不忍 / 台視記者蔣任前往約旦採訪美伊戰爭，隨慈濟志工到札塔里帳篷區進行訪視，老酋長在沙漠裡沒鞋穿只塑膠袋裹腳，蔣任將己襪子脫下給老人家穿上保暖。攝影：馬儔人

我們幫助她的家庭生活，每個月油、鹽、米＋現金約旦幣1百元（台幣5千元）。阿耶順利讀書，中學，心願希望讀大學，但父親就是不肯。經過濟暉說服，說我們願意幫助，才讓她讀大學。終於大學畢業，結婚，對象也是我們助學金完成的一位年輕人。生1個嬰兒，很可愛，很健康。

類似這種苦難的家庭，我們一直長期在照顧，何況難民營裡。我們在約旦才幾個慈濟人已受證，受證後（他們也有自己的宗教）只有3、4位皈依，但他們還是依照我們的規則在做事，願意幫助也願意付出，面對那麼多且時時到達的難民。

上人：這群菩薩，因為宗教關係，要聽法，遇佛法也難，「薄福眾生，百千萬世得遇佛難」，哪怕遇到佛法，能接受也有一點難。雖然我們在付出的當中，不分宗教、不分國界在付出；但，真正佛法要入眾生心，要表達佛法跟佛教，實在是困難事重重啊！「聞三寶名亦難」，真的是困難。「得學道者希有」，真正願意學道，能名正言順信佛法，精進學道實在困難。

常常聽到濟暉說：「我在那個地方，都自己一個人，要聽法，半夜才有辦法連線，一起薰法。」實在很孤單。不過他的

道心很堅固，哪怕一個人，他也能做大佛事；做佛法想要我們做的事，將慈濟的精神理念真正的落實，發揮救濟眾生，用真誠的愛去付出。濟暉在那個地方深入民心，阿耶結婚，將濟暉當作父親，做主婚人。用愛付出，執著愛的力量，我們就能做很多事；若執著名稱，做事就難了。

○故事小結：

1.濟暉菩薩，宿植德本「生世常受我化」，「與師父過去不知結什緣，就是有志一同，共作好事」，儘管遠在約旦「師少徒少」。（我＝世尊，師父＝上人）

故事

第 1457—1460 集
若一迷念惹大禍 / 台中逢甲商圈食堂瓦斯漏。
第 1461—1470 集
菩薩從地湧出 /921 震賑。
人、物有量，本性無量 / 高雄三劍客分享。
真如本性被無明遮 / 回精舍每天笑。
修行在行動中，一點不能偏差，因果自負 / 主人往生象跪拜。
作善有為，凡事就要有人倡導啟動規畫 / 台中菩薩整群回來。
第 1471—1480 集
上人的法無價、轉心 / 景卉夫妻非洲行，賴所托讀書會，莫三比克耕田。
凡夫緣境只識沒智，學佛後轉識成智 / 土耳其 7、8 歲孩子打工維持家庭。
處處是法 / 中區短期修行。
第 1481—1490 集
歡喜就是淨土 / 吉林澇賑。
佛四智 / 獅子山緊急東西如何送。
雖貧心富 / 緬甸一把米。
佛四智，用法理合事 / 孔溫村風賑、280 幾戶完成。
苦難看不到就沒有？ / 獅子山、昨空運、轉 3、4 遍。
點滴愛能救人 / 竹筒歲月。

雜惡雜會雜居／印度、孟加拉、尼泊爾、休士頓、獅子山、水災。
要戒慎虔誠去做，要知眾生如何共造業，感得異常／水淹加州、新澤西、紐約、德州。
第 1491—1500 集
廣博大道成熟眾生／非洲真正行在菩薩大道。
願心、耐心、堪忍心、忍辱／約旦濟暉 20 年。
第 1501—1507 集
一個人也能做大佛事／約旦濟暉我在那裡很孤單。
自我覺醒／達拉斯殘疾音樂會。
做就對了／義烏夜市環保。

法數

第 1457—1460 集
四安法、四修、三軌、四諦。四安法、四修、三軌、遠離十事、四誓。四諦、十二緣、四安法、四誓、本跡二門、六度。四安法。八相成道、九識、六塵、六根。
第 1461—1470 集
八識、四安法、四修、三軌。四安法、四修、三軌。六度、五眼、四諦、三學、定慧、清淨。合心＝理法合心、和氣＝知法策畫、互愛＝如法推動、協力＝落實社區。五貪欲、多聞→明了→遠離→無染。三變淨土。四安法、四誓、菩薩五智、八識。六度。六度、四眾、四安法（行）。四安法、四誓、五陰。
第 1471—1480 集
佛四智、六度、九識、六道、四生。佛四智、五根、五塵、八識、四諦、三乘。佛四智、五根、 五塵、八識、 八苦、五蘊、三毒、三學、六度、信願行。佛四智、三止三請。五根、五塵、聞→信→受→解→行、聞→解→信→行→悟，佛四智、六度、四安法。四安法。佛四智、四安法、三界、三無差別、四大、五蘊，一秒鐘＝五彈指、一彈指＝320 萬億念頭。四誓、六度。六和敬、四安法、六度。五戒、十善、三理四相。
第 1481—1490 集
六度、三變土田。四安法。三智、四安法、五眼、三世、三止三請。佛四智、三智、三止三請、六度。六度、三乘。三智、四生、三界、六度。四修、四安法、三世、六道。四修、四安法、四諦、十二緣、六度、4445578、四無量、三軌、三學。三惡五趣、三千世界。五欲。

第 1491—1500 集
四安法、佛四智、三學、四諦、十二緣、三乘、六度、4445578。佛四智、三毒、四安法。四修、四智、四安法。三乘。四修、四智、四安法、三無差別。五大、六度、五倫、五輪。四大、五濁，參訪 5→修行 6、華嚴 21 日→阿含 12→方等 8→般若 22→法華 7 年。六度。三止三請、四安法。四安法、三乘、六度。[耐磨人群中，不避人群、避是非。多用心啊←說過幾千遍。慚愧重重。事理分明，該做的事、堅持做；堅持的道心、很堅固]。
第 1501—1507 集
四無礙。四智、四安法。六度、三寶、三無差別。三學、三乘、四無礙、四智、六度。四智、三無差別、九識。

解構

第三段偈頌文摘錄：

無量千萬億大眾諸菩薩，昔所未曾見，願兩足尊說：是從何所來？以何因緣集？……為從何所來？……誰為其說法，教化而成就？

從誰初發心？稱揚何佛法？受持行誰經？修習何佛道？

……世尊我昔來，未曾見是事，願說其所從！

……我於此眾中，乃不識一人，忽然從地出，願說其因緣！

……無量百千億是諸菩薩等，皆欲知此事：是諸菩薩眾，本末之因緣。

無量德世尊，惟願決眾疑！

第三段偈頌文大意：

起機彌勒代眾問：無量地涌娑婆菩薩的因緣。

第四段偈頌文：

當精進一心；我欲說此事，勿得有疑悔，佛智叵思議。

汝今出信力，住於忍善中；昔所未聞法，今皆當得聞。

我今安慰汝，勿得懷疑懼；佛無不實語，智慧不可量。

所得第一法，甚深叵分別；如是今當說，汝等一心聽。

第四段偈頌文大意：

釋迦佛，說因緣前對我們的，心理建設。

第六段偈頌文摘錄：

佛……爾來尚未久；此諸佛子等其數不可量……是事難思議，云何而可信，佛得道甚近，所成就甚多？願為除眾疑，如實分別說。

譬如少壯人，……，舉世所不信。

尊亦如是，……我等從佛聞，於此事無疑；願佛為未來，演說令開解。……

願今為解說：是無量菩薩，云何於少時，教化令發心，而住不退地。

第六段偈頌文大意：

1. 起機彌勒，再，代眾問，問釋迦佛所答，無量地涌娑婆菩薩→如何少時，教化無量，令住菩薩不退。

2. 為 16 品預留伏筆。

第四節　如來壽量品第十六／因緣

集數：48 集（第 1508 集—第 1555 集）。

主角：彌勒大菩薩。

情節

第一段，諦聽。佛壽無量。佛果不思議。醫子喻。

1. 佛默然（前品），之後，共 4 告；菩薩大眾＋彌勒合掌，共 4 白：
   （對話過程或如下）

   a. 汝等當信解，如來誠諦之語。

   　汝等當信解，如來誠諦之語。

   　世尊，惟願說之！我等當信受佛語。

   　世尊，惟願說之！我等當信受佛語。

   b. 汝等當信解，如來誠諦之語。

   　世尊，惟願說之！我等當信受佛語。

   　世尊，惟願說之！我等當信受佛語。

   c. 汝等諦聽！如來……

2. a. 如來祕、密、神、通之力 =[我實際上成佛已經很久很久；成佛多久？久到用算的、用心力想像，都無法知道（用空間之大來說時間之長)]。

b. 且，這當中，我就一直在此娑婆世界＋無量的國度，方便教化，導利眾生，令入佛道→

c. 這當中包括：

　c1. 在大通智勝佛時，發菩薩心。

　c2. 在然燈佛時，受記號釋迦文如來。

d. 這當中包括：

　d1. [以佛眼觀眾生，的信，的諸根利鈍] → [然後，隨所應度、種種方便，說微妙法＋以方便、現不同相，如現言當入涅槃] → [這些做法的目的是，為了讓眾生都生歡喜心]。

　d2. [對樂小法、德薄、垢重，說：我少出家後成佛] → [這些做法的目的是，為了教化眾生]。

　d3. [或說己身、他身；或示己身、他身；或示己事、他事] → [這些做法的目的是，為了度脫眾生]。

e. 這當中所說：皆實不虛。因，如來如實知見三界相 =[無有生死，若退若出＋無在世，滅度者＋非實、非虛、非如、非異]= 不如三界見於三界 = 如來明見無錯謬→故，所說皆實不虛。

f. 這當中所說：於眾生實有利益，故非虛妄。因，諸眾生有種種性、欲、行、憶想分別→故，以種種因緣、譬喻、言辭說法，欲令眾生，生諸善根，得實利、得度脫→故，非虛妄。

g. 這當中所說：今當取滅度，是為方便教化眾生，事實上，世尊成佛已久遠＋壽命無量＋常住不滅。因，薄德之人不種善根、貧窮下賤、貪著五欲、入於憶想妄見網中，若見如來常在不滅→便起憍恣，而懷厭怠＋不能生難遭想＋恭敬心→故，今說當取滅度。

3.a. 諸佛如來法皆如是，為度眾生皆實不虛。

b. 醫子喻：良醫多子息→有事緣，遠餘國→諸子飲毒，藥發悶亂，宛轉地→父還家，諸子飲毒或失本心，或不失者，遙見父大歡喜，求救療→父依諸經方求好藥草與子服，言：汝服，速除苦惱，無眾患→不失心者即服，病愈；餘失心者，見父雖亦歡喜問訊，求索治病，然藥不肯服。因毒氣深入，失本心→父念：此子可愍，心顛倒，我當設方便令服藥。即言：我衰老，死時至，良藥留此，可取服→復至他國，遣使告：汝父死。諸子聞父喪，心大憂惱，無復恃怙，常懷悲感，心遂醒悟。取服，毒愈→父聞子悉愈。歸。

c. 於意云何？能說此良醫虛妄罪？不。佛：我亦如是。成佛已無量劫，為眾生以方便言當滅度，亦無能說我虛妄。

意義

一、續地湧品，明不可思議之佛果功德：

1. 世尊！願為解說，除我等疑，及未來世諸善男子聞此事已，亦不生疑。(〈從地湧出品〉長行文最後)

2. 此品，4叮、4囑、四誡；4回、4應……。

3. 欲明如來對此能行之人，如何起教化←須明，不可思議之佛果功德；三世益物，化化不絕。

4.a. 當信解，當信受。

b. 佛果境界，尚不能證知，不及推知，唯信知；倘以自心量比較、推測，不得入。

二、信解。信實：

1. 信、解之間→審問，深問自己的心（〈從地湧出品〉）。

2. 信、實之間→佛、弟子。上人、我們。人與人（〈如來壽量品〉）。

三、真理、道理、法、無為法、法身……→本，恆久、無始無終、
無量：

1. 佛三身：法身（如來＝無所從來，無所去）；報身（始覺、等覺不二，
究竟圓滿常住，自受用身佛）；化身（自願力，隨眾機緣示生示
滅），三身菩提、體深用宏。

2. 眾生，根有深淺、機有遲速，著所見→故執彼佛、此佛、相好
光明佛、出家成道佛……；其實，佛法身、無此差別相。

四、云何？為什麼？

1. 「云何世尊，於少時間，教化如是無量無邊阿僧祇諸大菩薩，令
住阿耨多羅三藐三菩提？」（〈從地湧出品〉長行文）

2. 「如來，為太子時出於釋宮，去伽耶城不遠，坐於道場，得成阿
耨多羅三藐三菩提，從是已來，始過四十餘年，世尊云何於此
少時，大作佛事，以佛勢力、以佛功德，教化如是無量大菩薩
眾，當成阿耨多羅三藐三菩提？」（〈從地湧出品〉長行文）

3. 「佛得道甚近，所成就甚多？」（〈從地湧出品〉偈頌文）

4. 「無量菩薩，云何於少時，教化令發心，而住不退地？」（〈從
地湧出品〉偈頌文）

5. 證嚴上人，自1966年5月創立「佛教克難慈濟功德會」，僅僅，
憑著30位家庭主婦及微不足道的5毛錢，以「竹筒歲月」克難
而開始；之後帶領著「藍天白雲」的志工們；至今，2022年6
月，在這56年當中，在這娑婆地球當中，已經有66個國家地
區設有慈濟人官方的分支聯絡處，已經援助了127個國家地區

（超過全球 234 國的一半）。為什麼？

五、經文詞語簡釋：

1. 方便說：

   a. 對樂小法、德薄、垢重，說我少出家、後成佛 ＝ 方便說當生，不說過去未來。

   b. 以方便現不同相，現言當入涅槃→令生難遭、恭敬、戀慕渴仰想。

2. [說己身：釋迦佛 ＝ 忍辱仙人 ＝16 沙彌之一]；[說他身：彌勒 ＝ 一切智光仙人，阿彌陀佛 ＝ 法藏比丘]。

   [示己身 ＝ 現為釋迦]；[示他身 ＝ 多寶如來]。

   [示己事 ＝ 成道，說法，現神通]；[示他事 ＝ 藥師佛，阿彌陀佛，然燈佛，智佛]。

   [秘 ＝ 諸法實相，唯佛知，九界不盡知]；[密 ＝ 嚴密、妙密]。

   [神 ＝ 變化不測]；[通 ＝ 出入無礙]。

   退 ＝[道心忽昧、致墮落]。

   出 ＝[發心修道、求解脫]。

   不如三界 ＝ 不像三界之人。

   [性 ＝ 因習成性]；[欲 ＝ 所喜樂]；[性引欲 ＝ 行]。

   [憶想 ＝ 思念所行為]；[分別 ＝ 比較所行為]。

六、其他：

1. [惑→業→報]；[報熟→生]；[報盡→死]。

慈濟事

一、注意人生看天下，體會苦難珍重法，要覺醒／美國、獅子
　　山、泰國、馬來西亞檳城、印度、孟加拉、尼泊爾、歐洲
　　義大利……這時，天下有多少慈濟人在苦難環境中付出。

　上人：「三誡」，三次告誡我們，要專心，要信解，要體會。「三誡，
　　　　顯本壽量奇特大事」。開始要講〈如來壽量品〉，大家要很用
　　　　心。因為它也是「奇特大事」，要很深信來體會，所說的體會
　　　　不只在經文，要注意人生。因為佛法就是世間法，大家要用心
　　　　看天下。

　　　　　不只美國，獅子山共和國、泰國正在進行救濟。還有馬來
　　　　西亞（檳城），2、3天前的水災，慈濟人也在那裡進行救濟。
　　　　還有印度、孟加拉、尼泊爾。還有歐洲義大利，慈濟人去為災
　　　　難過後無法讓孩子讀書的人發放。天下，已經，有多少慈濟人
　　　　在苦難環境中去付出。

　上人：看到天下這麼多的苦難事，應該好好體會。「殷勤珍重」，真
　　　　的要珍重這個法。「誠之甚深，且分別告教聲聞、辟支與諸菩
　　　　薩。」佛陀不只對菩薩教誡，聲聞、辟支佛同時也告誡。人生
　　　　這麼無常，一定要覺醒；要尊重自己的生命，好好把握成長慧
　　　　命的因緣；人間是道場，入人群中付出，成就道業。要用心。

　　　　○故事小結：
　　　　1.注意人生，體會苦難。

二、天堂中的地獄／美國休士頓賑風災水災。

　上人：就像現在，天下災難偏多。常說美國是天堂，現在，在德州休
　　　　士頓，受苦的人好像是在天堂中的地獄。這波災情，我們發現
　　　　美國以外一些人的想法：只要到美國，就能到天堂。沒想到千

辛萬苦來到美國，打拚幾十年，努力做工，賺錢，仍沒辦法正式入籍，也回不去，到頭來變成違法居民，只能偷偷地打工。像這樣的居民，很多啊！租的房子壞掉，自己簡單的違章建築被水浸過，卻無法得到政府的幫助。生活已經很苦，現在又沒房子住，身分也不能暴露。有苦不能說，苦啊！

這樣的苦難，菩薩看到了。全美國慈濟人，分會執行長、幹部已經在休士頓集合，大家分頭進行，一直勘災，一直發放，現在發放的，差不多是勘災過的 32% 而已，但也發放超過 1 萬 3 千多人，還有幾萬戶未發放。光接觸、發放過，裡面悲悽的故事就很多。

華頓市，勞倫斯夫妻及妹妹，很淒慘、狼狽，沒地方住，只一台老舊車。他有領我們的東西，慈濟人看他這樣的身體，聽他描述，跟著往車子方向走，車內塞滿浸壞爛掉的東西，所有家當都在那裡。太太心臟病開刀住院，先生要照顧，求救無門，有苦說不出，真是苦不堪。他們的日子到底如何過？類似這樣的人，我們看到很多；平常這裡是人間天堂，這 20 多天聽到的、看到的，卻比比皆是苦難人。……

昨天看到相片，不知多久沒洗澡，一身狼狽落魄，天氣炎熱，可以想像接近他的身體時……，可是慈濟人展開雙手，去擁抱，去親近他們。捨棄我相，愛展現，……

三、濁惡世是人類已造成的共業／休士頓、多米尼克、波多黎各、邁阿密等地的風災，墨西哥城的震災，連續。

上人：「我成佛已來，復過於此百千萬億那由他阿僧祇劫。」佛陀已體悟到這道理，且已經這麼長久；佛陀的覺性，他自己很明瞭、很清楚。佛陀覺悟，來來往往在無量世界，這樣的時間，到底地球的成、住、壞、空經歷幾次？到底正法、像法、末法經歷幾次？不論時間多長，這（宇宙的）道理、（佛陀的）覺性永存。

　　我們現在，處在器世間的壞劫、濁惡世的時代，這是人類已造成的共業。因為在濁惡世，所以災難偏多。已經超過整個月，加勒比海連續產生幾個颶風，造成美國大災難。光說休士頓 (比台灣大好幾倍)，哈維颶風登陸，3、4 天後出來；又進去，再一次登陸損失更嚴重。

　　後面，接著又艾瑪颶風，在北美洲的美東及中美洲所屬小島也造成大損失。接下去，又有瑪利亞颶風。都是 4.5 級的強烈颶風，路徑差不多，重複再損害。多米尼克、波多黎各，都是美屬的加勒比海小島國家，看他們傳出來的災區畫面，80%、90% 受損，非常嚴重。多米尼克，連總理官邸也整間掀掉，總理：「房子忽然間被掀掉，水突然湧進去，不知如何是好。」人浮在水上，直到警察去救他。強力颶風橫掃，不論貧、富、地位多高，同樣受災難，即使貴為一國總理，也會很無助。波多黎各 (3 百多萬人) 更嚴重，但交通還沒恢復。

　　邁阿密災區，看到的也都很苦，災民很無助，已經 20 多天，因艾瑪颶風一直進不去；濟弘已到，這幾天趕緊準備發放。

　　美國的鄰近墨西哥，墨西哥大地震 (9 月 19 日，規模 7.1)，思賢一群人現在在那裡，毀滅性的地震，真是怵目驚心，所走過、所看到的就是滿目瘡痍。政府在哪裡？連政府建築都被破壞，要找公部門對談都找不到。問老百姓：「政府在哪裡？」不知道。很無奈，現在都靠災民自己救災民，或外地義工投入。真的是苦難偏多。

四、災難沒停歇 / 美國德州休士頓風災水災、墨西哥震災、多明尼加風災水災、聖馬丁風災水災。

上人：風災、水災，這次美國這麼廣的大災難，一群菩薩，整個月，一段落，一段落，在那裡和受苦難人互動，到人群中接觸、膚慰，去了解他們所需、我們要如何付出等等。接著另一個國家

墨西哥，地大不調，很慘，第1次8.1規模(當地9月7日，震央奇亞帕斯州海岸，西南方120公里處太平洋)，很強烈，連5百多公里遠的城市也倒很多房屋。經過10幾天又發生第2波(當地9月19日，規模7.1，震央墨西哥南部恰帕斯州，皮希希亞潘城西南方87公里)，很接近城市，幾十棟高樓應聲倒下，有人埋在裡面。過幾天(9月23日)，同災區，又一波地震6.1，近10萬戶的房屋塌損。

苦不堪啊！美國風災、水災救濟未結束，一群慈濟人又趕到墨西哥。這麼多天了，第1梯的思賢已經回來台灣，第2梯濟覺從休斯頓到墨西哥，已經在那裡接下去勘災。段居士，因父母年老，最近身體又不好，本來回來台灣照顧，聽到師父：「你回來這裡，休斯頓已多少人投入賑災……。」他就趕緊回休斯頓投入。後來，墨西哥又地震，再回花蓮，我又：「現在墨西哥這波，思賢急著回來。本會有兩位年輕菩薩要去(宗教處呂宗瀚、國際慈善室何郁郁)，你能再去嗎？」他：「這樣我再去。」師父：「媽媽、爸爸怎麼辦？」馬上，台北雙和區的菩薩，秋良居士一群人：「不要緊，父母我們顧，你趕緊去發揮即時救難。」他安心了，將自己的父母付託給同修，託給慈濟人，再去墨西哥。

看，菩薩這樣來來回回，發大心，是不是勇猛精進呢！一個地方救濟完，再過去，到另一個災難區，不同災難，很慘重，苦難的國家去。這幾天，日以繼夜，這5、6個人配合當地新發意的菩薩，一方面培養種子，一方面勘災同時進行。大覺有情入人群中；「是求道之大心人」，是求菩薩道，發大心的人，是身體力行、採取行動哦，不是只口頭上：「我發心，我聽經很勇猛。」他們出去同樣在精進；我們這裡的菩薩每天早晨聽的法，同樣整理好，將它傳過去，他們同樣有資料，同樣入佛法中。……

上人：現在慈濟人在進行賑災的國家很多，不只在德州，不只在墨西哥。多明尼加，第一波艾瑪颶風掃過，北方災情很大，慈濟人已經投入勘災，資料也已經回來。聖馬丁 (法國及荷蘭屬地)，第一次艾瑪颶風已經 80%、90% 受損，這次瑪麗亞颶風又帶給他們第二次災難。

　　只是小小的地區，短短 1 個多月，卻有 2 次巨大的災難。那裡的慈濟人，同樣已經精疲力倦，可是他們還是沒有停歇，還繼續在救。

　　天下災難之多啊！要很用心體會。

★天堂中的地獄／颶風哈維登陸美國德州，特大洪水肆虐休士頓，居民家園毀損。慈濟志工前往颶風登陸地洛克港，為受災民眾進行第三次發放，提供現值卡與物資環保毛毯。為颶風急難賑災階段劃下圓滿句點。攝影：不詳

第三編 正宗分／開示悟入

★災難何時盡／巴西慈濟志工為美國德州哈維颶風、中美洲艾瑪颶風募心募款。帶領民眾手捧心燈為災民們祈福。攝影：林詩佑

★災難沒停歇／普埃布拉州強震，震央附近及首都墨西哥市民眾傷亡慘重。慈濟志工經2個多月勘災、訪視、造冊。多國志工暨醫療團前往展開大型發放與義診，提供物資卡及環保毛毯，為受災民眾送上祝福。特拉瓦克市首場大型發放圓滿結束，送上環保毛毯感恩本土志工協助。攝影：周幸弘

○故事小結：

1.〈如來壽量品第十六〉，上人升坐，共開示 48 天。期間，四大不調，濁世，眾生共惡業，人類的苦難一個接著一個，尤其人人嚮往，素有人間天堂美譽的美國及其周遭地區。各方慈濟人或會合，或分頭，馬不停蹄，一個地方再一個地方，去救拔苦難。救也救不完。上人心心念念，光美國（德州休士頓、多米尼克、波多黎各、邁阿密），颶風造成的苦難共開示至少 9 天；墨西哥，地震造成的災難開示至少 6 天；獅子山共和國，鑽石內戰的人禍開示至少 3 天；還有非洲的冰雹成災、水災；還有聖馬丁的颶風苦難；還有大陸長沙的水災；還有美國北加州的火災；還有泰國、馬來西亞檳城、印度、孟加拉、尼泊爾、歐洲義大利、……各地，各式的不調，造成的苦難，說也說不完。

2.娑婆堪忍，人世間的災難無盡，眾生的苦難無量，菩薩的緣如何終？佛陀的願如何了？唯有，再來娑婆，再來娑婆，再來，再來，至無量，壽無量……。

五、《法華經》要用在生活，不是用來做學問／師父那麼用心說，我若沒用它、沒改變，我對不起師父。

上人：「汝等可服，速除苦惱，無復眾患」。要用心，我們煩惱、無明的心態，才有辦法一一去除。「並慇勤勸說，知病，可服用此藥」慇勤地勸說，讓大家知道：原來我的心態錯了。心態一轉，我沒有煩惱，我快樂了。

每天都看「草根菩提」。環保菩薩，不分年齡、不分受教育高低，只要一句話聽進去：「哦，師父那麼用心說，我若沒用它，我若沒改變，我對不起哦！」昨天的「草根菩提」看到兩位老菩薩的轉變，實在很安慰。他們每天，天未亮就出來聽法，聽這麼深的法。現在師父在說話，這 2 位菩薩應該在不同聯絡處，都在聽法。這想到就歡喜。這藥應他的機，他能接受。過去的人生很煩惱，脾氣很壞；現在人人讚歎，人人愛她。西螺江麗雪老菩薩：「師父說：『我要先去愛他們，才會這麼多人愛我』。」這樣簡單的法，她就能改變自己，懂得去對待人

好，而人人也對待她好。以前見到人就無明；現在看到人就是法、法喜，向人說法。真的很感動人。「知病，可服用此藥」，知道他什麼病，你就用這樣的藥給他。

上人：《法華經》大、小病都能適用，大、小根機都可以用；《法華經》聽來，我們要用在生活，不是聽來去做什麼樣的大學問。能用，才最好。「必得快速除」，為他除掉煩惱、無明的苦；「一切身心悶亂苦惱，服藥病愈」，所以「無復眾患」。要很用心體會。

○故事小結：
1.《法華經》要用在生活，要身體力行。不是用來做學問。

六、我相信、相信師父，我相信就對了，我就是用心相信／非洲菩薩精進聞法，坐 3 班車，經 4 次翻譯。

上人：昨天聽到人文菩薩回來報告人文志業。其中一支影片是非洲菩薩的精進聞法。他們要聽法很困難，設備非常有限，大家住的距離都很遠，必須固定時間來到聯絡處聽。有的要坐 3 班車，什麼車？「野雞車」；一輛 9 人座的車，擠 2、30 人，擠得車門都要被爆開。跌下去，腳斷，受傷，沒有休息，抹一抹藥，同樣每天、每次都來聽經。很辛苦。

大愛台的報導，問：「你聽不懂啊，怎麼這麼認真？」他說：「我相信，相信師父。」「聽不懂，你如何相信？」「我相信就對了，我就是用心相信。」只是一個相信；克服很多、很多困難，只是為了聽電視的再轉播而已。再問：「台語聽不懂，你為什麼那麼相信？」「我就是相信，就對了。」說不出理由，但一心相信，就是歡喜。

「你就聽不懂？」、「我就是相信。」一直反覆，只因一個相信。儘管聽不懂，但覺得：我來這裡聽，對我有幫助、有

利益，就只有這樣。

　　經過翻譯，翻譯，再翻譯，再翻譯，4 次翻譯過程增增減減，卻是增增減減聽進去的都很重要。真心聽法，聽真法入心，以真誠心聽法，不論增加還是減少，他們聽進去，就是真實法，他們身體力行，是真精進。

上人：連續去 5 個國家。他們的付出；物資很欠缺，但僅有一點點的東西，很甘願捨。問：「你自己就這麼缺，只一點點，也要再給人？」他們：「雖然我很窮，但我很相信，我給人我就有福。我相信要多造福。」我們一般人：「我可以多吃一頓飯啊。」他們：「我甘願，省下這頓飯，我願意給比我更貧困的人吃」。很感動人。虔誠，純真，道心令人感動，我們應該將這節目當做法入心的節目。

　　比起我們，在這樣的人間，煩惱什麼呢？這樣的生活，他們一點都不擔心。也不擔心「我這些東西出去，這頓我就要餓肚子了。」聽到法，將這些煩惱完全去除。每天都很法喜，願意付出，願意用體力去幫助人做事，願意一點點的東西與大家分享。「斷根本煩惱」，無貪、無瞋、無癡；「根本煩惱、無明思惑」全都斷除。要斷煩惱，不困難啊！就是這樣，這麼容易。少欲知足，心很純真就是相信，無疑，完全沒有懷疑的接受。讓人很感動。

　　我們在這裡，有這麼好的設備，將法一字一句寫出來，從文字解成觀念、思想，讓大家入心體會，這樣一句一句向大家解釋。這樣的環境，若與他們比較，擠車，車門裂開，跌下來，受傷，處理好，回來，同樣再向前走，他們真正是勇猛精進。

　　經過 3、4 次加減翻譯（盡所能的多少翻譯些），他們真誠聽，聽真實法，句句入心，只憑著信，我相信，我聽法就是有利，對我有幫助，讓我改變人生。

　　他們隨時編歌：「上人，您是如何發現我們？」覺得他們在那麼黑暗的地方，為什麼師父會發現他們；法入心，聽進去；吃飯，我吸收 8 分飽就足夠，2 分能再幫助別人，也能做成歌唸出來。

上人：真的很可愛、很純真；聽真實法，入心。〈壽量品〉今天結束，《法華經》的經文已經過了一半以上，我們到底吸收多少呢？

　　○故事小結：
　　1. 我相信，相信師父，我相信就對了。
　　　　我就是用心相信，相信師父說的法，相信《法華經》說的。
　　2. 我們到底吸收多少呢？

故事

第 1508—1510 集
聞法、說法、傳法，法在行動中、生活中 / 長沙水賑。
天堂中的地獄 / 美國休士頓賑風災水災。
注意人生，看天下，體會苦難、珍重法、要覺醒 / 美國、獅子山、泰國、馬來西亞檳城、印度、孟加拉、尼泊爾、歐洲義大利……這時，天下有多少慈濟人在苦難環境中付出。
第 1511—1520 集
人間苦啊，集來苦 / 獅子山共和國鑽石內戰。
有缺點趕緊改，趕緊去付出 / 高雄榮董 + 花蓮企業家 30 幾人，補懺悔。
定是過去生中同時造作，共業啊 / 獅子山一輩子苦、磨、病、痛、沒選擇。
苦難眾生是菩薩的道場，但也要有因緣 / 美國天堂變地獄、休士頓颶風成重災。
濁惡世是人類已造成的共業 / 休士頓、多米尼克、波多黎各、邁阿密等地的風災，墨西哥城的震災，連續。
堪忍、謹慎、戒己、四安法 / 休士頓、邁阿密、墨西哥城賑。
堪忍付出、四安法 / 菲律賓 090926 凱莎娜風賑，以工代賑。
然燈佛授記善慧菩薩號釋迦牟尼 / 買 5 蓮華，解髮布地。
訓練心眼 / 訪視盲夫妻。
心眼規畫 / 鑑真大和尚第 6 次才成，唐招提寺。

第 1521—1530 集
世間眾生堪忍事多，集體苦難很多 / 休士頓風賑，訂慈濟月。
肯發心、願意付出，人間苦難能得救 / 台灣人醫會 45 年。
2500 年的誓約 / 全球人醫會圓緣。
災難沒停歇 / 美國德州休士頓風災水災、墨西哥震災、多明尼加風災水災、聖馬丁風災水災。
滿、8 分、誓願學 / 人醫年會、北京教授甘業華。
病態從小事始，小事從心理始 / 環保站治憂鬱症。

第 1531—1540 集
人壽非不死 / 療眾病王、死亡之聲。
很辛苦，還沒救完 / 墨西哥震賑、休士頓風賑。
已非貧困人 / 非洲極苦七國。
《法華經》要用在生活，不是用來做學問 / 師父那麼用心說，我若沒用它，沒改變，我對不起師父。
治病要有因緣，法也一樣 / 骨髓相見歡，42 歲半鐵人。

第 1541—1550 集
救災比台灣太艱難，很不捨 / 緬甸 080502 風災人損 20 幾萬、海地震災 27 萬生命、南非初春大冰雹慘重災情。
菩薩質直柔軟心 / 墨西哥震賑 6 位領導人求皈依 2 次。
不可思議，因有淨法，無量心靈財富 / 最貧窮苦難非洲 10 月大水，竟有辦法救濟 2 百多戶。
人傷我痛人苦我悲，我們很不捨 / 墨西哥震、德州颶風、北加州林火，很多人需要幫助。

第 1551—1555 集
如來光明 / 墨西哥震、5 國賑。
平常事、平常人做不到 / 雙溪個案、70 歲翁。
我相信、相信師父，我相信就對了，我就是用心相信 / 非洲菩薩精進聞法，坐 3 班車，經 4 次翻譯。

法數

第 1508—1510 集

	三無差別、五時說教、十二緣、六度、五趣、四安法、三軌、一念、三細、六粗、四智轉。四智轉、十方、三世。四智轉。五濁、三漏、三學、四誠四請。
第 1511—1520 集	
	三輪體空。三身、三世。三身、三理四相、六道。訪五、修六、說法四十九年，四大、四塵。六度、四安法、十惡、五趣、九道、三毒。四誓、六度、八苦、八相成道。五眼、五善根。四攝法、四悉檀。
第 1521—1530 集	
	五毒、八苦、三界、欲界十四有、色界七有、無色界四有。三無差別、六度、六道。六道、三乘、三界。一念三細六粗、三界、六道、十二緣、四誓、四內修。四生、三輪體空、五陰。三世、三學、一念三細、三界。三界、三身、十二緣。四內修、四心、五欲、二惑。三身、四智轉。[我是從過去生一直發願來的，付出無所求，總是為天下眾生，是與願俱來]。
第 1531—1540 集	
	三寶、四智轉、三身。三界、四智轉、三身。五根塵識、四智轉、十方、三世。五濁、五眼、四諦。忍辱只為誓願。四內修、四誓、十法界、三界四生五道、六度。三界、六度、四攝、四心、四內修、四智轉、三惡道、八識。三界、五欲、三乘。十二緣、六入、六欲、六根、六塵、六識、四生、五分法身、六度、三學。一念三細六粗、六根、六塵、十二緣、三學、五分法身、三身、四智轉。四大、三乘、十二緣、一念三細、四誓、六度。四大、三世、五濁、三軌弘、六度。
第 1541—1550 集	
	一念三細，心思、念頭→顛倒、微密不見，四倒（凡夫、二乘）、三度。六度、四心、十法界。六度。四語。五濁、四大。四智轉、六度。三毒、四大、四生。4445578、四攝、四大。三業、十惡、五逆、三毒、三寶。
第 1551—1555 集	
	六度、四攝。三世。三乘、五時、 四智轉。五欲、五蘊、一念、三細、十二緣、三惡道。三界、四生、五濁、五毒、三毒。

解構

第一段偈頌文摘錄：

自我得佛來→[所經諸劫數，無量百千萬，億載阿僧祇]+[常說法教化，無數億眾生，令入於佛道]。

爾來無量劫，為度眾生故，方便現涅槃；而實不滅度，常住此說法。……

我智力如是，慧光照無量，壽命無數劫，久修業所得；汝等有智者，勿於此生疑，當斷令永盡。

佛語實不虛＝如醫善方便＝為治狂子故，實在而言死，無能說虛妄。……

第一段偈頌大意：

1. 實，不滅，已度無量；為度，故方便。

2. 勿疑；佛語無虛妄如醫。

3. 佛心啊！上人心啊！

第四章　入／般若涅槃秘要之藏

第一節　分別功德品第十七／智慧

集數：60集（第1556集—第1615集）。

主角：彌勒大菩薩。

情節

第一段：（無量眾生得大饒益）

　　1. 佛，壽無量＋度廣大眾生→無量眾生、得→那些大饒益？

　　2. 包括：a. 無量的眾生得→無生法忍（初地、二地）。

　　　　b. 無量的大菩薩得（依位證得）→

　　　　　b1. 聞持陀羅尼門（三地、四地），

　　　　　b2. 樂說無礙辯才（五地、六地），

　　　　　b3. 百千萬億無量旋陀羅尼（七地），

　　　　　b4. 能轉不退法輪（八地），

　　　　　b5. 能轉清淨法輪（九地、十地）。

　　　　（十地＝歡喜、離垢、發光、焰慧、極難勝、現前、遠行、不動、善慧、法雲）

c. 無量的大菩薩 (依生證得) →歷八生、四生、三生、二生、一生，各得成佛。

d. 無量的眾生→發成佛心。(信心成就)

3. 凡說證果之法，均有之瑞應，包括：雨華、雨香、雨天衣，天鼓自鳴、歌頌讚歎，燒香，垂諸瓔珞，旛蓋 (類六瑞)。供養益非有意，皆佛法威德力感召。

第二段：(開始比較功德)

1. [行 5 波羅蜜 (第 6 名)]<<

2. [聞佛壽遠、生一念信解](第 5 名)<<

第三段：(層層比較分別功德)

1. [聞佛壽長、解其言趣](第 4 名) <<

2. [聞佛壽遠、深心信解 = 見佛常在耆闍崛山 = 娑婆坦然平正、菩薩眾處其中 = 如來滅後、聞經不毀訾 + 起隨喜心](第 3 名)<<

3. [廣聞、教聞 + 自持、教持 + 自書、教書 + 供養經卷 = 頂戴如來 = 如來滅後、起塔寺、作僧坊、四事供養眾僧 (其實、重精神、不重物質)](第 2 名)<<

4. [持法華 + 行 6 波羅蜜 = 聞讀誦受書、自教 + 行、施戒忍進定慧](第 1 名)。

意 義

一、續〈如來壽量品第十六〉(已滿之佛果)：

1. 明 [佛壽無量 + 度廣大眾生] 這當中→ [得度眾生所成德相 (顯

佛法之威力），包括：依位證得，依生證得，信心成就等]。

二、分別，功德：

1.a. 分別＝辨別聞法者受益之淺深。

b. 分析如何修行＝如何累積功德＝略有 6 名。

c. 什麼功德、才是真正人所要追求？

2.

功	德
＝內能自省	＝外能禮讓
＝聚精	＝恆持之心明、明德
＝純淨智	＝誠信、明如來性、止於至善、勤修行。
＝自修、自得	＝度他、利他
＝功行	＝果德
＝有福利之功能	＝能為善行之得＝得

三、六般若波羅蜜：

1. 布施→六之中的根本、最基本，幫助別人是理所當然的事。

2. 持戒→行善、幫助別人，本來需要方法、規矩，尤其多人一起布施時更需要有共同的默契、紀律、合和。

3. 忍辱→做好事，不可能不會遇到困難，所以需要忍身的體力、氣候……，辱心的逆、的考驗。

4. 精進→要習慣付出，要不斷布施，要精勤的捨，至生世，至無量。

5. 禪定→凡事要先靜心、定意而後動；布施更當然。

6. 智慧→布施需以慧為導；不是一昧的給，需要用智慧去思考。思考什麼是對方最需要，同理心的提供給對方種種，包括物質

及精神；思考布施的人，自己應有的心理建設及態度，如戒、忍、進、定；思考什麼是布施的真正，你、他、我本來同體，喜捨對他就是慈悲自己。無所求、感恩、三輪體空，這樣的布施付出，心最輕、最無壓力、心最平、最安。

四、信：

1. 入「要」以信；以信的角度切入，來了解此品、了解功德，而助益修行。

2. 信＝道源＝功德母。

3. 第 5 名＝生一念信解→大信。

   第 4 名＝解其言趣→智信。

   第 3 名＝深心信解→深信。

   第 2 名＝聞持書、教、供養經卷，重精神、不重物質→淨信。

   第 1 名＝持法華＋行 6 波羅蜜→證信。

4. 大信 << 智信 << 深信 << 淨信 << 證信。（「<<」＝指左的功德淺於右的功德＝右的功德深）

5. 大信、智信、深信、淨信、證信←非有敬信不得。

慈濟事

一、活躍心思，50 歲的壽量先放在這、再算幾歲，不用執著壽量、我幾歲、我要退休／田中 101 歲見習、玉里王成枝 104 歲。（20180224）

上人：「故無歲數、壽無疆極，覺性虛空、本寂清澄，無物相故、無

染之有。無壽量相、即妙有真空，壽量皈覺性、藏無量壽。」人生「無歲數」。說我年老了？我若不承認？「我沒有老！」「沒有老？」「相就老了」。相，不要執著相，就沒有老相。老相症，有孩子生下來就 7、80 歲的形態啊。人的生理變化，胎裡就已經老相，這叫生理。生理，身體，如何來？太奇妙了，說也不盡；本來沒有我，是因為父母。總而言之，人生執著名相惹來很多無明、很多煩惱相。「故無歲數，壽無窮極」，不要一直在那裡算數，在大自然界生存，用很簡單的生活來生活，做該做的事，盡人的本分去做，不管歲數有多少，自然「壽無窮極」。這一生的歲數、來生的歲數、再無數無數的來生，我們要取著哪一生？

上人：性無窮盡「覺性虛空」，〈如來壽量品〉中，很多弟子疑：佛陀度那麼多人？這些人看起來很成熟，到底用多久時間度？才 49 年，如何度那麼多人？希望佛陀說個道理。佛陀要說的道理就是「覺性虛空」。

這麼長、這麼遠的地方，到處去救災，為什麼大家的心志會共一個方向去？這就是覺性，真實的道理。身體力行，隨順世間法，大家追求這個真實道理，會向法的起源，法脈的開頭思想、與宗旨的起點這地方。

「壽無疆極」，無邊際，沒有極限，為什麼？因為「覺性虛空」，遍虛空法界，虛空＝大空間無疆盡。時間無疆極，每個住著的地方周圍空間也是無疆極，因為宇宙無疆極，我們住著的是宇宙中的一個地方。「覺性虛空」就是遍虛空法界；這虛空法界的真實相是什麼？「本寂清澄」，虛空＝空，覺性本來寂靜清澄。

上人：「無物相故」，因為空，無一物，沒有物相；若有物就不算空；無物才叫空。「無物相故，無染之有」，因為它無物，它要染

著在哪裡？空污、空氣污染，是污染天空？天，空，污染不到，是這個空間被污染，讓空間有很多骯髒的東西。

氣無相，但氣體是從有的東西所造作；就如，哪有善惡？是人造作出來的。「這個人是好人，很善良、很有智慧」，「這個人很壞、很惡，他的行為讓人可怕」。好的人讓人可親近，這是因緣會合；很多因緣合成，所以造惡受苦，所以感受到。

菩薩接受道理→發願→身體力行，也是因緣合成；這個因緣、會合這個因緣。「眾生無邊誓願度，煩惱無盡誓願斷，法門無量誓願學，佛道無上誓願成」，也是因緣合成。有發心立願→願堅定→方向就不會偏差，叫做合成，因緣合成，所緣苦難眾生。

上人：「覺性虛空」，本來就無物相，哪有東西可污染到？「無染之有」沒有東西可讓它污染，是空氣污染了天空？不是！是人污染。這樣的因緣，再回歸在有形的物，成為污染的空氣；污染的空氣造成，再回歸污染的物體。

就像人，也在製造污染，我們生活著的呼吸和排泄都在污染大地；何況起心動念、貪念、無明等等。欲念無窮盡，造就破壞，造就很多東西。大自然的資源長年供應人類，但人類快速破壞，佛陀說的壞劫，在人間已成。

人這生老病死短暫的時間，卻造作永恆不斷輪迴的損害；小乾坤、身命自己不斷、長時破壞大乾坤、大地，造作惡業，再輪迴來受被破壞的後果。說長一點就是這樣；短一點，空氣污染，出門要戴口罩，已經感受到。

有覺醒？還沒有！這叫人類。

上人：本來無染著，空無物相，「無染之有」沒東西可讓它污著；卻是人去造作，造很多的東西去污染它；要不然我們是「無壽量相」。

　　我們若回歸本性，人人不造惡緣、惡因，很自然，天地宇宙共一體，人類之間互愛互存，壽命會更長，有相的名會更長。

　　「山高海闊」大地山河本來永存；但，山不高了，已經一直被破壞；海深？已經一直被填，填成陸地。這都是人為啊！人為使大乾坤破壞，何況小乾坤的生命體！

上人：「覺」，覺性無量，人間的覺者。佛陀說「無壽量相」，不用執著壽量。

　　我已經幾歲了！我要退休了！年齡成為藉口，讓很多人的生命提早作廢；你若要領退休金，就不能再去做其他工作，才五、六十歲就什麼都不用做，人間無用的老人愈來愈多。我們願意承認老？台北有一位長者 101 歲，今年報名見習培訓，2 年後要讓師父授證。我在台北與他口頭有約：對他的身體有信心。反過頭是對自己。我是方便法與他約。

　　總而言之，「靜思法脈」千秋百世，「慈濟宗門」永遠開著，不論他幾歲，永遠都有受證的機會。

　　我們的委員王成枝，今年再來領師父祝福他的福慧紅包，來到我面前，這樣向我比，說：「師父，我這樣。」「4 歲」。是啊，寄存 2 個 50 歲，他「4 歲」。後來在走廊遇到，又告訴我：「師父，我還要繼續收，繼續走。」

上人：佛陀告訴阿難：「阿難，我將入滅，世間若有需要，佛壽能住世幾劫。」但阿難默然，沒有留佛。就像我要離開，「你不留我，我就出去；你若留我，可能我會再留一下」，同樣的道理。阿難後來也很後悔：「那時候，我有想請佛繼續住世，但怎麼會說不出來？」因緣就這樣過去。佛陀既說出：「我準備入滅」，當然他就要入滅，這就是壽數。人間福淺，所以無法將覺者永留人間，不然佛陀怎會 80 歲而已？佛陀來人間，眾生的福就是這樣。

上人：「即妙有真空」，佛陀說的道理真的很奧妙。道理，分析到頭來，
都歸於零。世間再多的數字，後面都要一個 0。從 1 到 10，要
一個 0；1 到百，再多一個 0；到千等等的數字，後面都是 0；
一切一切都歸於 0，就是空。但，這個 0、0、0 的空裡面卻是
妙有，妙在人追這個「有數」是追「無窮盡」。道理要解釋，
1 個道理就說無窮盡，道理實在很多很多，所以「妙有真空，
真空妙有」。

「壽量皈覺性」，壽量回歸到覺性。凡夫「反黑皈白」，
從凡夫歸回到無染的覺性，不就是「藏無量壽」。

上人：所以這次出去，向大家說：「哎呀！不要想老啦。來，50 歲
的壽量先放在這，再算我們幾歲。」4 歲、1 歲大有人在；
40、30、20 多歲、10 幾歲，很多。大家聽到這個年齡，很歡喜，
心思整個都活躍了！

★活躍心思／大愛電視台《回眸 50 看見慈濟》回顧初發心與做慈濟歷程。採
訪資深委員王成枝師兄與其兒子。攝影：許榮輝。

○故事小結：

1. 壽無量＝覺性空；壽無量←覺性空。

2. 故無歲數、壽無疆極＝覺性虛空、本寂清澄＝無物相故、無染之有＝[無壽量相＝即妙有真空]＝[壽量皈覺性→藏無量壽]。

二、只善易迷、純淨長時明本性／多味寫國王布施。

上人：佛陀在世時，也在教化眾生，因眾生迷茫。有的國王什麼道理也不清楚，不過有善心；就如那個時代，有一位信奉婆羅門教的多味寫國王，他很了解修行一定要付出。一天，多味寫國王心血來潮：我國事忙碌，竟忘記宗教修行，我應該布施，做些事。於是他開國庫，告訴大臣：「這些珍寶拿出來，向城外貧困的人說：『只要有需要，可以來拿這些珍寶，但每人抓一把為限』。」訊息出去，人陸陸續續來。一人抓一把，很歡喜，貧窮苦難人得珍寶，幫助很大。

　　一天，國王去看珍寶用了多少？「這麼多人來拿過，怎麼不增不減？」心想奇怪。忽然，遠方來一位長得很莊嚴的修道者，國王特別接待並互談。國王：「你從那麼遠來，有什麼事情需要我幫助，儘管說，不要客氣。」修道者：「我遠來此，是為接受國王的施捨。」國王：「可以啊，看你要多少，儘管拿。」修道者抓一把，向國王說感恩，就回頭走。走了七步路，回頭，將珠寶放回去。國王：「你怎麼放回去？」「本來我想買一間房子娶妻。但我抓的這把珍寶，只夠買地、蓋房子，娶妻還不夠。」國王：「不要緊，你可以再抓三把。」修道者再抓三把，但再走七步，又回來，把這些珠寶又放回去。國王：「奇怪！你怎麼東西拿去，又回來？」修道者：「我想，罷了！妻子若娶，就要生子。添人口，還得撫養，還要再買土地耕作。」國王：「不要緊，你若真的需要，剩下這些珍寶都給你。」修道者：「感恩啊！」修道者向前再走七步，又回來。「啊！國王，我想還是作罷。」「為什麼？」「我本來輕安，

本來要修行，因國王布施珠寶，讓我起念建立家庭，想蓋房子，娶妻，生子，再買田，再耕地，想享受，所要求的變得很多，拖累沒完沒了，業累也沒完沒了，我不要了。」就這樣放下。

國王聽後，恍然大悟，認為：對！我還貪什麼？我本是婆羅門教、來修行，雖然道理不透徹，但我能很輕安，何苦當國王每天操持國政，差一點忘記修行的本分。幸好，這次打開布施門才能遇到您。不容易啊！您打哪來？此時，國王念頭轉，看清楚這位修行者，原來是釋迦牟尼佛。

釋迦佛：「我是某某人，知道你善根很深。但只知為善，不夠，應該還要信解法；若沒有信解真理，容易迷失。就如你這幾十年走過的人生，因為過去有造福、所以身為國王，因為過去有善根、所以能造福人群。但，你若沒有將真諦理，透徹了解；這一輩子所做的，也只是人天福。」國王醍醐灌頂，忽然間將心腦完全清淨，明白了；向佛陀求皈依，求佛用佛法度化他的國家。

上人：「德能、為善行之得」，因為「德、是從善行所得」。

「功聚精魄、純淨智」，功要很純、很純，不斷付出、付出，無所求；修行要下功夫，要用真誠的心下功夫。不論為善，勤行道，要聚，將功聚；付出利益他人，或勤行自己的道行，都要凝聚這分精純的魄力，叫做「功聚精魄」，很精，一切一切都沒有雜染的力量。

就像我們，人人都有魂魄，只是我們凡夫將這個精純的魄力……；人人都有成佛的可能，都有神通變化的功能。佛陀要感化國王，隱居身分，用這方式度人，這也是神通。

很純淨的智慧＝叫做功。功？下功夫要長時間，「恆持之心、明明德」＝要找回我們的真如本性。前面一字明＝我們要清楚，清楚人人本具這明德；明德＝人人具有清淨的德性；「明明德」＝要了解人人本具真如本性。本性本來有，要用功，要

恆持，要用很長久的時間、力量投入用功，生生世世。慧命能延長，就是生生世世。

○故事小結：

1. 以慧→導五度，做慈濟。
2. 覺察，覺悟己心；做慈濟，終究要講究純度。

三、無法想像的苦、沒得比的愛／海地風賑 10 年（震賑 8 年）。

上人：就像在海地，昨天與思晟、濟舵，又在那裡說海地那種的苦、苦、苦，很多的苦。我一直要去了解，他們苦到什麼程度，愈說愈多，那種苦、那種生活，真的是「人間地獄」；我們無法想像。

　　一般過生活的人，在政府高階層上班，月薪可能 2 百多美元，算很好了。派駐海地的國外使節，月薪可以領到 3 萬多美元。同樣人類、同樣在這樣環境，卻是……。

　　物價這麼貴，一顆大白菜聽說 15 美元（台幣四、五百元），因為進口。當地有這樣的菜？有。比較便宜，合他們水準，但菜長不大，這樣小顆，黑黑，不是白色。為什麼？很貧瘠的土地，種菜又沒肥料、農藥。進口的，又大又美，在家數不多的超商賣，應外國人所需。在地人哪有有辦法上超商；超級商場，當然就是這種天堂的人進出的地方，東西很貴。

　　富貴國家派到這麼貧困的地方，生活很辛苦，治安很不好等等，認為這樣的代價還是不夠的。當地人？已經很好了。貧困人？捐錢，「我有 5 元，我捐 1 元，你要找我 4 元」（海地貨幣古德、1 元＝台幣 4.5 角）。不是他們慳吝，是他們所有的錢就這 5 元，台灣花蓮地震，他們願意這樣。願意捨出 1/5，多或不多？對我來說很多，已經很好，盡心力。

　　去年 9 月美國哈維颶風，海地領先呼籲，呼籲被救濟的人捐錢，他們同樣踴躍捐。雖然大家踴躍捐，收回來是幾百元台幣，在他們千多元、2 千元已經很多。去年 11 月，如濟神父

與德國醫師來精舍，要將救助敘利亞難民的錢捐給我們。拿出來，包得很好，展開。我伸手要去拿，他：「這錢很骯髒，您不要拿。」錢怎麼會髒？開始說故事：那裡的人很貧困，生活環境骯髒，錢互相接觸，真的很髒，叫我不要摸。那裡的貧，有的孩子……，很多。他有學校，1、2萬位學生，都很窮困。因為那裡窮困人居多，三餐沒得吃，所以神父來感恩慈濟能給他們白米；台灣的愛心米，經過慈濟親手給他們，他很感恩。台灣米能解決他學校的糧食，每天供應一頓，每星期五頓（星期六、日休息）。我：「貧困的人有這麼多？」「很多、很多。沒來上學的孩子，在家裡沒飯吃，餓哭。母親為了供應給孩子一頓飯，要賣身一次，才能供應給孩子吃一頓飯。」坐在身邊的德國醫生：「確實。因為慈濟這幾年給他們大米，已經讓海地貧困的這些婦女有尊嚴，不用為了孩子一頓飯賣身。」那次，聽到他們這樣說，我心實在很痛！所以他告訴我：「這個錢，有的是這樣的婦女賺的，很骯髒。」我再次伸手，將錢拿起來，告訴他們：「這錢雖然髒；但每個媽媽都很偉大，很乾淨，點點滴滴都是身心的血，很尊貴，不是骯髒。」我說2、3次，他也說2、3次。

上人：地震到現在8年。思晟說慈濟因上次風災進入海地已經10年。記得還沒地震前，他從海地寄回來土餅，我的印象就很深。何況地震後，我們一直供應他們大米直到現在，惦記啊！昨天我：「你就那麼保守，那地方也沒真善美志工，每次活動，那裡的苦難我們都沒辦法了解，不知道他們苦到這樣，雖然知道他們貧窮。」若不是去年11月如濟神父、德國醫生2位，我也沒辦法了解他們苦到這麼苦。

　　上次如濟神父帶回來，這次思晟帶回來的錢。真的，整個塑膠袋打開，錢，有形的骯髒，是真的骯髒。不論紙幣或銅板（七角形、很奇怪的形狀），擦過幾遍，手去拿起來還沙沙的。

「這在我心目中很大，也很乾淨。」那天也向思晟這樣說。共多少錢？2 次合起來的募款已經有 9 百多元台幣。已經盡心力了，實在很感動。錢不多，但他們真的有智慧，願意付出；而這智慧是從感恩心，是回報的智慧。

　　海地太陽城治安很不好，他們在那裡進出要用保鑣；以前我們去，要聯合國的維和軍隊來保護，現在也是；這時候，慈濟人去到那裡已經被尊重，但還不安心。不過，在那地方教得很有禮節，看他們領東西，排隊如規如律，很有規矩。當地的志工上課 (他們都要參加讀書會、培訓)，聽說若想上廁所，定時間，時間到大家排隊整齊去廁所，進來，坐定。聽思晟說，有一次我們用 OECC(海外工程公司、台灣派去海地的工程隊、幫助慈濟很多) 提供的一個園區。去年用 20 個貨櫃疊起四方形，上面搭屋頂，成為我們在那裡的聯絡處。中間圍起來叫講堂，能容納 4 百人。他們在那個大空間裡辦讀書會，培訓學慈濟如何禮佛，如何行儀等等，都規矩照步。他們就是照時間，時間到來，時間到出去；排隊來，排隊出去。國防部長 (Herve Denis) 參加我們的園區啟用 (政府單位很多人去參加)，看到這些人如規如律，站著都是放掌，走路、排隊都很整齊，嚇到，「哇！我軍隊訓練都沒有辦法這樣；這裡人這麼多，慈濟竟然有辦法讓他們守這麼大的規矩！」

上人：又看到幾張相片，真的很感動，所以我就是……；難怪我去年開始一直有個心願，從今年開始海地、非洲我們應該要多用一些心來關懷。這次思晟帶回來等等的訊息，更加強我們今年的方向。

　　我們在那裡已經有種子，看他們智慧型的教育、地藏菩薩心、觀音菩薩心，那種聞聲救苦、那種「我不入地獄，誰入地獄」；就像如濟神父，承擔著慈濟志業，已經穿藍天白雲，他能去羅馬，卻願意要留在那裡，就像 OECC 的張總經理願意

留在那裡承擔起慈濟的責任。這就是智慧，慈悲的智慧。

　　他們布施，布施在那麼需要的地方；尤其如濟神父，去年從這裡回去，覺得師父所做的，他應該再加強做慈濟要做的事，所以又再加一件志業，照顧2百多位老的殘疾人。這樣的疼惜與愛。說不完他們的布施，他們的智慧；願意選擇環境的險惡，生活的辛苦，不願意離開，守護在那。若不是智慧，沒有辦法克服這種生忍、法忍；他們克服生忍，運用法忍，智慧付出。五波羅蜜開頭的布施，後面的智慧。說不完的感人事。

上人：「見苦知福」，應該多造福。說我們修行很辛苦，神父也是在修行啊！他們的苦，我們如何與他們比？真的要用很敬重的心，這種愛沒得比，他們那種付出實在讓人佩服，我們要用心。

○故事小結：

1.深行六波羅蜜，在最需要的極苦海地；以智慧，行五度，行布施。

★無法想像的苦，沒得比的愛／美國、海地慈濟志工發放來自台灣的愛心大米給學生家長及貧困居民。發放儀式中，如濟神父(Zucchi)分享「竹筒歲月」的故事。攝影：岑慧意。

四、心無雜念、行無間斷，要幫助人、沒有困難啊 / 緬甸風賑
10 年不容易、3 位烏先生。

上人：兩天前，緬甸慈濟人回來參加靜思生活營。看到他們，我就會
特別問他們：「緬甸最近情形如何？」希望他們來簡單報告一
下。時間過得很快，已經 10 年了。再回憶過去，心念很快閃
到 10 年前，2008 年 5 月熱帶氣旋納吉斯 (Nargis) 侵襲緬甸
南部伊洛瓦底江三角洲，使緬甸仰光一帶災情慘重。到底要如
何救？

那個地方我們沒種子；尤其那時候，我們在斯里蘭卡救濟
的案子還沒結案，還在外面的人也很多，一時間……。急著要
去幫助緬甸，沒邦交，又不熟悉，從哪裡去路程較近？想到馬
來西亞，地圖攤開來，新加坡也近，兩個國家，哪個地方可以
支援？

剛好幫助斯里蘭卡建設的案子收尾，派駐在那的 2 位年輕
人差不多要回台灣，趕快與他們聯絡：「你們就在馬來西亞轉
機，到緬甸去。」馬來西亞接通，與濟雨（那時候在新加坡）、
濟緣（馬來西亞）開始互動，南、北 2 個地方，有辦法這樣去
負責？很感恩檳城濟緣帶一群志工承擔起來。就這樣，一直走
過來。

那段時間很辛苦，看到那個地方一望無際都是水災過後的
慘況。尤其貧窮苦難者很多，都是務農，生活本來就不好過，
受過這次颱風、水災破壞，一無所有，很悲慘，往生的人也不
少，一片哀嚎。那時，要如何幫助？政府管禁很嚴，但也要克
服；直接到那最苦難的地方，臨時採購、臨時幫助。

沒想到，當中又接到大陸四川地震 (2008 年 5 月 12 日汶
川大地震)。在緬甸，關關卡卡很不好做，該做的、最緊急的
差不多告一段落，想再做下去，可能要再做很多溝通；大陸需

要，我們從台灣直接與大陸志工趕緊聯絡，很多的力量，趕緊投向大陸救災工作。當中再接到緬甸社會福利部來的一封函：請慈濟從台灣去幫助。

緬甸路，打開，開始展開中長期賑災工作。從台灣到緬甸很遠，既然馬來西亞已去，台灣派義診，馬來西亞繼續。最重要的是農民，農民要種米，稻種最重要。我們趕緊大量採購稻種，選擇上好的稻種，而且給他們最好的肥料。幾個省分，面積真的很廣大，家家戶戶給他們稻種，很積極，農民領到稻種回去，開始耕作。

上人：一段時間，看到很多農民那分感恩，且接受《靜思語》。不論鄉村、都會區，就這樣一直將《靜思語》翻譯成緬甸話；學校、社區、農村，很普遍去分享，讓他們讀到《靜思語》，懂得愛物、惜物，種田不敢噴農藥，盡量用自然、天然……。

烏丁屯先生，是最好的典範，天天去田裡與稻子說話。播種下去，每天、每天面對田園唱祈禱、向稻子說「靜思語」，虔誠心田頭田尾為它們說法。有的人還會噴農藥、用化肥；他完全轉過來用純天然、有機的方法。結果呢？噴農藥的稻田有蟲；他的沒有遭蟲害，收成也多好幾成。10年前了，那段時間帶動很大的影響，口口相傳稱「神穀」。

烏丁屯耕作成功，也一直做慈濟事，3、4年後受證(2016年)。見習、培訓過程中，聽慈濟人說天下事、分析佛法的精神理念；回到他的鄉村裡，用他們的語言、用他的正念，不斷與大家分享。田為見證，生活改善，房子翻新，還做聯絡處。因為這樣，進入佛法的人也不少。

其中，烏善丁先生向烏丁屯拿撲滿。因為烏丁屯一直在說五毛錢（竹筒歲月的故事）；大家聽得很歡喜：我沒有五毛錢，但我可以省一頓飯中的一把米。就這樣每天省一把米，放在

「米撲滿」。「粒米成籮，滴水成河」，五毛錢他們將它轉為米；省這天的一把米，放在塑膠筒裡，也可以存下一罐一罐的米，變成「米撲滿」會員。烏善丁聽後，向烏丁屯要50個「米撲滿」回村裡（後來給10個）。他拿著這10個回去，開始將這理念與村裡的人分享，村裡的人也響應；這一響應，我昨天聽他們說已經有11個村，4百多戶響應「米撲滿」。

這4百多戶，其實每1戶農民的生活都不好，他們能夠1把米、1把米省，每個月會集，去幫助村裡極貧困（孤老無依、孤兒寡婦）的人40多戶。我：「是齊頭式的幫助？1個人給1小包米？」不是，看他們每戶大、小口數；多人給多米，少人給少米。本來自己就貧困，還能幫助極苦的人；這次來，我聽到他們說：「這些叫做『米撲滿會員』。」第一次聽到「米撲滿會員」，實在很震撼。

我繼續追問他們，這10年間又做什麼呢？因為我們的距離離很遠，他們那個地方沒有人文真善美志工，所以都沒有什麼訊息回來。再追出1位，也是很震撼，其實不只一位。

烏緬誒先生（四秉滾村農夫 Umya Aye），8、9年前已經聽到慈濟在緬甸發揮多大的功能（2010年烏緬誒接受慈濟發放稻種），心向著慈濟：要如何與慈濟聯絡？但時間一晃就過，他說7、8年了，一直在尋尋覓覓要找慈濟人。有一次遇到慈濟人，他很歡喜：「我終於看到你們慈濟人了！我等你們這麼久，我每天省50元買菜錢。算一算也7、8年了，這些錢都囤積在家裡不敢動。請你們來我家，我家沒有多遠。」就這樣，很懇切邀慈濟人到他家。塑膠罐，一罐一罐搬出來，慈濟人看到這些錢，感覺怎麼這樣平整、沒皺褶。烏緬誒：「因為我們這裡很潮溼，錢一直投、投，怕會潮溼。有時候會拿去曬太陽，若長久沒陽光，我們會拿熨斗燙。」錢，經過曬太陽，經過熨斗燙。

　　這是我第一次聽到，又是第一次！相片也有拍出來。不是讓他回去準備，是這樣誠懇，碰到，邀約慈濟人去他們家，馬上拿出這些錢，這樣見證錢是經過熨斗的。以前曾聽到：「我這錢是經過熨斗。」以為是形容的。又常聽到：「生吃都不夠，那有辦法曬乾！」（喻現實生活已捉襟見肘，對未來的日子更不敢奢望）錢拿出來曬，這真的是聽到，看到，很新鮮，很感動。

上人：做善事不是有錢人的權利，是有愛心人的參與。他響應一天5毛錢的精神，現在是一天50元(＝台幣1.5元)。他這樣累積起來，聽他們說，算一算已有幾萬元緬幣。總而言之，錢多少是其次，但精神理念讓人很感動。這次又再發現，在緬甸幫助人的這些人，都是克服自己的生活來幫助人，窮人幫窮人，幫極苦的人。雖然他們生活貧困，心靈卻豐富。這份心、行，維持到現在，今年慈濟在緬甸已經第10年了，真的很不容易！

上人：「心無雜念日精，行無間斷日進」，每天50元、50元，每天1把米、1把米，是不是沒有間斷呢！只要有心，10年共一念，是不是無雜念呢！善心，愛念，精進，實在讓人很感動。說要救人，不是做不到，做得到。「所願皆得如意」，只要「若能修持精進，所願皆得如意」。要幫助人有困難嗎？沒有困難啊！只要大家共同一心。

○故事小結：
1.分別功德，學習緬甸菩薩做功德：
　a.聚精魄、純淨智，恆持心、勤修行，明本性、於至善。
　b.自修、自得、有福利，度他、利他、得善行。

★心無雜念，行無間斷 /62 歲農夫烏緬諓 2010 年第一次收到慈濟稻種，讓他荒蕪的稻田與心田起死回生。從此夫妻日存 50 元緬幣（約台幣 1 元）。怕存放的 50 元紙鈔受潮，不時拿出來一張張用熨斗燙平。攝影：藍錦菲

故事

第 1556—1560 集	
	活躍心思，50 歲的壽量先放在這、再算幾歲，不用執著壽量、我幾歲、我要退休 / 田中 101 歲見習、玉里王成枝 104 歲。
	你為保護自身、沒犯戒 / 阿修羅王、天帝釋。
	義無礙 / 泰國、慈濟承擔聯合國難民署委託辦義診、27 種語言，一群墨西哥種子志工專程來台灣、西班牙語不通。
第 1561—1570 集	
	一念成林 / 歷史回頭看（白竹小學、宜春助學、貴州大愛村助學……）。
	十在心路 /88 賑水、困境無明濃縮。

著天衣、修行者的人格要著在心裡 / 墨西哥本土志工一下飛機、我要換慈濟團體的衣服。
第 1571—1580 集
見苦知福 / 海地震賑、吃泥餅、思晟來回 70 多次。
福慧平行 /0206 花蓮震賑。
體會習氣＋讚歎＋隨他、四攝 / 目犍連⋯⋯ 文殊、度迦師那國。
無法想像的苦、沒得比的愛 / 海地風賑 10 年（震賑 8 年）。
只善易迷、純淨長時明本性 / 多味寫國王布施。
因很重要、行動不困難 / 塞爾維亞難民賑、10 幾國合。
因緣會合 / 塞爾維亞難民賑。
第 1581—1590 集
菩薩行忍 / 馬來西亞個案、80 母 60 子。
心無雜念、行無間斷，要幫助人、沒有困難啊 / 緬甸風賑 10 年不容易、3 位烏先生。
順理走、大自然皆有佛性 /04 年南亞海嘯、小象寧農。
爭執、因有貪欲 / 外道修老梵志求法迦旃延。
深心、清淨、質直 / 緬甸竹筒、烏緬諜夫妻。
愛比藥更好用、那真誠愛 / 葡萄牙去年火災、6 國賑（美國颶風、墨西哥震、加州火災時）。
菩薩善友 /50 位長者子。
第 1591—1600 集
邀功已起貪著無明念 / 波斯匿王供養僧人、純黑見佛歡喜。
不居功、甘願付出 / 北慈誠隊。
日常生活觸事要會理 / 中部菩薩回精舍短期精進。
第 1601—1610 集
巧合、難得 / 大海、盲龜、抬頭穿木洞。
常住這念心、常住於法 / 佛陀《法華經》說完、準備入滅、缽往空中丟。
存 50 歲、年紀大更要把握生命 / 環保老菩薩。
植物要聽好話 / 緬甸烏丁屯每天唱祈禱、講靜思語、給稻子聽。
內心的規則、戒律 / 莫三比克菩薩自畫界。
柔和心、持戒念、忍辱力、決定心 / 毒龍、我在守戒、我再不能傷人。
用調直心 /010114 薩爾瓦多賑震。
空具名詞 / 比丘傳法。

	心有定願 / 無語良師。
	有心 / 八德環保、蕭陳夫妻又去四川。
第 1611—1615 集	
	最重要是身體力行真正感受到、不是口述、是體感觸 / 百丈懷海禪師、非佛非法、非法非佛。
	長時功、德 / 薰法香。
	道理、還很大空間去發現 / 磨鏡老人。

法數

第 1556—1560 集	
	三世、四諦、六度。三軌、四安法、八識。三理四相、六度、三輪體空、三達、六根、六塵、八識。三智、四辯才。六度、四安法、六根、八識、十地、四辯才。
第 1561—1570 集	
	三無差別、十地、八正道。三軌、四智轉、四誓、四安法、四加行、十地。五根、五塵、八識、四智轉、十地。十在心路、三身。六瑞序、五欲、三世、十地、九方、九界、三身。六瑞序、九方。三學、三慧、四加行、四諦、四安法。
第 1571—1580 集	
	四諦、四智轉、十二緣、四法、四加行、四誓、六度、凡夫三生＝三世因果、三生成佛、十信至十地。七善、六瑞序。四安法、四諦、四加行、四誓、十方、三圓德、四重恩、三業。四攝、四惡口、四智轉。八識、五＋一度、三身、五濁。四誓、五度、六度。八識。五度。五度。
第 1581—1590 集	
	四攝、四事。四安法。三學、三慧、三界、五度、十方、四安法、自性三寶、九識、六道。四恩、六度。六度、三軌、四安法，博聞愛道、守志奉道。五毒、五道、六道、四安法、五度、六度。五度、八相、三身、四安法。三昧、三慧、五度。[因緣很長，不要才做一點就計量功德]。
第 1591—1600 集	
	三智、四事、八識。三智。八正道。四安法、4445578。四事、三輪體空、十波羅密、九識。六欲、五趣、三界、四事、七善法、三際、十方。七善法、四攝、四諦、十二緣、六度。三時、五＋一度、七善法、四攝、九識。七覺知、八正道、三軌、四事、四攝。

第 1601—1610 集
三寶、四重恩、4445578、三善業。三寶。六度、四神湯、四攝。三際、六度、三智、三不思議。四誓、四事、四攝、三業、五度、六度、六分別、五戒、十善。六度、四攝、三乘、四大 + 四微 = 八法。四威儀、五度、六度。二生死、三惑、四流、三無爭、五度、六度、四智轉、五蘊、三惑、4445578、三界、五根、五塵。五濁、五根、五境、八識。[欲、色、無色界；見、思、塵沙；煩惱、無明、惑；煩惱、無明、習氣；外、內、層層 (5)]。
第 1611—1615 集
四修、五度、六度、三機。4445578、五度、四諦、四攝、四修。三乘、三學、四諦、四安法、四威儀。

解構

第二段偈頌文摘錄：

[若人求佛慧，於八十萬億、那由他劫數，行五波羅蜜 = 於是諸劫中，布施……+ 若復持禁戒……+ 若復行忍辱……+ 若復勤精進……+ 又於無數劫……能生諸禪定……= 如上之所說]<<[有善男女等……其福過於彼 = 若人悉無有……其福為如此 = 其有諸菩薩……是則能信受 = 如是諸人等……長壽度眾生 = 如今日世尊……說法無所畏 = 我等未來世……說壽亦如是]。

第二段偈頌大意：

1. 生一念信解→ 5 波羅蜜。

2. 我 = 諸菩薩自己。

第二節　隨喜功德品第十八 / 精、進

集 數：36 集 (第 1616 集—第 1651 集)。

主 角：彌勒大菩薩。

情節

第一段，隨喜聞法華→得福多少？

第二段，分別比較得多少功德

1. [大施主、隨眾生所欲、大布施無量眾生、滿 80 年，大施主所得功德] (第 7 名)<<[以佛法導之利喜、令無量眾生得阿羅漢果等，此說法者所得功德] (第 6 名)<<[聞《法華經》隨喜→轉教→轉教→展轉至第 50 人，此第 50 人所得功德] (第 5 名)<<[最初於會中聞法華而隨喜＝往詣佛所、須臾聽受，此初聞者所得功德] (第 4 名)<<[講法華處坐→人來→勸令坐聽＋分座令坐，此勸人之人所得功德] (第 3 名)<<[語餘人、往、共聽，此語人者所得功德] (第 2 名)<<[一心聽、說、讀、誦＋於大眾為人分別＋如說修行，此聽、說、行之人所得功德](第 1 名)。

意義

一、隨，喜，功，德：

1. 隨＝非用意在先＝不期而遇；喜＝形於色＋心悅＋意誠服；功＝累聚行趣；德＝累積功歸。

2. 隨喜＝隨他修善＋喜他得成＝眾生得益＋我助彼喜＝好的都好都同意。

3. 隨喜功德＝不只聽、看、說到歡喜、也做得歡喜＋不只自己做、也隨人歡喜做＋樣樣、積極、長久的做＋自己不在意、歡喜做就對了。

二、分別功德、比較得福多少：

1. [財布施 80 年＋法布施令得]<<[展轉聞法華之第 50 人]<<[最初聞法華之人]<<[講法華處、勸人坐聽＋分座令坐]<<[勸人共往講法華處聽受]<<[聽＋說＋行、法華]。

2. 財施、只令離生活苦、只 1 世 << 法施、明白道理、會做好事、但只得小乘涅槃。

3. 傳法，展轉，精確否？阿難取入滅的心情。老修行者的不見水老鶴及不解生滅法。

三、苦，妙：

1. 佛法不離四諦法：

   a. 苦啊苦！己苦、看別人苦；沒人能分擔的苦；四大難調找不到苦因的苦。

   b. 例：「苦！醫師說沒病，但我真辛苦、難過。」

   c. 例：常心臟病發作，救心舌含片每天隨身帶或放床頭，預防痛醒時快含著，這件事沒人會知道。

2. 妙：

a. 多輔導、陪伴、膚慰,不請之師,走入人的心裡;不是在外面、在制定:你要這樣,我管這樣。

b. [法沒入心→行向、行動要真的入六度,很難]=[乍聽、乍看相似,但差毫釐、失千里]=[六度如何行?用名相解,易偏差;用妙法走,才沒偏差]。

c. 如何得妙?很難用說,聽進去也很難理會;唯做 =[單純心 + 無所求心 + 很甘願去做],才有辦法。

d. 光聽,就隨喜讚歎;做的人,那微妙的法喜,那價值觀,自己會很懂得珍惜,是別人無法拿去分享的;自己做才感受得到 = 轉知識、身體力行、成智慧。

3. 用心在法,法就不離。妙字稍鬆散,就變苦;苦中有妙法,能度人;妙中有污法,會令人落入迷夢。聽法,界線要很分明。

4. 透徹的布施 =[付出 + 無所求 + 感恩讓我完成 (沒有、施 + 受的執著 + 付出的量)]=[身心誠正信實 + 發四弘誓願]=[用心 + 身勞 + 歡喜甘願]。

四、聞,解,行,傳:

1. 聞,解,行:

a. 隨喜功德,經文看來沒什麼,其中意義很深,絕不是用經文輕鬆就說過去。

b. 智顗大師:聞法人多,解法人少。

c. 口口相傳,好像都了解;真正體會,身體力行,少。

d. 文字的法身都在;但真正的精神已偏差。不論如何偏差,正法還是要傳。

2. 解，行：

　　a. 法華、教菩薩法＝身體力行；不是灌輸在腦中、念文、了解「知道、知道啦」←對眾生什益？

　　b. 禪宗，不立文字；慈濟，不一定要讀經，真正用誠懇心、願意付出愛、一直延續、隨喜功德。

　　c. 時間不長→只能當下快做佛所教菩薩法。

　　d. 佛再說很多法其實類似＝那念心不偏差直向菩提大直道；不用聽多，知道把握，做就對了；沒去行、做，永遠不會體會。

3. 行，傳：

　　a. 智顗大師：法真誠傳＝莫將佛法作人情、莫做最後斷種人。

　　b. 最好的傳法＝身體力行＝[自己做菩薩、直接去救人、在人群中]。

五、上人：

1. 慈濟，不是道場，是大家庭。

2. 這輩子所作已辦；但，說法心未了。

3. [這幾天一直想師公]；[三個磕頭，兩句話：「為佛教，為眾生」，我一輩子做不完]。

慈濟事

一、生世重疊、眾生心性、苦果願行 / 為薰法，車費天天近千、租小房。

上人：「多生累世重重疊疊」使我們的性，分毫之差，千萬里之錯；

這就是我們今天凡夫所面對的大環境，不論是時代環境、氣候環境，讓大家真正是名副其實，佛陀說的苦啊！是啊，苦，苦事很多，層層疊疊，累積在天下間。

就像昨天，濟協、慈力這對夫妻，利用一點時間，讓我看他們剪一段慈濟在幾年、幾年來所走過、所做過，看天下苦難事多，不論是人造成的苦難，或是天下氣候四大不調造成的大災難，或是長期累月生在貧窮困難，等等等等千萬般的苦，這樣累積起來。

看見菩薩的身影，出現在每一個場合。也看到每個人，不同種族，受不同的困難，但都是一樣，悲啼哀叫，哭天喊地。……悲悽慘烈人生，苦不苦呢？苦啊！

上人：此刻，大家坐在那裡聽，原來在慈濟裡面人人看起來都很整齊；穿起「藍天白雲」、「八正道」等等，都展露出很快樂的笑容，這個世界很平等，一個安樂、平等很美的世界。

但，生活中為了薰法，是多麼辛苦，尤其距離很遠。為了聽法，有的早上光搭計程車來到會所，只是來一趟，就要用台幣超過9百元，而且天天來，這實在是很大的負擔。有的希望聽經方便一點，尋尋覓覓，找到租較近的地方，卻是房屋很小，廚房與洗手間在同一個空間，馬桶旁邊就是切菜的地方，小到行住坐臥的空間都很克難。只好委屈自己的生活，為聽法的方便。這都是同一個心性，聽到這樣，也是很感動。

也有人很富有，對聽法卻並不認真。在家隔壁，走路說不定4、5分鐘，他都嫌太早。或早上電視重播，手指頭稍微按一下，法就入他的家庭，但都懶得看。居住的環境很好，出門開名牌車或有司機開車，讓人知道「我出門有這樣的工具」等等，但還是嫌不滿足。法，離他很遠很遠。這就是我們眾生的心性。

上人：三細，我們的內心，要貪、瞋、癡，還是要信、願、行呢？同樣三個字。

就是貪戀著自己的生活環境，難得放下他那個纏綿的煩惱無明。「那麼早，我還想睡；叫我早上起來，只為了聽經，我捨不得這張床」，這樣沉戀在睡眠裡。車子很便利，環境很好，都不願意。

你相信嗎？相信；深心信解；願意發心嗎？發弘誓願，「佛法無邊，我還是要求，要成就我聽法的心願」，很盡心。……

我們眾生的內心，要什麼呢？

要很用心，將心再恢復，恢復回來這分求法清淨、無染著的這念心。

二、自聞、勸聞、眾歡喜＝隨喜功德／長春踏雪尋法、新加坡再買幾部車。

上人：《法華經》中深奧的道理，是要身體力行；教菩薩法，要這樣一路一直下來。「故經云：無量無數劫」需要很長很長的路，很久很久的時間。「聞是法亦難」，因為生生世世要求《法華經》的道理不容易，要用很長久的時間。不只求法難，真正要得到聽到《法華經》的全部也不容易。「此舉聞法難」這是舉例聽法不容易，真的不容易。

這幾天聽到的，都是很用心想聽法，但要克服很多很多的困難；自己身體上的困難，自己環境上的困難，自己周圍人的關心、阻礙、困難，而每天就是要那麼早。不過就算有困難，他們願去克服，能夠維持著長久時間薰法。

尤其像大陸，哪怕是下雪，美國也一樣。美國比較好，因為有時差，但大陸就沒時差了。長春，聽經、聽法很精進，師父常常讚歎。北京慈濟人聽到，就想去證實。他們偷偷去到長

春，很早，就是天未亮要薰法香那時候。果然，看到厚厚的雪，腳印，人走過的腳印深深印在雪的上面。很多人的腳印，在白雪上，一個一個腳印不斷。進到會所裡，「哇！不少人啊。」3、人，這麼寒冷，踏著雪地這樣來聽法。回來台灣，我就問：「你這次為何回來台灣，有什麼事情嗎？」他就告訴我前面所說的這些景。

要克服很困難的聽法環境。有心，就無難；若是無心，那就很困難了。

上人：一般的人來說，這麼長的經文，這麼多的法，要聽完不容易。「無量無數劫」，要聽到何時？從開始到結束，時間實在夠長。「聞是法亦難」，要聽法也不容易；不只時間要長，種種聽法的環境也困難。不過這幾天所聽到的是大家在述說「不困難」。

一大早，為了成就自己：「我每天能聽經，也希望可以更多人一起聽經」，所以再去買一輛中型的車；「不只我可以到，還可以順這條街路，讓大家方便，同樣一起聽經」。新加坡，我所知道的，好幾部車，都為了聽《法華經》，特別再去買。

自聞，勸人聞。大家聽得很歡喜，這就是隨喜功德。每天他都願意，已經很久了，從開始到現在。昨天回來，一樣：「昨天，師父如何如何說，幾天來說傳法，傳法到『第五十人』」。證實他們都有在聽法。這是真正的聞法，有心聞法則不難。

上人：聞法，自聞，教人聞；人家進來，我們勸人：「來來來，來這裡坐。」「沒有位子了。」「不要緊，我的位子讓你坐。」讓他安心久坐，將法專心聽進去。

從《法華經》開頭，佛陀讚歎微妙法，一直到人退掉，留著的人就是要專心聽佛陀的讚歎；「五千人退亦佳矣」，現在留下來的是精實，是實聞法的人。

聽經，也要再回顧過去；再回過來，就是一法貫通去了解。

○故事小結：
 1.a. 早睡早起，身體好；
　 b. 不只身體好，心、靈也健康；「我如果那天有薰法香，當天
  都不會跟老闆同事吵架。」
 2.a. 自己聽得平安歡喜；邀別人，他也聽得平安歡喜。
　 b. 超高 CP 值的薰法香，何樂而不為？

★自聞、勸聞、眾歡喜 / 清晨大眾交通未開始。新加坡分會執行長劉
瑞士師兄發心駕駛自用車作為「菩薩車」乘載有心聞法的志工前往會
所同步與花蓮薰法香。攝影：蕭耀華

三、平時有聽法、這時就知要捨、慈悲喜捨 / 普悠瑪出軌、人
　 生無常、及時付出。

上人：就像二、三天前的傍晚，普悠瑪火車從北要往南。大家滿心歡
　　　喜，知道這輛車上就有 2 件事，1 件是老師教練帶著 20 多位
　　　學生，去韓國比賽，得到獎牌很歡喜，回來。從台北搭上這班

火車要回台東，來到臨近蘇澳車站，忽然碰撞、出軌，1位教練、2位老師、3個孩子往生，另外還有1個學生還在加護病房。20幾個人出去，6個往生，1個在加護病房。在卑南的學校，大家抱著很踴躍歡喜的心，明天就要舉辦歡迎會；在鄉下，小學校能到韓國比賽，多風光。沒想到晚上接到這消息，本來要慶祝的，已經變成很悲悽的氣氛。

人生無常，另董家家族，10多位迢迢從台東去台北參加嫁女兒的喜宴，一切圓滿，皆大歡喜要回去。這台列車上，同樣一聲巨響，讓他們從夢中清醒也說不定，身體破碎，再也無法回來。5個家庭8個人，還有1位鄰居，他們平常僱用的資深員工，就這樣瞬間死亡；受傷的人，現在還生死未卜，很嚴重，還在與生命奮鬥，而那個心痛，不知要過多久時間。

晴天霹靂，親家的家庭變成這樣，新娘才過門的第一天，喜事剛過，她的心如何？實在無法形容。

上人：我們精舍有六位師父，剛好那一天也要從台北回來，搭後面一班的自強號。來到那個地方附近，「為什麼火車不能往前走？」「前面的普悠瑪發生事情」。「前面的路不能過，現在請旅客下車」；就在羅東準備接駁，看再搭火車回台北，或往前走。精舍電話關心他們：「你們平安嗎？」「平安，開頭我們還不知道。」「平安。現在在那裡？你們是不是在羅東關心師姊師兄。這班車出事的時候，附近這些師兄姊是不是有動員了？是不是……」。他們很有默契：「好，我們去。」快速將行李放在我們的分會，安單，就馬上展開關心、了解。開始投入這悲苦的境界：聽到哀嚎聲、苦無法出聲、多少種表情、多少種苦難的形態，近2百人受傷，10幾位往生，在那麼混亂的環境中。

要搶救人的人，前前後後已經到達，集合；混亂的環境裡，也能很有秩序。天色一直暗，搶救的人，需要讓他們有一個熱

熱的東西吃；慈濟人該準備的，如何幫助，羅東、宜蘭、蘇澳的慈濟人就這樣接起來，連志工、會員。他們都有很多感動人的事情。

　　事情一發生：「你告訴我們，我們也可以投入。你們缺什麼，我也能供給。」社會人間的熱情已經紛紛展現，溫馨的故事之後也一直報出來。

上人：為什麼大家這麼熱心？大愛台報導，很多我們的會員：「師父就是這樣說：『人生就是這樣的無常，有需要做的，我們及時做就對了，還要等什麼！』有這樣的因緣，就要趕快。」可見聽法的人不少；聽法後，心開意解，能夠知道：悲人所悲的苦，痛人所傷的痛。

　　學法，要多了解，才有辦法真正發揮人間所需；「聞慧具足，悲智雙運」。「人傷我痛，人苦我悲」，人間疾苦很多，事情發生，怎麼辦？趕緊發揮運作我們的力量，不論人力、物力；趕緊會合，這叫「悲智雙運」。最需要的時候，趕緊投入去付出，東西該用，無條件提供出來，這種悲智雙運叫做「秉智行慈」。發覺發生這事情，隨著智慧，就這樣趕緊表達出慈悲，隨時應用在及時付出，叫做「福俱無量」。

上人：他們不是造作的。忽然發生，平時若沒聽法：「哦，這很嚇人，我們避開一點」；若有了解、有修法，法有入心，這事情發生，大家是集合不是退開，是「大家集合起來發揮力量要來應用」。

　　平時有聽法，知道要捨。這時候，我無法出力，我能夠捨物資；就這樣捨，慈悲喜捨。這個時候，總是付出就對了，這叫「秉智行慈，福俱無量」；趕緊去為他們付出。

　　往生，住台東的，昨天已經陸續運回去。台東的慈濟人已經在昨日、前日就展開家屬探訪，在那個地方膚慰；功能已這樣在付出，這就是聞法之後運作。

法要拿出來用，聽法之後，起於行動。聞法就是，要用，要通。

○故事小結：

1.隨時聞法→入心，要通，要用；事情發生→集合，應用，行動。

★平時有聽法，這時就知捨/6432次普悠瑪於宜蘭出軌造成嚴重傷亡。宜蘭慈濟志工緊急動員在新馬車站成立服務中心，提供薑茶熱食毛毯。花蓮靜思精舍常住師父與志工為罹難者助念。攝影：賴振豐

故事

第 1616—1620 集
往劫見佛不捨眾生修忍辱行、遂即發願 / 花蓮月台：我終於回來了。重重的腳步踏出去，輕輕的腳步踏回來了。
菩薩足跡踏步生蓮、化污泥蓮為淨心蓮 / 馬來西亞賑緬甸。
法的人多、得法的人少 / 高僧傳、智顗大師心願＝傳承弟子＋法正確傳。

聞幾雙繡花鞋，分寸説、萬里走 / 印尼 25 年、安邦富國。
輕説重踐 / 印尼、幹部精進研習、董事會。
本覺性淨、善之德 / 悟達國師 + 寮國陳正輝 + 奧莫克被救變救人。
跟著歡喜、隨他修善 / 墨西哥賑返。
乘真如之道無去來 / 台灣 921，墨西哥震賑、水賑。
深信之隨喜 / 過去每月行腳、委員勸募來聽。
第 1621—1630 集
差毫釐、失千里、法嚴重偏差 / 阿難取入滅，不見水老鶴與不解生滅法。
口口相傳，像都了解；真正體會，身體力行，不多 / 智者大師、法華文句、法華玄義。
傳法脈絡、綿延永續 / 早期召募會員、隨喜功德。
落實經文、直接在人身上做到拔苦 / 慈誠浴佛。
眾生病，菩薩就病，上人就病 / 印尼震、菲律賓風災水災、辛巴威瘟疫、緬甸風災水災。
為得功德而殺生、業積業 / 緬甸水賑、阿嬤牽緊緊。
第 1631—1640 集
苦拔、復説 / 緬甸水賑、稻種袋上靜思語。
求法 / 國王 (釋迦佛) 捨命為奴。
深心信受、知識願行、隨喜隨他 / 彩蓮、環保教育。
生世重疊、眾生心性、苦果願行 / 為薰法，車費天天近千、租小房。
師父早將《法華經》鋪路上 / 印尼阿源。
自聞、勸聞、眾歡喜 = 隨喜功德 / 長春踏雪尋法、新加坡再買幾部車。
引進、分坐 / 推動骨捐、老菩薩、救人哦救人。
第 1641—1650 集
用佛法治國 / 賣獸頭、人頭。
一念隨喜、功德深心信受 / 鳥法喜充滿忘我往生。
不同地方、救同樣的人、人間菩薩、阿拉派的天使 / 光中、濟暉。
真誠、不為己、隨喜、方便度人 / 靜思生活營 2 人。
事發生、無明現 / 普悠瑪新馬出軌。
平時有聽法，這時就知要捨、慈悲喜捨 / 普悠瑪出軌人生無常，及時付出。
現在要講法華實在…… / 醫策會、時代完全不同。
第 1651 集 略

法數

第 1616—1620 集
四諦。六度。五濁。四誓、六度。四事、一念、三細、六趣、四生、六凡、四聖。六度。四合一。十二緣、四諦、六度、四心、四誓、三輪體空、四眾、四事。四諦。四攝。
第 1621—1630 集
四智轉、六根、六塵、八識、四生、十二類、六趣＝六道。四生、六道、五蘊。三輪體空、三學、四心、四智轉、六根、六塵、九識。三輪體空、五蘊、六根塵、八識。五蘊、六塵識、十二緣。八識、六道、三衣一缽、欲界四果、三界。三寶、十二緣、四諦、八背捨＝八解脫、五根、五塵、八識、四神湯。三施、六道、四生。
第 1631—1640 集
四智轉、三輪體空。一念、三細、六粗。六度、六成就。三陀羅尼、三無差別、四大假合。三寶、三業、四惡口。六種散亂。
第 1641—1650 集
三業、四惡口、六根。三惑、三觀。三迷、三智、三明、三達。六根、六塵、六識。六度。
第 1651 集 略

解構

第二段偈頌文摘錄：

若人於法會……今當分別之。

如有大施主，供給無量眾＋諸人聞是法，皆得阿羅漢……<<

最後第五十，聞一偈隨喜，是人福勝彼……<<……何況於法會，初聞隨喜者 << 若有勸一人，將引聽法華……<< 若於講法處，勸人坐聽經……<<

何況一心聽，解說其義趣，如說而修行，其福不可限。

第二段偈頌大意：

1. 法傳正確？ 2. 分別功德。

第三節　法師功德品第十九 / 六、六

集數：74集（第1652集—第1725集）。

主角：常精進菩薩。

情節

第一段，總論、眼根800

1. 受持法華（讀、誦、解說、書寫）→得（眼、鼻、身各800功德＋耳、舌、意各1200功德）→以此6000功德莊嚴六根→皆令清淨。

2. a. 以清淨肉眼→見三千世界一切。

　 b. 以清淨肉眼→見十法界一切眾生。

　 c. 以清淨肉眼→見此一切眾生其業、因緣果報、生處。

第二段，耳根1200：以清淨耳根→聞、知、分別，世界種種聲音。

第三段，鼻根800：

1. 以清淨鼻根→聞、分別，世界種種香味。

2. 以清淨鼻根→聞、分別、欲說不忘，世界種種法香。

第四段，舌根1200：

1. 以清淨舌根→眾味皆變上美味。

2. 以清淨舌根→能說深妙聲、深妙法音，令眾入心、歡喜、親近、供養。

第五段，身根 800：以清淨身根→能遍現世界。

第六段，意根 1200：以清淨意根→聞一偈→通達無量→身、說，皆佛法皆真實。

意義

一、法師：

1. 法法師 = 所行之法。

2. 人法師 = 能行之人 = 此品。

3. 基本五事 =a. 受持、堅守不失法則 +b. 讀、文字熟悉明諦 +c. 誦、銘憶義味 +d. 寫、潤述精微妙法 +e. 說、解文義詮理趣。(第 10 品)

4. 五法師 =a. 受持法師，憶持而不忘 +b. 讀經法師，正心端坐睹經句讀 +c. 誦經法師，習讀既熟自能誦 +d. 書寫法師，書寫經文廣宣流布 +e. 解說法師，解說文句教授人。

5. 末世法師 =a. 內有宿因種子 +b. 外借佛法薰習 +c. 一心求法、勇猛 +d. 恆常、精進、勤行 = 路，要走，才會到 = 常精進。

二、我們的六根：

1. 功能比較：

a. 眼 (只見前方 + 左右方各半色)<< 耳 (能聞四方聲)。

b. 鼻 (僅通息)<< 舌 (能發語宣講)。

c. 身 (觸方覺)<< 意 (遍虛空)。

2. 功德比較：

    a. 眼、鼻、身 << 耳、舌、意。

    b. 耳、舌、意，對妙法之義理能聞、說、證。義理無邊，故能聞說證之功德無邊。

3. 淨、障：

	淨、障
眼	a. 我們人眼界的高低大小。 b. 五眼。 c. 清淨肉眼→悉見悉知；意根不清淨→看法就是肉團眼。 d. 肉團眼 + 視神經→緣外塵→進心意？空無一物！ e. 卻是凡夫從眼根、塵境，將它引進在腦海中起心動念 = 苦就苦在這←解決源頭 = 放下 (因一切皆空)+ 放下什麼？ + 責任也放下？
耳	a. 重聽。 b. 心耳。入人群→重重用心體會→更能深切了解→聞出德香。
鼻	a. 感冒鼻塞。 b. 心有無明、五毒，難聞香。
舌	清淨舌根→食皆成甘露，說法聞歡喜。
身	清淨身根→能透徹了解世界。
意	心淨→自然知，所說自合法。
眼耳意	a. 大慈悲眼 + 大智慧耳。 b.[意根 = 能知是法 + 能對法生意解]；[欲了自心意識]→[須不迷著現境 + 通達解了無量義理 + 清淨意根、轉識成智]。

4. 五眼：

名稱	所見	意義	次第
肉眼	具五眼用	凡夫眼光，看事都有障礙，看不通、看不透。	眾生
天眼	見大千世界	看的都是善。	天人
慧眼	清淨明澈	好壞透徹、都歸於空，不受好壞障礙。	阿羅漢

法眼	見眾生業報	世俗對錯是非分得清楚，修行道理差不多清楚，粗相分析。	菩薩
佛眼	一切悉見	徹見，無理不知、無事不通。	佛

三、經文詞語簡繹：

1. 世界＝三千大千、地至天。種種＝十法界。

2. 見＝心眼；知＝思慧。

3. 身中現＝身心都能透徹了解。

四、此品六根功德的聞思修：

1. a. 一句話，含天下很多道理；可惜聽很多，還不解一偈。

   b. 佛法的難處→知道、知道了！懂了、懂了！也無法身體力行去體會。

2. a. 勿輕視以為會：六根功德從文字絕對無法了解，文字或解釋只是方便；要深心解相＝很深的投入心，體會它的實相。

   b. 難：因聖人見解→道理分明、清淨無染、一通萬徹；我們眾生分別心重→會生很多無明煩惱；

   c. 只要有心，只要起動，再遠都能到。

3. 根、塵、識，經文聞、思、修之間：

   a.(記憶＋口傳)+(時長＋多次＋多版)+(有譯＋有編)+(藉眾力同編、譯)，如此層層→經文難免出入→所以，要真實聽佛教法→(需很專心＋經文要會合佛意，不只就文解意)。

   b. 用過去環境，將經文如字解→無法達到佛陀心懷。

   要體佛心，同佛見解←必須警惕自己、勿讓時間空過。

　　　不是讀文字，是複讀→體會佛世＋佛陀的生活＋說法的用心。

　　c. 經文簡單，要用深意思考，要體佛心、解佛意。

　　d. 去了解真理＋不斷在內心思考＋精進在無常＝聞、思、修。

4.a. 根、塵、識→隨境染著→濁穢、無明、無善德；

　　b. 根、塵、識→行經教→明根塵→染著悉除、獲淨功德。

5. 覺，乃修行之始。

6. 以六千功德，莊嚴清淨六根；學習，慈濟過去 50 幾年的所做所為，莊嚴清淨自己的身、口、意。

五、香：

1. 一切善法＝香。

2. 分別香、臭；香＝善德、臭＝惡業。

3. 善＝德＝德風＝香風＝善念的風氣。

4. 戒香：應該做；定香：沒有做不到的；慧香：做出來；解脫香：解脫。

　　分段變易生死，解脫知見香，解脫要有智慧。

5. 因戒→修定；因定→有慧；有慧→能解脫；解脫→結果的知見＝佛知、佛見。

6. 五分法香＝清淨無染著＝修行結果。

7. 戒定慧香遍十法界＝爐香乍熱周遍十方＝天樹王華開遍佈菩提＝道香。

六、苦：

1. 要承認，苦啊！

2. 第一場說法、向五比丘、說四諦法、三次，第一句話：苦啊！

3. 苦＝集煩惱之果＝生死悲苦患之蘊行；一切生死之果→集成苦果之業力＝煩惱之原＝苦集。

七、其他：

1. 法：

   a. 法＝法性＝法身＝妙身＝妙諦＝真如＝真理＝真實法＝萬法之體＝無上甚深微妙法。

   b. 重法、惜時。

   c. 求法，非求聞法→需能誠信＋更要正解＋求能信行＋需求實證。

2. 三界：

   a. 欲界＝男女相參、多諸染欲；

   b. 色界＝無女形、無欲染、化生，離欲界穢惡色，有清淨之色質；

   c. 無色界＝有心識、受想行識四心，無色質。

3. 心：

   a. 心、對準方向、走＝對的事、做就對了＝沒變易；變易生死＝心時時不定、在變動＝煩惱、無明。

   b. 心念，受境誘，起落像山谷。

4. 找佛心：

   a. 人人有佛心，但不是人人找得到。

b. 我的真如，如何會法髓？

c. 理事會合＝會情合理＝轉識成智。

d. 聞法一心→妙用生活→事理會合、妙髓滋慧命。

5. 因果：

a. 死往何處？渺茫不知。注意在現在，習氣不改→行不能成→最後一天無明帶去那？

b. 正報＝內＝五蘊假合身、業果；依報＝外＝身所依。

c. 以果驗因、知來處，以因驗果、知後生。

d. 種子能感覺到緣。

e. 一切因緣，皆，增上緣。

6.a.(聞思修＝法入心＋戒定慧＝身力行) → (入群眾、萬行修六度) ← (用恭敬心尊重)。

b. 虔誠心＋做事清楚＋做該做、為人間做＝恭敬心。

c. 自作＋教他＋稱讚妙法。

d. 眾生、自古以來共住、共作、共業、共受。

e. 堪忍！忍─人我是非，有形、無形的事相。

7. 過去＝就失去。

八、上人：

1.「師父真是拚命在為眾生」。

2.「要將《法華經》說完」。

3. 慈濟過去 50 幾年的所做所為：

[足踏經道、信願行]+[守誠堅實、如常行]+[唯缺論數、俱體、表像]+[淨心方法、募心、募愛]。

慈濟事

一、要為他們翻轉人生 / 東非、馬拉威、莫三比克、苦、苦、苦、真是苦。

上人：很簡單一句話說：佛心中所有的＝就是人間苦難，人如何轉苦造福＝這就是教菩薩法。佛心，我們現在人間所見，苦難眾生之多啊！病苦、貧困的苦、內心的痛苦，天底下很多。

上人：最近我們的話題，一再看到，看到非洲苦難人。我們一直發心立願，走入非洲。東非莫三比克，與那些人接觸，苦、苦、苦，真是苦啦！什麼人回來都沒離開一個苦字。當地人苦啊！這幾天，陸陸續續回來；天天聽回來的人描述東非苦難之苦，到昨天還有。

　　昨天，人文志策會、大醫王同來分享去東非。人醫會，第一梯次（醫療前置）最早去的人，像葉添浩醫師等好幾人。利用時間，就入門入戶去關心，看看每一個家庭，真的苦。那種破爛，無法用語言描述那種貧困＋病苦。全家都是病人，家裡一無所有，就算有也是破爛東西，家也破爛。這真是人生？非人間啊！醫生一邊分享，眼眶一邊眼淚；藥師也這樣，那境界還在他們心中。台北慈院趙院長、台中慈院簡院長、大林慈院賴院長、花蓮慈院林院長、好幾個醫院的大醫王也都回來，再敘述。看到他們真的心牽掛著當地病苦的人，那種不捨，不捨啦，不捨。現在在說，他們的身心還是掛慮在那裡，所摸過、所看過、所聽到的環境等等。真是苦，讓人心放不下的苦。

　　人文志業的菩薩，記者來來回回2個多月。從辛巴威，一直報到我們現在的重點莫三比克。馬拉威是第一個畫面，潘居士帶幾位年輕人、本土志工一起去。看到房屋倒塌，就就地採購為他們蓋房子。接下來，辛巴威救濟，發放，景卉將畫面一直傳出來。那時天天，天天看到受災受難的人。也引導他們展開「竹筒歲月」，女孩手裡拿著30分錢小銅板要捐，媽媽：「這30分錢什麼都買不到，但放在這裡面就能救很多人。」給我的印象：窮，但還這麼有智慧。記得海地，有一位捐者：「天底下沒有窮得無法幫助人的人」；當然他捐的是一點滴，卻很有智慧，說出來的話讓人很感動。

上人：莫三比克，我們一路走過來，因緣成熟，志工有二、三千位都是種子。我們要在那個地方投入，就有當地志工，雖然距離1200多公里很遠；有18位馬普托本土志工發願至雅瑪郡常住，與台灣去的菩薩一起生活，替他們培訓志工。我們年輕人將人文帶進去，用愛膚慰；果然，那裡的人很善良，當地種子志工用他們的經驗、真誠與我們會合，紛紛投入。在那個地方的救災雖然很苦，很苦，卻有很大的希望；因為他們已培養出轉貧為福的精神。台灣、7國慈濟人，大家的力量再集起來投入，前前後後、來來去去都是力量，在當地配合帶志工、訪貧、發放。

　　更大的人力是大醫王，早一批去的先了解情況，後面這批去的都是院長、主任、主治醫師等，很有愛心，大堆人馬再進入。這次除了發放，還做義診，同時帶動浴佛；一大批人整個帶動起來，讓他們大開眼界。「哦！這叫醫生。一輩子不曾看到醫生。一輩子的病痛不曾看過醫生。」「醫生怎麼那麼有愛！」那麼地親近、膚慰、疼惜他們，仔細地叮嚀他們。讓他們覺得他們的人生還有人這樣在關心、疼愛。

人文志業大愛台總監樹姍也向我請假，自假自費投入。基金會已經有一些同仁，及大愛台同仁在那個地方，她去增加力量，自己做探訪。看到一個畫面很感動，她拿梯子架在屋頂，爬上去，居高臨下；卻也讓我們的人文真善美志工將她反拍。

《經典》雜誌也有記者去。拍回來的每一張相片，聽他們解說，啊，不愧是經典！《慈濟》月刊的蕭耀華，過去大都拍黑白藝術相片；這次要去，我：「藝術相片很藝術，希望你這次用一般相機拍些照回來，這樣比較好刊登在月刊。」他的相片，真的看出非洲那種自古以來的地獄人生，人間中的地獄，真是苦啊！一個畫面，婦女頭上頂著比她的頭幾倍大、很重的東西，後面還背著一個小孩，側面拍到孩子的一個眼睛。我：「這一眼觀，千萬眼觀了；千萬人的眼睛都看得到，看得到這一片的母子頭頂上的苦啊！」

又再看到菩薩，慈濟做慈善的菩薩那種悲願。地上都是泥土，溼的時候泥濘不堪，乾的時候密密麻麻腳印，腳踏就是蓮，步步是蓮花，很感動人。

同仁說他在那裡發文具，隔天一個女孩子，手拿著一顆小橘子來，拉著他；小女孩很美，只是窮；語言不通，張大眼睛不會說什麼話，抬頭仰望著，手捧得高高的，就是一直要給他。他伸手把它接起來，心想：「這顆橘子，說不定是別人給她，她今天的糧食，或是她要吃的東西的全部。僅僅給她一支鉛筆，那麼善良，懂得感恩回報。」捧著一顆橘子，抬頭，要送給他，那畫面應該也很美。

上人：期待我們的未來，要為他們翻轉人生；希望我們能將福帶到那個地方，讓這些人、這樣的景象，這塊土地能綠化起來；讓破爛的房子，他們能完整遮風避雨。還有，非洲的糧食問題，衛生環境極度不理想。綜合起來就是苦、苦、苦、苦，很多苦！

上人：人文志業去那個地方，讓我們人人能看到苦難的人；我們要為大家開闊心胸，要為他們鋪路，開菩薩道；讓人人也能伸手付出，點點滴滴來幫助。

　　我們已經做到，知，識，見，甚至行動；既行動，我們從此開始步步生蓮花，希望蓮花在地，再也不是泥濘土地，不是腳踏上去就是塵土足跡；希望能轉變為很美，綻放蓮花的地方，為那個地方有更大的影響。這是我們的期待，但願我們能影響非洲的未來，若能這樣就是功德無量了。

　　用心，這就是我們的歷史，就是慈濟的經典，請大家要用心接受。

★要為他們翻轉人生／熱帶氣旋伊代侵襲非洲，馬拉威災害嚴重。南非慈濟志工馳援 2400km，帶動青溝貝部落鄉親互助修繕房屋。土磚屋崩塌居民仍棲身殘破屋內。攝影：周憲斌

第三編　正宗分／開示悟入

○故事小結：

1.〈法師功德品第十九〉，上人升坐，共開示 74 天。非洲，上人心繫頻頻，共開示至少 22 天，是此品談到最多的「單一事件」；尤其因為熱帶氣旋「伊代」，慘創原本就貧窮的東非 3 國馬拉威、辛巴威、莫三比克（國際間貧困曾排在第 1、2、3 名）。真真正正最貧困的國家，卻又苦上加苦。苦啊！苦啊！

2.知非洲苦，但一直缺因緣；上人說，連續 3 年，不知說過多少次，不知為何自己的內心總說：未來，非洲是我們的重點。

3.悲苦眾生，實在不忍，以自己的六根，隨緣盡分，盡一分翻轉非洲的微力，且不論有何功德。

二、莫忘那一年、叫醒腦細胞的慈悲利他 /921、88、87、多明尼加 20 年、南美洲 7、8 國連續救、海地地震、薩爾瓦多災……。

上人：最近，一直一直在呼喚大家，要記得，回憶一下我們過去做過什麼事？在我們的生命中，有為人群付出什麼？造什麼福？因為，最近這幾年都一直聽到失憶症，老人失憶；現在醫學就說腦細胞要讓它動一動。如何動一動？大家都資深、有年齡了，我就鼓勵大家：「來，我們來回憶過去，將腦細胞一顆一顆叫醒，動動腦。」

上人：要從哪裡回憶起？台灣，最明顯的在「921」，今年足足 20 年。20 年前，台灣遭遇的災難，我們有人進去裡面如何付出，讓大家回憶一下；哇，一旦人人回顧，一場悲悽慘重的災難，菩薩在人間從地湧出，面對極苦難眾生，如何膚慰，如何容納，日以繼夜如何做，一步一步很鮮明，一直出來見證。人人回憶得很精彩而豐富。

行腳到高雄，同樣向他們呼籲，大家：師父，921 那年我們雖然浮現很多的記憶，但較後面的「88 水災」我們能回憶、分享嗎？對啊，88 水災今年第十年了，我們也能回憶啊，這

也是台灣的一大事。愛心的團體浮現。慈濟團體從頭至尾，萬多人動員投入一個工程，為鄉親永久居住的地方，援建大愛村。高雄的杉林大愛園區，千多戶，屏東的長治鄉，幾百戶，都是很大的村，我們從無這樣將它建設起來。尤其杉林，88水災後，我們用88天將它蓋起來，蓋起來要入厝送88項禮物，包括衣櫥、床、廚具、電冰箱、流理台……，流理台上的洗衣粉、抹布、油、鹽、碗、盤……，一一皆俱全。整個已經成家，來住的人，帶著他換洗的衣服進來，這間房子、裡面的東西，都是你的。

有人：這麼美的環境豈是我所擁有的？半信半疑。以為在做夢呢！那個候慈濟人在88天內，工地從很熱做到近舊曆年；慈濟人流汗、日曬、吹風、細雨都沒有停歇；為趕過農曆年，讓他們搬入新厝，就是很歡喜。交給他們，結束，心存法喜，過了，與我們沒有關係，這種付出無所求。

讓這麼多的受災戶現在翻轉人生；過去在山上什麼都沒有、都很簡陋，下到平地，這房子、地、裡面一概俱全的物質，都擁有；歡喜快樂，孩子有學校可讀；又有教堂。1個村子，為他們建2間教堂、1所小學、1間活動中心、1間文化中心，希望他們能在這個地方有生機、有信仰的方向，一概俱全。10年後的現在再回憶，那種無所求的解脫，真誠付出，施無染，在我們心中都沒有掛礙。

那時候，大家很辛苦，從屏東、高雄、台南、台中、新竹、桃園、台北、屏東、花蓮這麼多地方，集合起來，總共動員1萬多人次，來來回回；守在那裡負責工地的人更是無日無夜；還動員阿兵哥來鋪連鎖磚，搶晴天戰雨天，挑燈夜戰。回顧那時候，實在令人很感動。全都完成，移交給他們，大家退出；沒有人會說：「那裡是我建的，我為了那個地方多辛苦。」「那

個地方是我們去勸募」，我們從 8 月 12 日大動員，全省、國際間呼籲。不論是去勸募的、投入工程的，現在再想來，那種感動人的人間，實在很難得。

上人：人人起於明德，真誠，施無染，名副其實行持修福祉為人間。為他們蓋房子，造福祉，樣樣都想到，給一個永永遠遠代代安居的地方。付出，用真誠，沒染著的清淨本性；這是我們常常在做的；不是為自己做，不是為我爭什麼，是為這些苦難人、受災的人付出，讓有一個安身立命的地方；安心、安身、安生活為了這些人，所以我們付出。

「行諸善無求、謂之德」。積萬善為香；善就是德、德風，香風、德風吹一切。《無量義經》德的香吹，表示人有善的本性，善的這念心，也是善念的風氣；光用鼻子聞就會香。

上人：現在回憶過去，聽到這一段一段，不論是 20 年、10 年、5 年，都是全球慈濟人就地付出。多明尼加，昨天也有訊息回來，慶祝多明尼加 20 年，因為大水災，慈濟人去救災。很慘重，那時候的災難，連續有 7、8 個國家，南美洲，我們用心連續去救很多國家。有了種子、有規模的就在多明尼加；有一群人願意將慈濟愛的能量繼續下去。20 年期間，有海地的地震災難，薩爾瓦多的災難，也是就近的國家去動員。

人間的災難是這樣一次一次地發生。昨晚又想到 1959 年「87」水災，那時候我還沒有出家，中南部水災很悽慘，到今年剛好 60 年。看到那種災情，土磚屋泡水，整個崩塌。我陪修道法師去斗六探望他的父母，水災已 1 個多月，看到的真是滿目瘡痍，車子經過彰化市區，那個臭氣，人埋在裡面還沒挖出來……，很悽慘。現在住進大愛村裡的人過著幸福的生活，轉變他們的人生，幾個村合起來應該是 2 千多戶。大家應該都身心健康，歡喜的生活。……，為時代作見證，為人間寫歷史，

一定要寫下來。

三、莫忘那一念，起心動念、做過的時日累積、已看到成果 / 畢業典禮。

上人：時間匆匆容易過啊！昨天，看到慈濟中學畢業典禮，畫面真的
是溫馨感動人。那個場面，孩子這麼小，身材排起來差這麼多，
卻是看到他們進場就很震撼，幼稚園的小小幼兒，這麼整齊有
次序；後面接著小學，再後面是中學，高中，畫面美啊，很美！

花蓮靜思堂，典禮開始，老師唱名；校長頒證書，很有次
序一張一張的證書頒給他們；他們很有次序上台，對老師那樣
的恭敬。這才是真正教育，教之以禮；行禮如儀，進出彬彬有
禮，很歡喜，尊師受教，讓人很敬佩。

大家口口傳頌，最後一位是幼兒園的林語桐，這麼小的孩
子，用台語發音，說得很好哦；表達的是這樣至情、至禮、至
理，感恩、尊重的禮節。他向人行禮時與其他孩子就是不同，
雖然大家很整齊，他在整齊中有一種無法描述的感覺；那種
禮儀，真正感覺這孩子能好好栽培，若能在這樣的環境繼續教
育、成長，會很不簡單。

聽說是我們花蓮慈濟醫院醫生的孩子。是啊，想到這樣就
很安慰。為什麼在花蓮要再建中、小學呢？是為了我們的醫
護人員。他們從各地來，大家最關心孩子的教育，這些同仁都
年輕，所以要建幼稚園，也得再給他們中、小學。起源為了自
己的員工，現在看到不只我們的員工，就是我們的慈濟人的孩
子。昨天下午，中學校長陪著家長、學生進來，家長起來：「感
恩哦！」她是護專第一屆學生，畢業後在我們的醫院服務一直
到現在，孩子已是中學生。日子過得那麼快，結婚，生子，孩
子教育在我們的學校，這樣就對了。

　　為了醫療在花蓮，為了學校，為了老師，所以建學校，這時候已經看到成果了。一代一代，一屆一屆，大、中、小學，真是歡喜。很感恩！感恩大家願意來花蓮，感恩學校教育，慈科大前天的畢業也讓人讚歎。

上人：「莫忘那一年，莫忘那一念」。起心動念，所做過的時日累積，已經看到成果，感人的事很多；這就是我們的歷史，我們的經典，慈濟的藏經就是這樣過來啊！

　　莫忘慈濟在人間，為人間所做的事。培養人才，我們慈濟科技大學第一屆畢業的學生林紹雯，現在是衛生福利部台中醫院副院長；現在的人才已經這樣，在任何一個地方都非常成就。這就是菩薩，也教出人人是菩薩。昨天那位孩子也自稱：「我是小菩薩。」是啊，我們大菩薩、小菩薩平齊教育。

〇故事小結：
1. 師父慈悲貼心，為了讓弟子們避免失憶症，依醫學原理要讓腦細胞動一動，尋思讓大家回憶過去所為人間做過的好事，再度叫醒每個人腦細胞裡的慈悲心利他念，因此呼籲「莫忘那一年」、「莫忘那一念」、「莫忘那一人」……，此一「莫忘」，在此品開示 74 天當中，共開示至少 14 天。
2. 上人：莫忘往昔；今後為時代作見證，為人類寫歷史。不聽如何知？不見如何認識？能知、見聞→方得思、修實行。（20190903，第 20 品）
3. 六根功德；意根為導，起心慈悲、動念利他，即如眼根受持法華，身根所做自能救拔苦難，舌根所說自然合法；聞者，耳根聞苦聲，鼻根聞德香，而莊嚴六根。

★莫忘那一年 / 為慶祝慈濟 53 週年慶，高雄靜思堂舉辦靜態展，帶眾人一起回顧 921 地震及 88 風災，喚醒人人居安思危。攝影：王忠義

故 事

第 1652—1660 集
如實修行、內因外緣 / 非州 8 國第 1 粒種子、馬拉威周憲斌。
菩薩早就安排 / 約堡捐地、李慶隆同修。
要去了解地藏菩薩的精神理念、大願、行 / 發心誦 1 萬部地藏經。
富足、清淨 / 南非黑珍珠 650 位太陽下演繹勤行頌，編草蓆為印震募款……。
深心解相佛陀智慧、一定要相信 / 我也有參加、莫三比克、南非約堡相見歡。
布善種子已落實 / 賑緬甸的豆種要最好。
第 1661—1670 集
道、路、如何鋪？開？ / 非州、緬甸、加拿大、大陸出團見聞。

一切因緣皆增上緣 / 香港師姊翻牆聽法。
因果分明 / 有錢太太寺院拜佛。
慎思籲憶念 / 莫忘那一年 921。
慈濟開始、《法華經》即鋪 / 慈濟 50 多年，林曾老太太、5 毛錢、市場、竹筒歲月。
佛陀細心，讓沒欠缺 / 等他吃飽再說法。
看到苦難需幫助 / 50 多年前的 5 毛錢。
普為救拔 / 莫忘那一年 88。
勿讀誦不用心，不是讀文字 / 迦葉舉薦，複說結集。
第 1671—1680 集
說出去的，凡夫能接受的 / 恆河沙、指甲沙。
千經萬論為接引人人向善＝菩薩 / 宜蘭一群資深菩薩。
不放棄任一人 / 台灣、馬來西亞、緬甸 3 國會、緬甸發放回。
戒能感動一切人、持戒能生法香 / 末利＋波斯匿王。
買串魚放生、矛盾無奈 / 緬甸發放回。
三慧香 / 莫三比克岱霖、賴索托美娟、美國同仁到聯合國開會。
第 1681—1690 集
莫忘那一年、叫醒腦細胞的慈悲利他 /921、88、87、多明尼加 20 年、南美洲七、八國連續救、海地地震、薩爾瓦多災……。
年愈大愈要鼓勵做，生世不能間斷的慧命 / 北幹部回、莫忘初心。
十二緣法、善惡緣生 /40 多歲像 3 歲，越南整村弱視盲人。
莫忘那一年回憶、找過去 /6 年前（13 年）菲律賓震、颱賑。
妙有真空、不思議 / 玉樹辛苦完成勘災、藍天白雲、我好像認識你們。
細思、既清淨哪會有你 / 孩子炫耀父親守戒清淨。
六度萬行 /4 歲柏謙像小慈誠。
講《法華經》證實、更需要回憶、寫下菩薩路見證 / 莫忘那一年主編、探源綱要年表。
8 正覺 / 屏東燈會。
第 1691—1700 集
無法彼此感恩、意見不和合＝付出只有煩惱、缺法喜＝凡夫心 / 馬來西要、台灣、緬甸於緬甸發放。
莫忘如來藏 / 苗栗台中來、為莫忘那一年 921。
受因攬果、貧富苦樂心造 / 莫忘那一年 09 年 88 災，青海 23 年、一碗飯能感恩終身。

讓我發心、這是我們的家 / 廈門道場。
有承擔的菩薩 / 靜思生活營 73 期王居士。
啟發人人愛心 / 非洲、伊代災、馬拉威、辛巴威、莫三比克。
翻轉非洲 / 周憲斌、潘明水，朱金財，蔡岱霖、迪諾。
一指積善、共造福緣 / 伊代後、東非 3 國苦無水。
真如純淨雪中蓮 / 玉樹 23 年。
人間世事多少起落 / 做不完、連鎖。
世間、夠就好 / 靜思生活營、幾年監獄、閉關。
將過去的經、史實留下 / 莫忘那一年 921，98 年多明尼加垃圾山建學校。
我們人類凡夫只知自己不知別人 / 小雞冷母雞展翅蓋。
長時守志奉道、做慈濟事、默默真誠付出的愛 / 屏東戴老師支票金額不小，東非災民。
善因緣、再付出 / 奧莫克要建學校、師父讓我們家族認養。
居士度人較親切 / 葡萄牙救濟。
第 1701—1710 集
小小做得到，我們大人也做得到 / 5 歲柏謙推素，勸募非洲 3 國。
開大慈悲心、呼籲人人做好事 / 募非洲 3 國、土耳其女孩哭，海地捐 2 千多。
地獄門開啊、將地獄眾生放出來 / 2 年來一再說，現在開始要用心在非洲。
要很用心時間、重法 = 惜時 / 馬來西亞人醫會回來體會精舍生活。
苦啊，垃圾地獄 / 肯亞奈若比棄嬰。
連續 3 年不知說過多少次，未來非洲是我們的重點 / 東非 3 國，力量集中莫三比克。
無明繁衍 / 約旦、貝都因人、敘利亞難民。
苦到不知在苦中生活 / 東非。
菩薩舉足、步踏蓮花 / 莫三比克 55 天。
九華山袈裟遮蔭一大片 / 福蔭東非、慈濟要創造歷史。
國王捨身命為真理 / 東非回的大醫王北慈夏主任。
合協純淨、心清淨、沒階級、只責任、想做 / 新加坡平齊做。
第 1711—1720 集
海地：天下沒窮得無法幫助人的人、千萬人都看得到這母子頭頂上的苦 / 行願非洲。
莫忘那一念、一股無形的因緣帶動 / 醫療、教育始。

莫忘那一念，起心動念、做過的累積、已看到成果 / 畢業典禮。
凡夫看事不會清楚、生世已糊塗、果中結緣受果、還是由不得己在這因緣果報中 / 馬曉秋。
末法持《法華經》真的很辛苦 / 阿育王時、遍地整山刻佛，像法柬埔寨吳哥窟，巴米揚大佛 010312 被炸毀。
了自心意識 / 助東非 3 國。
法妙所歸、了達如諸義趣 = 無量義 /3 國救災。
知疾苦多、運慈用慧、淨行堅持 / 南非 9 國菩薩。
連貧婆都沒放過 / 貧婆衣下擺布。
願大、愛深、慈悲緣 / 菲律賓牛朝山、香蕉乾。
博聞愛道道難會、守志奉道其道甚大 / 住月球、南非廬薇、葛芮楚。
佛法大教、無量義、法無邊 / 大陸四合一。

第 1721—1725 集
感動人的歷史、秒秒能再回憶 / 苗山慈濟情。
莫忘那一人 / 大愛醫生館。
佛陀的教育方法 / 慈小獻圖、莫忘那一念。
莫忘那一人 / 杜詩綿。
莫忘那一年 / 尼泊爾、93 水賑、15 震賑。
愛的力量 / 未來東非如何為建造住宅、奧莫克援建的房子。

法數

第 1652—1660 集
三界、五戒、十善。五蘊、五根、五塵、4445578、六根塵識。三皈依。六根塵識、四眾、五事、天龍八部。六根、十方三世。六根塵。五根、六根、四大假合、九識、三輪體空。六根、五眼、四大、二報。五蘊、二報、五重惡業。六根塵識、五眼。八萬四千門、六根、八識、五眼、三千界。
第 1661—1670 集
三界、六識、食時五觀。六根、五種法師。六根、四諦。六度。一念、三細、六粗、六根、六塵、三千世界。十善、五戒、五欲、一念、三細、六粗、五根、五塵。五蘊、六道、四諦。說法五種、十惡。三界、四禪天、六度。六根、六塵、五濁、五種法師。
第 1671—1680 集

六度、四心、四誓、四眾。二門。五根、十界。五種法師、六根、十善、十方三世。六度。三妙香、六度、三界、二生死。三法香（三學）、六度、五戒、十善、三慧、四誓、五欲、二生死。五分法香、五戒、十善、五通力、三法香。

第 1681—1690 集
三學。三法香、十法界、十方、四諦、十二緣、三毒、一念三細六粗、六度、三惡道。三法香、十法界、四諦、十二緣、 三千世界。六根、六塵、八識。三界、十善、四天下、十惡。十二緣、一念三細、六度、五戒。七菩提分、八正道、八正覺、十二緣、四智轉。四諦、十二緣。

第 1691—1700 集
十善、六度、五乘、三乘、1乘。五通力、三昧、五欲。二門、四禪、五衰、五濁、四生、三界。三世十方、五通、五根、五鼻、五耳、五眼。七寶、六度。天龍八部、四聖、六凡。五趣。

第 1701—1710 集
三千世界、五陰。三乘、三界、十法界、五舌、六道、二乘。三學、三無差別。十二緣、一念、三細、六粗、三千世界、二報、四諦、三界、五蘊、十二入、十八界。十二緣、七慢八憍、四諦、六根、六道。四諦、六度、十二緣。

第 1711—1720 集
三界、三千世界、六道。四諦、十二緣。五身、五根、四諦、十二緣、十法界。四諦、六度、十二緣、三乘。五根、三千世界。六道、三乘、三千世界。六道。四物湯、四神湯、四合一、二報、六道、三乘、四眾、八部。

第 1721—1725 集
六趣、五戒、十方、四心。六根、六度、五意、四心、十善。

解構

第一段偈頌文摘錄：

若於大眾中，……，說是《法華經》，汝聽其功德＝是人得八百，功德殊勝眼＝……＝

雖未得天眼，肉眼力如是。

第一段偈頌大意：眼根。

第三段偈頌文摘錄：

是人鼻清淨，於此世界中，若香若臭物，種種悉聞知→……聞香知所在。……聞香知所在＋……聞香知所在＋……聞香知其身＋以聞香力故，知……＋以聞香力故，知……。……聞香悉能知＋……聞香知貴賤，出處及所在。……聞香悉能知＋……聞香悉能知。……聞香悉能知，雖未得菩薩，無漏法生鼻，而是持經者，先得此鼻相。

第三段偈頌大意：鼻根。感冒鼻塞。心有無明、五毒，難聞香。

第四節　常不輕菩薩品第二十 / 慈悲

集數：共 41 集 (精舍早課集數。第 1726 集—第 1766 集)。

主角：得大勢大菩薩。常不輕菩薩、威音王佛、日月燈明佛、雲自在燈
　　　王佛，著法四眾。

情節

第一段，延續前品。名常不輕之因緣、行因過程。我們應受持
法華

　　1. 復習、延續前品。謗法華的果；持法華的果。

　　2.a. 威音王佛，說法，說四諦＋十二緣＋六度＋究竟佛慧。

　　　b. 最初威音王 (有 2 萬億尊) 其像法時→增上慢比丘、有大勢
　　　　力＋常不輕菩薩、出現。

　　　c. 菩薩，何因緣名常不輕→

　　　c1. 不專讀誦經典、但行禮拜。

　　　c2. 凡見比丘、皆→禮拜＋讚歎＋言：我深敬汝、不敢輕慢 (汝
　　　　皆行菩薩道、當作佛)。

　　　c3. 遠見四眾→故往＋禮拜＋讚歎＋言：我不敢輕汝、汝等當
　　　　作佛。

　　　c4. 四眾惡口罵、多年→不生瞋恚＋仍言：汝當作佛。

　　　c5. 眾人杖木打、瓦石擲→避走遠住＋猶高聲：我不敢輕汝、

汝皆當作佛。

3. 常不輕菩薩的行因過程 =[得六根清淨、說法無畏、輕賤者皆信伏，供養、恭敬、尊重、讚歎、種諸善根，說法華、功德成就，於無數劫，無量諸佛所 (包含 2 萬億尊威音王佛 +2 千億尊日月燈明佛 +2 千億尊雲自在燈王佛 + 千萬億尊佛)]= 成佛之道。

4. 常不輕菩薩 = 釋迦牟尼佛；常輕者 = 復遇常不輕菩薩教化 + 此會中……。

5.《法華經》→ (大饒益諸大菩薩 + 能令成佛) → (常應受持、讀誦、解說、書寫)。

意義

一、常不輕：

1. 不輕 = 恭敬 = 恆順、愛護、恭敬、眾生。

2. 佛法在恭敬中求。

3. 得大勢 = 大勢至 = 有大威力 = 成就圓滿。

4. 續前品，並舉例〈法師功德品第十九〉能行之人 = 顯、證得六根清淨功德之法師 = 不見眾生惡相、但見其佛性 = 清淨功德之由來。

二、教主釋迦牟尼佛：

1. 釋迦佛未成佛前，至少經—大通智勝佛 (發菩薩心、16 王子之第 16〈化城喻品第七〉)，然燈佛 (受記釋迦文如來〈如來壽量品第十六〉)，威音王佛 (2 萬億尊)，日月燈明佛 (2 千億尊)，雲自在燈王佛 (2 千億尊)。

2. 永恆，來，回，度眾生。

3. 救不完的苦難眾生。

三、《法華經》：

1. 持經勇猛，疾得成佛；

2. 違反是經，久亦成佛 (皆有佛性)= 法力無邊 = 即使謗者、業盡
亦能信伏。

3. 人間的道理，全在《法華經》裡 = 世間的全部。

四、相應各品：

1. 第 2 品：釋迦佛讚歎諸佛智慧難解難入，因，諸佛皆：

a. 曾親近百千萬億無數諸佛，b. 盡行諸佛無量道法，c. 勇猛精
進名稱普聞，d. 成就甚深未曾有法，e. 隨宜所說意趣難解。

2. 第 8 品：常不輕菩薩「受眾生招待的過程」，彷彿富樓那彌多
羅尼子菩薩。

3. 第 12 品：提婆達多菩薩，久亦成佛。

五、其他：

1. 莫輕小緣。2. 忍而無忍。3. 勿著有為表相；深觀無為理相。

六、做慈濟：

1. 相映第 2 品： a. 佛法，活法。b. 僅僅白紙黑字，與生命沒有一
點關係。c. 做就對了，同時要清楚明白。並提升做慈濟的純度。

2. 相映第 8 品：a. 瞋來慈應。b. 順警惕，逆感恩。c. 罵你 = 消業。
d. 讓罵，不起心。e. 接受 + 消化 + 微笑 + 感恩。f. 佛果，必由

此經。g. 忍而無忍，因為還有更重要的事，因為還有救不完的苦難。

七、上人：

1. 《法華經》未了，這輩子心不安。

2. 《法華經》我能說到哪，我就盡量，才不會讓我這輩子有遺憾。

3. 19 品的正宗分竟。最起碼 20 品完成。為了出門我自己很努力。過去我是「用力」說話；昨天我是「抽力」說話。

慈濟事

一、四大已大不調，唯人、從內心、虔誠祈禱、虔誠淨化／菲律賓風水災、美國佛羅里達州風雨災、中南美洲地球 2 顆肺皆火災、美維京群島風災。

上人：確實，人間已經四大不調。幾天來，聽全球國際間，地、水、火、風四大不調，和造成災難，實在聽得都很緊張、很擔憂。用虔誠的心，為每一個國家、每一項災難祈求平安。

菲律賓這次風雨、大水，造成萬人以上的災難。現在菲律賓慈濟菩薩已經動員，開始勘察，呼籲以工代賑讓人人趕快恢復、復建家園。災難很可怕，幾小時大雨就這樣的大災難。

美國佛羅里達州一樣大災難。這時，那裡還在大風暴雨中，多利安 Dorian 颶風，面積幾百公里，很大，行進速度很慢，不斷停留，昨天新聞才 2 公里 /1 小時的移動，已經萬多人家庭毀損，人無家可歸。

中非有 4 國，很大很大片的雨林火燒。剛果盆地 (世界第 2 大雨林、地球第 2 顆肺)8 月底燃起野火。巴西亞馬遜雨林 (地

球之肺）大火從8月初至今還未熄滅。都是地球很重要的雨林，火燒起來，就像人發燒嚴重變肺炎，危急了。

現在，美國維京群島5級颶風。昨天新聞，已經降為4級，但移動速度很慢，不知什麼時候才能離開這個島。美國慈濟人已經在準備，颶風停，就馬上動員。

上人：天下、國際間，這個天、自然界，地水火風已經很大的不調和；這要靠人人用虔誠心祈禱，但願天下無災無難，有了災難能迅速熄滅災難；但，豈是那麼容易呢？唯有人，趕快從內心虔誠，人人淨化，淨化人心，用很虔誠的心共同一起心聲上達諸天聽。這是唯一的辦法。

二、人間苦相、不堪說、說不完，要覺醒、要找起源 / 地球 2 顆肺大火、燒 3 國、11 萬多處起火，澳洲 100 多起林火，巴哈馬、美國、加拿大風水災，大陸四川、印尼地震。

上人：人間，種種不同的人間苦相發生。之苦啊！不堪說。

佛世時，就說很多很多不堪說、不可說的事；因為你要說，就是說不完。

很苦啊！苦得說起來也很不堪忍。人間苦難偏多，苦在哪裡？苦在不調和，大乾坤的不調和，小乾坤的不調和。不調和，只幾個字而已，卻是宇宙、人間的大事。四大不調是大乾坤的病，人體四大不調是人身的病，有病就很辛苦。

因為人間有這樣的不調和，我們得要好好向不調和虔誠祈求；祈求虔誠、虔誠祈求，對著不調和予最懇切，希望能調和。我們大家要用一心、很懇切的心，來祈求。簡單一句話說：虔誠祈禱。

現在是大不調和的時候，看看大乾坤，地水火風四大不調。在佛法來說，大 3 災中。火劫，到處到處火災，世界大乾

坤的肺部已經發燒、發炎，與我們人體一樣；人？身體若有病，親人一定很著急，不只求醫生：用心為我們醫治啊！還要求神、求佛。是啊！要求神、求佛，要拿出你的虔誠；虔誠祈求能風調雨順、國泰民安、四大調和；這是天下人人都要提起的虔誠祈禱，為天下平安。

上人：這幾天說的亞馬遜雨林，可吸收二氧化碳產生氧氣以調節全球氣候，可調節區域性雨量。是世界一個很長的森林，跨越 9 個國家；由巴西、哥倫比亞、祕魯、委內瑞拉、厄瓜多爾、玻利維亞、圭亞那、蘇利南、法屬圭亞那，9 國共同擁有。這個肺部是這麼重要；現在已經火燒，還在燒，很嚴重，巴西開始，還有 3 個國家，一直延燒，包括祕魯 6700 多處，玻利維亞 1.9 萬多處，巴西 8 萬多處，總共有 11 萬多處起火，已經很多天。

要叫醒大家，不要放鬆，要戒慎虔誠，這是驚世的災難，不是火一直延燒，燒到熄掉就平安了；雨林會吸收雨水，地底下的水脈會這樣欠缺，對人類長遠，苦難會偏多；世界天空人人共有啊！不過，昨天晚上的新聞，好在天有降雨，差不多 4 小時，火勢有慢慢緩和，熄了？還未熄，火還在燒，只是緩和而已。有 7 個國家很緊張，開始高峰會如何搶救，希望能趕快撲滅。這是世界的大災難，這就是火大不調。

澳洲東岸 (黃金海岸)，現在是早春，卻已經有罕見的火災發生，100 多起林火；好幾萬公頃焚毀，尤其是列入世界遺產的雷明頓國家公園燒掉已經成廢墟，還有 20 多棟房屋也毀損，也有人受傷。世界的災難，光一個火，已經是這樣。

水，巴哈馬，連串到美國，到加拿大，水災的災後……；颶風還未完全消失 (多利安颶風於 9 月 8 日減弱為強烈熱帶風暴)。

還有幾天前，大陸四川的地震；更前幾天的印尼地震。

上人：四大已經這樣，一時，在這時間內全都開始；到底要再多久？很擔憂。我們與大地共生息，人類人人要覺醒。看到驚世災難現前，人人要提高警覺。就像求醫生，也得求神、佛，同樣要虔誠。信仰不同不要緊，跟著你心中的信仰，用虔誠的心來祈求，發心立願、淨化人心，趕快。

　　這樣的大災難起，它的起因在哪裡？要覺醒，要找它的起源，要找大道理，就在經文裡。

○故事小結：
1. 要覺醒，要找它的起源，要找大道理，就在經文裡。
2. 常不輕菩薩忍而無忍；因為還有更重要的事，因為還有救不完的苦難。
3. 釋迦佛、上人、眾菩薩、慈濟人，行因過程、成佛之道、來來回回堪忍娑婆；因為有很重要的事，因為還有救不完的苦難。

★四大大不調／莫拉克颱風重創菲律賓三描禮示省伯多蘭鎮 (Botolan)，慈濟人前往勘災關懷。攝影：蔡昇航

★人間苦相不堪説／威力強大艾瑪颶風重創加勒比地區及美國佛州。慈濟志工前往佛州重災區及南端群島進行勘災了解災民需求。海水倒灌家具報廢堆積路旁。攝影：不詳

三、悲心殷重、瞋來慈應／個案竟然、忽然：乾媽。

上人：要用什麼方法將瞋心去除？修行過程，凡夫，見境反應，這習氣很正常；但修行就是要將它去除。要如何去除？「瞋來慈應」。

我不歡喜，我就瞋心現境，對人就罵、打等等，很不好的習慣就這樣顯現，來對境。那麼，像這樣很重的瞋病，怎麼辦？用慈悲回應對方：你也能成佛，你只是現在瞋的習氣很重，我既要度你，你的瞋心起、無明來，我就用慈悲面對你。

上人：常聽慈濟人分享，不論那個國家，他們若聽到社區、家庭，哪裡有苦難人、有遠離人居、有身心病無法治療、沒人有辦法幫助的。慈濟人難行能行，知道很難但很願意。去叫門：「某某先生，來啦，你來開門啦！」明明人在裡面，就是不開，不出聲；一次再一次，一站就是整天。

「你整天沒吃，我送飯來給你。」還是守整天，講盡很多柔言軟語；裡面就是不回應。從門縫看進去，明明他就坐在那裡，不是打坐，是呆呆坐在那裡，有時躺在那裡；裡面，很骯髒。

「這環境哪是人住的！」慈濟人悲心愈大；慈心不斷提醒：這人很可憐；悲心不斷動作，輕柔地呼喚，說盡很多安慰的話。

不開就不開。今天晚了，明天再來：「某某先生，我吃的東西放在這裡，我明天還會再來喔！」

明天再來，吃的東西已經空，很安心，「有吃，有吃了！」繼續叫，還是不要開門。

反反覆覆，經過幾天。叫門叫了一段時間，終於不經意將門打開；看到的人，惡形惡相，很可怕，都不說話；慈濟人還是忍耐，悲心殷重：「某某先生，你終於門開了，我們很歡喜。我們可以進去嗎？」「可以進去嗎？」再問。他，門忽然又關起來，又是內外相隔。

「好啦，好啦，我們提來的東西還沒給你，不然我們放門口。」

第三次再來，同樣這樣叫門，同樣一段時間，他也來開門，臉沒有表情，全身很骯髒，慈濟人：「我來這裡，與你說話那麼久，這麼多次了，你也認得我們的聲音。我們是慈濟人，你放心，我們想要來幫助你們。」忽然一聲：「不需你們幫助！」

回應這一聲，慈濟人就歡喜得不得了：「會說話啦！原來

他會說話。」當然，要與他磨到……。

上人：終於，將他帶出來做環保；為他整理好家庭，整理好身體，一段很長的時間陪伴。這樣慢慢與他說話，總是願意了。

　　我們的委員：「你整理整理，很帥呢！看起來好像我的孩子。」竟然，忽然間：「乾媽」。從這樣開始，這位先生與這位乾媽有了互動；就這樣一直帶他；帶到現在看人就笑，在環保站裡。

　　你們想，這 3、4 個慈濟菩薩鍥而不捨，這樣站，這樣推，這樣帶，送便當，耐心勸他；陪伴到，其中 1 位與他投緣 (乾媽) 的能與她對話。就是這麼不可思議！

　　瞋來慈應。人生就是這樣。佛陀說的法也是要說人間的事情；《法華經》》不離人間事啊！

○故事小結：
1. 現代常不輕菩薩。
2. 慈悲 + 等觀。
3. 養成慈悲利他的習慣。

故事

第 1726—1730
眼睛睜開看到的是人間，閉起來看到的是地獄 /3 月伊代氣旋，地獄、馬拉威、辛巴威、莫三比克。
莫忘那一年 /03 年 SARS。
苦難與菩薩相會就有救 / 莫三比克。
轉翻人生，真的很感動 / 莫三比克為 79 歲老爺爺入厝。
四大已大不調，唯人從內心虔誠祈禱、虔誠淨化 / 菲律賓風水災、美國佛羅里達州風雨災、中非地球 2 顆肺皆火災、美維京群島風災。
印尼總統只要看到慈濟帳篷就安心 / 印尼志業體回台，18 年 7 月龍目島震賑，9 月中蘇拉威西島震賑。
第 1731—1740 集

破我執被啟發，磨愛心、練耐心 / 寮國義診 9 國會合。	
人間菩薩入人群，為黑暗點一盞燈 / 柬埔寨義診、垃圾山裝太陽能燈。	
給希望、注清流 / 送花蓮女監獄電視。	
以工代賑、慈濟人以身作則、施受平等 / 菲律賓、納卯市賑雨災。	
莫忘那一年，那群人、那一念心，那時的發心現在記錄，史最新、未來最真 / 印尼 2 島去年 8、9 月震賑，菲律賓 0828 風水賑，土耳其 20 年前 817 震。	
虔誠心為天下眾生祈平安、莫忘這一年 / 菲律賓以工代賑。	
人人省一點點、能助多少貧困苦難人 / 非洲最貧窮國辛巴威發放米。	
乾坤事事告急、要提高警覺 / 巴西地球之肺火災，巴哈馬全國 700 座島嶼風災。	
大人間苦相不堪說，要覺醒，要找起源 / 地球 2 顆肺大火，美洲風水災，大陸四川、印尼地震。聽經聽進心，化為道理回歸本 / 昆明 12 歲個案。	
不認識成一大家庭親人 / 國際人醫菩薩先遣。	
守好這一念，欲火起用冷靜隔火 / 巴西、印尼火不斷。因果可怕，一點沒還走不了 / 阿嬤我要小鏡子。	
人生無常，要很重視、疼惜 /2019 人醫中秋晚會唐美雲、梅沙、希伯拉、陳紹明。	
用多少錢才能買到孩子笑容、苦中有苦 /24 國人醫年會、南非溫聖鈞。	

第 1741—1750 集

不移、信真理 / 高僧傳、取經。	
志愛給別人、自己會歡喜 / 人醫年會、約旦有位醫生院長來。	
簡單幾句、話入心、改變人生看法 / 靜思語 30 年。	
事、用心選擇、對的事做就對了 / 陳副總真修行者。	
歡喜、佛法與人間沒拆離 / 每週一行政會務，誠浩、靜原、慈濟大數據很豐富。	
很悲心殷重、瞋來慈應 / 個案竟然、忽然：乾媽。	

第 1751—1760 集

自說法、介紹人聽法＝菩薩 / 寮國發放、5 國視訊分享。	
菩薩、信根、念力、無所畏、決定為眾說法 / 聖馬丁開麵包店夫妻檔，非洲亞棋、潘明水分享 20 多年前。	
90 幾 % 都自己就地取材、我很愛這群黑珍珠 / 南非 9 國、亞棋分享，牧師、巫師、3 孩的媽。	
業力可怕、懺悔啊 / 悟達、小小念頭一起動。	

聞法精進、習氣懂得改就會回歸本具佛性 / 長春杜伯陽。
第 1761—1766 集
需要、及時到達、一輩子不會忘 / 玉樹賑、23 年前、67 歲多南爺爺。
像常不輕入世心態 / 非洲莫三比克、貧濟貧、粗糠擠油、莫忘翻轉非洲念。

法數

第 1726—1730 集
五蘊。三界、五濁、八苦、二乘、三乘、六度、九識。三無差別、六度、六根、信願行、三學。
第 1731—1740 集
六度、三無差別。三無差別、四大、三理四相。四大、六根、四諦、十二緣、六度、五濁。五種法師、六根、四眾、五濁。四大、十方。十德號。五濁、十二緣、四諦、六道、四果。十二緣、四諦。四諦、十二緣、六度、四大、三乘。
第 1741—1750 集
三業、三寶、四諦、十二緣、六度。三惡業、五毒。六根、四眾。教行證、三惡業。四眾。四眾、三無差別。三無差別。三寶、四眾。
第 1751—1760 集
六根、三無差別。三寶、六根、四眾。六根、四眾、三善業。四諦、六度、八正道、十二緣、4445578。四誓、六根、三無差別。六根、五怖畏、三德。六根、六千功德、四眾。四眾、三寶、三毒。
第 1761—1766 集
四心、六根、四眾。六根、七識。三寶、四眾。

解構

第一段偈頌文摘錄：

過去有佛、號威音王……，有一菩薩、名常不輕……：我不輕汝。汝

等行道，皆當作佛→……→漸具功德、疾成佛道。

彼時不輕＝則我身是；時四部眾、著法之者……＝……，今於我前、聽法者是。……

是故行者……勿生疑惑＋應當一心、廣說此經＋世世值佛→疾成佛道。

第一段偈頌大意：

1. 背景。

2. 行因過程。

3. 彼人此人。

4. 勿疑，廣說。

心得・反思

第四編　法華連貫

第一章　十二依

第一節　十一依

連貫

一、有關連貫，上人開示

    1. 每天早課的晨語，除了結尾時會連結回去起頭時的手札重點；講到經文時，也很慈悲的會把前一天消文的經文段落，先加以復習，再講述新的經文段落，讓聞法者能連貫前後。

    2. 在每一品經文講述即將結束，或每一品經文講述的開始，也一樣很貼心的，會把此品的重點，精要的加以復習，以連貫至下一品。

    3. 於數品之後，亦不斷會溫暖的回顧相關幾品，加以連接貫穿，再復習，再連貫。

二、此編「法華連貫」所依次第

    1. 先依 20 品，取筆者心得以為，前後品之相關、及各品之再精要，整理於「依品」一節。

    2. 次依三分，再依三周、授記、開示悟入、2 門，及境行果、四段、六無量、經變照，乃至七卷，為各「依」。

    3. 最後以 7 喻為「依」。而綜為「十二依」，僅期能以管一窺法華大經之文字相。

第二節 依品

序品第一／心開、開心

一、開場白：

1. 非常重要的大會即將開始，先介紹此即將舉行的莊嚴大法會的時間、地點、主講者、聽眾等，即「六成就」。其中以相信、自信最重要，「信成就」為上首。

2. 因緣主講者釋迦牟尼佛入無量義三昧之際。彌勒、文殊 2 位大菩薩，先開場引言，為我們「開心」，開闊在時間的、2500 多年前、的無量劫前、的豎窮三際，開闊在空間的、橫遍十方的、整個宇宙、的盡虛空；把眾生的心打開來，藉日月燈明佛，說一場妙光、文殊、求名、彌勒，相距無量劫的「時空穿越劇」。

二、預告片，穿越劇：

1. 「心開」之後回到人與人之間。我們關心的，可以不再只是自己生活的柴米油鹽；回到當下，當我們遇到人我是非，自然心胸比較開闊，自然比較容易「開心」的笑一笑就過去，自然心寬、自然念純了。

2. 放光！此光何益？要授記？此時瑞相，這部穿越時空的預告片，三世諸佛、古今眾佛、佛佛道同啊。

3. 「佛德影響無遠弗屆，佛法真理淵遠無盡，法華世界穿越時空。」在關心自己，每日的、生活的、柴米油鹽之外，原來，還有生命的過去、現在、未來，還有慧命的柴米油鹽，還有很多的眾生要我們去關心、去面對。自己要薰法、要覺察、要調整、要

串習這一切。

4. 〈序品第一〉的道理，時、空、人，無量無盡的道理，已為〈化城喻品第七〉大通智勝佛 16 王子的老么、〈提婆達多品第十二〉國王與仙人、〈如來壽量品第十六〉佛壽命長……的真理，預留伏筆。

三、真正的虔誠：

1. 即將進入大法，需要虔誠心，才得入；沒有虔誠，沒有真正的虔誠心，很難進入法華世界的美妙殿堂。

2. 學習上人，在小木屋裡，真正的、清淨的虔誠。

方便品第二 / 滅、道

一、開門見山、明白道路：

1. 殊勝而莊嚴的大法會，在〈序品第一〉經過引言之後，即將正式開始；〈方便品第二〉一開始就直接切入主題，開門見山說重點。就像靜思精舍向政府提出寺廟登記之初，證嚴上人就以「慈善、醫療、教育、文化(人文)」為慈濟發展方向。明白道路的方向。

2. 當基本了解佛陀的本懷、了解法華的根本、了解慈濟的行菩薩道之後，筆者以為「真實品」的最重要，就是這 5 句話，要我們

「力行」、「身體力行」、「做就對了」；

同時，時時刻刻、累生累世；

同時，不斷覺察，覺悟觀察自己的所做所行，藉此不斷提升行

菩薩道的清淨度、的「純度」。

3. 而因為做得不夠多，「心靈風光」的真實感受少→自然覺得諸佛的智慧難解難入。

二、焦距對準、直切主題：

1. 最重要的 5 句話就是，諸佛皆：

a. 曾親近、百千萬億、無數諸佛，b. 盡行、諸佛、無量道法，c. 勇猛精進、名稱、普聞，d. 成就、甚深未曾有法，e. 隨宜所說、意趣難解。

2.「五盡行」、「十如是」：

a.「親近」、「盡行」、「勇猛」、「成就」、「隨說」；這「五盡行」，本來就是如是「因」、如是「緣」、如是「果」、如是「報」；如此盡行 5 因，至「究竟」，自成果佛。

b. 因緣自己的「相」、「性」，而有如是「體」；身體可出「力」，自然有造「作」；作業的業果可以回「本家」，也可以淪為「俗家」、「末家」，就看自己的起心、起行。而我們凡夫就在這「本末」之間，當尚未至「究竟」成佛前。

c.「善有善報，惡有惡報，不是不報，時機未到」，也是「十如是」。

3. 難行能行，難說還是要說：

「五盡行」、「十如是」，雖然一語已道破；但要令眾生，尤其心將開、未開、即開的我們凡夫、信→受→奉→行，談何容易？！慈悲智慧的世尊，只好不忍的「三止三請」先清場，至 5 千人退；亦佳矣！

4. 「五盡行」例：

   a. 以現實舉例，慈濟人行「慈善、醫療、教育、人文」的過程，志工在各社區身體力行的所做所為、種種，包括真正「合、和、互、協」；「知足、感恩、善解、包容」等等，乃至人我是非間的自我覺察、提升「把是非當教育」等等，都是在往「親近無數佛」、「盡行無量道」靠近；畢竟「多做多得，少做多失」。

   但純度，非常、更重要；畢竟蓮華是要把汙泥當養份而自身不染，而不要「惑稀泥」；要像佛的放光一樣，清淨、無遠弗屆。

   b. 至於是否「勇猛名普聞」，就看大眾的評價，當然不是圍個小圈圈小眾的評價，更不是自吹自擂而已。南非黑珍珠菩薩，在這麼惡質的空間環境，仍「盡行無量道」，那份珍貴的心、行，能不令大家的內心被觸動、而忍不住讚嘆？！而自然「普聞」其「勇猛精進」？！

   c. 能在短短不到半世紀的時間，行善救拔苦難的眾生，達 127 個國家地區；此時間的短暫、空間的開闊，在地球人間的 5 大洲 229 個國家地區，上人帶領的「藍天白雲」慈濟，似乎是絕無僅有 (註：127 個國家地區，統計自 1966 年 5 月至 2022 年 3 月。約 229 個國家地區的統計至 1966 年 5 月)。此舉，也是「成就甚深法」，不斷、不斷。因為不忍。

   d. 「隨宜說難解」，法華，難解也要說。因為沒有時間了，因為來不及了。

5. 「盡行」自然滅盡苦 = 本來「如是」的道理。

三、此品，開宗明義、講清說明：

「五盡行」，盡心盡力菩薩行＝是「滅盡苦」唯一的「道」。

譬喻品第三／苦、集

一、人人可成佛：

1. 說了，終於說了，終究說了，40 幾年了；弟子舍利弗尊者，終於有懂了；智慧第一的舍利弗尊者懺悔啊！懺悔！也終於知道自己真的是佛子、真的有機會成佛。

2. 佛陀回應弟子：說舍利弗尊者的過因緣。說尊者的本來「如是」，今天只要還所行道之本願。並授未來記＝肯定舍利弗尊者。同時鼓勵每一個人。

3. 人人可成佛。

二、寄淺訓深，火宅三車喻：

1. 寄淺訓深啊！三界如火宅、地球已發燒、五濁惡世時←是因為我們凡夫不解佛意、顛倒是非、以苦為樂；自討苦吃，集種種苦，而造成。

2. 火宅喻，

   a. 長者驚怖→作念→復思惟→復更思惟→善言誘諭→作念設方便→作念賜大白牛車……；此段道盡佛陀為苦集的眾生，窮自己後半輩子，心急如焚、委曲婉轉的三乘而教。

   b. 諸子的樂著＋不信受＝苦源＝苦集之因；慈濟很多訪視救濟戶的造成今天，也是有其苦集之因。同時，因為救濟戶的示現，教育我們見苦要知福，所以稱他們為「感恩戶」。

3. 長者心、諸子心；佛陀心、眾生心，苦口婆心以三車，天差地別的心，要拉近彼此間的距離，是如何的比登天還難啊！

4. 菩薩立願、行願，行難行、說難說；南非黑珍珠菩薩正是如此；他們的故事，是學習的典範。

三、信多深：

信人人可成佛？信自己可成佛？信得夠深？

四、清楚？

1. 法，〈方便品第二〉已開宗明義說，

2. 不清楚？再以譬喻說一次。

信解品第四 / 行、證

一、懺悔：

1. 此品，四大弟子 (須菩提、大迦葉、大迦旃延、大目犍連) 的懺悔文。

2. 四大弟子以貧窮子自喻 (大富長者＝如來)。

3. 弟子對佛陀說譬喻品第三的回應，回應舍利弗尊者受記、回應火宅喻。

二、窮子喻：

1. 窮子心：幼逃→久住他國，年長更窮→漸向本國 (富父止處) →到父城→到父舍、遙見莊嚴威勢→心怖、悔來，往貧里→疾去。

2. 富父心：念子未曾說→見便識、歡喜、有所付→遣、急追、將

還→使捉，窮子驚、怨→使急、強、回，窮子更怖、昏地→父遙見：不需回、冷水令醒、莫語，何故？知子下劣、以方便、不語我子→使、放汝、隨意趣，窮子歡喜、至貧求衣食→

3. 父誘子心：密遣憔悴無威 2 人交待：此有作＋倍直＋雇除糞＋我 2 人共作→窮子得→窮子先慳，父愍無求大→窗牖、遙見子羸瘦、憔悴、不淨，脫富貴、換粗衣、土髒身、手糞器。語諸作：勤作勿懈→方便其子。復語：安心作、會加薪→可視我如父→你做事認真、收當乾兒→

4. 父臨終囑累、惦念心：窮子自輕 20 年仍除糞→將死語子：多珍寶、多用心→窮子受教，仍不認寶藏屬己，不懂發揮己真如→復經少時，父知子願大志，臨終：此我子、物皆子→窮子大歡喜：我本無心求，今寶藏自至。

三、窮子喻，說窮子的「近鄉情怯」：

更重要的是，非常、非常深刻的，道盡富長者、釋迦佛、上人，的慈悲，的對無知眾生我們的那種苦心、那種委曲、那種惦念之深情大愛。

四、信否？解否？行否？證否？

1. 不聽法，如何接近佛法？

2. 深信→體解→力行→證悟→深信→……。

五、自我懺悔：

1. 此品，也是凡夫自己的懺悔文。

2. 師徒之間，究竟是如何的奇妙因緣？！

藥草喻品第五／一、萬

一、以一遍萬：

1. 此品，佛陀回應前面〈方便品第二〉、〈譬喻品第三〉、〈信解品第四〉三品。(2、3、4 ← 5)

2. a. 如來說法如大雲，平等一切，一相一味；眾生受法如草木，隨根器，隨曾經奉佛多少。

   b. 佛陀一樣授記；眾生成佛仍有先後、長短。

   c. 慈濟「四大八法」，一相一味；慈濟人，各做其所好，無求而自得。

二、我們要學習「識緣」：

1. 學習認識、看清楚、分辨→因緣的流動；粗相的因緣、細深的因緣。

2. 一輩子行善，最後那一念間也很重要。

3. 因的種子一顆，卻要有很多種緣會合。

4. 眾生，互為習因、互有藏識，所以→所受都很苦。

5. 路，自己走，才會到；信心，自己建立，才能體會佛陀的深理。

授記品第六／授記

一、此品重點→授記：

1. 佛陀授記四大弟子，大迦葉尊者、須菩提尊者、大迦旃延尊者、大目犍連尊者。

2. 能受記、能受證，皆有宿世之因緣。

二、此品更重點→了解成佛的因：

1. 要重因行、要看因行。

2. 授證＝如授記：記以起信→信而發願→願以成行→行菩薩道。

3. 做慈濟＝行成佛的因；更要「行無我度生」、要「純度高」；純度高、清淨，像尼泊爾的震賑，終究希望能救出自己內心「如赤子的真如」。

化城喻品第七／因緣

一、此品，說因緣：

1. 說大通智勝佛，成佛前最後一里路的因緣。

2. 說釋迦牟尼佛，由凡夫、由沙彌起、精進菩薩道的因緣。

3. 說諸梵天王，捨福求慧、精進求光的因緣。

4. 說我們眾生，性怯弱、如窮子，終究自得苦果、如住火宅；而智佛、釋迦佛、諸梵天王，皆為我們眾生的學習典範。

5. 凡事，重因緣，重恆持，至「究竟」圓滿。

二、化城喻：

1. 鼓勵我們眾生：勿懈勿怠，終點未到→有導師帶領，續往前精進→終有好報、終成佛果。

2. 回光返照己心→己心是否懈怠？願力是否微弱？

三、慈濟：

1.「四大志業、八大法印」，是化城，更是寶所。

2. 火宅天下，災難頻頻，用心體會人間苦源的因緣。

3. 慈濟人＝大愛廣，無止息，無中路懈怠，「關關難關，關關過」，在「導師」上人的帶領之下。

四、清楚？

1. 法，〈方便品第二〉已開宗明義說；〈譬喻品第三〉及之後……，再以譬喻說；不清楚？

2. 此品〈化城喻品第七〉再以因緣說一次。

五百弟子受記品第八／授記

一、此品重點→授記：

1. 佛陀授記，富樓那尊者、憍陳如尊者。

2.a. 轉次授記、500 阿羅漢。

　b. 預言授記 (由大迦葉轉知未在場)、700 阿羅漢。

3. 會被授記有其因行；凡事，不要只看事相，不要只看單一事件，不要只看這輩子。

二、衣珠喻：

1. 500 弟子的懺悔文。

2. 衣繫無價珠、已不知可用、以致生活困→要發菩薩心。

3. 佛在我身邊，儘管看來皆凡夫。

三、慈濟：

　　塞爾維亞賑災，關關卡卡，考驗很多＝像滿慈子到遙遠邊地傳法，重重障礙，重重克服，才得成。

授學無學人記品第九／授記

一、此品重點→授記：

　　1. 授記，阿難尊者、羅睺羅尊者。

　　2. 授記 2 千弟子。

　　3. 第 4 輪授記。舍利弗→四大弟子→五百弟子 (富、憍 +500 羅漢 + 不在場 700) →學、無學人 (阿難、羅睺羅共 2000)。

　　4. 次次授記，層層聆聽，根機愈啟，愈發了解。

二、佛陀心，太孤單！

　　1. 佛陀用心為眾生→塵點劫來，不斷、累生、累世要讓種子成熟，希望人人，發大心，行菩薩道，將道理再普遍人人，不斷輾轉←太孤單了。

　　2. 上人的心→佛陀心懷大家要了解。不能缺一人，發大心人人有責。

法師品第十／使命

一、人人得授記：

　　1. 人人可成佛。

2. 前 8 品，事相上的 4 輪授記，大致告一段落；而「受記」、「受證」，就是承擔的開始，也是「使命的接受」，自然要「以法為師」繼續更加精進。這是基本責任。

3. 只要能「恭」「近」法華，總有一天能、乾土→溼土→泥→水，終究能點滴成河。

4. 我們都是佛陀的負擔，都是上人的責任。

二、法：

1. 法，一切功德由此妙法生。

2. 法，是我們的師；對法，要很重視。

3. 法「不妄授」；令人→心酸！擔心！無奈！

4. 佛法，應如何適應當下？讓人人都做得到？

5. 法華，是身體力行、走得出去的一條道路。

三、法師：

為開顯未來者。需思考種子如何傳？法如何續？自己的願有多大？

四、弘法：

大慈悲為室 + 柔和忍辱衣 + 諸法空為座。

五、慈濟：

1. 上人，大悲願，決心，小木屋抄無量義經抄《法華經》，手指頭到今天還在痛！

2. 非洲黑珍珠菩薩，什麼都沒有，但道理入心，法，一樣弘。

一無所有；豐滿無量。

3. 慈濟現在修行的方法→〔共同 1 個觀念 + 會合不同人 + 共同做 1 件事〕＝行菩薩道。

見寶塔品第十一 ／ 回向

一、多寶佛、寶塔中分半座釋迦佛：

1. 二佛共座＝眾生、心、佛三無差別。

2. 古佛多寶佛，滅度後尚為法處處往聽→凡夫我，能不勤聽法？勤行法？

二、三變淨土：

1. 前品，承擔使命，法師弘法→當先，以法回歸弘向自己。

2. 三變淨土＝〔以法，回向己心、轉心〕＝三周說法。

3. 自心佛性啟動→〔法在生活中流動＝分身佛湧現〕→心塔自現音聲；心聲、聞否？

三、三佛歸位：

1. 分身佛雲集＝法歸位。

2. 古佛＝多寶佛＝人人本具佛性；現在佛＝釋迦佛；接受到佛法的人＝十方分身佛＝法。

四、人人本具佛性：

1. 自第 2、3、4……至第 11 品，每品都分享→人人本具佛性＝人人可成佛。

五、為法求人：

　　1. 釋迦佛大聲普告：欲以妙《法華經》付囑，誰能於此娑婆廣說？

　　2. 世尊求人；佛弟子的我們，如何回應？如何回向？

　　3. 自問：我們的願，多大？

提婆達多品第十二 / 慈悲

一、為法求人：

　　1. 此品〈提婆達多品第十二〉，國王（世尊前世）求法無懈倦；求人說法華，即使終身供仙人走使；為法華，自己求法精進。

　　2. 前品〈見寶塔品第十一〉，為法華，尋覓後繼有人。

　　3. 世世為法華。

二、佛陀授記提婆達多：

　　1. 可見世尊的心，是如何的遍虛空法界、無限開闊，慈悲無量、怨親平等，才可能做到。

　　2.〈序品第一〉已為我們預告並開心；心寬念純，開心心開；開了心門，受了法、開心門，再受法、再開心門，再受法、再開心門，心自然漸漸打開。

三、修行法華得速成佛？

　　1. 8歲、龍王女兒，轉身成佛。

　　2. 小孩＋畜生＋女生，竟可速成佛；凡事，勿只看表象；別在眾生形態，起分別相。

3. 相應〈方便品第二〉，小龍女生在龍宮前，應早已「親近無數
佛」、「盡行無量道」、「勇猛名普聞」，「成就甚深法」、「隨
宜說難解」，如此「五盡行」的身體力行了。

四、主角重現：

1. 智積菩薩：〈化城喻品第七〉「其佛未出家時有十六子，其第
一曰智積」＝此〈提婆達多品第十二〉，從多寶如來而來法華
會座，並與文殊菩薩論議女人成佛之事。

2. 文殊菩薩：〈序品第一〉與彌勒菩薩對唱＝此〈提婆達多品第
十二〉與智積菩薩論議女人成佛事＝〈安樂行品第十四〉為當
機者。

3. 彌勒菩薩：〈序品第一〉與文殊菩薩對唱＝〈從地湧出品第
十五〉、〈如來壽量品第十六〉、〈分別功德品第十七〉、〈隨
喜功德品第十八〉的當機者。

4. 舍利弗尊者：〈方便品第二〉的當機者＝〈譬喻品第三〉的當
機者及被受記者＝此〈提婆達多品第十二〉語龍女：速得成佛
難信。

5. 須菩提尊者、大迦葉尊者、大迦旃延尊者、大目犍連尊者(四
大弟子)：〈信解品第四〉、〈授記品第六〉的當機者，應亦為
〈藥草喻品第五〉的當機者。

6. 藥王菩薩：〈法師品第十〉、〈勸持品第十三〉的當機者。

7. 大樂說菩薩：〈見寶塔品第十一〉、〈勸持品第十三〉的當機者。

五、住虛空中：

1.〈見寶塔品第十一〉寶塔地湧、佛開寶塔門、〈提婆達多品第

十二〉文殊菩薩海湧、這些菩薩海湧〈從地湧出品十五〉住娑婆下的無量大菩薩，皆住虛空中；教我們無住而住，勿執法，當然更勿著文字相。

2.〈見寶塔品第十一〉分身佛雲集，法歸位＝重法、學法、入法；又，「法尚應捨，何況非法」；又，自己沒有法、境界未到之前，千萬不要把最基本的法丟了。

3. 雖，品品各有品名、主題；然，品品相扣，法法相通，彼此連貫。

六、天文學家毛教授分享天體的密碼，不也啟發了我們：

1. 凡事，不要只用肉眼看，要學習用「五眼」看，學習用肉眼、天眼、慧眼、法眼、佛的慈眼看。

2. 大乾坤的大是如此；小乾坤的小也是如此。「量子力學」不也說明了物質的存在不僅僅是粒子，也是波動、能量同時存在⋯⋯。還有「量子糾纏」，或許不僅僅是 2 顆粒子的「糾纏」，而是很多顆粒子的「糾纏」、的「共業」。真理恆河沙，所知手中沙。

3. 要，很相信，佛陀說的法。

七、本品或為「開」「示」之小結；接下來更要好好「悟」「入」。

勸持品第十三／身體

一、師父呼籲；弟子回應，以身體力行。

二、本品回應〈見寶塔品第十一〉的誰能於此娑婆廣說妙《法華經》。(11 ← 13)：

1. 藥王＋大樂說＋2萬菩薩眷屬→自誓願不惜身命廣說法華。

2. 已受記之5百阿羅漢＋8千有學、無學→自誓願於異土廣說。

3. 諸比丘尼受記後亦→自誓願於異土廣說。

4. 諸不退轉大菩薩→自誓願於十方廣說。

三、回應回應：

1. 尊者願行、「自誓願」有別，或因各人自見的佛性不盡相同，更也因娑婆眾生的我們、剛強執著難調。

2.a. 繼〈法師品第十〉「信」法為師，〈見寶塔品第十一〉三佛歸位，凡夫的我們是否得見自己的寶塔？得見自己靈山寶塔裡的多寶佛性？得見多少佛性？

  b. 自己的願力有多大？自己的，信、願、行有多大？

3. 自願、自己的願力，自己內心深深的誓願；志工，真正的本質，在此。

4. 這，也是佛與眾生間的距離。

四、佛陀授記：

1. 授記大愛道比丘尼(佛姨母)。

2. 轉次授記有學、無學比丘尼6千人。

3. 授記耶輸陀羅比丘尼(羅睺羅母)。

4. 一切聲聞，皆已授記。

安樂行品第十四／力行

一、本品接續前品〈勸持品第十三〉。(13 → 14)：

  1. 因為相信，信佛所說，信上人所說；因勸而持，因呼而應，弟子自誓願之後；如何身體力行才能安樂？

  2. 身安＝正身行；口安＝正語行；意安＝意離諸惡、自利行；願安＝心修諸善、利他行、弘誓願。

二、「安樂行四法」總原則，似「弘經三軌」、「慈濟金剛偈」之法義：

  1. 住忍辱地＝忍辱衣＝付出。

  2. 於法無所行、觀諸法如實相＝空為座＝無所求。

  3. 不行、不分別＝慈悲室＝感恩。

三、夢中授記自己：

  1. 將來果，已在今日夢；今日果，已在昔日夢。

  2. 做夢，也在說法，也在行菩薩道。

四、髻珠喻：

  1. 難信珠，久髻中，不妄與，今與人；如《法華經》，世間多怨難信，先未說，今說。

  2.《法華經》＝諸如來第一說＝諸說中最甚深＝諸經中最上。

從地湧出品第十五 / 回應

一、本品回應〈見寶塔品第十一〉，誰能於此娑婆廣說妙《法華經》：

  1.〈從地湧出品第十五〉開頭，無數他方國土來的大菩薩，誓願於娑婆廣說法華。

  2. 繼〈勸持品第十三〉各尊者、菩薩的回應〈見寶塔品第十一〉，此品〈從地湧出品第十五〉他方大菩薩亦回應〈見寶塔品第十一〉。(11 ← 13，11 ← 15)。

二、〈從地湧出品第十五〉次第引出〈如來壽量品第十六〉：

  1. 此第15品多角色對話，次第引出第16品＝次第解疑。(15→16)。

  2. 第15品浮疑問 (例25 父百歲子)，第16品說分明。

  3. 第15品，信，尚未解。

三、此品菩薩，除彌勒大菩薩：

  另有 + 他方國土來的大菩薩 + 娑婆地湧大菩薩 + 分身諸佛的侍者 (他方國土來〈見寶塔品第十一〉)+ 現場的菩薩 (〈勸持品第十三〉) 。

如來壽量品第十六 / 因緣

一、本品續〈從地湧出品第十五〉。(15 → 16)：

  1. 諦聽 + 信解，如來誠諦之語。諦聽！

    2. 佛果境界，尚不能證知、不及推知，唯信知；倘以自心量比較、推測，不得入。

    3. 當信，當解，當受。

二、本品：

開跡顯本＝開「八相成道」垂跡之化身，而顯久遠實成之本。

三、醫子喻：

    1. 良醫如佛，諸子如眾生；良醫無虛妄，釋迦佛無虛妄。

    2. 釋迦佛，成佛已無量劫，為眾生以方便言當滅度。

四、非洲譬：

    1. 非洲菩薩：我相信，相信師父。我相信就對了！我就是用心相信！

    2. 把握時間，利用生命；體會佛陀所說法，將佛的法入內心，成為慧命。

分別功德品第十七／智慧

一、本品續〈如來壽量品第十六〉。(16 → 17)：

    1. 佛壽無量、度了廣大眾生，分別這些得度眾生所成的德相(顯佛法之威力)。

    2. 分別功德，學習緬甸菩薩做功德。

    3. 分別做什麼事情，真實對人間有益。

二、信：

1. 從〈序品第一〉開場「信成就」，〈方便品第二〉「於佛所說法，當生大信力」，〈譬喻品第三〉「尚於此經，以信得入」，〈信解品第四〉以「信」為品名……，〈如來壽量品第十六〉「當信解如來誠諦之語」，幾乎無時、沒有一品不強調信；信＝道源＝功德母。

2. 入「要」以信；「要」＝「鑰」。

3. 分別功德淺深：生一念信解 (大信)<< 解其言趣 (智信)<< 深心信解 (深信)<< 聞持書、教、供養經卷，重精神、不重物質 (淨信)<< 持法華 + 行 6 波羅蜜 (證信)。

4. 「大信」、「智信」、「深信」、「淨信」、「證信」←皆，非有「敬信」不得。

隨喜功德品第十八 / 精、進

一、續分別比較得多少功德。(16 → 17)：

1. 大布施 80 年 << 以佛法導、令得阿羅漢果 << 聞《法華經》隨喜轉教之第 50 人 << 最初聞法華而隨喜 << 勸坐、分座、令聽法華 << 語餘人、往、共聽法華 << 一心聽、說、讀、誦、為人分別、如說修行法華。

2. 「大布施 80 年」在此的比較功德是「排末座」、是「最小的」功德。然而，

3. 髮白面皺大布施 80 年的老者，僅僅經文裡的一小段，我們都已望塵莫及啊！面對這無量世界 (四百萬億阿僧祇) 裡、的無量眾生 (六趣四生)，「一個人」要能夠布施滿 80 年 + 且法化利喜、

令這些無量眾生，得各種道、得自在，那麼，「這個人」，究竟要花他的幾輩子去付出？究竟要他布施、持戒、忍辱、精進、禪定、智慧多久？結多久的好緣？結多少的善緣？才可能「大布施 80 年」？才可能「敬陪末座」？

4. 所度化的，不僅僅是人，是「一一眾生」。而這一一眾生包含了四生，那麼我們可能吃著眾生的肉，吃著雞、鴨、魚肉，而與一一眾生結好緣？而達到這一「末座」的功德？

5. 「敬陪末座」的功德，尚需如此才可能成就；其他更大的功德要成就，究竟要多少的用心？要多少的身體力行？才可能成就呢！

二、傳法：

1. 法，光聽，入心否？入行否？

2. 傳法、展轉，精確否？

3. 光聽，就隨喜讚歎；做的人，那微妙的法喜，那價值觀，自己會很懂得珍惜，是別人無法拿去分享的；自己做才感受得到；精進、身體力行，把握，做就對了。

三、〈隨喜功德品第十八〉，經文看來沒什麼：

其中意義很深，絕不是用經文輕鬆就說過去。

法師功德品第十九／六、六

一、以六根，體佛心，解佛意，萬行六度：

1. 以六千功德莊嚴清淨六根；學習慈濟過去 50 幾年的所做所為，

莊嚴清淨自己的身口意。

2.上人：「師父真是拚命在為眾生」。

二、〈法師功德品第十九〉六根功德從文字或解釋，絕對無法了解（文字或解釋只是方便）：

1.要深心解相＝很深的投入心、體會它的相；

2.但，也很難，因、聖人見解→道理分明、清淨無染、一通萬徹，我們眾生、分別心→會生很多無明煩惱；

3.但，只要有心，只要起動，再遠都能到。

常不輕菩薩品第二十 / 慈悲

一、此品，延續〈法師功德品第十九〉，說「常不輕」之因緣、行因過程(19 → 20)：

舉例第 19 品能行之人＝顯、證得六根清淨功德之法師＝不見眾生惡相、但見其佛性＝清淨功德之由來。

二、連貫此品：

1.a.釋迦佛未成佛前、的「曾親近百千萬億無數諸佛」，至少經以下諸佛，包括：大通智勝佛（發菩薩心、16 王子之第 16〈化城喻品第七〉），然燈佛（受記釋迦文如來，〈如來壽量品第十六〉），威音王佛(2 萬億尊)，日月燈明佛(2 千億尊)，雲自在燈王佛(2 千億尊)。

b.〈方便品第二〉之：釋迦佛讚歎諸佛智慧難解難入，因，諸佛皆：b1.曾親近無數佛，b2.盡行無量道法，b3.勇猛名稱

普聞，b4. 成就未曾有法，b5. 隨宜意趣難解。

2.a.〈五百弟子受記品第八〉之：常不輕菩薩「受眾生招待」的過程，彷彿富樓那菩薩。

　　b.〈提婆達多品第十二〉之：不輕任何人，即使提婆達多菩薩，久亦可成佛。

連貫─20品（簡表）

1(序)，

2(方便)→3→4→5→6，

7(譬喻)→8→9，

10(法師)；

12(提婆達多)＝或為「開」「示」之小結；

11(見寶塔)←13←14，

11←15；

15(地湧)→16→17→18；

19(法師功德)→20。

(開2—10，示11、12；悟13—16，入17—20)

第三節 依分

一、佛經，經文的內容，一般皆區分為序分、正宗分、流通分3部分，為東晉道安法師所創。序分，介紹背景；正宗分，意佛所說必為正宗，為一部佛經中最重要的部分，經書要義在此；流通分，意在助佛經流傳世間，於正文的結尾。

二、《法華經》，序分為〈序品第一〉，共1品。正宗分為〈方便品第二〉至〈常不輕菩薩品第二十〉，共19品，為全經之要，以下各「依」多於「正宗分」中分說。流通分自〈如來神力品第二十一〉至〈普賢菩薩勸發品第二十八〉，共8品。《法華經》共28品。

三、又「正宗分之正宗」可為〈方便品第二〉至〈授學無學人記品第九〉；而〈法師品第十〉則已寓流通之意。

第四節　依周。依記。依開示悟入。依門

依周

一、於經要、之「正宗分之正宗」內（第 2 至第 9 品），分法說周、譬喻周、因緣周，共三周。（《法華玄義》、《法華文句》、《法華經句解》）

依周		
法說一周	直說妙法之實理，開三乘權、顯一乘實。為上根。	〈方便品第二〉至〈譬喻品第三〉共 1 品。
喻說一周	以三車為譬喻，三車施權、一大車顯實，三界如火宅。為中根。	〈譬喻品第三〉火宅三車喻至〈授記品第六〉，共 4 品。
因緣一周	說宿世，說大通智勝佛因緣。為下根。	〈化城喻品第七〉至〈授學無學人記第九〉，共 3 品。

二、「正宗分之正宗」很重要，因為很重要，所以說三回，幫助我們掌握法華重點、串聯各品。

三、慈濟有三周：

1. 「慈善、醫療、教育、人文」、「國際賑災、骨髓捐贈、社區志工、環境保護」、「合心、和氣、互愛、協力」共三周。

2. 為了因應不同的因緣時節，為了每一個人，或喜種健康因、或重視教育、或愛做環保、或在乎人與人的互動，而設「四大」、「八法」、「四合一」三周，以投八萬四千眾生根機。

3. 慈濟三周儘管文字表象或內容有所不同，但內涵、本質、法髓相同，一樣是「利他自利」，一樣是菩薩行，適合現代人，更是現代苦難眾生之必要需求。

4. 慈濟有三周，就像法華正宗分裡有三周，入正行、入正說，仍

要慈悲應不同根機、智慧以眾機普被，但所行、所說般若是一。

5. 這是法的包容、圓融、無礙、微妙，也是「慈濟的美，美在參差不齊」。

依記

「授記」為《法華經》中非常重要的事相，以「記」助記，幫助自己記憶貫穿法華脈絡，提醒自己，記住尊者們被受記的因行。

依記		
品名有授記或受記	〈授記品第六〉、〈五百弟子受記品第八〉、〈授學無學人記第九〉。	共 3 品。 佛授果上記
經文文內提及授記或受記	〈譬喻品第三〉、〈法師品第十〉、〈提婆達多品第十二〉、〈勸持品第十三〉、〈安樂行品第十四〉。	共 5 品。 佛授果上記
眾皆授記	〈法師品第十〉。	共 1 品。 佛授果上記
轉次授記	〈五百弟子受記品第八〉轉次授記 500 阿羅漢、〈勸持品第十三〉轉次授記 6 千菩薩。	共 2 品 佛授果上記
預言授記	〈五百弟子受記品第八〉由大迦葉轉知未在場的 700 阿羅漢。	共 1 品。 佛授果上記
夢中授記自己	〈安樂行品第十四〉夢中妙事，夢中授記自己。	共 1 品。 佛授果上記
菩薩授眾生因上記	〈常不輕菩薩品第二十〉	共 1 品。 菩薩授因上記

依開示悟入

一、於正宗分內，依 4 個大要，攝盡全經，分別為：

依開、示、悟、入		
開道場所有之法	〈方便品第二〉至〈法師品第十〉，共 9 品；	開佛知見 2—10 品

示菩提甚深之事	〈見寶塔品第十一〉及〈提婆達多品第十二〉，共2品；	示佛知見 11—12 品
悟轉法輪自在神力	〈勸持品第十三〉至〈如來壽量品第十六〉，共4品；	悟佛知見 13—16 品
入般涅槃秘要之藏	〈分別功德品第十七〉至〈常不輕菩薩品第二十〉，共4品。	入佛知見 17—20 品

二、入佛知見 17—20 品，上人開示一再提醒：很重要，道理很深，難知難解，要靠人人很用心。「開」、「示」小結、或為第 12 品；「悟」、「入」小結、或為第 20 品。

三、目錄：

1. 先以「心開」進門。

2. 「開道場法」：一次、再一次、再一次用心了解，想要「打開」道場所有之法，非「信」難入。

3. 「示菩提事」：

   a. 所有學的法要歸位，靈山塔的多寶要自明，藉教主、藉師父、藉做慈濟事；自己的心，必須一調、再調、再調，心不徹底轉小向大，難見所示菩提甚深事；轉念、轉心，我執、法執越少，菩提甚深事「示」得越多，「看」到越多，做好事越真正發自內心歡喜。

   b. 菩提甚深在怨親平等、在「慈悲等觀」，需「解」方不致「示而不見」。

4. 「悟轉法輪力」：

   a. 「大慈悲」、「柔和忍辱」、「空」，為依歸。

   b. 全身、全心，「身、口、意、誓願」，得以安樂行。

   c. 需「恭敬修」、「無餘修」、「無間修」、「長時修」至生

生世世無量壽，方得以自在神力以轉法輪；非「四修」不得神力，非「行」不得轉。

5. 「入般涅槃藏」：

　　a. 誘引修行的功德 3 品，經文文字確不難理解；但，自己要能夠隨時隨地、自然而然、「無所住而生心」的，以慧導五度、轉識成智，以六根觸境、皆行功德不造惡，談何容易！

　　b. 真誠讚歎對方不難，「瞋來慈應」不難；但要對遇到的所有事情、所有人物都能一念深心如此，還真需要功力！

　　c. 愛人、原諒人、相信人都不難；但要像常不輕菩薩，100%，愛人、原諒人、相信人才是難；要像上人的「普天三無」，沒有我不愛的人、沒有我不原諒的人、沒有我不相信的人，才是難。真做到、真「證」得，才能入般涅槃之藏吧！

6. 本書目錄即依此 4 要。

依門

一、跡、本：

1. 跡門＝〈方便品第二〉至〈從地湧出品第十五〉，共 14 品；

　　本門＝〈如來壽量品第十六〉至〈常不輕菩薩品第二十〉，共 5 品。

2. 或稱〈安樂行品十四〉＝入本門；28 品中之後 14 品（〈安樂行品十四〉至〈普賢菩薩勸發品第二十八〉），為本門，明佛身之清淨本覺等地。

二、八、九：

1. 跡門＝方便法＝因緣果報先讓你知＝鋪路讓你走、走過有腳印、

做過的歷史，如八相成道，＝有染的心地。

本門＝真實法＝說理；要會合與佛同等的德行才能真正了解。

＝清淨心門。

2. 我們所造作的一切都歸納在第八識；希望所造作的一切都對人間有益，讓八識都在修行中→就有機會轉第八識為第九識＝完全清淨的心地。

3. 莫忘薰法香。

三、果：

1. 〈如來壽量第十六〉、〈分別功德第十七〉、〈隨喜功德第十八〉＝3品皆佛果之德＝非等覺菩薩不足知之→故、佛告諸菩薩且、以彌勒為當機者。

2. 《法華經》28品中，最重要的4品＝〈如來壽量品第十六〉至〈法師功德品第十九〉。

第五節　依境行果。依段。依無量。依照

依境、行、果

一、一乘之境行果→一乘菩薩道，說明、肯定「境」，鼓勵勸「行」，那怎麼走？如何修、如何行？結「果」如何？

一乘之境	〈方便品第二〉至〈勸持品第十三〉，共 12 品。	
	第 2 至第 9 品	說明權實、三根得記。
	第 10 至第 12 品	說明歎人、美法、勸行。
	第 13 品	說明稟命、捨權行實。
一乘之行	〈安樂行品十四〉及〈從地湧出品第十五〉，共 2 品。	
	第 14 品	說明所行行。
	第 15 品	說明，能行人＝行安樂行品所成就之人＝佛教化無上。
一乘之果	〈如來壽量品第十六〉至〈常不輕菩薩品第二十〉＝本門，共 5 品。	
	第 16 品及第 17 品	說明滿果。
	第 18 品至第 20 品	說明未滿果。

二、第 13 品→利他→[流通，勸募持行]＝[讓經應用在人間＋人人能起歡喜心、身體力行＋不斷流傳]；

自利→[好好修學佛法、成覺有情人＋淨意念、自在菩提願＋心常常很清楚＋好好聞思修三慧＋時時體會四諦法＋生活過程戒定慧三無漏]→[完全清淨、回歸真如本性]。

三、第 18 品＝旁隨喜功德；第 19 品＝正依行功德；第 20 品＝顯能行之人 (能六根清淨功德)。

依段

一、分 4 段，即正說＝〈方便品第二〉；

　　領解 =〈譬喻品第三〉；

　　述成 =〈信解品第四〉及〈藥草喻品第五〉；

　　授記 =〈授記品第六〉。

二、分段為連貫：

　1.[佛陀、正說法、正直捨方便] → [弟子 (四大弟子)、領解] →
　　[不斷覆講，講到大家了解，佛對弟子領解認可，講到法完整] → [對弟子成佛作預言，授記]。如此，以 4 段為一周。

　2. 此，以四大弟子為例，佛陀「正說→領解→述成→授記」一周。另，或可以其他弟子為例之一周，助連貫了解。

　3. 另，又以弟子角度，

　　a. 仍以四大弟子為例，有解 (第 2、3 品)+ 信 (第 4 品)→才得被授記 (第 6 品)；唯解無信，唯信無解，皆尚不足被授記；而皆授記，實為慈悲、鼓勵，因人人可成佛。

　　b. 又，以舍利弗為例，解 (第 2 品)+ 信 (第 3 品)→才得被授記 (第 3 品)。

依無量

　　一、智慧無量 =〈方便品第二〉；善巧無量 =〈譬喻品第三〉；法雨無量 =〈藥草喻品第五〉；劫數無量 =〈化城喻品第七〉；分身無量 =〈見寶塔品第十一〉；菩薩無量 =〈從地湧出品第十五〉。

依照

　　一、依「經變照」。就像古德為讓後人更容易了解經文的內容，而「經

變」、「變相」以畫說法表達經文的要義；各品的「經變圖」，每一幅都有其故事及意義，訴說著每品的重要意義或人物等等；「經變照」是依證嚴上人開示每一品，相映每一品經文的內涵也因緣慈濟人菩薩行的故事，從此故事事件中精擇 1、2 張代表性照片，以彰顯此事件的內涵，乃至該品的主要意義。

二、每幅「經變照」都是一個故事，也都是主文中想表達的。就像第二編第一章第一節裡「無量從一」、「一生無量」的 2 幅經變照，見此 2 幅經變照的「相」片，同時了解這 2 幅經變照背後，印尼慈濟人在當地「做慈濟」「有為法」發展的過程，就明白了「無為法」、明白了《無量義經》、明白了「一能生無量」、「無量從一生」的真理。

三、連貫了每幅「經變照」的精神，也就連貫了主文的內涵。就像第一編第一章第一節裡「不思議因源」、「源地」、「活水 3/1」、「活水 3/2」、「活水 3/3」的 5 幅經變照，就傾訴了「薰法香」一切的因、的緣、的源、的活水、的殊勝不思議。

第六節　依卷

依卷

一、七卷：

卷一＝〈序品第一〉及〈方便品第二〉，共2品；

卷二＝〈譬喻品第三〉及〈信解品第四〉，共2品；

卷三＝〈藥草喻品第五〉至〈化城喻品第七〉，共3品；

卷四＝〈五百弟子受記品第八〉至〈勸持品第十三〉，共6品；

卷五＝〈安樂行品第十四〉至〈分別功德品第十七〉，共4品；

卷六＝〈隨喜功德品第十八〉至〈藥王菩薩本事品第二十三〉，共6品；

卷七＝〈妙音菩薩品第二十四〉至〈普賢菩薩勸發品第二十八〉，共5品。

二、古德卷綱：

卷1＝世尊現瑞→彌勒疑詳→文殊為眾廣宣揚，古佛放毫光。三請法王→為演妙蓮香。

卷2＝如來喻說，三界為家，火宅門外布三車→諸子競紛華。長者欣誇，授記果無差。

卷3＝三根普潤，弟子蒙恩。化城虛設莫為真。再觀智勝因，十六王孫，八面證金身。

卷4＝五百弟子，記證金仙。多寶佛塔涌其前，樂說起根源。為法求賢，聽演妙蓮詮。

卷 5= 曼殊啟告，擁護真詮，堅持四法得安然。地涌眾多千。阿逸重宣，壽量廣無邊。

卷 6= 彌勒啟問，較量經因。六根清淨見天真。不輕禮常存，為法然身，供養淨明尊。

卷 7= 妙音觀音，救苦尋聲，淨藏淨眼轉邪心，普賢行願深，四法常欽，萬古永為箴。

三、依卷，為持頌、讀、拜經等之方便，以各品頌讀時間之長短合計大致相同合為 1 卷。

第二章　七喻

第一節　依喻

七種比喻

一、《法華經》裡，有七種主要的比喻，分別為：「火宅喻」，出於〈譬喻品第三〉；「窮子喻」，出於〈信解品第四〉；「藥草喻」，出於〈藥草喻品第五〉；「化城喻」，出於〈化城喻品第七〉；「衣珠喻」，出於〈五百弟子受記品第八〉；「髻珠喻」，出於〈安樂行品第十四〉；「醫子喻」，出於〈如來壽量品第十六〉。

二、長度：

1. 內容的長度，以窮子喻最長，火宅喻次之，其次略為醫子喻、化城喻、髻珠喻、衣珠喻，而以藥草喻為最短。

2. 各喻於經文之段落截取，依「靜思法髓妙蓮華—法華七喻」靜思人文出版。本書不另載。

3. 各喻之故事發展，則見本書所屬各品之「情節」。

七喻連貫一

一、此 7 喻皆於「正宗分」內，可為《法華經》的重要代表內容，尤其以譬喻、故事為體，且非常有情節發展之張力，則更為一般大眾所接受。

後世亦多以此 7 喻代表《法華經》，名「法華七喻」。只是，若只以

故事視之，未能深入法義，多視角感受，回向給自己，則非常可惜。

二、特性為連貫：

1. 火宅喻、窮子喻、藥草喻，此 3 喻在「依段」之「領解」「述成」部分，亦即用喻方便聞者領解，用喻更完整的說明法義。

2. 火宅喻、窮子喻、藥草喻、化城喻、衣珠喻，5 喻皆於「譬喻周」及「因緣周」，以一次、再一次的藉事顯理圓滿所說法，釋迦牟尼佛想方設法、種種譬喻、言辭，苦口婆心更見。

3. 「開道場所有之法」，一乘所有要說的法，也大致在此 5 喻當中；而髻珠喻、醫子喻則在「轉法輪自在神力」這一段落。

4. 此 5 喻也在「一乘之境」中；髻珠喻、醫子喻則在「一乘之行」、「一乘之果」部分，終究必須先真正了解一乘之境，否則如何行？更遑論得果！基礎在前 5 喻。

5. 前 6 喻屬「跡門」；唯醫子喻屬「本門」。

第二節　七喻

火宅喻〈譬喻品第三〉

　　一、主角：大長者、諸子。

　　二、意義：[大宅被火燒→不能安居]=[三界眾生為五濁、八苦所逼
　　　　迫→不得安穩]。

窮子喻〈信解品第四〉

　　一、主角：富長者、窮子。

　　二、意義：[貧窮子、乏衣食活身命]=[二乘人、無大乘功德法財 (六
　　　　度萬行) 以莊嚴]。

藥草喻（＝雲雨喻）〈藥草喻品第五〉

　　一、主角：略。

　　二、意義：

　　　　1. [藥草雖有不同→若蒙雲雨霑潤，皆能敷榮鬱茂、治療眾
　　　　　病]=[如來、知藥、知病，授，一雲遍覆、稱其種性；眾生、
　　　　　受，各有差別]=[三乘人、根器雖有高下→若蒙如來法雨潤澤，
　　　　　能成大醫王、普度群生]。

　　　　2. [小、中、大草]=[天人、聲聞緣覺、藏教菩薩]。

化城喻〈化城喻品第七〉

一、主角：導師、眾人。

二、意義：

[人、欲至寶處，中途懈退→聰慧導師、權化城使暫息→後令至寶所]=[眾生、樂小著五，中路懈退→導師、深知樂著，化城，寶處]=[二乘人、初聞大教→中忘失、而流轉生死；世尊、設方便、令先斷見思煩惱、暫證真空涅槃 (防止見思之非、禦生死敵) 以蘇息→至究竟寶處 (= 實相理 = 究竟大涅槃)]。

衣珠喻（= 繫珠喻）〈五百弟子受記品第八〉

一、主角：親友、友人。

二、意義：

[有人、至親友家、醉酒臥→親友、以寶珠繫其衣，其不覺知、自受貧苦→親友告知、乃得寶珠、衣食受用無極]=[二乘、微覺、還迷→菩薩、寶珠繫衣、苦口婆心、以珠貿易]=[二乘人、昔於大通佛所、曾下大乘種→無明所覆、未能覺了→後由如來方便開示、得證大乘果、利樂無窮]。

髻珠喻（= 頂珠喻）〈安樂行品第十四〉

一、主角：轉輪王、兵眾。

二、意義：

1. [輪王、解髻中珠→與功臣]=[如來、於法華會開權顯實→授記二乘得作佛]。

2. [珠在髻中]=[實理為權所隱]。

醫子喻（＝醫師喻）〈如來壽量品第十六〉

一、主角：良醫、諸子。

二、意義：

[諸子、無知，飲他毒藥，心狂亂→父、設方便，令服好藥，治其病]＝[三乘人、信受權教，不得正道→如來、設各方便，令服大乘法藥，速除苦惱，無復眾患]。

七喻連貫二

一、「火宅」知苦悲人間，四大不調烏俄戰，新冠非洲饑餓遍，不捨不忍迫眉頭；

「窮子」既知苦知集，自當用心要滅道，當信當解道可滅；信解佛說如「藥草」，可療地球眾生病；

既信解更力行道，「化城」半途太可惜；

小乘中乘再大乘，慈濟修福又修慧，身「衣珠」寶有自信；

「髻珠」法華已賜我，當轉法輪更精進；

若要假死得教之，身為「醫子」我你他，未免朽木不可雕。

二、師徒互應、連貫法義：

弟子懺「窮子喻」回應佛陀說「火宅喻」；佛陀以「藥草喻」回應弟子悔「窮子喻」；「化城喻」於譬喻周結束再囑累、殷殷叮囑；因緣既久遠難測＝原來「真如珠本已繫衣」；今，師父慎重，自至高無上的「髻」處解「珠」，甚至以「死」「醫子」，那麼，弟子當如何？

第五編 流通分。流通

第一章　流通分

尚無心得

一、《法華經》28品，最重要的序分、正宗分，前20品，已心得完畢。

二、流通分部分，即〈如來神力品第二十一〉、〈囑累品第二十二〉〈藥王菩薩本事品第二十三〉、〈妙音菩薩品第二十四〉、〈觀世音菩薩普門品第二十五〉、〈陀羅尼品第二十六〉、〈妙莊嚴王本事品第二十七〉、〈普賢菩薩勸發品第二十八〉，共8品。因上人目前講到〈藥王菩薩本事品第二十三〉尾聲。〈妙音菩薩品第二十四〉以下尚開講，故筆者亦無心得。

三、未來，上人若再升座開講後續幾品，則筆者視因緣再行續集。

第二章　流通

第一節　用心

懺悔自己、始終不夠用心。很難想像證嚴上人的心

一、用心，多用心，很難想像上人的用心，很難想像師父教育弟子能這麼有耐心，不僅用 10 幾年的時間把「靜思法髓妙蓮華」說了 1700 多集；回看「法數」的整理，也會發現法數的內容一再耐心重複教示；而且，每天開示的最後，必會提醒我們弟子「多用心」。

二、「多用心」，這 3 個字相信這是所有薰法香的弟子們耳熟能詳的。

三、只是，面對這 3 個字，還真是深深懺悔，懺悔自己始終不夠用心啊！

用心「為什麼？」：從諸事相去了解。從諸理相去探討。

用心「憑什麼？」：從《無量義經》、《法華經》，去找依據。從慈濟宗門的內容、靜思法脈的內涵，去探尋。

用心「憑藉的核心是什麼？」：疏理慈濟的諸有為法，歸納世尊教育的諸無為法，從中尋得關鍵，自獲「靶心」。

回向：我，應該做什麼？

法華教我

一、「智」以一成無量，是權，如阿含、方等、般若時；「慧」以無

量歸一，是實，如華嚴、法華涅槃時。

二、佛法，是心法。

三、法華大經，這些的語言文字都是源頭。

    1.〈序品第一〉教我開心；心不開，難入法華。

    2.〈見寶塔品第十一〉沒有回向給自己的心，沒有一而再，再而三的 3 度轉心，十方分身佛是無法歸位的。

    3.〈法師功德品第十九〉教我，用我的六根「對外所有的各窗口」，萬行菩薩道的六度，利益人群。向六根這包含了心這意根，關鍵的根、的識。

    4.「離言法華」，光照萬 8 千里的無遠弗屆，講的也是心。

    5. 身、口、意，意業的心、自然也是三業中的主導者。

    6. 太多了！

    7. 一切唯心照。

找到自己的心

一、「做慈濟」洪爐練精純，「覺察心」一缽萬里遊，「進法華」感恩再感恩。

二、「菩薩，覺有情」，覺，沒有小覺，何來大覺？沒有用心，連覺都難，何況小覺。

三、覺，覺受，覺察起心、在每一動念，然後串習，不放逸，點點滴滴，自我訓練。

四、終究，要去找到自己的心！

分辨清楚、假如與真如

承認自己是凡夫，體會佛性，邀請多寶佛、釋迦牟尼佛、十方分身佛；依法、依本性，去分辨清楚「假如」與「真如」。

再用心

一、付出，再付出，用心，再用心；用心體會「付出」的為眾生、的「菩提心」，用心體會「無所求」的「空」。

二、「菩提心」！「空正見」！

第二節　力行

力行。用心

一、「心」聞、思之後→「身體」自然要去行修。

二、「心」信、解之後→「身體」自然要去力行，以證。

三、力行，身體力行，懂得「做身意」→才會發大財；多用心身體力行，發大乘法財。

四、本來，修行，既修也要行，都是動詞；而要處理的正是自己的心。

五、佛有覺、法有慧、僧有修。

六、身體力行→是為了「查證」是否真的有用到心，而讓法入心。

七、身體力行「十方法」歸位於心，身體力行見「多寶」於心。

八、「身體力行」、「多用心」，「身」「心」交互→是為了彰顯「奇哉！奇哉！眾生皆有如來智慧德相。」

身體力行

一、四聖諦→知苦集，當滅道；滅道，以身體力行。

二、六度萬行→行之首、之重為布施，用身體到現場、親手遍布施，不斷、不斷、行。

三、菩薩道→道，本來就是要給身體、去走、去力行的。

法華行

一、「華嚴」說心境，「阿含」以權巧，「方等」小轉大，「般若」淨化心，「法華」行大道。

二、〈方便品第二〉5盡行之1，教我「盡『行』諸佛無量道法」，需行，
　　需行以盡之。

三、〈信解品第四〉教我「入大乘見道為信，起大乘『修』道為解」，
　　見道之後，自當修道。

四、〈安樂行品第十四〉欲安樂「行」，當力行身口意誓願。

身體力行。多用心。付出無求。還感恩

一、行善、修行，要身體力行；身體力行時，要多用心。身體力行，
　　一可生無量，多用心，至首楞嚴 (第九功德不思議)。

二、付出，本來無所求，除此還要再感恩。付出，依法華，無所求，
　　是金剛，感恩對方給我們機會成就菩提道。

三、此時：時間，此地：空間，此人：在人與人之間，還要感恩，再
　　結一分好緣。

四、在這 0 與 1 之間，要「覺有情」、要自我覺察，覺悟自己的純度、
　　純粹清淨度；福爾摩斯首楞嚴，尋幽探底徹至竟。

來不及

末法時期必須行經，必須。因為來不及，因為眾生的苦難實在太多。

經／道／路

《法華經》、菩薩道、人間路；道要行，靜思法脈勤行道；路要走，
慈濟宗門人間路。

也是行經

一、2011 年，慈濟人入經藏演繹 - 慈悲三昧水懺；2021 年，慈濟人再度入經藏演繹 -《法華經》，因緣如此，也殊勝，筆者皆參與了這一過程。去年 (2021) 法華演繹在花蓮靜思堂，今年 (2022) 慈濟本擬由高雄而全省繼續演繹法華 7 喻，卻因新冠肺炎疫情，頻頻受影響而延宕。

二、重點在於起心，上人的起心；重點在於過程，慈濟人品書會、彩排、演繹的過程。

三、透過身動、手比、口唱、心背，用最直接、最簡單的方式，讓人人可參與，讓法入心、入八識田意，法入行、入身口。

四、也是行經。

聞聲救苦行。不請之師行。關關難過關關過行。更難想像證嚴上人的行

一、更難想像師父的「悲心殷切」，究竟是怎麼樣的 4 個字！

二、除了每一次地球有災情，都迫不及待的想幫助，迫不及待的找當地因緣；當地因緣沒有，找附近因緣；再沒有附近因緣，上人「依法辦事」，依無量義裡的法「是諸眾生、不請之師」，「聞聲立即欲救苦」，始終「找苦救」，像這次的為烏克蘭難民。找到了因緣，也困難重重，關關難過，關關過啊！

三、從 1992 年的華東華中水災、緬甸賑災、越南救災、北韓援助、……，難思議的「拔苦予樂」，數不盡的「關關難過關關過」，從國內往海外。

雖未流通已流通

一、身體力行也是離言法華＝用身體說法；行1步是8腳印，四大八法；雖未說流通分，已流通。

二、證嚴上人，自1966年5月創立「佛教克難慈濟功德會」，僅僅，憑著微不足道的5毛錢，以「竹筒歲月」克難而開始，之後帶領著「藍天白雲」的志工們，至今，2022年7月，在這56年當中，在這娑婆地球當中，已經有67個國家地區設有慈濟人官方的分支聯絡處，已經援助了128個國家地區(超過全球234國的一半)。

具體彰顯

一、1.「慈濟建築」彰顯了「宗教精神」。

　　2.空間，因「建築」而具體；法，因「慈濟」行而具體。

二、「靜思法髓妙蓮華」，彰顯了《法華經》及《無量義經》，彰顯了佛法的「行」。

繼續繼續一直

一、「靜思法髓妙蓮華」，清楚了慈濟人的力行，明白了「藍天白雲」的身體力行，自1966年至今。

二、而這力行、身體力行，當然還會繼續下去，繼續、一直……。

第三節　五盡行。時刻生世。高純度。發大願

做到才是真。純度要提高

一、語言、文字，好說、好寫；

二、身體力行做到，才是真；

三、「純度」越高，越好；「純度」一樣更重要。

時時刻刻 / 分分秒秒 / 生生世世

一、用心不難，身體力行不難，修行不難；

二、要時時刻刻的用心、身體力行、修行，才是真功夫。

三、做到自然而然、理所當然、無住生心，分分秒秒悲心殷切，才是談何容易；

四、那下輩子呢？能也如此？能生生世世？這是更需要「勇猛精進」、需要大願、大努力。

五盡行。點點滴滴。高純度

一、1.〈方便品第二〉「五盡行」：

　　　親近：百千萬億、無數諸佛，

　　　盡行：諸佛、無量道法，

　　　勇猛精進：名稱、普聞，

　　　成就：甚深未曾有法，

隨宜所說、意趣難解。」

2.「親近無數」,「盡行無量」,「精進普聞」,「成就未曾」,「隨說難解」。這需要盡大信、盡大願、盡大行。也是究竟圓滿、成佛的密碼。

二、〈方便品第二〉「若有眾生類→

……若人善軟心,如是諸眾生,皆已成佛道。

……供養舍利者,起萬億種塔……,如是諸人等,皆已成佛道。

……或以歡喜心,歌唄頌佛德,乃至一小音,皆已成佛道。

……若人散亂心,乃至以一華,供養於畫像,漸見無數佛。

……或有人禮拜,或復但合掌,乃至舉一手,或復小低頭,以此供養像,漸見無量佛。

……若人散亂心,入於塔廟中,一稱南無佛,皆已成佛道。

……若有聞是法,皆已成佛道。

……一切諸如來,以無量方便,度脫諸眾生,入佛無漏智,若有聞法者,無一不成佛。」

三、就像我們做慈濟,

「慈善」關懷感恩戶、為感恩戶打掃、海外冬令發放、災民簡易屋的研發……,「醫療」做醫療志工、關懷癌症病人、在節能減碳共乘車上當志工、醫院的懿德爸爸……,「教育」為興建學校盡一分力、不論成功與否、不論大學或減災援建學校、推動聽書會、讀書會、品書會……,「人文」推廣靜思文物、經典結集、出版書集、設計靜思堂……,乃至承擔職工、志工的各項任務……。

四、就像我們做好事，看到需要幫助的人，順手幫忙搬東西、扶一把、推個輪椅，見苦難，固定或隨喜捐善款……。每個人的種種生活細節、做志工的點滴，只要是行善的、造身、口、意的善業，都好；總要時時刻刻、分分秒秒、生生世世的做好事、向上提升自我的品質，讓身為人的自己更像人。

五、尤其，在這「向錢看齊」的功利被標榜，在這「快時尚」加速消費、連「消費地球」也變成時尚、且要快、還鼓勵加速，在這「只要我喜歡、有什麼不可以」的方便變隨便，當睜眼說瞎話變成流行，當說話只剩立場而沒有是非……的濁惡此世，這分「點滴、向上提升、恆持、行」更顯重要。

六、點點滴滴，每一位志工、每一個人，生活中一切的「利他」，都很珍貴。

七、而在「身體力行」的過程當中，更可以「多用心」、多自覺、多自我覺察，少一點「我」少一點「執」，在九識中的「1至5」當中，少一點「6、7、8」，多一點「9」，藉此提高清淨度、「純度」。

八、無明、欲望這扭曲真相的邪見，即使再強大、再歷久，也無法得到真相；而自己的心，若始終被無明淹沒，就只能永遠是愚、昧、無知。必須福、慧皆修，重視純度。

九、恆順眾生的，是恆順眾生的根機，不是恆順我們凡夫眾生心中自以為的「道理」；道理、真理永恆不變。凡夫眾生心中自以為的道理＝無明法。

十、1. 就像自己以前，沒做慈濟（當然沒有薰法），或做慈濟而忙於事相時，少了自覺，幾天「忘了薰法、聞法」，真的就像忘了吃藥，「病情」就比較容易發作；沒做慈濟，一天到晚只有賺錢、只有貪念，做了慈濟，容易生氣、起煩惱、多執著、也會

貪功德……，「純度」就不足。

2. 就像以前去大陸推動靜思人文、推動讀書會，不論南、北、寒、暑，必然與當地師兄姊一起晨起薰法，當薰法結束，分享時，最常聽到的也是：若當天有薰法，上崗到單位就不會與老闆吵架，也不會與同事衝突，若當天沒薰法，就很容易與自己過不去……，心也清淨不了。

3. 關心→觀心→映心→調心→……，也是點滴做慈濟＋不斷薰法後，自己的體悟及持續「自療」心病循環再循環的過程。

十一、就像志工組織「四合一」的運作，領眾者或彼此之間，

1. 唯有以「誠」以「情」→身、一起「協力」完成組隊任務＋並且心、彼此互相關心「互愛」＋同時口、和「和氣」氣在團體中＋且真正人人「合心」→那「水平四合一」的「立體琉璃同心圓」自然而至。

2. 只要身、口、意，真正以「誠」以「情」→自然一起「協力」完成組隊任務→自然彼此「互愛」互相關心→而和「和氣」氣的氛圍也在團體中自然滋生→那「真正四合一」、「高純度四合一」的「立體琉璃同心圓」自然天成。

3. 「做中學，學中覺」，若只是為了方便、為了速效、為了「做事、做事、做事」，缺乏「自我覺察」，缺乏「誠」、缺乏「情」、缺乏「法」，更忘了「志工」最珍貴的「志願」本質的啟發，一昧如世間法以上指揮下的科層運作、的心態，始終以「權」、以「力」服人，始終「垂直四合一」，無法帶心或交心→那結果，也就始終只能是帶著煩惱做志工、始終只能是多雜質的「名相四合一」。如此，福慧雙修了？最基本的福修到了？如此，豈不十分可惜！

4. 這也是筆者承擔隊長過程中深深的感受之一；「慈悲等觀」本來不是口號，慈悲點滴做慈濟，等觀究竟自清淨。

十二、契機先、結好緣：

1. 「契理契機」若要說先後，本來契理＋契機，人心濁雜的今日則契機→契理；先歡喜，才有離垢，才有發光、焰慧⋯⋯。

2. 色、受、想、行、識，五蘊本來皆空；重要的，是結好緣。

3. 因緣來，因緣去；事相總會過去，留下的是緣，帶走的是業，珍貴的是心、是無緣而能大慈、同體自然大悲的心。

4. 本來，付出、無所求、還要感恩再結一份善緣。「付出」是真實的，「無所求」的純度有多純？100% 清淨？「感恩」在心？在口？真誠？多真誠？感恩有多深？多肺腑？

5. 本來，蓮華以汙泥為養分而清淨本來。蓮華，與汙泥「惑稀泥」了？或汙泥真正成為蓮華的養分？

十三、點點滴滴「五盡行」，既「盡行」、則必然高純度。

這樣，終有一天，終能究竟圓滿！

無為法。有為法

一、所有的「無為法」，落實到「有為法」就不可能是完美的；但，透過《法華經》、透過「慈濟行」；透過時刻、分秒、不斷、不斷「多用心」的「身體力行」，可以成願，可以圓滿，可以究竟圓滿。

二、人生，不是向上提昇由「末」往「本」，就是向下沉淪由「本」至「末」；當然，更多的時候可能是載浮載沉「6 天向下、1 天

向上」，在 1 週 7 天當中。

（十如是）生命，乃至修行，就是在讓「這 6 天」也能持續不斷向上精進，讓「有為的不完美」，有朝一日能「『究竟』圓滿至無為」。

三、苦啊！苦啊！苦啊！地球如火宅，天下的苦難，救不完。

所有的願，都是未完成、我們尚未做到、還要努力的。要發願！要發願！要發大願！

菩提心，菩薩行，付出，為利一切有情眾生；無所求，空正見，未曾有一法不從因緣生。

四、願：

心，誠正信實徹底信解「四聖諦」、「十二因緣」、「十如是」；

身，身體力行，以六根，以清淨六根，慈悲喜捨「行六度」、「做慈濟」、「五盡行」。

今生來世實踐—蓮華願！不忍願！不染願！

發 大 願

一、「若不以自樂、真實換他苦，非僅不成佛、生死亦無樂。

所有世間樂、皆由利他生；一切世間苦、咸由自利成。」

二、大信→大願→大行。

三、以「願」，拉近「信」「行」的距離。

四、發大願！！發法華大願！！

附錄一
留字及相片—是心情故事，也是心所得

　　附錄一，為因緣薰法香的這幾年當中，筆者或回精舍結集，或往大陸推廣靜思人文，鼓勵讀書會或身處慈濟苗栗園區，當時因緣的種種，一併留字；相片則為往大陸 (推廣靜思人文、鼓勵讀書會) 及往馬來西亞時，與各地法親晨起同步共同薰法香，或薰法香後彼此心得。

〔富父窮子，感應道交〕

窮子與富父，終、究、能彼此感受，而相應。

在菩薩直道上，能心心相映、相應、相印，何等可貴！何等殊勝！

歷 2500 年、歷 2 萬尊佛、……

再回向自己，則唯有慚愧、懺悔、提醒本厚更精進做慈濟、更深入法華。

慈悲富父，望穿窗牖，心切盼傳，龐大家產。智慧善導，既契根機，亦觀時機。力行方便，遣人留子，已脫纓絡、更換粗衣、執除糞器，放下身段，二先入眾。交通大道，究竟大乘。

窮子失心，迷途知返，把握殊緣，日日薰聞，法香點滴，沁入心田，精進深入，自造善因，如從五毛，而竟五十。仍然繼續。解行深刻，自然道交。

感應法脈，道交宗門。感應靜思，道交慈濟。開示師父，悟入您我。師父富父，窮子我您，時至今日，真來不及，關鍵，我，您。

菩薩大道，感應感恩。

〔量質兼顧、做慈濟〕

昔，斷無明煩惱；今，在無明煩惱中，看透一切。

昔，拼命做慈濟－衝量；今，在做慈濟中－升質、提純度、提升淨度。

量質兼顧。

〔癌關、結集、同是清淨道場最〕

正法橋度生死海，誓願護宏正法住。
面對死亡還有啥？慈悲接納病死身，

清淨陪伴怖畏心，菩提相應真如靈，
妙手除病法安心，癌關日子已多年，

始終恆持不放棄；近為結集不得不，
有為迴異無為同，異曲實是同工妙，

同是清淨同莊嚴，同是道場同清淨，
面對正法何為首？乾淨純粹清淨最。

★花蓮靜思精舍，晨起薰法香 2/1。攝影：林文成

★花蓮靜思精舍，晨起薰法香 2/2。攝影：林文成

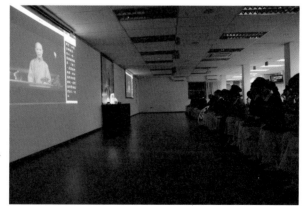

★馬來西亞、吉隆坡、白沙羅，晨起同步共同薰法香。
攝影：李貴業

〔雪泥鴻爪〕　0303-08 順序品，第 4 梯

茲為序品投入順修，同仁志工彼此討論，見習常住認真試讀，
緊隨上人心思流動，

錙銖法義力留語韻，法味廣袤情味深濃，來回掙扎忐忑斟酌，
語言文字何惜髮白，

只為法事！

〔廣州首發，求法若渴猶過台〕　0311-15 靜思人文、共讀好書、
讀書會推動

★廣州佛山，薰法香後彼此心得。攝
影：林文成

廣州佛山年輕多，求法若渴真可貴，
佛學深厚猶過台，唯需善導至慈濟、
至生活至菩薩道。探親尋親說師父，
志工委員啜泣雨，一再本厚難直視。
一和氣三十讀書，令人讚嘆真難得；
原有方法或調整，導讀人亦有空間，
依樣畫壺先共識，好書共讀需持續，
後續陪伴需持續。

〔上人親臨七葉窟〕　0407-12 順序品，第 8 梯

太平洋邊火車上，序品八梯有故事：

因緣五十朝山日，將雨未雨好氣候，殊勝只有今天有。情深義重禮物茂，
弟子回家受有愧，臉皮很厚歡喜受，歡喜上人親開示。

因緣不是此生有，語言化作文字遊，小組沉浸行雲中，師父第九思想流，
弟子第六七八識，其實還真不容易。

上人親臨結集室，把握因緣呈譬喻，序品方便妙共餐，午後未想酬一餐，
早齋妙緣竟共桌，不可思議哇哈哈。

八年努力為園區，階段因緣漸成熟，行前安排渠眾成，所作皆辦為佛事。

五百之前身動默，眼神交會心足滿，不需言語不需說，德香莊嚴湧動搖，
道風真實是真實，五日早課五日雨，刻意不要都很難，是何因緣眼雨竟。

告假之時云難否，弟子答曰解決了，未得謂得豈可啊，弟子懺悔求哀跪，
心必十梯面求懺。

如是因緣如是果，火車窗景一幕幕。晨說法華幾重視？即使重視又多重？

〔**法味情味思想流**〕　0519-24 順方便品，第 12 梯
結集經藏信達雅，法味情味思想流，順一苦口使精煉，語轉文求通順暢，
完整文序莫輕動，完整文義師父意，順一婆心令不失，軌道自在又六天。

〔**前因、今緣、盡心力**〕　20160527 苗栗園區開發
菩薩道上本不易，人我本在空間中，是非風雨已八年，不是隨緣 空等待，
不是口說眼為憑，前因今緣盡心力，眾緣合和果報佳，苗栗園區 風光好，
八字自然即半撇。

〔**傳缽心意明／一**〕
靜思法藏盡心思，封面布衣同一色，題字恰如無量義，心靈故鄉隱約見，
翻開字字即說法，師父傳缽心意明，弟子我們真不知？弟子我您不接受？

此次結集未曾有，常住同仁及志工，聽打聽校明查證，順稿試讀一而再，志忑掙扎斟酌再，錙銖法義留語韻，只為留下師父心，留下行雲思想流，留下法味情味流，留下流入您我心，法味廣袤情味深，法味流動心思中，情味潛流細感受，要你不雨都困難。

斷句留餘法不斷，借東風是輕磅紙，只是貼心中一二，藥師八大後續有，時不我予來不及，序品結束還方便，方便當然接譬喻，後頭一樣是好戲，

開示五十繼續中，悟入我您有幾時？關鍵弟子在乎否？在乎垂手可得法？

未來只是做好事？或是真行菩薩道？有法無法唯一別，關鍵弟子在乎否？

靜思法藏回味美，接觸時間有多少？深入法華基本功，接觸時間有多少？

懺悔懺悔更懺悔！

〔傳缽心意明、弟子懂否／二〕

樹木一棵不能動，精舍都想搬來此，師父選址在苗栗，實是師父所最愛，珍貴珍貴又珍貴！

簡單不輪慈濟人，容易不給苗栗人，妄自菲薄心不需，當然小心妄自大，感恩感恩再感恩！

深入法華基本功，接觸時間有多少？井底畫線學超越，超越之後本分事，懺悔懺悔更懺悔

〔遇眾緣、憶眾緣〕　20160913 第二十二梯結集

滿身大汗麥克風，倒是表達算完整，心腦還算知覺有，盡心設計後隨緣，放下放空歸零心，上人慈示聽清楚，多年以後心迴異，功德圓滿有方向。

火車窗外太平洋，喜出望外歡喜回，喜歡清淨六日家，短期出家不正是，亦如癌關面生死。

本來單純因結集，最後一日為園區，還有科大的農場，莫蘭蒂颱即將至，反而延時面對它，心有刺激被風追，續有減災六校訪，先有首長西湖柚，心意帶回呈上人，因緣匯速難思議，

無限複雜推移中，根本不是能掌控，隨緣盡心不隨己，優游法海心美好，依緣依法心自在，所作皆辦唯感恩。

慈濟不做都沒事，要做保證做不完，驀然回首本厚看，理所當然似乎是。

功能沒法沒法度，人文推廣始終是，陪伴讀書十四載；導讀分享有求應，水懺發願一百場；公版供版水懺始，藍天悲智樂配合，文字整理笨功夫，深刻法味情味濃，拭洗薰盼回本性，水懺無量至法華，於今越千五百篇，每篇平均十二刻，眼酸肘痛始未料，只為一句在乎否。

種種因緣始未料，結集法華一心意，一梯一梯又一梯；靜思尋親當然事，大陸一去再又去；另有榮董及訪視，癌關人援及隊長，園區開發更當然，唯師父我來好嗎，願是四六做慈濟。

一切始於不思議，因緣到了是如此，志工室裡初見面，眼神至今未敢忘，只一句你要幫忙，那年暑假來二次，你怎現在才進來，四字八字師父契，已夠本厚一輩子。

會眾緣熟自然留，天人非器隨緣避，因緣本事盡本分，本事因緣修未來；路邊採花供僧人，跪步聆聽僧說法，竟是象群所作為，動物覺性佛性顯；過去生緣不思議，信否解否法華緣，感恩過去勤未來，祝福人醫月圓緣。

〔早課與早會〕　20160913

晨朦早課，薰法為道，是為滅苦；齋後早會，苦集眾生，示苦無外。

〔因緣三角轉難思，尋親結集與園區〕　20161013-19 法華結集，第二十五梯

週三悲智二集錄。週四方便結集梯，法味之中深情味，順稿過程更小心，是順師意非己意。

週五欣榮看木火，唯盡法親微薄力。另有電來增杭州，既為最後一步棋，成他心願三圓滿。

週六因緣呈信解，週一果真早齋共，午齋竟然也是呢！歸因結集近心吧。

海地災難真正慘，同體感受有人能？師父身心同有受，每遇大災皆如此，步階困難還艱辛，迫不及待拔苦心，擔憂擔心還擔心，同體大悲心深深，同體之意深竟深。

週二薰法心不用，結束出來未頷首，告假時亦未多言，應是心繫災民身，師亦知徒真糟糕，心甚慚愧懺悔心，懺如刀割慚慚慚。

★上海，薰法香後彼此心得。攝影：林文成

週二結束見教育，是為六校為園區，苗栗教育永續園，師父最後心願也。銓蔚效雨相訴歡，主牆論文組織事，台馬大陸差別處，自然全是師父心，應是彼此好因緣，菩薩道上更清楚，清楚因緣清楚路。

週三多留為觀禮，農九一九觀世音，八正道來圓滿願，圓頂儀式雨潸然，清三二年淨二九，清淨識緣水懺時，會後溫馨雨更亂，無子西瓜也一樣，

言語竟然無倫次，應是願己出家心，菩薩道上共精進。

此行莫名雨頻頻，不捨師父不捨心，共齋只視己碗內，未敢直眼師父容，唯看桌面反映像，雨水拌飯莫名心！

因緣難思轉動此，原來三角習題我，尋親探親結集華，園區使命盡形壽。

提起隨緣盡心盡，放下盡心隨緣放，剎那抉擇生命義，平常分秒覺知否？累世修行每當下。

〔**杭州年輕心**〕　20161028-30 靜思人文、共讀好書、讀書會推動

杭州年輕只協力，極思成長企圖心，交心會是三加一，共讀好書第三次，此次杭寧義金黃，五地共有二五人，略是當地首種子，應是有心傳法人，
景佳日渥佛學深，
富貴學道在杭州？
環保菩薩缺老人？
項目著力各地否？
然而初生活力滿，
演繹讀書貼心合，
落實小區做環保，
萬科環保或契機，
慈濟後盾本靜思，
大有可為或未來。

★杭州，薰法香後彼此心得。攝影：林文成

〔**北京，因緣匯、交心會**〕　20161118-22 靜思人文、共讀好書、讀書會推動

北京短短五天行，霾開初雪陽光遇，藍天白雲開因緣，接機菩薩近十人，工作團隊確有心，天涼身熱心溫暖，只因北京法親情，盛情沉重如行旅，行旅裝書險超重。

靜思心靈講座因，共讀好書讀書會，交心會是事相理，宗門大樹法脈根，
脈根心底助啓發，承受上人深心來，攜帶師父長情繫，受法行法傳法心，
金剛三角納福慧，尋親探親已再三，京津內蒙河北南，互動熱烈此為最，
求法解渴盡微力，是為法事全心意，物盡其用心未變，既是志工任擺布，
天子腳邊屬不易，書院薰點均將增，亦祝堂蓋早成就。

薰願行是靜與生，感動回饋唯共薰，即使再累也陪伴，身最累是上海行。

探師身恙及告出，為序出版亦眉目。機場路上四十分，關懷癌兒反被慰，
相約回家呈竹筒，悲智分明寧錯救，依師慈示還善巧，只因好緣才出手。
因緣殊勝京匯聚，所作皆辦圓滿行，機場送別言再來，豈可篤定必再來，
心牽情牽唉唷唉！

〔晨語之前步三階〕　20161213 結集序品，精讀一

近月杭州北京行，似久未回花蓮家，晨語之前步三階，僅此兩竟難克制，
回家五晨日日然，究竟連結究何故？

銷假言拜託你們，僅僅四字千噸重，何德何能怎勘受？殷殷關切晨再來，

★北京，晨起同步共同薰法香。攝影：林文成

一一慈詢結集況，
惦掛之情溢言表，
心繫弟子受傳法；
弟子細說精讀況，
心是歡喜還歡喜。

開示醫療言己恙，
行腳大林已難忍；
回來會客輪不息，
師父唯一誰能輪？
夜才有空吃止痛，

坐骨神經毅力撐；接著還要再行腳，萬般不捨誰無雨？唯跪感恩長情牽！

順併法語質量優，志工同仁師父們，足見眾菩薩心血；順稿所略有感恩，如何趕緊多用心，法味以外情味深，深情長情繫弟子，字裡行間應呈現。

上人非給一千元，不識字一把米說，是給慈悲的財產。秀櫻醒來說國語，環保未忘台語忘，八識潛能不思議。七葉常客昕師父，大堂討論好因緣，身行如法沐春風。衲履足跡八三本，當年還曾來苗栗，因緣特別凡師父，柔軟恭進入序品，原序可再三體會，叮嚀多問為什麼，深入思考上人髓，誠如體系及論壇，以手指月勿陷手，更莫只做不入法，心靈成長精讀會，有禮達理人成佛，做慈濟定可成佛。

晨齋竟然共餐桌，未呈藥草心已呈。

受法行法傳法者，慈濟有緣法華呢？

未必法華也有緣！何況法華結集緣！幾世修來六日報？感恩累世一切因，感恩周圍一切緣，回饋因緣在今生！您我皆是第一代。

〔師父幽默大桌看〕　20161227 結集序品，精讀二

這樣是好那也好，順逆皆是增上緣，事相深度在理相，提婆達多都授記，社區還有不感恩？人生何有不包容？上人言就是習氣。

遇逆境如何增上？師父法華怎教示！佛視眾生如一子，遇逆子時怎麼辦？慈悲感恩默續做。文殊智積相慰問，精彩精彩真精彩，上人卻要行腳去，搥胸頓足自調伏。

結緣藥草喻品璹，識貨者心等待急。單純興奮薰法呀；追不上還拼命追，整理文字已功課，但不差那一小時；本厚心動調腳步，或許晚上少休一，也或苗栗結法緣；零下二十體驗過，長春薰法再惕厲。週六即將行腳去，把握銷假呈藥草，報告上人字再大，師父幽默大桌看，並要弟子結集恆，

天啊午齋真共桌，妙因緣是不思議，天啊感恩自共桌。

師父法華能講完？師父現在最罣礙，師父真的不知道！結集弟子應如何？靜思弟子當如何？何謂原汁又原味？照本宣科影印機，一五一十眾心力？如何原汁又原味？語言轉化成文字，貼心連劇成大劇，各解其義不容易；大原則下小原則，順併讀稿訂原則，編序註解或隱現。

我們如何趕緊意，同事智慧慈悲義，多用心是心經也，感恩則是百病藥，字裡情味深幾許；原版二冊法味濃，字字珠璣見用心，法味情味千秋留。

如何讀懂《法華經》？甚深甚深甚深解，要做要進要三遍，做慈濟也進法華，覺察心勿三缺一，心靈拼圖漸圓成。約旦出生骨三截，內心實在受不了，小施或平己心痛，祝福祝福再祝福！接駕之時真歡喜；送駕行腳心莫名，深心不捨竟萬般，目送目雨……。

結集六天轉眼過，師父言像昨才來，早會告假師父問，有無什麼問題嗎？弟子答信解這段，故事敘事較不難，沒有之前法義困；師父回答未貼心，不知我心裡所想；弟子當下未會意，傻眼懺悔心難過。

回到七葉弟子們，互思互議師所言：把握因緣應請法；那想那多已延時；工作修行本一體，投入工作沒有錯，請法也要看因緣；警惕思考放心中。

感恩眾善知識解；貼心不夠應懺悔，我是弟子應反省，辜負師父一片意；

當機弟子殊勝緣，法華結集豈小緣，非事相名相問題，經行互映有沒有？法喜分享有沒有？今年結集最末次。

未貼心意後來知：法華結集已第四，志工工作是順稿，珍貴六天一梯梯，似是平常真容易？殊緣豈只唯工作，工作豈只文字執，為了師父而工作？佛像何需人開光，師父苦心此道場，為了培養傳法種，令浸深深法髓中，妙法精讀志工群，我懺應知應自許；事相難易非重點，重要重要真重要，法入心行生活否！法喜到底有沒有！法喜分享有沒有！六天六天又天天！

〔雜染、清淨〕

在我中做慈濟，雜染心行菩薩行，
人我是非做慈濟，以多用心之三
處理自己；在大我中做慈濟，清
淨心修菩薩行，清淨心修清淨行，
以多用心之一處理自己。

覺、察、教花，以靜思提純度、
以法脈升純度，純度。

★無錫，晨起同步共同薰法香。攝影：
林文成

〔誠信遭疑非首案〕　20170209-14 法華結集，序品精讀五

淡水今天六度多，今年少有這般冷，本厚果真心險凍，只因早齋師父身，
座起硬撐心凍僵，難言不捨言難盡；眸會微頷心已契。瑞塔腿斷心已折，
暉飛十七八千二，頂禮眾生身心誠，困境難民無語問，讀書共乘手語班，
微以心蓮萬蕊盡，苗栗菩薩約旦行，沙漠清泉滿納海，感恩自省再感恩。
來函照登堅持度，尊重當事人意見，精讀序品合和要，窗口以身作則是；
法義重要過文句，原汁原味在義理，台譯優雅文字亦。誠信遭疑非首案，
理事相契不容易，園區展期再提會，開發考驗菩薩行；苗栗最愛上人心，
精舍搬來好不好！苗栗弟子如何受？

〔瀋陽，眼雨潰堤、立願更〕　20170303-08 靜思人文、共讀好書、
讀書會推動

瀋陽本非贊與成，隨緣都好六日行；窗口用心早安排，微信會前見端倪，
家人在乎齊用力，成就冥冥共讀營，瀋遼朝本鞍大石，六區菩薩雲來集；
是為法事全心意，物盡其用令滿足；圓緣圍圓貴賓二，有緣千里真來會，

因緣潰堤立願更，六十法親四十雨，雨花紛飛始末料，心心相映清楚的！
個人生日何掛齒，盛情難卻真感恩，感恩貼心還費心，蛋糕餃子長壽麵，
家人歌祝慚愧啊；農二月八三月五，佛陀出家本厚生，瀋陽傳法同一日，
妙因緣事添一樁。

遼黑山河內五省，十一區共十六點，沈本鞍大太衡易，淶包赤通鄂呼錫，
結緣連線讀書會，直指死亡會水懺，死裡求生清洗心，承接大法更可能。

初生委慈僅十一，單純乾淨唯求法，求法渴慕真正在，實業家及修行人，
天生麗質難自棄，福廣慧深藏菩薩，多寶釋迦需分身，薰法香是有心人，
唯善導往菩薩路，聲緣齊歸菩薩道，按鈕啓發即沖天。

緣深不怕緣來遲，尋親探親至北方，累世因緣不虛假，這位那位好多位，
竟有夢見二慈誠，上人弟子你就是，原因無他法相會，原因無他唯法華，
原因無他唯師父，更有未敢送機人，情到深處難言語，長情大愛唯一解；
趕搭飛機是好事，否則如何終需別。

下車習俗吃餃子，上車之前需嚕麵，希望再來別答應！別答應呀別答應！

肺腑之言請笑納，瀋陽遼寧拜託您！

★瀋陽，晨起同步共同薰法香。攝影：
林文成

〔**南京，大陸第一步、尋親累世緣**〕　20170308-13 靜思人文、
共讀好書、讀書會推動

慈濟大陸第一步，一九九一即南京，二零一七傳法行，轉眼已經二七載，
慈濟會所最早有，委慈七十餘人僅，九成皆是上班族，南之京都有不易；
宗門承擔力強大，法脈根源正需要，做慈濟還入法脈，好書共讀或契機；
根深廣則樹寬茂，能容百川誠不易，高山深淵如何納？共讀好書高純度，
佛都人多菩薩多，純度高後人自來；有心不難大可為，共心共讀必大成，
紫金玄奘靈骨在，天生麗質難自棄；唸解映靶薰法香，得慈濟回時時做，
信慈濟及信靜思，更要深信及敬信，心覺察悟可更深；度一切苦厄是也，
一切是都好因緣，本分全心滿所渴，微薄全力或有感，心有相應或相通，
累劫弟子上人失，任務尋親累世緣；不捨之情我也有，用傘遮眼好逃過，

天雨留人心未離；
雲已開是時候了！

高樹必須有深根，
宗門必須有法脈，
慈濟必須有靜思，
入口即見小築在，
早已示現不是嗎！

★南京，晨起同步共同薰法香。攝影：林文成

〔**結集、引航、關懷**〕　0323-28

　　「起」

火車東西又六天，法華結集譬喻三，一心是為法事也；然為眾生亦本分，
六天只好三心用，結集引航及關懷。

「減災引航至大愛」

危險教室處處是，地震何時誰知道？處長客氣電視播，姑且一試文花蓮，
象鼻六合南北極，苗栗減災希望源；減災二校至六校，六后造龍館苑校，
繼續協助終可能；如今工程十貴賓，苗栗志工十餘人，只為感恩及大愛，
感恩上人慈悲心，感恩眾緣終成就；安全重要品德更，生命生活教育亦，
減災引航至大愛，淨化人心大愛願；淨化人心從小起；漣漪中心六蓮花，
愛漣中心是關鍵，處長科長校長們；漣心蓮心校長心，心中愛蓮是關鍵，
教育使命本質何？從此擴散福地苗，苗栗教育拜託您。

「據點關懷至園區」

身體健康很重要，醫療塞翁未非福，心靈健康也重要，永續教育契機源；
苗栗契機在教育，園區變更越十年，永續園區非小緣，上人最後法品苗！
精舍搬來好不好！二二三九樹數量，一棵樹都不能動，苗栗最愛上人心！
建設方案一再轉，觀因緣也等眾生，設計內容隨緣流，深信上人所決定，
清淨源頭初主軸，苗栗台灣全世界；關懷據點好因緣，隨緣盡心細安排，

政府同仁志工齊，感恩眾緣漸成就，盼益園區棉薄力；凡夫膚緣菩薩深，
表相實相看清楚，志工行好誠可貴，口說好話苗栗必，薰法入法更必要，
弟子能懂師父心？志工何德何能受？求哀懺悔還不夠，殷勤精進還殷勤！

「覺、悟」

大愛聚福苗栗縣，關懷聚福苗栗市，苗栗園區福星裡，是否覺察我們啊？
是否再造福我們？

「唯法、可、能、得救」

茶園分院在三義，三義苗栗世界大，同仁娓娓道起伏，因緣來也因緣去，
園區玉成確不易，回向自我或許知，求哀懺悔還不夠，盡形壽與獻生命！

法華薰・慈濟行

「我們的師父」

送走苗栗眾菩薩，供養已屺願眾生，所做皆辦俱佛法，五二零前數分鐘，
座位對角最遠處，主堂昏暗靜坐時，眼光中間走道處，習以為常見身影，
驀然不見師父身，四眼搜尋師父影，四下搜尋師父影，再猛搜尋師父影，
竟然怎都見不到，竟然怎都見不到，心深心驚猛一陣，驚心動魄難言喻，
難以言喻怎麼辦，終於禮佛起身是；袈裟顏色主堂色，同是咖啡膚色融，

昏暗之下融一體，物我融入境界裡，宇宙覺者融虛空，當下心情難思議；
當下心情怎堪說。

「合」

早齋首桌首位候，一句你還在這喔，心滿意足弟子心；齋後轉身貼心眾，
險些跟蹌桌扶手，慈悲微細處處現，此為慈濟人上人。今日告假呈授記，
共桌餐可沒有喔！

後記：

亦為法事另一章，巧遇繞著地球跑，傳法大陸此源頭；花蓮苗栗大陸行，
三源會合有意思。

〔**大連尋親，北站扶梯，離情依**〕 0721-25靜思人文、共讀好書、
讀書會推動

大連白雲曾來過，此次尋親為藍天，說法傳法盡本分，大連五日轉眼過，
是為法事請盡用；大連有蓮好地方，用心規劃同心力，禮傳天下場地好，
正好處理變化球，教育醫療回花蓮，或是大蓮另契機，會所門口即告別，
電梯門口還相送，二十三層確實長，動車北站離情依，扶梯往上最不願，
面對此景本厚拙，從來不敢會再來；瀋陽大帥還遠來，盛情未拒法相依；

新芽成長誠可待，
含苞待放在指日，
大連大蓮肯定是。

★大連，晨起同步共同薰法香。攝影：林文成

〔**北京，慈濟緣、法華緣**〕　0725-28 靜思人文、共讀好書、讀書會推動

大連接連北京四，雙序出版竟著落，若非法親助緣厚，偌大北京一日成，
效率之高心感動，還有法藏文字情；慈濟未必法華緣，十世有緣方晨起，
師父苦口婆心法，無量情味為弟子，薰法架構再一次，唯盼法親法益獲；
書軒書院都重要，心開意解化天秤，剩茱步行秘花園，一步一履心相悉，
家味十足真好呢，一眸一抿心已知，靜思殊緣毋須言。

〔**平凡**〕　0728

修行之路不偉大，只是平凡盡本分，
利益他人恆持之，提高純度慈濟事，
完整自己用毅力，唯靠靜思法脈情。

★昆山，晨起同步共同薰法香。攝影：林文成

〔**四目交接一頷首，好久不見心已契**〕 0824-28 結集，譬喻三

八月二四再結集，轉眼竟有四個月，結集中心問候語，好久不見竟最多。
拜經本師都眼雨；拜經結束法華前，所作皆辦上人現，情不自禁眼雨仍；
二六二七殊勝坐，師父輕盈階梯上，

頂禮儀軌再攝心；中庭天蓋施工中，夜睹明星景重現，法座之前聆聽法，
別番滋味在心頭，真是好久不見呢！四目交接一頷首，心領神會已相契；
午齋共桌恰離宴。

精舍社區去來回，師父想來度社區，弟子聽來心懺悔，力有未逮心慚愧，
人微言輕如何是？因緣皆自上人來，只能隨緣盡心矣；況師一步八印走，
弟子怎都追不上，時不我予來不及，我們還要等什麼？不染不動修己心，
永不放棄度人心。

志工本質己自願，志工本質本無求，菩薩薰法如是修；凡夫卻要我我我，
凡事必要經過我，我是志工我最大，我我執我真麻煩，薰法未必己得度，
不薰法要如何度？行善純度有多少？

清淨道場清淨心，精舍社區天壤別，理所當然本來的，一年總共有三季，
夏蟲如何語冬冰？善知識解惑本厚，來去自在更清楚。

慈善志業是啟發，是愛心點點滴滴，是人人非二億美，救災質量好但心，
志同道合彼此作，此次重建可考慮，具體教育善學院。

〔**募心募愛在主堂**〕 0904

德州畜牧工業大；休都水淹已九天，受災區域大非常，避難四百公里外，
財損多台幣六兆，待援人四十四萬，苗市人數才十萬；洛克港首衝風災，
慈慧言唯慘一字，思賢慘不只一處，天堂受災史最大；募款首發厄瓜多，
第二國是海地啊！一切因緣善循環；上人每晨問賑資，師父日日身心牽；
風雲感會上天聽，相有量而愛無限，主堂今午已啟動，募心募愛此其時！

〔書出版，親呈師父〕 20180412-17 結集

是因緣不是因緣，不是因緣是因緣。書出擬親呈師父，方入庫未上架時，
以為因緣此刻是，本厚明寬專程返，當天苗花急來回，週四午齋迴廊呈，
有所不便未能呈，卻是因緣不具足。

結集信解回花蓮，週五午齋迴廊呈，有所不便改週一，心想變數又一樁，
有緣無緣可報告？

週一早會後呈告，長住二加師姊助，至少得口諭允許，結緣海外董事會；
可惜人多只分鐘。

結集結束例告假，今次週二說不必，即有也改集體行；竟然告假還單獨，
師父還問那本呢？師父還問那本呢？那本到底是那本？本厚傻眼第二次，
真不窩心傻弟子，心想昨書今結集，二碼之事且未必。

昨日人多今人少，因緣具足是今日，凡夫弟子那知道；師父怎可心記得！
誰要師父這貼心！師父師父師父呀！

雨夜未明還未白，中庭薰法前每每，眼角露珠還欲雨。今早步階未手扶，
心知今日身況好。難言師徒之緣源？

後記一：

是我認為的因緣，就不是因緣了啦；非我認為的因緣，才是真正因緣哈。

後記二：

結集、結緣、敬呈、姊妹院，事為苗栗，是為法事，所作皆辦。

〔**諸緣聚、渠自成**〕 0528 結集

法華結集第四梯，五月二三至二八，化城喻品終完成，五百弟子受記起，次次習氣人各有，虎溪四笑互尊重，順稿小組最自在。

去來匆匆好因緣，北京來訪大陸伴，三頭馬車與濁氣，宏觀園區與純度，資深師父執行長，中區靜思生活營，精舍靜思堂歷史，序品重版心感動，東非三國心難過，共桌薰法告假緣，一一因緣水到成。

慈濟世界人間事，透徹有為與無為，生命長河超越心，修行心入人群中，隨緣盡心後隨緣。

上人行腳立冬時，常不輕品結束日，本厚六人探親去，南京尋親已三年，尋親探親法親緣，是為法事無其他。感恩用心與貼心，結緣寶島北中南，家人愛心銘心中，好書共讀已四年，因緣此行或段落。

南京結束北京去，祇為請安樓師恩，氣色極好心安心，若寫亦有方向已。物盡其用法華行，書軒書院皆好緣，敏銳隨俗當警惕。公主無髮尚可觀，人生無法怎像人，做慈濟來修幸福，莫忘靜思法脈慧，多聞法華助究竟。因緣流動再難思，法華六萬二萬字，血紅法華悸動淚，難言難語震憾心。因緣流動又難思，第二志業水渠成，是為法事無反顧，藥師無量化醫王，環保素食度眾生，法華方便當調整。法脈傳承亦幽顯。三航師姊天津來，竟亦第二志業事，渠道暢通可協助。一到三離五四時，分分秒秒轉眼間，因緣來也因緣去。

附錄二
逐字稿整理—追點、追滴

　　附錄二，每天追隨上人，晨鐘起薰法香 -> 之後的再靜思惟，則以師父每天開示之逐字稿為本，弟子逐篇、逐篇將開示的內容忍痛割捨而濃縮的精華，以每天 1 張 A4 容量為準的形式整理，做為個人的基本精進。自精進的時間，自 2009 年 8 月起，至 2020 年 9 月，每天「追」上人；弟子「追」師父的過程，時而穩步前進，時而氣喘吁吁。內容包括整理上人開示「靜思晨語～法譬如水」535 篇 (《慈悲三昧水懺》)，及「靜思法髓妙蓮華」約 1876 篇 (至〈藥王菩薩本事品第二十三〉)。此附錄二為其中的 6 篇樣張，謹供參考。此篇、篇的 A4 法水，亦為本書得以成形之基本礎石。

妙法蓮華經　　譬喻品第三

第五編　流通分。流通

附錄三
8 梳理彙整

品序	集數	起集~迄集	第二主角(第一主角=釋迦牟尼佛)	經文情節(故事摘要)	重彙意義
第1品。	185	1~185	彌勒菩薩+文殊菩薩。最後一章日月燈明佛、妙光菩薩。	[6成就覺(人與人之間，約20萬人參加法會)]->[釋迦牟尼佛，說完無量義，入無量義三昧]->[空間，瑞相現於現場及普賢世界佛光無遠弗屆照遍至東方萬八千世界之遠連]->[彌勒佛居開始興念：瑞相何因緣？誰見過、誰能答？要說如來嗎？要投誰記呢？]->[文殊菩薩釋疑：(時間，拉至2500多年前的很久很久以前)最後一章日月燈明佛。8子，佛佛道同，妙光=文殊；求名=彌勒]。	1、佛法影響，無遠弗屆，佛法真理，淵遠無盡，法華世界，穿越時空。2、開心見本。3、離言法華。
第2品	271	186~456	舍利弗尊者。	[諸佛智慧，甚深無量，難解，難入原因；諸佛，皆，過去累世累一曾親近無數佛+2曾行諸佛無量的道法+3勇猛精進入人讚歎+4成就諸深法甚深曾有的法+5隨解開示瞭解了的法]->[3止3請-責相(=10如是：如是性，如是相，如是體，如是力，如是作，如是因，如是緣，如是果，如是報，如是本末究竟等)+當機出世，當一心信解+五千人退+實相=教菩薩法)]。	1、微就對了。2、要此生，分分秒秒精進，盧形壽，做感潤，累生累世，勇猛精進，一直行菩薩道。3、隨機隨盡己心，以種種名己能力所反的方法，以成佛道；因、緣成熟，自果、報。4、當一心一意、虔誠恭敬、體解深信法華。
第3品	266	457~722	舍利弗尊者。	[舍利弗此時聞北大法心歡喜踴躍，也自責過去只顧得自己]->[迎佛，還舍利弗本願+授記舍利弗]->[菩天同慶+我也可成佛]->[舍利弗聞息瞭解+慈諸佛再為眾人說]->[釋迦佛心，欲令眾人無窮惱愉，以火宅三車譬喻]->[長者心(悲智無量，苦口婆心)+諸子心(樂著嬉戲，不信，不出)]。	1、火宅喻。2、佛授記舍利弗，號華光如來；華光如來再授記堅滿菩薩。3、(長者心，諸子心)=(佛陀心，弟子心)。4、人人可成佛；相信我們自己、人人與佛有同等佛性！
第4品	144	723~866	4大弟子(須菩提尊者+大迦葉尊者+大迦旃延尊者+大目犍連尊者)。	[4大弟子，見佛授記舍利弗]->[4大弟子的心情+1歡喜得大法+2自責懺悔、自謂得涅槃，不遠求菩薩道+3感恩如來無量珍貴的給予，不求自得+4自悟實相]->[窮子喻，行(樂著嬉戲50年相，漸向本藏…)；富父心，行(以種種方便引誘，一步一步來…)]->[富父心=佛陀悲智五時=曲順萬機，委婉求「教」=師父心。弟子心，行(佛陀弟子，猶小，猶小，方省我們的心，行？！)]	1、窮子喻(4大弟子的懺悔文)。2、法沒有問題，悲潤沒有問題，問題出在自己。3、方便，以信偈；先有深信，才可能深解；不深入了解，不是真的相契於五毛買菜藏，始於微就對了。5、愛兒=佛心=上人=本性=我心；窮子=凡夫=弟子=習性=我心；師父的心，弟子深解？
第5品	61	867~927	大迦葉尊者。	[(如來的功德，真實，無量及如來所說不虛，且含一切切+方便權，契機入理說法，而亨等覺說)=如大雲偈盧，含所有草本+1相1味，固宜就說)+眾生受益，隨機機，器量大小不同而有不同的成長+3草2樹稱其大小各有成長=隨奉情多少而各得益實]	1、藥草喻。2、佛陀回應前前的三品。3、佛雨觀法，1相1味，眾生受法，奉佛多少。
第6品。	47	928~974	4大弟子。	授記大迦葉尊者->須菩提，大迦旃延，大目犍連，3位亦盼得授記->授記須菩提尊者->授記大迦旃延尊者->授記大目犍連尊者->用心安撫其他500弟子，宿世有因緣亦將授記。	1、授記4大弟子。2、授記，授証=畢業？當然不是，重點在了解成佛的因行。
第7品	130	975~1104	諸比丘。智勝佛、梵天王、16王子(=釋迦佛)。	諸比丘，16王子稱大通智勝佛修法因緣，繞燈諸天->[東方，東南，南方，西南方，下方，上方，各大梵天王。次第一一，頌讚梵天王。請智佛轉法輪]->[16王子+十方諸梵天王請智佛，轉4遍，12頌法輪]->[16王子請智佛，說成佛之道(=教菩薩法)]->[16請菩沙彌各。信受+聲聞皆信解+繞佛生疑惑]->[智佛出定，說16王子沙彌各，升法座說妙法華]->[智佛入定->16菩薩沙彌各+各辦成度於東方，東南方，南方，西南方，西方，西北方，北方，東北方。榮盛(=第16釋迦佛)，我們沙彌這段時已度無量，包括最後座的你們，及至今仍在聲聞間的眾生眾生，要成佛只一條路->引出化城]->[(化城喻)驗路恐怖->眾生懈息不想走->導師言：勿懼、勿退!此城可休息，可安穩行！也可繼續往前->眾生歡喜+停止息->繼續往前->實處在近，此城非實，我化作。]	1、化城喻。2、介紹塵點劫(以空間無涯，說時間無始)前的大通智勝佛，其成佛前最後一里路，當中所發生的事。3、要成佛，只有一條路。4、終點未到，還要走，講因緣，講接力，至終點，回光返照已心，懈怠了嗎？5、法源一樣，但看出，立場，方向不同而有頓，漸。
第8品	58	1105~1162	富樓那尊者+憍陳如尊者。	[富樓那聞受教(聞2至7品=佛智慧方便+授記諸弟子+宿世因緣具有大神力)]->[盼受記]->[釋迦佛，讚揚+授記，富樓那+1200阿羅漢盼受記]->[釋迦佛，授記憍陳如+轉次授記500阿羅漢+預言轉次授記另700位不在(請大迦葉轉授)]->[500悔過自責，應得如來智，自以小智足，引出衣珠喻。]	1、衣珠喻(500弟子的懺悔文)。2、授記富樓那尊者、憍陳如尊者+轉次授記(先授成佛)500+預言轉次授記700。3、上人每天的心情：微嘆+不捨+很歡喜。
第9品	34	1163~1196	阿難尊者+羅睺羅尊者。	[阿難尊者，羅睺羅尊者，盼受記+學。無學聲聞弟子2千。亦盼受記]->[釋迦佛，授記阿難+銳示與阿難的因緣]->[授記羅睺羅]->授記2千弟子於十方一同成佛。	1、授記，阿難尊者+羅睺羅尊者+2000弟子一同成佛。2、佛陀的心太孤單了；佛陀心讓大家要了解，發大心人人有責。

品		頁	菩薩		
第10品	57	1107~1253	藥王菩薩。	[眾皆授記.眾終成佛,即使只聞法華經一句或一念隨喜,更何況能廣宣流者]->[請誦法華經者=以佛莊嚴而自莊嚴的人=也是如來的責任]->[法華=(諸經中最難信難解+佛之秘藏),故不可妄授]->[不論在家,出家眾,不論受佛囑.行苦薩道者,有聞思.有修行法華經?苦沒有,就死不對了?]->[求藥草=高原鑿水(若能乾土)->濕土->見泥,表示離水近.方向對]->[廣說法華處:大慈悲為室+柔和忍辱衣+法空為座(入我室+著我衣+坐我座)]	1、法=一切功德由此妙法生;師=能信解受持+為人解說此妙法者。2、眾皆授記,而佛二千多年前即為我們授記,已備向.已菩遠,因=(為最印此大的眾多信仰.佛法難免亡失+b在家人只求清靜免難.適福得福+c佛法傳過中國,演變,興盛,當中修行者多.修行方法依各人,導致很多以述引入法)->所以沒用具求法之華經,難免無法。4、法華經告訴我們->(a希望人人重視法華+b人人能聞成佛+c法華是成佛之道.只要身體力行法華,這是走過去的一條道路);佛法最重要=(a要適應現代+b要讓人人都做得到+c要與生活結合)。5、求藥=高原鑿水[如乾土(帶著煩惱,修行,做善出無染)->到清淨(出污泥而不染,洗滌一切煩惱垢)]。6、上人稱百劫行雲流水,內涵的思想流.是慧命清華.是上人的全心.全意.全腦,要隨著飄灑,並不容易。7、上人一聲子都在慈悲->佛法如何適應當下.適應我們.適應現代。8、「靜寂清澄,志玄虛漠」=上人最喜歡的一句話=上人終身的方向=回歸靜寂澄清。
第11品。	65	1254~1318	大樂說菩薩。多寶佛+分身佛。	佛前,七寶塔.地湧.住空中->[寶塔.出大聲:善!釋迦佛以平等大智,教苦薩之法華]->四眾皆未曾有->[大樂說苦薩。何因緣.寶塔湧?其中發聲?]->[塔中有全身多寶佛->多寶佛發願行苦薩道時有深重願:有人說此苦薩處,我作證明+讚善+b我見.我聞,十方分身佛需皆集一處]->[佛放白光,十方諸佛來->娑婆變清淨(一變)->諸佛各一大菩薩,至娑婆,寶樹下.結跏趺坐,坐不下->二百萬億國變清淨(二變),坐不下->二百萬億國變清淨(三變),不來十方諸佛湧滿其中]->[諸佛.各遣侍者,問訊,請安:a疾少病.少惱.氣力安樂?+b苦薩眾樂悠安隱?->諸佛皆欲開寶塔->[多寶如來:a塔起+b住虛空+c右指開]->[多寶佛:a座起+b住虛空+c右指開]->[多寶佛:a見佛坐高座+b願分半座與釋迦佛->釋迦佛入,坐其中]->[大眾:a見佛坐高座+b願佛力令我等處空空]->[釋迦佛:a以神通力,接大眾,在虛空中+b為大眾說法華以大音聲:誰能於此娑婆廣說法華?當涅槃,有誰可託付?)]	1、三變淨土=轉念再轉念、調心;變穢娑婆成淨土=清除雜染以淨心;變土迎佛歸位);多寶佛=古佛=人人本具佛性。二佛共座=事、理,佛三無差。4我們能不精勤為法?->我們能不精勤為法?=教主為法求人以大音聲。
第12品	42	1319~1360	提婆達多尊者(國王+仙人)、小龍女、智積菩薩+舍利弗尊者。	釋迦佛,過去無量劫常作國王->[求法無懈怠+捨國位+為我說大乘經法->隨佛為侍者]->[智積苦薩(多寶佛之侍)=返本土->釋迦佛:稍等.與文殊苦薩聊聊]->[文殊等昔有,坐大車輪蓮花.從大海龍宮湧出.住虛空.至靈鷲山.於佛所.敬禮二位世尊+往智積親問訊+坐一處]->[智積問文殊:龍宮化度有千萬?]->[文殊:無量千百千,宮未竟,無數苦薩(皆大心化度行六度者),坐虛鷲山+有數龍,龍女,智慧利根.刹那至菩提]->[智積:釋迦佛.勤勞.難行苦行積功累德,乘苦提,未為速,今言汝須臾成佛?不信也]->[龍女以寶珠獻佛,佛即受,龍女問智積+舍利弗:我獻寶珠,甚速不?->龍女:觀我成佛復速此,龍女忽變男子,具菩薩行,往南方無垢世界成佛,為十方眾生說妙法]->[娑婆世界.遙見+智積+舍利弗.眾.歡然信受]。	1、一舉佛多劫勤苦,不惜身命,為奴.追求妙法->自省,我們能不動求精進->[修行,途徑上樓,解脫味善友->敬善知識對境界.學習]。2、十方分身佛,現在信仰,接受到佛法的人(分身佛皆集一處)->其心修行的距離=[眾生剛強;佛之弘誓堅固勤通]。4、授無罪位記=善惡無記忽避平等->超過煩惱的無漏虛空不可破。5、[見提婆品,智積:我們聽了法華,目的達到->可回去->到過程.能成佛->到捨身命,很辛苦證法.]6、龍女身成佛->提婆證過惡即成佛此道理!6、[舍利弗:我信,但是你成佛,我說妙法是畜牲女->我是大丈夫,替佛傳法.智慧第一的舍利弗,退縮,那我們也有退->a五障退存+b法相在轉.法性沒淨化+c習氣濃重,所以,要賢智?7、佛法[深.廣.大.微.隱.密.繁.妙.重要的道理]=方便法[勿當只在說因果.也不只三世]。8、戒心義,必了解此品。
第13品	24	1361~1384	藥王菩薩+大樂說菩薩+大愛道尊者+耶輸陀羅尊者。	[藥王大菩薩+大樂說大菩薩+2萬苦薩眷屬->於佛前.a請佛勿慮+b誓願奉持法華於娑婆]->[500阿羅漢+8000學.無學,誓於異上廣說]->[大愛道比丘尼+6000無學比丘尼,盼受記,世尊授記]->[耶輸陀羅比丘尼.我亦眾,世尊亦授記]->[諸比丘尼,亦當具其土莊嚴]。[80萬億精不退法輪大菩薩作念:只我佛囑我一下,我們當廣為說]->[復作念:偏偏佛沒囑.怎辦?]->[於佛前誓:如來滅後,我等於十方,令眾生受持法華+我等如法修得持正法憶念+而這皆是佛威力,願世尊在他方遙見守護]。[在座諸苦薩.皆發誓:諸眾苦有法空者.我們當到所.善說佛所囑法]->[即使再難我們也會照做,因我們是世尊使,諸佛故此]。	1、四處11品=[11品結是:有誰能於此娑婆廣說法華?]13品...18品:皆發誓願,再勸我們也會照做,請廣成心!2、閻授記:大愛道(佛姨母)+耶輸陀(羅睺羅母)+轉次授記(先後成佛):6000學.無學比丘尼。
第14品	72	1385~1456	文殊菩薩。	[總綱=大菩薩安心口願之行處=(a住忍辱地+柔和善順+不卒暴+心不驚+b於法無所行.觀諸法如實相)+(不行.不分別)]->[身安=遠離慣處+不親近初親近處+第二親近處]->[口安=心離諸非+不訟錯行->(不行.不分別)]->[願安=心懷諸善利他行]->[意安=難信之事.秘密藏=諸說中最甚深.最上,不妄給]->[結論=參中妙事=將果.已在今日夢?今日.已在昔日夢?]	1、醫味喻。2、參中授記自己。3、安=離危險怖畏;樂=遠離悅心;行=威儀軌.語言有則。4、4安=身正行+語正行+意離諸惡自利行+心許諸善利他行。5、大苦薩安心=[住忍辱地;於法無所行.觀諸法如實相;不行.不分別]=[安忍;柔和衣;空無為座];慈悲室=[出住;無所求.感恩(感濟金剛碗)]=身;意;口(3業)]。[結好緣;願對好心;結好報]。

第15品	51	1457~1507	彌勒菩薩。	化方菩薩→[釋迦佛:不須汝等護持+我娑婆自有菩薩]→[娑婆地涌菩薩+虛空中住]→[身、口、意。誓願皆精進的四上首菩薩問續世尊:眾生易受教?]→[釋迦:娑婆眾生易度→因.a生世常受我化+b宿植德本+c有本其佛處。開顯即悟的頓悟菩薩+d有待會三乘的漸悟菩薩]→[諸上首菩薩隨喜→釋迦佛讚彈上首菩薩發隨喜心?][(大啟問1)彌勒+諸菩薩.作念:不見如此大菩薩眾,誰教化而成就?]→[釋迦分身諸佛、侍者.亦各自其處→諸上首菩薩無量從何來?諸佛化者:將須臾,彌勒問.佛令答]→[釋迦:阿逸多問大事(佛果遠+這些菩薩的修行)問得好]→[釋迦佛說因緣:a我於娑婆成佛後所化.且教化久遠t住娑婆等下方空中+c於經典,讀誦道利.思惟分別.正憶念+d常樂靜處+勤行精進達本身志+f說法無畏]→[(大啟問2)彌勒+諸菩薩.心疑.某有疑.作念:如何a少時(40餘年)+b教化乏+c得無量?就如.25父指壯且知愚通達,所以我等信.但實在不了.b又,佛滅後,諸新發意.以凡夫心測度如來.起不信受.起破法罪;c願除我及未來.疑]→引出如來壽量品。	1、多角色對話,次第解疑,故第引出如來壽量品;此品,已相信.但實在不了解。2、心地裂→滴覺性;從心地涌出→從地升至虛空→超出生死地=開顯不可思議的佛果。提心於眾生心地。3、我娑婆世界自有菩薩=你若不用心精進,還很多人要做。4、[a短短40餘年+b這麼多+c都是無上大菩薩]=[如25歲指百歲是子.不可能]=很難相信啊!
第16品。	48	1508~1555	彌勒菩薩。	[釋迦佛說3次:當信解如來誠諦之語;彌勒菩薩+菩薩大眾.3請:我等當信受][釋迦佛正言:諦聽如來秘密.神.通之力]→[釋迦佛:成佛,甚難.且於無量劫,導化眾生=包括:智慧時,變身應心t然燈佛時,授記我,號釋迦如來=包.始:以我佛眼觀眾生性.利純.隨所度.種種方便令微妙法t以方便說法不同相.如實言眾入涅槃+c雖處我身.b雖我於其中.設此滅度=諸子救喪.發作→又返.諸子未救→父喪.令服.病除失心者.不服→父遠+設方便:良藥在此.可取服→色化圖→遣使:父死→悲.服.病愈→父歸]。	1、醫子喻。2、要深信.更要體解的果德。3、欲明如來對此能行之人如何起教化化→須明不可思議之佛果功德。4、眾生,很有深淺,机有遲速.著所見.故執我接機,此佛,明於光明佛.出家成道滴深…;其實,佛法身.無出差別相。5、佛3身=[法身(如來.無所從來,無所去)+報身(始覺)+化身(自願.隨感機緣示生示滅)]=3身菩提.体深用宏。
第17品	60	1556~1615	彌勒菩薩。	[佛.壽長遠+度廣大眾生]→[無量眾生.得那些大益?]→[<依位證得>得生法忍(菩薩初地.2地)+得聞持陀羅尼門(3地.4地)+得樂說無礙辯才(5地.6地)+得百千萬億無量旋陀羅尼(7地)+能轉不退法輪(8地)+能轉清淨法輪(9地.10地)+<依生證得>無量大菩薩心。。凡說證果之法均有瑞應+供養益。=(非有意.皆佛法威德力感召)。。開始比較功德=[行5波羅蜜(第6名)]<<[閏佛壽遠.信心生一念信解(信解為深)=證法性)(第5名)]<<[聞佛壽遠.解其意趣(第4名)]<<[廣閏.教開+自持.教持+書寫+供養經卷(第2名)+頂戴如來(第3名)]<<[持法舉+行6波羅蜜=開讀誦受喜.自教+行.施戒忍進定慧(第1名)]。	1、續16品.已滿之佛果.接著分析教我們如何修行=如何累積功德=[時長,度多→自然德多?→聞佛壽遠.一念信解.更多種大益,後分引比較功德]。2、信=道源→大信→智信→深信→淨信→證信。
第18品	36	1616~1651	彌勒菩薩。	佛世.佛滅度後→隨喜閏法舉→得福多少?[大施主.大布施無量眾生.滿80年(7)]<<[以佛法勸導.令得阿羅漢果(6)]<<[第50人.閏法華一偈(5)]<<[最初於會中聞而隨喜(4)→往詣佛所.須次隨喜]<<[請法處坐.人來.勸令坐聽+分座令坐(3)→隨緣人.往.共聽(2)]<<[一心聽.說.讀.誦+於大眾為人分別+如說修行(第1名)]。	1、隨喜=隨他修善+喜化得成=眾生得益+我助彼喜。2、[法華亦不離四諦法苦,自己的苦=看別人的苦;沒人能分擔的苦,四大難關我找不到苦困的苦]→[妙法=解決苦的方法=多聞等.陪伴.慶問,不稱之師,走人人的心裡]→[法沒人行動帶真的六大度.聽,午看有相似,但差差覺.失千里]→[如何得知妙(很難用的)妙,很難過理會用;唯獨一純淨心無所求以根甘願去做才有辦法]→[做,那微妙的法喜.自己會很慎慣得珍惜,是別人無法拿去分享的=自己做才得到=轉知識.體力行.成智慧。用心在法.法離=妙字稍鬆鬆.就變鬆;苦中有妙法.能度人。妙中有污法.會令人落入波浪]→[聽法,界線要分明。3、透徹的布施=付出+無所求+感恩我完成(沒有施.受的量)=身心誠正信行+發四弘誓願=用心身勞+歡喜甘願。4、傳法.精確否?不見水老鵰.不離生滅法,阿難欲入滅。5、慈濟不是道場.是大家庭。6、這輩子所作已辦,但,說法心未了。

第19品	74	1652~1725	常精進菩薩。	[受持法華(讀.誦.解說.書寫)->得(眼.鼻.身各800+耳.舌.意各1200功德)]=[以6000功德莊嚴清淨6根->皆令清淨]。。[以清淨肉眼->見世界一切眾生+其因果生處]->[耳1200->聞世界種種聲音]->[鼻800->聞世界種種香味+法香]->[舌1200->實世界味+演妙法音]->[身800->過現世界]->[意1200->聞一偈->通達無量後->身+說.皆佛說]。	1、以6000功德莊嚴清淨6根=覺。乃修行之始。2、法師=法法師(所行之法)+人法師(能行之人.此品);未世法師=內有宿因種子+外借佛法薰習+一心求法,勇猛+恆常.精進.勤行=路.要走.才會到=常精進。3、功能:眼(只見前方+左右各半色)<<耳(能聞4方聲);鼻(僅適息)<<舌(能發語宣講);身(四方覺)<<意(過虛空)。4、功德:眼.鼻.身<<耳.舌.意對妙法之義理能聞.說.證、義理無邊。故能聞.說.證之功德無邊。5、根.塵.識->隨境染著->濁穢無明.無善道;行經教->明根塵->染著愚染.獲淨功德。6、六根功德->從文字或解釋.絕對無法了解(方便);要深心解根相=根深的投入心,體會它的相;但.也根難.因.聖人見解->道理分明.清淨無染.一通萬徹.我們眾生.分別心->會生很多無明煩惱;但,只要有心.只要起動,再遠都能到。7、師父真是拼命在為眾生,要將《法華經》說完。8、惡濁過去50幾年的所做所為=是暗經道.信願行+守誠堅實,如常行+惟納幟數.假體.表像+淨心方法.慕心.慕愛。
第20品	41	1726~(1767)	得大勢大菩薩。常不輕菩薩.威音王佛.日月燈明佛.意自在燈王佛,著法四眾。	1、復習、延續前品。謗法華的果……;持法華的果……。2、威音王佛,亦->說法、說14諦+12緣+6度+究竟佛理.出現。最初威音王(有2萬億等)其像法時->增上慢比丘.有大勢力+常不輕菩薩.菩薩,何因緣名常不輕->不專讀誦經典,但行禮拜。見是比丘,皆->禮拜+讚歎+言:我深敬汝.不敢輕慢(汝皆行菩薩道.當作佛)。遠見四眾->故往+禮拜+讚歎+言:我不敢輕汝.汝等當作佛。四眾.惡口罵.多年->不生瞋恚+仍言:汝當作佛。眾人.杖木打.瓦石擲->迎走遠住+隨高聲:我不敢輕汝.汝皆當作佛。的行因過程=[得6根清淨.說法無畏.輕賤者皆信伏,供養.恭敬.尊重.讚歎.種諸善根,說法華.功德成就,於無數劫.無量諸佛所(包含2萬億等.威音王佛2千億佛.日月燈明2千億等.雲自在燈王佛+千萬億等.佛)]=成佛之道。4、常不輕菩薩=釋迦牟尼佛;常輕者=復遇常不輕菩薩教化+此會中……。5、法華經->(大饒益諸大菩薩+能令成佛)->(常應受持.讀誦.解說.書寫)。	一、常不輕:1、不輕=恭敬=恒順.愛護.恭敬.眾生。2、佛法在恭敬中求。3、得大勢=大勢至=有大威力=成就圓滿。4、續前品,莊舉例(法師功德品第十九)能行之士=顯.證得6根清淨功德之法師->不見眾生怨.但見其佛性=清淨功德之由來。二、教主釋迦牟尼佛:1、釋迦佛未成佛前,至少經-大通智勝佛(發菩提心.16王子之第16(化城喻品第七))、然燈佛(受記釋迦牟尼如來(如來壽量品第十六))。2、威音王佛(2萬億尊)、日月燈明佛(2千億尊)、雲自在燈王佛(2千億尊)。2、永恆.來.回.度眾生。3、救不完的苦難眾生。三、法華經:1、持經勇猛,疾得成佛;2、違反走錯,久夕成佛(音有佛性)=法力無邊=即使謗者,業盡亦能信伏。3、人間的道理,全在《法華經》裡=世間的全部。

感恩

只是回應，只是文字，回「情味」的響，微小的響，更是自己慚愧的發露。

感恩因緣。

感恩教主　釋迦牟尼佛。

感恩在法海裡引領我的師公　印順導師。

感恩生生世世我的師父　證嚴上人。

感恩我的父親、母親。感恩苗栗的師兄、師姊。感恩慈濟的志工、同仁們。感恩眾生。感恩始終支持我的明寬師姊。感恩懿雅、懿如2位女兒、2位兒子(女婿)、還有才60出頭歲就讓我做阿公的城宇寶寶(心城如宇宙虛空)。

感恩疫情，才得以在雖然承擔志工的組隊，仍有時間可以完成這本心得報告。感恩確診，0+7+1天，自行加一天，共9天。確診前1天，才想著希望能不受干擾的把第四編完成。剛好的因緣，確診，隔離，「閉關」，就全心把最後的2編整理完成了。

感恩2021年歲末祝福各區志工們，呈現相關《法華經》入經藏的道具，是您們促成了整理本書的「最後一根稻草」。

感恩校稿志工，翁培玲師姊、楊容容師姊、黃雙裕師兄。

感恩、感恩所有促成本書(第二次期中考)的因、的緣。

謹以此，獻給2021年12月27日往生、壽97歲的老爸！

後記—攜手走人生慈濟路

　　我與師兄結袂近 35 年。左營海軍退伍，高雄寶成建設公司上班、一年就考上建築師、接著到台北李祖原建築師事務所、台中龍邦建設公司工作，到後來回家鄉成立自己的建築師事務所，向來才氣、能力都勝人一籌的師兄，無論是工作或平日的生活，從來都不是我這個纖纖妻子所能駕馭。

　　年少的我曾想著，師兄有他的事業與快樂，我也要找自己的人生。於是逛街、買衣服、花錢，學習各式各樣的才藝成了日常。儘管忙碌填滿我的日復一日，我依然不快樂；寬裕的生活，心靈精神卻無所歸依。我不快樂，我不快樂！這是婚姻早期我沉重的心聲。

　　此間，認識大嫂的一位姊妹，是慈濟委員，有在收功德款。那時根本不懂慈濟的委員、會員、功德款……是什麼，但，看他忙碌得很快樂，內心很羨慕，於是，我參與了慈濟。

　　過程裡，我們同其他慈濟人一樣，從當會員、募款、社區志工上課認識慈濟開始，慢慢薰習，成長；慕、尋、行，到正式成為慈濟委員。2002 年的暑假，證嚴法師行腳到慈濟在苗栗中華路的「苗栗慈濟園區」，志工室裡 (那時還沒拆除)，我們一家四口見到上人。難得的，先後 2 次的因緣，「你要幫忙」、「你怎麼到現在才進來」，兩句話，是 師父對師兄說的話；我想，這，是，久遠劫的因緣。

　　四大志業八大法印，在慈濟世界裡，每個人都有他立足的地方與價值；我不愛讀書，卻從慈濟的手語漸漸薰習進入佛法大海，後來更參加「品書會」……。我想，這也是每一位慈濟人樂在其中的原因吧。

　　不敢說手語能幫助他人 (其實我有丙證)，但要透過手語演繹經典，需非常專心，要帶大家一起學習手語有成，也需同理心。於是，從中覺察

自己、治療自己，讓自己心靈開闊。自己得到寧靜法喜之後，歡喜才能開散關懷給周遭的人。從自己做起，身體力行，我想也是慈濟人很重要的開始吧。信、解之後，要行，才可能證、體證。

「薰法香」的這幾年，我們都是 4 點 30 分起床，兩人一起開車到園區，與全球很多慈濟人一樣，一起同步聆聽　上人，多年如一日的每天 05:20，在花蓮慈濟精舍，的升座說法華。

師兄每日盯著螢幕的眼睛，不是賺錢，而是薰法後，追著，追著上人當天開示的逐字稿與之前曾經說的法，將心得與反思濃縮逐字。每一品，都會自我精進的整理成 A4、A3、A2 大小的書冊（之前 A4 大小，後來 A3，後來 A2）；並待因緣呈給上人。這，是徒弟的傻心，想回應師父的心吧！

看著師兄自費為慈濟建築留下紀錄，日日薰法濃縮逐字，到後來整理成書也自費出版；女兒甚至質疑老爸，都不愛賺錢了，怎麼還拿錢去印書、還要送人、還要到處去分享、還要捐。我相信有一天女兒應該也會了解，了解父親的願吧。

透過佛法的浸潤，進入靜思的法髓，師兄彎下腰參與慈濟，投入癌症關懷、設計靜思堂、大體捐贈、人文推廣、經典結集、四合一幹部……，回精舍與常住師父們學習行堂、生活組、農作……；他改變了自己，也改變了他與家庭與我的關係。那些曾經夜不歸營，流連商場應酬，對於家庭、對於彼此心如牆壁的師兄，他翻轉了。

我深心合掌，讚嘆佛法奧妙，讚嘆上人悲願智慧，感恩師兄此生與我攜手走人生慈濟路。願有情眾生，都有因緣，世世生生都在佛法的浸潤下，開出生命之花！

靜思弟子黃明寬（玉文）感恩合十　20230319

參考資料

太虛大師，《《法華經》教釋》，佛光文化事業有限公司。

釋證嚴，《靜思法髓妙蓮華原始逐字稿》，靜思弟子。

釋證嚴，《無量義經偈誦講述》，靜思人文志業股份有限公司。

釋證嚴，《靜思法髓妙蓮華》，靜思人文志業股份有限公司。

釋證嚴，《靜思法髓妙蓮華法華七喻》，靜思人文志業股份有限公司。

釋證嚴，《靜思法髓偈頌》，靜思人文志業股份有限公司

釋德仉，《證嚴上人衲履足跡(2021年冬之卷)》，慈濟人文出版社。

王慧萍，《慈濟的故事、信願行的實踐》，慈濟人文出版社。

潘　煊，《行願半世紀、證嚴法師與慈濟》，遠見天下文化出版股份有限公司。

林文成，《慈濟建築及其宗教精神》，經典雜誌、財團法人慈濟傳播人文志業基金會

國家圖書館出版品預行編目資料

法華薰。慈濟行─薰法香 心得。反思 / 林文成 著
--初版-- 台北市：博客思出版事業網：2023.05
面 ； 公分. --（佛學研究 ； 15）
ISBN：978-986-0762-47-1(平裝)
1.CST: 法華部
221.5   112004447

佛學研究 15

法華薰。慈濟行─薰法香 心得。反思

作　　者：林文成
主　　編：張加君、楊容容
美　　編：塗宇樵
校稿志工：翁培玲、黃雙裕、楊容容
封面設計：塗宇樵
出　　版：金鼎獎優良出版社─博客思出版事業網
地　　址：台北市中正區重慶南路1段121號8樓之14
電　　話：(02) 2331-1675 或 (02) 2331-1691
傳　　真：(02) 2382-6225
E - MAIL：books5w@gmail.com或books5w@yahoo.com.tw
網路書店：http://5w.com.tw/
　　　　　https://www.pcstore.com.tw/yesbooks/
　　　　　https://shopee.tw/books5w
　　　　　博客來網路書店、博客思網路書店
　　　　　三民書局、金石堂書店
經　　銷：聯合發行股份有限公司
電　　話：(02) 2917-8022　　傳真：(02) 2915-7212
劃撥戶名：蘭臺出版社　　帳號：18995335
香港代理：香港聯合零售有限公司
電　　話：(852) 2150-2100　　傳真：(852) 2356-0735
出版日期：2023年5月13日 初版
定　　價：新台幣880元整（平裝）
ＩＳＢＮ：978-986-0762-47-1